国家出版基金项目
NATIONAL PUBLICATION FOUNDATION

张凯 著

桑兵 关晓红 主编

近代中国国学编年史

第十一卷

◎

1939
——
1943

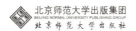

北京师范大学出版集团
BEIJING NORMAL UNIVERSITY PUBLISHING GROUP

北京师范大学出版社

目 录

1939年（民国二十八年　己卯）·································· 1

1940年（民国二十九年　庚辰）·································· 102

1941年（民国三十年　辛巳）····································· 225

1942年（民国三十一年　壬午）·································· 344

1943年（民国三十二年　癸未）·································· 417

总序、凡例、总目、索引、参考文献
请扫二维码查看

1939年（民国二十八年　己卯）

1月4日　浙江大学国学讲座，马一浮讲"说止"。(吴光主编：《马一浮全集》第1册上，浙江古籍出版社，2013年，第69—73页)

1月6日　章氏国学讲习会电祝董事长马相伯百龄大庆。

文云："马相伯老先生门下，元正启祚，恭逢相老先生百龄初度，玄衣而养，黄发可询，与国同寿，薄海所望，同人等远在瀛埂，末由趋拜，惟冀期颐有道，引恬无疆，卑情不任勤祷之至，谨奉电书庆祝不宣，章氏国学讲习会同人叩东。"（《电祝马相伯百龄大庆》，上海《申报》，1939年1月6日，第3张第9版）

1月11日　浙江大学国学讲座，马一浮讲"去矜上"。(吴光主编：《马一浮全集》第1册上，第73—75页)

1月17日　伪南京市政公署督办高冠吉函聘郑为成为南京市国学图书馆主任。(《督办南京市政公署聘函》，《市政公报》，第16期，1939年)

1月18日　浙江大学国学讲座，马一浮讲"去矜下"。(吴光主编：《马一浮全集》第1册上，第76—80页)

1月19日　《申报》报道"教育部及广东省政府补助广州大学各附中学学院招男女生"，内设国学研究班。(《教育部及广东省政府补助广州

大学各附中学学院招男女生》,《申报（香港）》,1939年1月19日,第1张第1版）

1月29日 胡朴安、蒋竹庄、高吹万等举办国学会雅集。

夏承焘记载:"今晚蒋竹庄、胡朴安、高吹万招集国学会,以雨又咳不去。"（夏承焘:《夏承焘集·第六册·天风阁学词日记（二）》,浙江古籍出版社、浙江教育出版社,1997年,第75页）

郑逸梅撰《国学会席上》:

国学耆宿胡朴安、蒋竹庄、高吹万三先生,日前假座南阳路治中女学。宴诸会友,借以商兑旧学,甚盛事焉。是日微雨霏霏,泥泞载路,予偕赵子眠云同往参加。到者凡数十人,有飘飘白髯之叟,有盈盈红粉之妆。其他或丰或瘠,或修或矮,要皆笃志国学,以研讨为务者也。朴安矍铄如故。以所著望江南曲及长歌寄感,遍示同座。长歌乃今年六十检点生平之作。涉语感寓劝导之意。如云:"自侮然后人乃侮,生于忧患死于安,所以六十不敢逸。晟兴总是日未出,舞剑时吐气不平。读书常以理为质,心志须苦骨须强,奇气郁塞为文章。"明白浅显,殊可诵也。席间,王君巨川起立演讲。谓国学会此后于聚餐联欢外,宜切实从事于学术之切磋。会中人才薮多,不妨分组进行,众俱赞同。于是《易》学组推胡朴安、蒋竹庄主持,《诗》学组推高吹万主持,丁仲祜、卫聚贤主小学,陈乃乾、王佩铮主板本目录学,包天笑、范烟桥主小说,甚允当也。宴罢,朴安请王灿芝女士舞剑。灿芝,鉴湖人,为先烈秋瑾之女,治中校长陈乃文女士,本藏有龙泉剑,奈不在手边,遂以一棒代之。灿芝舞之,疾徐上下,虎虎生风,想公孙大娘之技，不是过也。舞毕，朴安与竹庄对打太极拳，尽欢而散。（郑逸梅撰：《国学会席上》，《新闻报》，1939年2月7日，第20版）

1月30日 《申报》刊登上海国学专修馆续招男女新生的广告。该馆发起人：王心湛、吕思勉、任味知、李仲乾、胡朴安、孙德余、徐春荣、蒋竹庄、龙松生、管际安。馆长冯明权，教务长姚明辉。（《学校汇讯·上海国学专修馆续招男女新生》，上海《申报》，1939年1月30日，第2张第6版）

1月 无锡国学专修学校拟在上海康脑脱路通州中学复课，由唐文治主持一切，聘请当代名流任课，计划二月底开学。（《无锡国学专修校在沪复课》，上海《申报》，1939年1月31日，第3张第11版）

△ 《自修》杂志读者信箱栏目，讨论国学问题，辨析"国粹""国糟"与科学的关系。

陈德科提出："玄学"是甚么学问，我不懂，你能告诉我吗？国学是中国的国粹，现在还有许多人提倡国学呢，你说他是乌烟瘴气的国学，好像提倡了"国学"，就是大逆不道一样，提倡了国学，科学就不能抬头了，这一点我实在不懂，并不是向你"扳叉头"，我因为不明了你的理由，所以我要提出来请教你。

懋孙答复：你说国学是中国的"国粹"，我不否认；但是我说国学也有中国的"国糟"，你能否认吗？我认为现在的所谓国学中，有"国粹"也有"国糟"，如何汰其"糟"而提其"粹"，就要经过一番科学方法的整理了。"糟""粹"混杂的所谓"国学"，那不是"乌烟瘴气"的国学是甚么？而且在现代的文明国家中，虽然他们的历史没有中国久，但是我们不能说他没有历史，我们却不曾听见他们也有所谓"国学"这一个名辞，如"英国学""德国学""法国学"之类，有之，只有那些"埃及学""巴比伦学""阿迷学"可以和"中国学"等量齐观。日本学者以西洋人说他们手工机巧就是给他们一种侮辱，难道西洋人替中国定一个"中国学"（Sinology）的名称，不是给中国一种侮辱吗？我们研究"经"尽可说是研究"经"，研究"史"尽可说是研究"史"，但不要大言不惭的说是研究"国学"。至于那种"皓首穷经，一无所得"的研究，这简直是一种浪费，很有不少人自诩为研究国学而蔑视了近代的科学，所以吴稚晖先生曾有将线装书抛入毛厕里的主张。提倡"国学"虽然不能说是"大逆不道"，但是我们要认清古书与古代文化的整理，是专门学者的工作，而不是一般人所能办到的。我们不妨以经济的时间去研究经过专家学者用科学方法整理过的中国古代的各种学问，而不必自己埋首于破纸堆中做那"皓首穷经"的工作，在目前，我们需要的是现代的知识，尤其是现代的科学知识。要研究科学是注重观察与实验的，不像研究所谓"国学"那种埋首破纸堆中所能了事。提倡国学的研究，当然无暇去研究科学了。（《读者信箱：国学及其他》，《自修》，第47期，1939年1月31日）

△　《说文月刊》在上海创刊，希望改善国学刊物匮乏的现状。
《说文月刊》起初以卫聚贤私人名义出版。1941年12月第三卷第六期在沪停刊。1942年7月在重庆复刊，刊期续前。1947年1月出至第五卷第五、六期合刊（总第四十七、四十八期）后停刊。该

刊为纯学术研究刊物，卫聚贤主笔。其他撰稿人还有郭沫若、高本汉、张世禄、丁福保、吕思勉、金祖同、姜亮夫、陈公哲、马叙伦、赵景深、胡朴安、胡道静、杨宽等。卫聚贤撰《说文月刊》发刊词：

> 自八一三以来，海上关于研究学术的刊物都停办了，在这苦闷的空气中，各种学术研究，无处发展，以致没有讨论的机会。国学当然不能例外。当此抗战建设时期，我因职务关系，不能到前线上去抗战，在公余作些学术的研究，也是建设之一。是以现在我用我私人名义，出版一种刊物，拟月出一册，暂以十万字以内为一期。近来出版的刊物，多用古书的名称，我这种杂志，内容为文字、训诂、语言、历史、考古、古钱、文艺等。其中以研究文字稿件较多，故取名《说文月刊》。长短不论，言文不拘，新旧兼收，正反对照，只要言之成理，持之有故，以研究讨论的态度，不是谩骂开玩笑的，均所欢迎。
>
> （卫聚贤：《发刊词》，《说文月刊》，创刊号，1939年2月）

2月2日　《申报》报道"明道国学补习社"。

该社为吴门小说家顾明道与其同志所创办，分普通科、特别科、函授科等。本学期起始添聘文学家沈禹钟教授诗词，又附设金石书画科，分篆刻、书法、国画三种，选习兼习均可。（《学校汇讯·明道国学补习社》，上海《申报》，1939年2月2日，第3张第11版）

2月6日　报载广州大学开设国学研究班，一年毕业，中等学校毕业或具有同等学历者可报名投考。（《广告·广州大学暨小学、中学

招（男女）生》,《工商日报（香港）》, 1939年2月6日，第6版）

2月6日　报载伪北京大学派员接收国学研究所藏书。

"同盟社讯"："前北京大学附属之国学研究所，内部藏书极富，原设于北大图书馆后面，顷者北大本部成立后，已经派员接收，从新整理，籍资整顿，以备将来该校文学院成立后研究国学之用云。"（《北大派员接收国学研究所藏书》，北京《益世报》, 1939年2月6日，第1张第3版）

2月7日　《申报》报道北平汉学社藏书被运往日本。

本港消息：

> 北平汉学社，为故学者章太炎先生创立，为国学之最高集团。龙铁志发动复兴诗教运动，修编诗史，亦假该社为编纂之所。年前十五周年纪念，更得龙氏北上主持，文星麕集，文运为之一振。昨藏书家马仲琦氏抵港，据云该社已沦为×方俱乐部，所藏书十六万余本，现存者仅千数百本，亦已零乱散失，往日所藏孤本不少，业于沦陷之日，被劫东运矣。然幸存者，该社存书目录，暨一部珍本，于沦陷之日，仓卒迁沪，鲁殿幽光，惟此而已。（《北平汉学社藏书被运日》，上海《申报》, 1939年2月7日，第1张第3版）

2月11日　太炎文学院第二次招考新生，除原有章氏国学讲习会任讲师之外，前南洋大学教习沈祖绵、光华大学国文系主任蒋维乔、国立山东大学国文系主任郝立权、国立中山大学教授黄朴、之江大学教授夏承焘、国立暨南大学外文系主任陈麟瑞等，均已应聘为该学院教授，附属中学文史科将由该学院教授兼任，数学聘国立同济大学教授陆振邦担任，生物聘同德医学院教授周寿祥担任，地理聘中华舆地学社谭廉担任。（《学校汇讯·太炎文学院》，上海《申报》，1939年2月8日，第4张第13版）

2月15日　马一浮到重庆，此后分别拜会蒋介石、孔祥熙、陈立夫，商谈复性书院事宜。陈立夫等人为创议人，设立书院筹备委员会，屈映光、刘百闵、寿毅成等十五人为委员。（丁敬涵编：《马一浮先生年谱简编》，吴光主编：《马一浮全集》第6册上，第45页）

2月23日　吕思勉、蒋竹庄、胡朴安等人发起创办的上海国学专修馆再度开学。

上海国学专修馆，是孤岛上新产生的国学萌芽，至于该馆的创办宗旨和动机，详见该馆章程上："本馆宗旨在研究本国历代文化，明体达用，发扬广大，期于民族精神有所裨益"。该馆是假威海卫路二八九号民国中学校舍一部而设立，自前年一月间，由蒋竹庄、胡朴安、冯明权、姚明辉、沈信卿、吕思勉、李仲乾、任味知、徐春荣、孙德余等十余位老国学家所发起，于二月二十一日才正式开学。因为这是初创的专门学校，所以当时入学的人数并不多，后来渐渐地增加，至今亦有百余人了，其中选科生占十分之二。内部共分本科、预科和补习科，入本科须高中毕业，预科初中毕业，补习科是小学毕业的资格便可投考了。该馆除馆长冯明权外，另推姚明辉担任教务，冯一先为总务。所有教授，悉由发起人分别担任。至于学科方面，本科一年级如《论语》、《国学概论》、《孟子》、散文、《史记》、作文、韵文、文学史等科目。预科一年级，如散文、韵文、《孝经》、通史、《论语》、作文、书法等科目。本学期本、预科均分一、二年级上、下两学期，并扩充学额，广招新生，选科生可以免试入学，这真是研究国学的一个绝好机会。该校第一次新生入学试验，日期已过。第二次定于本月十二日举行，开学是二月二十三日，这是附带告告读者的消息。（《上海国学专修馆》，上海《申报》，1939年2月11日，第4张第15版）

△　太炎文学院暨附中开学。

报道称："章氏国学讲习会增设中英文补习夜校，凡初高中大学程度，均可自由选读。所聘讲师，国文科由太炎文学院教授担任，英文科由美国芝加哥大学博士钱乃文担任，注重文笔训练，冀短期内奠定基础，养成流利通畅之文才。"（《学校汇讯·太炎文学院暨附中》，上海《申报》，1939年2月27日，第4张第13版）

2月25日　孚伟国英夜馆国学课开学，"注重于往来书札及商界日用文件等"。（《学校汇讯·孚伟国英夜馆》，上海《申报》，1939年2月22日，第4张第15版）

2月　古直辞去中山大学教授职务，出任梅南中学校长。

中大邹鲁校长致电古直，希望其留校。古直回信称：

云南直旧游地也，夫岂不思，徜徉翠海。但有乡学，为少时所建，陵夷衰微，亟待整顿，同志挽之无已。窃念大学，人才之海，少直一人，不为轩轾。若乡学则非直不足以资提挈也。教育救国，当筑其基，故且周旋乡里，以观其成。公凤夜匪解，宏济艰难，中心藏之，何日而忘，俟藏乡事，终当趋承教诲耳。三峡雄奇，溯洄难上，一夕九逝，欲以魂通。（古直：《与邹校长鲁书》，古小彬、古向明主编：《国学家古直》，香港新闻出版社，2008 年，第 207 页）

古直创办"梅南文学馆"："葛侯文墨，形其忠诚，宣公诏书，令人流涕，而一则功盖三分，一则名高再造。文章经国，代有其人，文章救国，今岂不能继起乎。此文学馆建立之旨趣也。"（古直：《答人问文学馆旨趣》，古小彬、古向明主编：《国学家古直》，第 195 页）

3 月 3 日　国专沪校正式上课，无锡国学专修学校开始"桂校"与"沪校"并立时期。

沪校当时共有学生五十多人，唐文治讲授《诗经》《论语》两门课程，王蘧常（瑗仲）讲授诸子概论等课程，张世禄讲授音韵学等课程，郝昺衡讲授中国文学史等课程。陆修祜除任唐文治秘书兼助教外，还讲授《孟子》研究、《左传》研究、《公羊传》研究等课程。（刘桂秋：《无锡国专编年事辑》，中国大百科全书出版社，2011 年，第 306 页）

3 月 5 日　太炎文学院茶叙，孙世扬、诸祖耿谓太炎为学宗旨在民族主义，文字语言与历史为其主归。（夏承焘：《夏承焘·天风阁学词日记》二，第 81—82 页）

3 月 6 日　夏承焘去无锡国学专修学校听唐文治讲《论语》。

唐文治时已七十五岁，"双目尽盲，犹扶持来讲学，诚所谓以身教者"。夏承焘称："五时归，辄觉即事多欣。久不闻义理之言，沉湎于琐碎考证中。得此激醒，无殊天国乐土也。"（夏承焘：《夏承焘集·第六册·天风阁学词日记（二）》，第 82 页）

3月9日　马一浮自重庆由水路抵达乐山，随行的有贺昌群、王星贤（培德）、张立民等人。在表弟何茂桢安排下，先住城外武圣祠，后移居城内过街楼，结识叶圣陶。

叶圣陶记载此事如下：

马一浮先生已来，因昌群之介，到即来看弟，弟与欣安陪同出游数回。其人爽直可亲，言道学而无道学气，风格与一般所谓文人学者不同，至足钦敬。其复性书院事，想为诸翁所欲闻，兹略述之。先是当局感于新式教育之偏，拟办一书院以济之，论人选，或推马先生。遂以大汽车二乘迎马先生于宜山，意殆如古之所谓"安车蒲轮"也。（马无眷属，唯有亲戚一家，倚以为生。）接谈之顷，马先生提出先决三条件：一，书院不列入现行教育系统；二，除春秋释奠于先师外，不举行任何仪式；三，不参加任何政治活动。当局居然大量，一一赞同，并拨开办费三万金，月给经常费三千金。而马先生犹恐其非诚，不欲遽领，拟将书院作为纯粹社会性的组织，募集基金，以期自给自足，而请当局诸人以私人名义居赞助者之列。今方函札磋商，结果如何尚未可知。院址已看过多处，大约将租乌尤寺，寺中有尔雅台，为犍为舍人注《尔雅》处，名称典雅，马先生深喜之。至其为教，则以六艺。重体验，崇践履，记诵知解虽非不重要，但视为手段而非目的。此义甚是，大家无不赞同。然谓六艺可以统摄一切学术，乃至异域新知与尚未发现之学艺亦可包罗无遗，则殊难令人置信。马先生之言曰："我不讲经学，而在于讲明经术"，然则意在养成"儒家"可知。今日之世是否需要"儒家"，大是疑问。故弟以为此种书院固不妨设立一所，以备一格，而欲以易天下，恐难成也。且择师择学生两皆非易。国中与马先生同其见解者有几？大纲相近而细节或又有异，安能共同开此风气？至于学生，读过《五经》者即不易得，又必须抱终其身无所为而为之精神，而今之世固不应无所为而为也。（叶圣陶：《致诸翁》，吴光主编：《马一浮全集》第6册上，附录，第352—353页）

3月13日　明道国学补习社第一届文学研究会，请范烟桥演讲"史学与文学之关系"。（《学校汇讯·明道国学补习社》，上海《申报》，1939年3月17日，第3张第12版）

3月21日　《申报》报道香港大学调整国学课程事宜。

许地山认为："一，港大学生多为中国学生，当局既为中国人，办学为中国制造人材，自应尽量采用中国教材，多聘中国教员，传授中国文化，二，港大学生无论其学科，医科、文科，均须有充分之中国国学，三，希望我政府对于港大教程时多关注，在可能范围内，每年派员来校视察，或请大学方面专送校务报告书。"（《港大要求增拨庚款，促进中英文化合作，许地山对特委会深致三期望，为中国办学应多采中国教材》，《申报（香港）》，1939年3月21日，第2张第5版）

3月　王谢家发表《北京古学院成立记》，记述"北京古学院"的宗旨："宏化正俗，必借礼教；开物成务，端资学问。"

文中称：

粤维重华命位，翠妫辟吁俊之门；贞观乘乾，丹禁启宏文之馆。龙衮被服，盛三雍之上仪；鸿藻敷文，恢八极之大道。自古观国者，未有不于文学加之意者也。是以文风变俗，起学校而习礼容；黼座谈经，圜桥门而肃观听。建初中主，犹传虎观之名；光和衰朝，尚讲鸿都之学。至于越州列郡，明经用选于春秋；蜀地偏隅，文化或比于齐鲁。东都经生，所至每建精庐；南阳太守，所修亦有横舍。况其运启维新，地称首善，如今日之北京者乎？原夫赤县王圻，黄图天府，六代繁华之地，八方建极之区。自来丰镐世运，每随典册以常新；抑且河洛神皋，实为苞符所自启。洛邑宫城，郁起文德自招；邺京霸业，迭兴俊髦斯集。观焦氏《易林》所言，与齐书文苑之序，而知地灵者人乃杰，久道者化自成，固古今之通例者也。考北京之建为都城也，幽蓟昌平之壤，地势本雄；元明胜国以还，文物愈盛。金城万雉，通门广路之岩疆；铜陌双驼，列戟鸣钟之贵里。此当时逢清晏，运际休明，家竞词宗，士充学府，泰始五部，列文史儒玄、唐代四门，并律学书算。金奏铿于均舍，石经斠自黉宫，固犹有承平之气象焉。旧邦新命，西学东渐；邻痒异趋，陪堂辍响。容台沦于榛莽，庠敩鞠为园蔬。溯自周纲失坠以来，虞禘告成之后，古学之不讲，亦已久矣。虽然，宏化正俗，必借礼教；开物成务，端资学问。登进俊贤、以风四方者，太平之原也；尊崇先圣、垂意古典者，教化之本也。缅维在昔，学风丕畅，虽自摧残于板荡，终将振起于斯文。果吾道之不孤，遂众谋之悉合，此本院同人所以有古学之提议欤！

　　兹事体大，作始尤艰。几经进止之期，乃得成功之告，盖去创议之初，已一周寒暑矣。今院长旌德江宇澄先生，当代之硕儒，南皮张燕卿先生，文襄之喆嗣，合谋筹画，共任仔肩。语其闻望，皆增峻于崇山；论其交期，悉助流于圆海。钟镛比律，松桂方阴，非以文章为青紫之媒，实觉经籍为玄黄所系。兹诹以今年良月之吉号，召同人会于北海承光殿后之周屋，用告成立礼也。维时金天气肃，白道月从，试登太清之楼，共步商飙之馆，不是曲江高宴、重九偕来，直同会稽流觞、群宾毕至，英英众妙，济济一堂，或为锦帐之名郎，或署玉堂之侍从，或紫荷簪笔，李峤闻才子之名；或红药翻阶，谢朓有惊人之句。尚书北斗，高吟红杏之词；学士东头，久擅青钱之誉。又若蓉城仙吏，艺苑名家，鹿门结隐之流，马帐传经之士，莫不词坛拔帜，文围连旌。气求声应风前，侧帽而来；坐啸行吟泽畔，巾车而至。礼文脱略，提鹭携鸥；晏语从容，谈鱼说雅。含贞隐曜，多昔日三馆之英；抱质怀文，允盛极一时之彦。欲励宏文之治，建四学而召次宗；借观教化之行，总五部而领王俭。鸡笼山下，元嘉聚其生徒；麟趾班中，武成定其位次。效鼓箧于唐代，追横卷于汉廷。极东京儒术之修，盛推三本；相南城外学之建，堂列百斋。巍巍乎学府之林，郁郁乎文苑之薮也。

维是文非一格，学亦多端，无论怀派别之私者，或是丹而非素，即在乏宏通之识者，亦主甘而忌辛；尚考据者，针砭空言；谈义理者，秕糠故训；汉学宋学，大起门户之争；经师人师，各存轩轾之见；不得不执中商兑，择要斠诠，寻端竟委，溯支络于词源；别类分门，探精微于义海。刚经柔史，絜三古以垂谟；子苑文林，汇九流而证圣。至于金录集古，石墨镌华，复斋钟鼎之文，都穆琳琅之作。谈目录，则祖班书之列艺文；讲校勘，则若郑樵之撰通志。甚者艺术专家，亦属学流支子，爰分七录，统括百城，信册府之鸿观、柱藏之秘奥者矣。夫文传苍帝，天雨粟以呈祥；篆授黄神，时灵兰其稽典。三千宝牒，守自长恩；十万瑶函，校经天禄。人之所以贵于学者，原以其益人神智，跻世升平，能为上理之臻，不愧通方之目者也。第以前修，罕遇寡学贻讥，伤鸣鸟之蔑闻，误神雀之下报。不信仲宣词赋，乃与郑玄；直谓孟坚文章，无关班固。《春秋三传》，皆成束阁之书；制艺五言，并作敲门之具；墨程积卷，茶首无闻。八股盛而六经微，顾亭林所以致叹；三川窥而九鼎问，庾子山于焉赋哀。慨念方州云扰，故府烟沉，既已兵祸，绵延自尔，师说凌替。此修文必先偃武，而讲艺要贵投戈也。今何幸，横流渐奠，爝火中燔，赤熛之焰已衰，青领之业将复，梦中丹篆，终无忘于景行；壁上金丝，讵能绝其声响。辨芳洲之杜若，应不畏列宿笑人；识村舍之梨文，庶无愧相公爱士。维昔有言，宰相须用读书人；而我亦云，秀才当知天下事也。

或谓学术既多门矣，古今三教之英、大小二山之典，龙威秘籍，鸡次佚编。荀录虞志，咸各著其菁华；边笥曹仓，皆相炫以博雅。今类有七，讵能统一？不知万山旁礴，必有主峰；百川异流，均归瀛海。学问一道，固不可蹲鸱误解，致诮伧荒，亦岂宜贪蠹求多，转伤繁碎；况兹经史子文之兼备，又复金石目录之无遗，专家既名夫校勘，余事更及于艺术，州居部别，义例有条，考异参同，规模略备。式矜文府，东观祭酒之名尊；耸望庠门，北海经师之誉盛。盖建国以文化为先，而京师实行省之首。师表既树，广文为唐代之官；雅道不孤，博士待汉廷之诏。使于此而不急起以赴之，合众以图之，抑何能激励儒风、乐育俊造如是耶？维是荆玉含宝，要俟开莹；幽兰怀馨，当资扇发。自来孤陋无友，语详戴记；独学寡悟，义著周典；近更学尚废弛，士习蔽塞。六艺七略之旨，等诸面墙；百家五志之奥，阻于闭户。是虽焠掌励勤，三余靡失，然而冥心思误，一适何由？孤学无成，是又古今之通弊也。

兹则缨衿接座，轞驾列庭，延英之清望偕来，翘秀之异材咸至，雍雍拾步，如来游之侍缁林；轸轸联镳，似习礼之集绵蕞。光分五纬，文采耀乎西昆；运启三阶，德星聚于东井。于以殚精缃素，共事丹铅，古事而问仲舒，记注则推刘昞；唐巾襕带，皆朴学之大师；任笔沈诗，悉骚坛之巨子；雕龙撰集，折鹿谈经。抽黄对白，文以研讨而愈工；许绿纡红，书以屡校而无误。玩秘阁之总目，何事删繁？览文苑之英华，几经辨证。洵足以发明绝学，津逮后人。蒐孔庭佚后之书，正礼堂写定之本，论百年之学术，此集大成，合多数之师，资足慰众望，遂乃甄陶庶士，选备儒官，爰诏典司，并推干吏从事，加劝学之号，总明有访举之郎，又复国学之视，或具飧钱教授之司，时宜沾赉。张叔诣京受学，蜀少府费其布刀；梁武纡驾临庠，诸胄子劳以束帛。当此盛衰绝续之交，而为宏济艰难之任，此事之至为难能者也。上都隆化，奏一曲于来宁；太学多才，勉三年于归觐，此行之尤当重视者也。挽古风于不弊，谁为翟酺立碑？欲学科之分详，更待子安作序。（王谢家：《北京古学院成立记》，《古学丛刊》，第 1 期，1939 年 3 月）

是年春　常袋国学专修馆成立。

常袋国学专修馆，创立于1939年春，全称是"常袋经正国学专修馆"，创办人乔作栋。馆址位于原洛阳县盆溪乡常袋镇中街。乔作栋，字豫章，常袋镇街人，清末秀才，同盟会会员。（中国人民政治协商会议河南省孟津县委员会、文史资料委员会编：《常袋国学专修馆》，《孟津文史资料》第2辑，政协河南省孟津县委员会文史资料委员会，1988年，第72页）

4月7日　夏承焘记录："国学会人杂，拟邀七、八人足谈学者为月会。"王瑷仲来函，"邀任无锡国学专修学校课"。（夏承焘：《夏承焘集·第六册·天风阁学词日记（二）》，第92页）

4月9日　胡朴安应唐文治邀请至国专沪校演讲，讲题为"儒家学说之缘起及其完成与变迁"。（刘桂秋编著：《唐文治年谱长编》下，上海交通大学出版社，2020年，第984页）

4月10日　私立南浔国学讲习馆特设义务补习班开学。（《私立南浔国学讲习馆特设义务补习班开学招生》，上海《申报》，1939年3月31日，第2张第5版）

4月16日　吕思勉在国专沪校讲"大同"。（夏承焘：《夏承焘集·第六册·天风阁学词日记（二）》，第94页）

4月19日　欧阳山以"国粹与欧化"为题，比拟不同的办事作风。

文中称：

我和两个不懂世故的青年在南温泉一条宽阔平坦，被人工修理过的山径中散步。在我们左面，沿着山腹的崖壁是一带未经砍伐的松林，在我们右面，约莫一百公尺之下，有一条急泻而下的奔泉，发着远雷一样的鸣声。

其中有一个青年告诉我下面的话！

——当我从韶关到从化前线去的时候，忽然想起坐火车比走路好。那时已经没有客车，我就去见我从前中学时候的教员，请他写一封信介绍我去见站长。他叫我明天去拿介绍信。到了第二天，他说还没有写好。第三天我又去了，他说，"我实在忙，你明天再来一次吧。"这样一天推一天，足足耽搁了我九天工夫，结果我还是步行到前线去了。这种事是很平常的，但是我气愤得很。……他连写一封介绍信的工夫都没有么？绝不是的！他不肯写介绍信给我么？那么，为什么不一口回绝我呢？

这是一种残酷的拖延政策。那教员用了这种政策：——正好他所说，事情是很平常的，却非常阴狠。假如他因步行而碰到意外，或者丧失了生命，责任也在他自己。因为那并非做教员的不肯写信，只是他不能忍耐着去等候那封信罢了。如果他稍懂世故，他就不必等上九天，其实第三天就可以开始步行的。另外一个青年却讲了另外一件更小的事：

——在湖南边境一间小客栈里，我向一个单眼的木匠借用一把斧头。我说话非常客气，他却毫无表情地拒绝了。"不行。这斧子不能借给别人的。"看样子他是顽固而怪僻，不通情理又不讲礼貌。后来经我再三恳求，他到底答应了，但是非常严厉地叮嘱我："一用完，立刻拿回来！"后来我用完了斧头拿去还他的时候，他伸出多筋的手接过我递给他的斧头，又对我微微一笑，好像对于我底守信感到满足。他那一笑的确非常轻微，但是给我的印象非常深；我确实知道他从我底行为得到一种愉快，我自己也愉快了。一个顽固，怪僻，不通情理又不讲礼貌的木匠底出于真心的微笑，是多么可宝贵的"人情"呵！

开头的那个青年轻轻喟叹了一声，说：——如果你向我那个教员借斧头，那就不同了。他要不借，就会说，"等一等再看吧，"要借，就会说，"……那里，不要紧，尽管拿去好了，慢慢还我也不迟……"

这两个不懂世故的青年使我发笑，我说：——那教员是个国粹派，那木匠可是已经欧化了。（欧阳山：《南泉默写——国粹与欧化》，《七月》，第4卷第1期，1939年7月）

4月23日 夏承焘在国专沪校讲"唐宋词演变之背景"。（夏承焘：《夏承焘集·天风阁学词日记》二，第94页。）

4月，夏承焘应邀到国专沪校任教，讲授中国文学史、韵文选等课程。据记载，4月7日，接到王蘧常邀其任课的来信；4月9日，"排定授课时间：星期三文学史三小时，星期五韵文选二小时"；从4月10日起，即正式开始到国专沪校授课。（夏承焘：《夏承焘集·第六册·天风阁学词日记（二）》，第91—92页。）

4月30日 中华国学社召开迁川后第一届年会，通过《国学运动大纲》，筹设国学补习学校，举行国学讲习会，设办事处于重庆劝工局街之若瑟堂。"积极从事于研究工作之继续，并举办定期国学讲习会，以应一般学子之需求。"（顾实：《报告属社迁川经过暨第三届年会开会情形并请拨给特别补助费以资维持由》，中国第二历史档案馆藏社会部档案，档案号11-7172）

4月30日　唐文治在伊立诺大学同学会演讲国学。

上海的伊立诺大学同学会是由穆藕初、任筱珊等人所创设，"历有年所，以研究学术、交换智识为宗旨。前星期日敦请唐蔚芝先生演讲国学，以正人心善国性为先提，听者满座，现正商请唐先生继续宣讲"。（《唐蔚芝演讲国学》，上海《申报》，1939年5月4日，第3张第12版）

△　齐鲁大学校长刘世传邀请顾颉刚任该校国学研究所主任。

5月3日，顾颉刚在日记中称，"西山偕刘书铭来，谈齐鲁大学国学研究所事。……今日以作文兴奋，又以齐大欲聘我主国学研究所事，稍一筹划，精神更奋，遂致失眠。"（顾颉刚：《顾颉刚日记》第四卷，联经出版事业股份有限公司，2007年，第226页）

6月9日，顾颉刚致信张维华，提出赴齐鲁大学的条件：

> 因此我要问刘校长，是不是一定要我到齐大。如其是的，那么我要求三个条件：一是不教书，二是作集体的研究，三是作边区的调查。只要刘校长答应了我，我就可把第一条件来答覆云大校长，把第二、三条件来答覆研究院院长。所以然者，既在云大便不能不教书，而平研究院困于经费不能作集体研究与边区调查。……总之，刚如到齐大，必出其二十年来之经验，好好做一番事，俟将研究所根柢打好，必即引退，因刚自身想做之工作甚多，而年龄已长，势不容缓也。何以要在齐大做一番事，则是要使忌我者看一看我之成绩，知他们虽尽力破坏，而犹有不能破坏者在也。若但望我做一普通之教授，做事拿钱，拿钱吃饭，则我在此间可以满意，亦不

必应刘校长之招矣。（顾颉刚：《顾颉刚全集·顾颉刚书信集》卷三，
中华书局，2011年，第118—119页）

△　马一浮草拟《复性书院缘起叙》《复性书院简章》《复性书
院征选肄业生细则》（贺昌群拟）。

马一浮主张："率性之谓道，闻道者必其能知性者也。修道之
谓教，善教者必其能由道者也。顺其气质以为性，非此所谓率性
也。增其习染以为学，非此所谓修道也。气质之偏，物欲之蔽，皆
非其性然也。杂于气，染于习，而后有也。必待事为之制，曲为之
防，则亦不胜其扞格。"为了实践宗旨，复性书院确立"主敬""穷
理""博文""笃行"四条学规。马一浮称："今为诸生指一正路，
可以终身由之而不改。必适于道，只有四端。一曰主敬，二曰穷
理，三曰博文，四曰笃行。主敬为涵养之要，穷理为致知之要，博
文为立事之要，笃行为进德之要。四者，内外交彻，体用全该。优
入圣途，必从此始。"其一，"主敬为涵养之要"。马一浮批评当下
学者的通病："唯务向外求知，以多闻多见为事，以记览杂博相高，
以驰骋辩说为能，以批评攻难自贵，而不肯阙疑阙殆。此皆胜心私
见。欲以矜名哗众，而不知其徇物忘己。堕于肆慢，戕贼自心。故
其闻见之知愈多者，其发为肆慢亦愈甚。往而不返，不可救药。苟
挟是心以至而欲其可与入理，可与立事，可与亲师取友进德修业，
此必不可得之数也。"若要纠正此敝："须知敬之一字，实为入德之
门。此是圣贤血脉所系，人人自己本具德性之知，元无欠少"，"唯
敬可以胜私，唯敬可以息妄。私欲尽则天理纯全。妄心息，则真心
显现。尊德性而道问学，必先以涵养为始基。及其成德，亦只是一

敬，别无他道。故曰：'敬也者，所以成始而成终也。'"其二，"穷理为致知之要"。马一浮认为"学者须知格物即是穷理"，"只为从来学者，都被一个物字所碍。错认物为外因，而再误复认理为外。今明心外无物，事外无理。事虽万殊，不离一心"。时下学人以某种事物为研究对象，以"解决问题""探求真理"为口号，用力尤深。不过，马一浮认为此种治学方式"不知为性分内事，是以宇宙人生为外也。自其研究之对象言之，则己亦外也。彼此相消，无主可得，而每矜为创获，岂非虚妄之中更增虚妄。以是为穷理，只是增长习气。以是为致知，只是用智自私。非此所谓穷理致知也。"穷理的方法，"自是要用思惟"，而"欲入思惟，切忌自谓已了。若轻言易了，决定不思，是闭门而求入也。读书既须简择，字字要反之身心"，具备体认、察识的意识，"体认亲切时，如观掌纹，如识痛痒。察识精到处，如权衡在手，铢两无差。明镜当台，毫发不爽。如此方有知至之分。此在散乱心中必不可得，故必先之以主敬涵养，而后乃可以与于此也"。其三，"博文为立事之要"。马一浮认为博文之"文"不是指"文辞为文"，也"不限以典籍为文"，凡是"天地间一切事相，皆文也。纵一身推之，家国天下皆事也。道外无事，亦即道外无文"。穷理侧重于思维，博文侧重于学力。因此，"凡言文者，不独前言往行，布在方策，有文史可稽者为是。须知一身之动作威仪行业力用，莫非文也"，"天下万事万物之粲然并陈者，莫非文也"。所谓"事"，"非一材一艺一偏一曲之谓。自入孝出弟，爱众亲仁，立身行己，遇人接物，至于齐家治国平天下，开物成务，体国经野，大之礼乐刑政之本，小之名物度数之微，凡所以为因革损益裁成辅相之道者，莫非事也"。至此，提倡

"博文"，"决不是徒夸记览，徒骋辞说，以衒其多闻而不切于事，遂可以当之。必其闳通淹贯，畜德多而谨于察物者也"。所言"立事"，"不是智效一官，行效一能，不该不遍，守其一曲，遂足以当之。必其可以大受当于物，而卓然不惑者也"。其四，"笃行为进德之要"。马一浮认为"德行为内外之名，在心为德，践之于身为行。德是其所存，行是其所发。自其得于理者言之，则谓之德。自其见于事者言之，则谓之行。非有二也。充实而有恒之谓笃，日新而不已之谓进"，"学者当知，有性德，有修德。性德虽是本具，不因修证，则不能显。故因修显性，即是笃行为进德之要。全性起修，即本体，即功夫。全修在性，即功夫，即本体。修此本体之功夫，证此功夫之本体，乃是笃行进德也"。马一浮认为孔门四教：文、行、忠、信，"文即六艺之文，行即六艺之事，忠、信则六艺之本"，"此乃圣学之宗要，自性之法门。语语从体验得来，从胸襟流出，一字不敢轻下。要识圣贤血脉，舍此别无他道"，"右只作一种知解一种言说领取，而不肯笃行，则是辜负自己，辜负先圣"。（马一浮：《复性书院讲录》卷一，马镜泉编校：《中国现代学术经典·马一浮卷》，河北教育出版社，1996年，第93—108页）

1940年2月23日，夏承焘在太炎文学院得见马一浮撰复性书院宣言，称其"叔世鸣凤，为之神往。宋儒义理之学，今日视为迂腐，得翁振起，一反浇漓，庶几五季之后，而有端淳之化……自顾眇然，靦颜为师，安得担簦相从，为门下一扫除哉"。次日，"过天五，谈一浮翁广大精微，诚大儒哉"。（夏承焘：《夏承焘集·第六册·天风阁学词日记（二）》，第180—181页）林损欣羡马一浮创办复性书院，"以谓君子居乱世，于国无匡危舒难之功；亦当昌其所学为时用"，拟在瑞安创办翼圣书院，此事未成而林损因病逝世。（陈谧：《林损传》，陈镇波、陈肖粟编校：《林损集》下册，黄山书社，2010年，第1756页）夏承焘得知后，感叹"公铎素少许可，此尤难也"。（夏承焘：《夏承焘集·第六册·天风阁学词日记（二）》，1944年9月28日，第567页）

6月6日　章氏国学讲习会重庆分会正式成立。

章氏国学讲习会理事潘重规等在重庆组织章氏国学讲习会重庆分会，"以六月六日正式成立，分会主办函授部，不收学费，但酌取讲义费及邮费。会所附设重庆沙坪坝中央大学文学院内，有志求学者可向该分会潘石禅或殷孟伦索取章程，随时报名"。（《章氏国学讲习会启事》，《制言》，第53期，1939年6月25日）

6月12日　消人发表《青年底旧嗜好从那里来的？》，批评国故与国学书目。

几年前，曾经有人把五四运动时代旧文学家嘴上的话抄下来指导青年，那话是："要新文学好，旧文学先得有根柢才行！"这话在五四运动时代，本是旧文学家底一条妙计。那时因为新文学胜利了，旧文学家感到了危险，便想出了这样的一句话，要一面拉住旧文学，一面又向成了名的新文学家送一下"秋波"。可是现在，也有人在说这话，而他们却是"货真价实"的新文学家。那作用倒好像因为有些青年作家，写得比他们高明，看得不耐烦，于是抬出旧文学来威吓一下。意思是："你们不要得意，那样写法到底总是不行的！"自然，这也确把自己底地位给相当的稳住了，不过对于青年可实在没有好处。从前旧文学家用这句话引诱得一般新人物爬了上去，做了先贤，乌烟瘴气地谈了一通"国故"，开了几张所谓国学书的目录。可是这回却只能使青年垂头丧气，不敢再写。这叫作"一代不如一代"。结果呢，除了使青年染上些连本人也莫明其妙的旧嗜好而外，却是甚么花样也没有留下。

而同时也就来了方块诗。那是新诗，作者又多半是懂得外国文的人，并且还宣言是模仿外国底甚么体的。但读者却很奇怪，不能赏识那种艺术，要读下去就非打瞌睡不可。这便暗暗地应了从前旧文学家底预言：中国文学根本和外国文学不同，要模仿外国就会弄得不像样！而且事实也确是不错的，诗既写成了方块，又没有诗味！那么，还不如五言、七言，爽快得多了。于是又有新文学家出来自己打了一通耳光，说新诗能否成立，实在还是问题。这一来，旧诗便真的抬头了，你一首，我一首，大家都挽起袖子做起来了。结果呢，除了使青年染上些连本人也莫明其妙的旧嗜好而外，却是甚么花样也没有留下。

不知道怎么弄的，忽然又来了"京派"和"海派"的吵架。吵出的结论是："京派"行，"海派"不行。于是"海派"奋袂而起，追随了"京派"。从此大潮流产生了。"性灵文学"是真正的文学，"语录文"是前进的文体。"性灵"底祖宗本是明人底小品文，但不久却扩大到所谓"珍本"。自然，这是好的，但有些"本"却实在并不"珍"，后来竟连叶绍袁给自己老婆编的半真半假的诗集也成了青年必读的宝贝了。"语录文"不像"白话文"的噜哩噜嗦，这当然也是好的，可以省些纸张，但省下的纸张却去印文言和旧诗。而最古怪的是"性灵"

派的大师却又捧出了个"野叟曝言"。——这潮流可真把人冲得头昏眼花起来了。结果呢，更加不用说，除了使青年染上些本人也莫明其妙的旧嗜好而外，却是甚么花样也没有留下。

在教师方面，也是先由"京派"的前辈发起了运动。考试的学生写错了一个字，考官便动起笔来大大地挖苦一通，而挖苦的方法也是做旧诗，——打油的旧诗。这又使得"海派"的后辈羡慕了起来，于是主张青年在古书里寻字汇。到底青年寻出来了没有，似乎还没有人调查过，不过从主张者底口气看来，要不去寻，是会给他们扣分数的。而且事实上可也真怪不得，许多大学招考的国文试题都是在搬古书，不是《易经》，便是《仪礼》，好像越古才越合式，其实出那些题目的人，也未必能够不查书就都知道，要他们换作学生去投考，说不定还会交白卷吧。但总之结果呢，不用说越发是除了使青年染上些连本人也莫明其妙的旧嗜好而外，却是甚么花样也没有留下。

这些都是我们名人底功绩，算来自然也并不很多，但就是这几件已经很可以把一些青年拉到倒车上去了。

我同意前几天尚卿先生底主张，应该全体当教师的人认真给青年一点好的指导。但是实际上是不是做得到呢？（消人：《青年底旧嗜好从那里来的？》，上海《申报》，1939 年 6 月 12 日，第 4 张第14 版）

6 月 25 日　朱季海（学浩）刊发《曼言》一文，略谈太炎文学院的办学旨趣。

学浩曰：如谓中国无学可也，苟若有之，则章公之为，亦犹崇禹任土而九州秩，周旦作雒而天保定。公之教弗修，则中国衰矣。今去公之殂未遐也，而寇深矣。永思厥败，罔弗如公言。公告我于难，若射之有志。公言有伦，若网在纲。惟谋国亦建其有极，惟公载立其极；惟攘夷亦峻其有防，惟公载大其防。惟时弗省，乃奉其恫。惟昔先民，开物成务，冒天下之至道，无非学也。旧法世传之史，有在于是者，公绍而修之，粲如也。是以恝异族而《觓书》作，更忧患而《昌言》兴。人不知远，则述《尚书》；夏不变夷，乃序《春秋》。兴感慕则爱土风，故据雅训以定《方言》；哀亡国则思印度，故绅三藏以辅微学。民德偷薄，则修《丧服》而论《孝经》；文教柔弱，则先《儒行》而退《中庸》。校官失而奸言兴，则明《大学》；世运讹而景行衰，则崇《论语》。衷博爱则善救人，故无弃人；闵陆沉则急人材，故务讲习。至于危疾在躬而弗自知也，犹欲摄衣升堂，以临函杖。乌乎，其勤至矣！今也则亡。予惟公之学，博矣溥矣，远无极矣。其示人也，则务为简易。故晚而讲学，揭以四经，谓《论语》《孝经》《大学》《儒行》也。于《儒行》则曰体其一节足以兴行，于《论语》则曰蹈其片言足以为善人君子。其言可谓简易矣。先民亦有言："善言天者，必有征于人；善言远者，必有验于迹。"其公之谓邪！故公之智虽弥夫宇宙，而言犹影响之应也。忆公尝诏予："中国之学，无弗丽于人事者。惟我先哲，则弗舍人以言天。庄生之言性与天道，亦未尝远人事也。印度之学，于玄言自臻其极，独与人事相远，所以亡也。"噫，公言亦信矣！浩尝读《昌言》而得六度之说焉，以其私谒于公。公悦，诏予曰："为其有裨夫行已也。中人以上，可以庶几焉；中人以下，亦有以劝也。"乌乎！六度之说，岂玄之极邪！而公论在经言，非有取于周浃人事者邪。夫子循循然善诱人，非谓是邪，今也则亡。自公之没，微言既绝，其遗学则布在方策，尚可寻也。使公《尚书》之教明，则尧舜之衣裳，伯禹之宫室，不得与奇虫神物等夷也。使公《春秋》之教明，则夏宗弗坠，禹甸弗变也。使公《世本》之教明，则知吹律定姓之陋也。吹律定姓尚犹不可，况以戎狄之名自名而颜色不怍乎。使公《正名》之教明，则无羡乎旁行邪上之书也。使公《方言》之教明，亦不怵夫鲜卑语也。先民有正声，何必闻《韶》乐而后厌琵琶也？稳（隐）微之专，故已弗论；数其切近，乃彰彰矣。夫如是，何慁乎兽心，何患乎介族，我疆我围，孰能窥闪乎？然而公之学微矣，中国危矣！是何奸民之多而道之嗃也。若使中国而终不复也，则公之学息矣。中国犹当兴也，公之学固其赤帜也。举大事，动大众，焉可一朝而无其帜也。虽然，谁能举之？纵有其书而无其人，则亦不得而举也。然则文学院之作，非所以俟豪杰之士邪！人谁在矣，我之望矣；国有俊民，皆吾友也。人之不远，其在吾友，我犹及识之，吾友勉矣。庶几底先民之命，而定其功也。（朱学浩：《曼言》,《制言》, 第53期，1939年6月25日）

6月　蔡秉樵发表《土木工程与国学》，认为学习土木工程需要建立扎实的国学基础。

"土木工程是专门研究一切建筑的一门科学"，"国学是研究我国文学的学问"。在死的定义上看来，这二件事情确是没有联系讨论的必要，何况"土木工程"这个名词的出世，为时也很短（我国古时虽也有"土木"的联称，可是没有"工程"这一类玩意儿），它的确是十足的舶来品，那末既是道地的洋货，怎又牵得住朴质的国学呢！可是在活的运用上，他们虽不可说是绝顶的重要，不过他的价值，也是相当不可漠视。我们不妨来分析一下，分析的结果最雄辩了呵！

所谓西洋的"土木工程"，它的内容果然包含得很多，而且已有很大的成就，我们可以在各种杂志书报上看到各种欧美建筑的照片和文字：如法国的凡尔赛宫，巴黎的铁塔，英伦的白金宫，伦敦的长桥，纽约的一百十二层摩天楼……都是建筑中的佼佼者。他们靡不竭尽美术上的运用，来造成欧美的灿烂世界！但是试把我们的目光转回来，射到自己的祖国，我们姑且不去看她正在兴筑中的新建设，但看那一份几千年传下来的家产吧：如承德的布持拉麻庙（建于清），看上去一层层的堡垒，壮丽非凡，北平的十七孔桥，金华的长桥，都是石砌的美丽建筑，归绥的延寿寺（汉代的建筑物），更是富丽堂皇，那末，我们不及西洋的"土木工程"有几呢？我想除了摩天楼和铁塔之外，并没有缺少了什么吧！这是第一点，我们不应轻视我们自己的建筑。

再进一步，我们知道！横形的建筑是西洋的"土木工程"中一个极重要的部分，他们建筑学（Architecture）也就取 Arch 开头，可想他们建筑的原始是拱形，像他们的凝水池（雨水和河水不多的地方用），飞机库，都是极大的拱形建筑，现在再掉过目光来，我们除了十七孔桥等小形拱形建筑外，更有仙霞关的大拱形建筑，这个建筑大概至少已书几百年以上，那末，中国的"土木"工作，又那里比别人差啊！这是第二点，我们应当看重我们自己的建筑。

以上的二点，还是次一些的，现在我再来举出重要的二点来：一是雕刻，中国的雕刻术，素来是世界各国所钦佩叹服的，西洋人来游历中国，往往都把我们精致的雕刻的照相，来作为他们旅行的成绩，如大名鼎鼎的北海的九龙壁，是辽时所建的巨坊，山东曲阜大成殿中的龙柱，更是规制宏丽，不愧为雕刻之王，其他壮丽的雕刻，真是汗牛充栋，车载斗量。那末，西洋的雕刻术怎样呢？我们晓得，除了在罗马和几个老城市有一些可观些的雕刻之外，并没有什么伟大的成绩。所以说，中国的雕刻远在西洋之上，而雕刻是"土木工程"的最显表的部分，正如人身上的衣饰，那末我们要研究高深的"土木工程"，怎么可以不在我们的雕刻上下一番功夫呢！

再有第二点，便是现代的"土木工程"中有一种极风行的时方色彩的建筑，这尤其了，差不多完全脱胎于我们的古建筑上，因为所谓东方色彩的建筑，就是我们几千年前已有的宫殿啊！那末，我们要在这东方色彩的建筑上求深造，岂可对他的娘家反而抛弃不问吗？

看了上面四点，我们再不能漠视我们固有的建筑了吧？但是，我们的祖宗决不是偶然造得出这许多伟大的建筑来的，他们自然也有他们的师傅，也有他们"土木"的书籍。我国最早讲"土木"的书，要算是李诫的《营造法式》了，后来又有宋应星所著的《天工开物》，也是一部专门研究建筑和制造的大著。北魏杨衒之的《洛阳伽蓝记》中，更把林立于洛阳城中的寺院庙堂的建筑式样和材料，都很详细地叙述描摹出来，真是一部绝好的建筑范本，次一些的，像《图书集成》中的房屋之部以及《授时通考》中附载的工业知识，也各有相当可取的地方。再有《周礼》的《冬官考工记》和《史记》的《河渠书》也都是很好的工程书籍。我们切莫以为这些是古书铺子里的东西，要知道这许多书对于现代的"土木工程"还是有着很多的帮助，尤其对于所谓东方色彩的建筑。可是事实上，现在一般的"土木工程"的学者，都没有去参考这一类的书，所以他们虽然把他们的正课都读得很好，这因为没有去领受他们最先祖师的教诲，总是很平凡而没有一些杰出的伟构，这实在太可惜了！

　　不过他们为什么不去参考那一类书呢？那我以为就是国学的关系了：因为现在一般人对于国学差不多都很马虎，见了古版子的书就喊头痛，所以一错再错，弄得大家的国学根底非常不行，所以这类工程上的宝物，不要说去参考它，研究它，恐怕有许多人根本连这许多名词听也没有听见过啊！

　　从这里，我们可以逆推出来：我们如果要充分发挥我们的"土木工程"，我们就不得不去参考这一类古代的工程家的大作；然而，更应该要知道，要看这一类的书，他需先把

国学的基础树得坚固一些才行哪！（蔡秉樵：《土木工程与国学》，
《南方年刊》，第2期，1939年6月）

7月7日　顾颉刚决定应聘齐鲁大学国学研究所，致信刘书铭
（世传），计划利用霍尔基金，汇聚深富学识之士"撰文著书"，提
高国学研究所的学术地位。

函称："日前接颂大函，颁下聘书，命为国学研究所主任，自
维谫才乃承特举，感怀知遇如何可言！"但有数事商议如下：

一、刚学术无足道，只以服务北大研究院暨厦大、中大、
燕大、中央、北平各研究院，故国内文史学者大都认识，经廿
年来之酬酢，其学力高下亦均默识于心，诚能将本所经费划出
一部分作为稿费，刚有能力约集第一流人才为本所撰文著书。
是本所以有限之资，易得专门学者之并力合作，不徒使本所之
地位提高，亦为吾国学术界奠定集体工作之基础。此事务请先
生允可。

一、刚苦于浮名为累，每至一处，辄有许多不相干之人
见访，或请作文，或嘱写字，或酬酒肉，或邀讲演，以致前数
年中整日奔驰，迄无用功之机会。……华西坝离城颇近，金陵
华西诸校又在一处，刚甚畏到蓉之后，重受人事之扰，致不能
为本所专心工作，上负先生殷殷见聘之好意，故务乞转告校中
同人，千万勿为刚鼓吹，勿将贱名载入报纸，俾得杜绝外间酬
应。倘住学校附近，仍不免杂客之扰。乞许刚移家近县，间若
干日到校一次，勿以普通教职员例相绳……

一、钱宾四先生穆，在北大任历史讲席已越十年，学识淹博，议论宏通，极得学生欢迎。其著作亦均缜密谨严，蜚声学圈，实为今日国史界之第一人，刚敬之重之……刚惜其时间不经济，约其同至成都，俾得共同研究，得其首肯；……尊驾到滇时曾告刚，哈佛方面希望本所向地理及佛学方面工作，刚告之宾四先生，渠允任"中国历代地理沿革图"之编制，凡史事之可表现于地图中者，悉为绘入。……至于佛学方面，则北大哲学系主任汤用彤先生博通欧西诸国文字，以新方法整理佛经甚有成绩。渠与宾四先生为至交，自肯同来。惟此二人均为北大台柱，如果一时俱去，则文学院失其重心，学生亦无所仰望，故此事只得迟迟为之。（顾颉刚：《顾颉刚全集·顾颉刚书信集》卷三，第121—122页）

钱穆《师友杂忆》中称："余在昆明，……颉刚来访，彼获流亡成都之山东齐鲁大学聘，任其新设国学研究所主任职。实则此事由颉刚向美国哈佛大学燕京学社协商得款，乃始成立。颉刚来邀余同往。……余允颉刚之约。"（钱穆：《八十忆双亲　师友杂忆》，九州出版社，2011年，第172—185页）

7月14日　无锡国学专修学校开学，拟采用五年制。

无锡国学专修学校所开学程，"除唐校长亲自讲授《论语》及读国文法外，计有夏瞿禅《史记》韵文，王绍唐哲学史论理学，郝立权文学史，陆景周散文等科"。（《无锡国专》，上海《申报》，1939年7月17日，第4张第13版）私立无锡国学专修学校编订"五年制各学年课程计划表"，国学常识为必修课程。

7月前后　沈延国多次刊发启事，申明《兼明》杂志宗旨，批驳流言，并称《兼明》乃个人事业，与《制言》没有关联，辞去《制言》编辑之职。

是时，沈延国、吕思勉与童书业等联合创办《兼明》杂志，该刊"针对时弊，关心时政，以笔代口，进行挞伐"。（王瑜孙：《追忆太炎文学院（二）》，顾国华编：《文坛杂忆》全编六，上海书店，2015年，第157页。）该刊登文"攻击国民党元老吴稚晖的文章，南京汪系文化特务在上海故意放出风声，诬蔑《兼明》和重庆唱对台戏，向南京靠拢。同沈延国合办《兼明》的两位沈延国同学又登报脱离《兼明》。沈延国受此中伤，一方面不得不把《兼明》停办，一方面又不得不辞去太炎文学院教务主任一职，单任教授"。（王仲荦：《王仲荦自述》，高增德、丁东编：《世纪学人自述》第四卷，北京十月文艺出版社，2000年，第451页）童书业自称："与杨宽、沈延国合编《兼明》月刊，因汉奸汪馥泉之离间，余等疑沈为汉奸，脱离兼明社，《兼明》月刊停刊。"（童书业：《知非简谱》，《春秋史》，商务印书馆，2010年，第279页）《救亡日报》登文称"汪逆的宣传刊物，除《力周刊》《更生》《抗议》仍旧出版外，新出的有《兼明》，主编人为《制言》的编者（按《制言》为一专门研究国故的刊物，系由章太炎所主办；章死后，即由章夫人另委章的门人负责）筹备的有伪'学联'的《纵横》"。（《汪逆党羽在沪新活动》，《救亡日报》，1939年7月9日，第3版）1939年8月3日，宋云彬接孙世扬来函，"并附章氏国学讲习会及《兼明》月刊编辑沈延国启事各一则，嘱为登报剖白"。5日，宋云彬致《救亡日报》函，"嘱登沈延国等之启事，并为之剖白"。[海宁市档案局（馆）整理：《宋云彬日记》上册，中华书局，

2016年，第58—59页]

沈延国启事称：

延国从章氏国学讲习会诸君之后，与于《制言》编辑之列，谨承太炎先生遗教，以讨论国故、阐扬国性为职志。近自行另编《兼明》月刊，旨在发扬民族意识，聊以自致救国之诚，但是个人事业与《制言》并无关系，今闻有人对于《兼明》流言诬蔑，显系存心破坏文化界统一战线，殊堪痛恶。《兼明》所载，文字浅露，理论明确，阅者自易别其黑白，无待深辨。唯详彼辈破坏《兼明》，语中凡称《制言》编辑人是其意，亦希图破坏《制言》。延国义不欲以个人毁誉牵涉团体，因亟辞去《制言》编辑之职，以谢同人，而间执存心破坏者之口，特此通启。（《沈延国启事》，《制言》，第54期，1939年6月）

章氏国学讲习会启事：

本会编印《制言》，禀承太炎先生遗教，以讨论国故、发扬国性为宗旨。经理事会推定，潘承弼、沈延国、孙世扬三君为编辑已出版至五十三期。近沈君自办《兼明》月刊，本与《制言》不相关涉，然其宗旨纯正，情见乎辞，亦系阐扬民族主义之刊物，乃有人诬以恶名，实可付之。沈君耿介，唯恐以个人之毁誉，累及团体，亟自辞职，挽留不许，众意怵如。此后《制言》编辑，业经理事会议决，仍由潘孙二君负责，特此

通启。(《沈延国启事》,《章氏国学讲习会启事》,《救亡日报》,1939年
8月20日,广告栏)

8月20日,《救亡日报》刊登上述启事,宋云彬附函称之前报
载《兼明》编辑为汪逆党羽,"当时很为骇诧,因为《制言》的编
辑人大都是我所熟悉的朋友,他们虽然没有能够积极参加抗战工
作,但他们秉承章太炎先生遗教",遂致函询问。近日收到回信,
说是因为《兼明》创刊号中"有攻击□某的文字及批评某书局出
版的书籍,所以恶声之反,诬以汉奸云云;并附有启事两则,嘱
登贵报广告栏。我又去函,请他们将《兼明月刊》寄来一阅,则
真相为何,不难水落石出"。(《宋云彬来函》,《救亡日报》,1939年8月
20日,广告栏)

7月　西园发表《国学讲话》(一),综合胡适与曹聚仁的观点,
解释"国学是什么"。

　　国学:是"国故学"的简称,故,是"旧",国,是"中
国",故国故学,便是中国的旧有学问。所以又可称"中学",
或是"旧学",中学与西学相对,旧学和新学相异,这可表明
国学,和从欧美输入,而且盛行于现代的学问不同。今再详细
点说:就是我中华民族,在过去数千年来固有的一种学问,便
叫做"国学"。……我希望南国少年,明白祖国自有祖国的学
问,先知这一点大纲,然后再进而研究精深博大的国学,同来
发挥中国的固有文化,以宣扬于全世界,那就不负作者的意思
了。(西园:《国学讲话》(一),《南国少年》,创刊号,1939年7月)

△ 熊十力月底到乐山，与马一浮一同筹建复性书院。（郭齐勇编：《熊十力年谱简编》，《熊十力文化随笔》，湖北教育出版社，2023年，第289页）

△ 顾廷龙、叶景葵、张元济、陈陶遗等先生在上海筹备合众图书馆，作为专门国学图书馆。

顾廷龙拟就意见书，确定合众图书馆的方向，意见书略云：

> 抗战以来，全国图书馆或呈停顿，或已分散，或罹劫灰。私家藏书亦多流亡，而日、美等国，乘其时会，力事搜罗，致数千年固有之文化，坐视其流散，岂不大可惜哉！本馆创办于此时，即应肩负起保存固有文化之责任。
>
> 为保存固有文化而办之图书馆，当以专门为范围，集中力量，成效易著。且叶揆初先生首捐之书及蒋抑卮先生拟捐之书多属于人文科学，故可即从此基础，而建设一专门国学之图书馆，凡新出羽翼国学之图书附属之。至自然科学书籍及西文书籍则均别存，以清眉目。否则，各种书籍，兼收并蓄，成普通图书馆，卒至汗漫无归。观于目前国内情形，此种图书馆虽甚需要，但在上海区域之中，普通者有东方图书馆；专于近代史料者，有鸿英图书馆；专于自然科学者，有明复图书馆；专于经济问题者，有海关图书馆。至于中学程度所需要参考者，有市立图书馆。他地亦各有普通图书馆在焉。本馆自当别树一帜。

顾廷龙等提出："我们所想办的专门图书馆，即欲向日本的东洋文库急起直追，尽量搜罗东方史料，以供研究。当时所以称为国学者，是想使日寇不加注意，免遭他们的嫉妒而被摧残。"

筹备处确定合众图书馆的目的为：1.征集私家藏书共同保存，以资发扬中国之文化；2.搜罗中国国学图书及有关系之外国文字图书；3.专供研究高深中国国学者之参考；4.刊布孤椠秘笈。其后补选董事为徐森玉、陈朵如、谢仁冰、裴延九、胡惠春、顾廷龙、陈次青、唐弢。推张元济为董事长，徐森玉为常务董事。捐书者：叶景葵首先捐出所藏的全部，包括历代精刻及名人钞校稿本作为基础，张元济捐赠家藏善本及嘉兴人著述，陈叔通、李宣龚、蒋抑卮、叶恭绰、顾颉刚等均有捐赠。

1939年5月发布合众图书馆缘起：

> 中国文化之渊邃，传数千年而探索无穷，东西学者近亦竞相研求，矧吾国人益当奋起，继承先民所遗之宏业。惟图录典籍实文化之源，兵燹以还，公私藏家摧毁甚烈，后之学者取资綦难，心窃忧之，爰邀同志，各出私人之藏，聚沙集腋，荟萃一所，名曰合众图书馆，取众擎易举之意。同人平素所嗜皆为旧学，故以国故为范围，俾志一而心专，庶免汗漫无归之苦，乃得分工合作之效。精钞、名校、旧椠、新刊与夫金文、石墨皆在搜罗，而古今名贤之原稿，尤所注重，专供研究高深国学者之参考，并拟仿晁、陈书志，欧、赵集录，撰列解题，以便寻览。风雨如晦，鸡鸣不已，不求近效，暗然日章，世有同情，惠而好我，斯厚幸已。

1941年，陈叔通、李宣龚于长乐路七四六号，发起成立合众图书馆董事会，推陈陶遗为董事长，叶景葵为常务董事。历任事、顾问和工作人员名单，如表1—3所示。

表1　董事人员名单

姓名	别号	籍贯	履历	职务	任期	备注
陈陶遗		江苏金山	前江苏省省长	发起人、前董事长	1941—1946	已故。1941.8.19当选董事长
张元济	菊生	浙江海盐	华东行政委员会委员	发起人、董事、董事长	1941—	1946.5.2当选董事长
叶景葵	揆初	浙江杭州	前浙江兴业银行董事	发起人、前常务董事	1941—1949	已故。1941.8.19当选常务董事
陈叔通		浙江杭州	全国政协副主席	董事	1941—1944　1944.12.10—	
李宣龚	拔可	福建闽县	商务印书馆前董事	董事	1941—1944　1944.12.10—1952	已故
徐森玉		浙江吴兴	上海市文物管理委员会副主任委员	董事、常务董事	1946—1947　1947.11.12—1949.6.9 常董	

续表

姓名	别号	籍贯	履历	职务	任期	备注
陈采如		浙江萧山	公私合营银行副主任	董事	1949.6.9—	
谢仁冰		江苏常州	商务印书馆前经理	董事	1949.11.10—1952	已故
裴延九		江苏丹阳	中兴煤矿公司董事	董事	1949.11.10—	
胡惠春		江苏江都	上海市文物管理委员会委员	董事	1949.11.10—	
顾廷龙	起潜	江苏苏州	本馆总干事	董事	1949.11.10—	
陈次青		浙江杭州	矿冶局局长	董事	1952—	
唐弢		浙江镇海	文艺月报副主编	董事	1952—	

表 2　顾问人员名单

姓名	别号	履历	职务	任期	备注
顾颉刚		上海市文物管理委员会委员	顾问	1947—	
钱钟书	默存	清华大学教授	顾问	1947—	
潘景郑		本馆干事	顾问	1947—	

表 3　工作人员名单

姓名	性别	年龄	籍贯	学历	经历	职务	到职年月
顾廷龙	男	四九	江苏苏州	前燕京大学研究院毕业	前燕京大学图书馆中文采访主任、前暨南、光华大学兼任教授、前中央图书馆编纂	总干事	1939.7
潘景郑	男	四六	江苏苏州	家塾	前章民国学讲习会、大炎文学院讲师兼师图书馆主任、原任本馆顾问	干事（主管历史图书采编）	1940.8—1946.3 1951.3
王煦华	男	二六	江苏江阴	前诚明文学院毕业		干事（主管新文化图书采编）	1950.2

续表

姓名	性别	年龄	籍贯	学历	经历	职务	到职年月
杨鉴	男	二七	江苏扬州	前诚明文学院、国学专修科毕业	正中中学、诚明业余学校语文教员	干事（主管期刊采编及参考室）	1950.6
朱一冰	女	二六	江苏南通	前之江大学毕业	南通唐闸工人子弟学校会计兼高级科任教员	干事（主管登录编目及财务）	1951.4
杜幹卿	男	五九	北京	家塾六年	北京电话局庶务	干事（管理普通阅览室）	1946.2
潘承圭	女	四七	江苏苏州	家塾九年		助理员（管理报纸阅览室及庶务）	1952.2
周同和	男	二一	江苏海门	小学		勤杂员	1951.4
邹云泉	男	三七	江苏无锡	小学		勤杂员	1952.7

（《一个图书馆的发展——从合众图书馆到上海图书馆（1939—1958）》，顾廷龙撰，李军、师元光整理：《顾廷龙日记》，中华书局，2022年，第641—655页）

8月12日　教育部颁布大学中国文学系课程，各校中国文学系不设"国学概论"科目。

1938年春，教育部曾经委托朱自清和罗常培拟订大学中国文学系课程草案，文学组由朱自清起草，语言文字组由罗常培负责，"不过其中却有不少彼此交换意见的地方，严格说起来也分不清哪些意见究竟是谁的"。后来教育部将草案油印出来，送请各大学专家分别签署意见。1939年5、6月间，教育部在重庆先后召集大学各学院分院课程会议，讨论草案。罗常培听说大家对于草案颇有批评："有的以为文学组只须读专书，用不着讲文学史，更用不着设立'中国文学史分期研究'；有的对'印支语比较研究'一课认为'支'字有伤国体，而把它改作'中国印度文学的比较'！""我当时并没在场，恕不能把各方面妙论一一记录出来。"5月29日，朱自清特意拜访罗常培，商量修订"部颁大学中国文学系科目表"。经过这场会议讨论，教育部根据各方意见，将原草案加以修改，于1939年8月12日用训令颁发各大学，"限定从1939年度起就第二年级学生开始施行，并将施行情况具报备查"。罗常培认为部颁课程里"固然有许多地方保留着原草案的意见，可是有许多修订的地方却和原起草人的意见大相径庭"。罗常培就语文科目的问题详细展开，认为在科目的性质与各组科目的偏畸方面与原起草人意见相差很远。（罗常培：《部颁大学中国文学系课程中语文科目平议》，《罗常培文集》编委会编：《罗常培文集》第8卷，山东教育出版社，2008年，第531—536页）

12月，胡山源发表《论大学国文系及其科目》，认为"国文系在现在几乎已经到了山穷水尽的地步，它的命运正可以说不绝如缕"，目前大学均应当成立国文系，必须按照部颁科目充实其内容，"发挥民族精神，养成爱国家爱民族之观念"，不过，国文系及其科目不是主张复古，而是要用"现代的中国文学"来实行我们这样的"发挥"和"养成"。胡山源提出复兴国文系的原则："一，确认国文系的重要；二，增加国文系的预算；三，慎选国文系的主任，并添聘优秀教授；四，与国文系学生以特惠的待遇。在学生方面讲，则须自己在选系之前，仔细反省一下，如果自己对于国文系各科目有特长，有兴趣，有把握的，不必趋时髦，而改入他系。"（胡山源：《论大学国文系及其科目》，原刊《中美日报》，1939年12月1日，后重刊《国文月刊》，第49期，1946年11月）

8月21日 《申报》推荐张心澄编著《伪书通考》，为研究国学不可或缺的工具。

> 读书应辨真伪。本书综合古今各说，为有系统组织的辨伪之作。先之以总纲，详论伪书之程度，伪书之来历，作伪之原因，伪书之发现，辨伪律，以及辨伪方法与手续等等；次分经、史、子、集、道藏、佛藏六部，每部分若干类，每类中以所辨之书为纲，以各家之说为目，凡各书全部或其一部份为伪或在疑似之间者，均行载入，将自古及今对于此书辨伪之说，一一具列，并注明出处。读者欲考某书之真伪，立可于本书检得，无待旁求，诚为研究国学者不可不备之工具。（《上海商务印书馆每周新书：〈伪书通考〉》，上海《申报》，1939年8月21日，第1张第1版）

8月24日 报载"北京古学院"拟增设研究会，后古学院发布更正启事。

特讯：北京古学院，自成立以来对于中国旧文学极力推进，该院为加强内部组织，及推进研究事项起见，决于院下设五个研究会，（一）经史，（二）哲理，（三）文学，（四）金石，（五）艺术，各研究会均聘有专家担任研究事项，闻于最近将使其扩大组织，预卜将来对于中国古学，定有绝大之贡献云。（《古学院扩大组织》，《晨报》，1939年8月24日，第8版）

迳启者：贵报八月二十四日、二十六日两日第八版各载有本院新闻一则，查与事实不符。本院研究员，现分七组研究，并无研究会等组织，将近一月份至三月份考课生试卷，选印课艺汇选，更无搜集逊清场试佳卷之举，至每月各组研究员茶话会，则系按月照例举行，本月系定于二十七日、二十八日、二十九日三日，报载各节当系传闻之误，应请迅予更正，是为致荷。（《古学院更正启事》，《晨报》，1939年9月1日，第5版）

8月25日 马一浮致函金景芳，回绝其参学复性书院的申请，后因金景芳一再申请，允其入学。

金景芳寄来《国学研究概论》，请求就读于复性书院，追迈清华国学院。马一浮称《国学研究概论》其中讨论"近人研究国学之得失一条，语多中肯。其余诸条，虽不免稍疏，亦有思致"。不过，"既欲专求义理，须知此是自己本分事，要直下体认亲切。如近人用客观的整理批评方法，乃与自己身心了无干涉也"。如果对此能

有所辨明，"知所用力，方可来书院共学。又枯淡之业，亦须自审
是否能堪。书院于贤者期望甚厚，故不觉言之剀切如此，尚希详虑
抉择为幸"。此后，又再度复函：

> （一九三九年九月十日）来书陈义甚高，有以见足下之志。
> 然孔颜乐处，正未易言。未至安仁，难为处约。记问之学，只
> 益谀闻；闻见之知，不关德性。足下虽求道甚勇，恐择术未
> 精。遽欲舍皋比而就北面，弃脩脯而乐盐齑，或非高才之所能
> 安也。书院经始草昧，百无足称，非特远愧先贤，抑亦近惭时
> 彦。来书乃以清华研究院相望，实为拟不同科。将恐虚劳下问
> 之勤，无裨多闻之助，与其来而不餍，何如慎之于初？故劝足
> 下仍其旧贯，幸勿轻辞教职，唐费光阴。在敝院不欲强人以必
> 同，在足下亦不妨各从其所好。盖观足下见勖之言，似犹滞在
> 见闻，于义理之学，未必骤能信入也。此实推诚相与，非有拒
> 却之意。若必不弃刍陋，则遇寒暑休假之时，一来参扣，固无
> 不可，不必屈意来学。如此则足下可无绝学捐书之过，亦有从
> 闻入理之期，岂非两得之道邪？（吴光主编：《马一浮全集》第2册
> 下，第904—905页）

《金景芳自述》追忆：

> 1940年9月，我考入四川乐山乌尤寺复性书院学习。书院
> 主讲是马一浮先生。马先生为江南耆宿，人品甚高，于书无
> 所不读，文章、诗、词、书法、篆刻、医药皆精，而尤深于

宋明理学。我的志趣本在经学，先生教我读《传灯录》《法华经》，我有抵触情绪。我读了熊十力先生著的《新唯识论》和《佛家名相通释》以后，又妄加评论，以是不为先生所喜。然我用半年的工夫阅读"春秋三传"，最后写出《春秋释要》，先生则慰勉有加，特为制序。略谓："晓村以半年之力，尽读三传，约其掌录，以为是书，其于先儒之说取舍颇为不苟。而据《史记》主鲁亲周以纠何氏黜周王鲁之误，谓三世内外，特以远近详略而异，不可并为一谈，皆其所自得。岂所谓'箴膏肓''起废疾'者邪？"1942年，我在东北大学中文系讲授《经学概论》，写了一篇《研治经学之方法》，在东北大学《志林》上发表，曾寄呈先生教正，先生赐笺，誉为"辞义并茂，不为苟作"。证明先生对我属望甚殷，不抱成见，而我受业一年半，没有从先生学到什么。至今思之，深以为憾。（金景芳：《金景芳自述》，高增德、丁东编：《世纪学人自述》第二卷，第176—177页）

8月　范烟桥与包天笑、吴湖帆在大西洋西餐社合宴国学会会友，22人到会。

"姜亮夫兄甫从法国考察归，云欧洲人近颇多攻东方文化者，每谓中国文化从西方输入，殊武断可笑。然其研究方法与精神，可以借镜。渠曾与友人合撰《扶桑考》，见拒于教授会议，问之，别无理由，故学术亦随国势之强弱而重轻也。"（范烟桥：《鸥夷室文钞》，海豚出版社，2013年，第164页）

△　浙江大学文理学院分为文学院与理学院。梅光迪多次致信竺可桢，谈及国文系的行政划分与学术宗旨。

函称："宜速立文院，国系属之，不可属师院。"文学院独立后，增设国文系成为教育部认可之事实。梅光迪听闻师范学院将另设国文系，坦言："照此计划而行，则文科范围更形缩小，无独立之望矣。"此时，师范学院可以采取的正当办法有两种：其一，该院六系皆另设；其二，该院六系皆不另设，皆由文理两院兼办，略事扩充。"由（一）办法则现时浙大财力、人材皆不足，且于大学组织系统亦不混乱。浙校自当取第（二）办法。"若两种办法皆不认同，主张特殊办法，"是必有人别具心肠，不惜破坏本校组织系统，以便其私计"。文学院独立，"不但适合全国大学学制，且有绝大之意义：

（一）本校以实科起家，文科颇形落后，非特加提携，则教者与学者皆不能发奋为雄，自认得其地位之重要，与使命之远大。教者方面，不易罗致头等人材；学者方面，招考与入学后不易引致优秀青年。盖以文科本无足轻重，安有人肯同降志以从乎？（二）当此中国文化蝉蜕之际，文科学者责任尤重。各种大问题，如中国固有文化之价值重行估计，何者为优，何者为劣；西洋文化之输入，何者为轻，何者为重；中国未来之新文化究是何物；又在此民族存亡关头，如何始能恢复民族自信力及其他学术思想上无数问题，皆赖贯通中西、高怀卓识之士为之解决，而解决此种问题之困难，与解决物质建设之困难实远过之。（三）凡一大学当应有尽有，于各科系皆当平均发展，不可拘于一隅。浙大理工已薄时誉，何不使文科亦为全国翘楚乎？即云力量有限，事有先后，然本校文科基础已足扩而

大之，一反掌之力耳，经费、人才方面皆不发生困难也。（四）
浙校文科人材无多，然颇极当世之选。此吾兄长校以来之赐，
文科同人亦有口碑。然人之才愈高，其自负亦愈重。居领袖
地位者，尤须因势利导，奖其好胜之心作其前进之气，若使
之抑郁不伸、寄人篱下，则掉首而去耳。弟敢断言，现时文
科同人非是"混饭吃"者，乃是欲借浙大在中国文化上作一
番惊天动地之事业者。同人之要求，非私人之权利问题，乃
中国文化问题也。

　　总之，梅光迪认为"天下事在求公平、求前进"，院系调整尤
须"集思广益，不可徇一二人之私见，以致弄坏大局"，并格外强
调："国文系人员，尤宜审慎，当求学兼中西之通材为之主持，否
则宁缺毋滥。"（梅光迪：《致竺可桢二通》，中华梅氏文化研究会编：《梅光
迪文存》，华中师范大学出版社，2011年，第556—557页）

　　9月5日　马一浮致函竺可桢，回绝蒋逸雪以参学名义问学复
性书院。

　　函称：

　　　承介蒋君逸雪，欲以参学名义通讯问学，并承寄示蒋君所
著《国学概论》《陆秀夫年谱》等书。蒋君绩学之士，著述斐
然可观，不以自足，不耻下问，是诚贤智之用心，尤堪嘉尚。
但书院所讲求者，一以义理为主，务在反躬体认，不徒以博问
多识、辨析批评为能事。蒋君如本此旨来相咨决，亦自不敢有
隐，否则泛泛酬答，恐未必能有深益。且院中师友讲习，唯日

不足，更无余力以待问，书札往复，实不暇给，殊愧未能仰副来意，尚希转致蒋君，谅察为荷。（吴光主编：《马一浮全集》第2册上，第532页）

9月12日　《申报》报道大成学社与大同乐会鉴于国学、国乐未能普及，发起国学讲习班，以期阐扬国粹，培养基本人才，课目有基本国文、应用文、诗词、昆曲、音乐等科目。（《学校汇讯·国学讲习班》，上海《申报》，1939年9月12日，第2张第7版）

9月17日　复性书院正式开讲，熊十力、马一浮分别致辞。

乌以风在《问学私记》中记载了书院的行开讲礼过程：

> 是日，院中诸执事黎明即起，盥洗毕，先集学生于户外。由都讲乌以风迎先生至讲舍，先入。讲友、都讲、执事及学生以次入。先生斋庄盛服，立前正中位。讲友、都讲及诸执事分立左右。学生一列在后依序立。由引赞王静伯唱先行谒圣礼，师生向先师位北面三礼，焚香读祝，复三礼。谒圣礼毕，次行相见礼：一、宾、主相见，先生右立，讲友、都讲、诸执事左立，相向一礼；二、师、弟子相见礼，弟子北面，先生南面，弟子向先生三礼，先生答礼；三、学生相见礼，左右相向一礼。礼毕，由筹备委员贺昌群报告筹备经过。报告后，主讲开示。先生徐步上讲堂，端坐少顷，然后开示曰……（按："开示词"已辑入《尔雅台答问续编》）词毕，复由讲友沈敬仲、都讲乌以风相继致勉词。礼成，肃肃如也，穆穆如也。是日与礼者，主讲一人，讲友二人，都讲四人，执事二人，学生十三

人，司仪一人，引赞二人，读祝一人，知宾一人。礼堂假乐山
乌尤寺之旷怡亭。不设位，不释菜，因时制中，唯其宜也。（乌
以风辑录：《问学私记》，吴光主编：《马一浮全集》第1册下，第768—
769页）

马一浮做了题为《开讲日示诸生》的简短开场，指出今日中国
正当危难之时，"书院之设置，非今学制所摄，此亦是变。书院所
讲求者在经术义理，此乃是常。书院经始，资用未充，斋舍不具，
仅乃假屋山寺，并释奠之礼而亦阙之，远不逮昔时书院之规模，此
亦处变之道则然"，"时人或以书院在今日为不亟之务，视为无足重
轻，或又责望备至，病其规制不广。前者可置不论，后者亦未察事
情。盖力愿之在己者是常，事物之从缘者是变。常者，本也；变
者，迹也。举本，则范围天地而不过，未足以自多也。语迹，则
行乎患难而无辞，亦未足以自沮也"。复性书院学子治学必须潜心
于"经术义理之学，方能有人"，"儒者先务立志，释氏亦言发心。
此须抉择是当，不容一毫闲杂。圣狂由此分途，惑智莫能并立。随
时变易以从道，斯知变矣。夭寿不贰以俟命，斯知常矣。君子小人
之归，吉凶悔吝之渐，系乎当人一念之辨而已。敬则不失，诚则无
间。性具之德，人人所同。虽圣人不能取而与之。学而至于圣人，
方为尽己之性。此乃常道，初无奇特。须知自私用智，实违性德之
常；精义人神，始明本分之事。书院师友所讲习者，莫要于此"。
（马一浮：《复性书院讲录》卷一，马镜泉编校：《中国现代学术经典·马一浮
卷》，第91—92页）

熊十力认为书院虽是往昔之名称，时下"既不隶属现行学制

系统之内、亦决不沿袭前世遗规"，应当属于"研究高深学术的团体"，重点在研究哲学思想与文史知识，以此挽救教育界注重科学与技术而轻视文哲的弊端。"世有尊科学万能，而意哲学可废者，此亦肤浅之见耳。哲学、毕竟是一切学问之归墟。评判一切知识、而复为一切知识之总汇。"熊十力认为哲学、科学息息相关，仅是各自有其领域与优长，"综事察变、固科学所擅长也：哲学则不唯有综事察变之长，而常富于改造的理想"，"科学的理论恒是根据测验的，哲学的理论往往出于其一种特别的眼光。哲学与科学相需为用，不当于二者间、有人主出奴之见，更属显然"。文学与历史在今日大学体制中属于文科的范围，"为究心文化者所必探讨"。那么，设立书院的本意就是"研究哲学与文史诸学之机关"，其地位就是各大学研究院。如今研究的旨趣，"自当以本国学术思想为基本，而尤贵吸收西洋学术思想，以为自己改造与发挥之资"。书院已经草定书院简章，以六艺为宗主。至于印度及西洋诸学，亦任学者自由参究，力求融会贯通，"大通而不虞其暌，至约而必资于博，辨异而必归诸同，知类而必由其统，道之所以行，学之所以成，德之所由立也"。书院不隶属于现行学制系统之内并不是要固守传统，而是"一欲保存过去民间自由研学之风，二则鉴于现行学校制度之弊"，"为一种新制度之试验，书院虽袭用旧称、而其组织与规制、实非有所泥守于古"。熊十力还强调书院学子必须学习科学知识，特别是接受科学方法训练，"未受科学知识的训练，而欲侈谈哲理与群化治术等等高深的学问，便如筑室不曾拓基从何建立？"（熊十力：《十力语要》，岳麓书社，2011年，第161—173页）

马一浮认为："十力好谈东西文化之异点，弟随顺其言，谓若克实而谈，有东有西，即非文化。圣凡犹不许立，更说甚东甚西。今且就第二门头说，圣凡心行差别，只是一由性、一由习而已。东土大哲之言，皆从性分流出。若欧洲哲学，不论古近，悉因习气安排，故无一字道着”，“昔之所谓南北，颇似今之所谓东西”。（马一浮：《致曹赤霞》十一，《马一浮集》第二册，浙江古籍出版社、浙江教育出版社，1996年，第467页）熊十力期望学以致用，以西学转化传统学术，马一浮认为：“吾国固有特殊之文化，为世界任何民族所不及。今后生只习于现代浅薄之理论，无有向上精神，如何可望复兴”，“衣食固其一端，抗战亦其一端。若欲其归有道，则必于吾先哲之道理有深切之认识而后可”。（马一浮：《致丰子恺》四，《马一浮集》第二册，第564页）那么，“吾侪今日讲学，志事亦与古人稍别，不仅是为遗民图恢复而止。其欲明明德于天下，百世以俟圣人则不同；不以一国家、一民族、一时代，为限则别。此义非时人所骤能了解，将谓无救于危亡，其效不可得而睹，其不可合而明”。熊十力建议采取现代学校分系办法，“诸生入院修学，自应先通后别。其别治门，各专一艺，而兼治其相与类通之诸学，则分系之意存焉”。马一浮谈熊十力解释四科，“孔子教人非是原有四科，但门人记述，就相从陈蔡者各有所长而分之耳。离却德行，岂有言语、政事、文学耶？”此论“义理以当德行，自是允当”，熊十力“拟之西洋哲学，彼虽亦言真理，终是心外有理，不知自性本具，非从性分中流出者”，“文者六艺之文，行者六艺之道，忠、信者六艺之本也”。（王培德、刘锡嘏记录：《马一浮先生语录类编》，《马一浮集》第三册，第1088页）

　　熊十力认为，书院授予学生研究院同等资格，政府为学生安排出路，“吾侪始事之精神，总不宜以寺院遗规为是，必务顺时之宜，得罗高下大小之材，使一般人不以是为畏途，而皆愿至。材之下与小者多至，而较高较大者，行将出于其间"，"吾欲予学生以研究院同等资格者，庶几可以聚天下之才耳"。（熊十力：《十力语要》，第179页）马一浮采用佛氏丛林制，认为书院无权规定学生出路，"书院既在现行学制系统之外，亦不能援大学文科研究院为例。弟意学生若为出路来，则不是为学问而学问，乃与一般学校无别，仍是利禄之途，何必有此书院"。（马一浮：《致熊十力》十二，《马一浮集》第二册，第535页）复性书院"本为谋道，不为谋食，若必悬一出路以为之招，则其来时已志趣卑陋。所向既乖，安望其能有造诣邪。君子之道，出处语默一也。弟非欲教人作枯僧高士，但欲使先立乎其大者"。（马一浮：《致熊十力》十三，《马一浮集》第二册，第537页）熊十力批评马一浮"执古之道，以御今之有"，"陈义过高"，"如全不养无用汉，乌可尽得人才；世法还他世法，岂可尽得天上人"。马一浮认为熊十力"爱人之过，世情太深"，"人才固难，养得一群无用汉，又何所取义"。（马一浮：《致熊十力》十三，《马一浮集》第二册，第537—538页）在聘请师资问题上，熊十力主张中西新旧兼容，建议聘请贺麟、张颐讲西洋哲学，周淀卿讲英文，牟宗三为都讲。马一浮以经费与书院宗旨为由一一否定。马一浮认为贺麟于西洋哲学，"已自名家，且身任教授，在大学地位已优，书院淡泊，或非所好"，复性书院讲习"重在经术义理，又非西洋哲学也"。至于张颐、周淀卿等人，"书院力不能购西方参考书，学生并未注重外国文字，使听黑格尔哲学，亦毫无凭借，无受教之资，则讲者必乏兴"，"书院所讲当自有先后轻重，并非拒西洋哲学不讲，以西洋哲学学生当以余力治之，亦非所亟也"。（马一浮：《致熊十力》十六，《马

一浮集》第二册，第544—546页）

马一浮和熊十力的论争逐渐变得公开而激烈，熊十力最终讲学不足一个月，便离开复性书院。马一浮遂邀约钟泰讲学，称："书院方始萌芽，未有远大之计，颇为时人所嗤，初未敢轻于求助。友朋间如十力者，犹不能见谅，必欲使近于现代学校化，遂致相怫，实乖弟之夙心"，"弟之固陋，良未足以继先儒素业。然绵此一脉，乃今日所不容已"。（马一浮：《致钟泰》四，吴光主编：《马一浮全集》第2册下，第663页）贺昌群与马一浮的理念也渐行渐远，在复性书院筹备之初，已有厌倦之意，"意识到底与马翁不一致"。贺昌群赞同熊十力的意见，认为书院不妨"众说并陈，由学者择善而从，多方吸收，并谓宜为学者谋出路，令习用世之术"。马一浮不以为然，认为"书院所修习乃本体之学，体深则用自至，外此以求，皆小道也"。叶圣陶感觉贺昌群与马一浮"谈话已不如在泰和、宜山时之融洽"，"马翁似颇不喜熊十力来，而事实又不得不延熊来，将来两贤相厄，亦未可知"。叶圣陶认为马一浮于其他皆通达，"惟于'此学'则拘执（理学家本质上是拘执的），今果然见于事实"。（叶圣陶：《致夏丏尊》，1939年6月19日，吴光主编：《马一浮全集》第6册上，第355—356页）熊十力曾与贺昌群吐露其良苦用心，今日书院应当一切兼容并蓄，以此博大精神，方可避免后来流弊。相形之下，马一浮"道高识远"，"前见所拟书院草案、归本六艺。吾国诸子百氏之学，其源皆出六艺，马先生所见甚谛。今后如欲新哲学及新文化之启发，虽不得不吸收欧化，要当滋植固有根荄，方可取精用物。吾于马先生大端上无甚异同，唯书院应采何种办法始堪达到吾侪期愿？恐马先生犹将执古之道，以御今之有，未得无碍耳。关于学生资格问题之诤，吾《答刘公纯》一函，极为扼要。马先生以世情议之，过矣"。（熊十力：《十力语要》，第182页）熊十力致信胡适时，评介马一浮"谨守程朱，颂其精华，亦吸其糟粕。在川时有复性书院一段关系。论教法各异，竟以亲交而成水火"。（熊十力：《致胡适函》，《熊十力全集》第8卷，湖北教育出版社，2001年，第499页）程千帆调和马一浮与熊十力学术之分合，称："先生之学，博通内外，贯综古今，遍究宋明诸儒之所得，而归其本于孔子仁恕之道。以知性始，以尽性终。虽论之极尽精微之处，或与并世诸名宿，如熊子真十力辈，不无异同，然期于淑世拯乱，宏扬吾华古代文化之优良传统则一。"（程千帆：《读蠋戏斋诗杂记》，莫砺锋编：《程千帆全集·闲堂诗文合抄》第14卷，河北教育出版社，2000年，第110页）柳诒徵认为马一浮为往昔圣哲树义尤其"坚卓"，"惜其必援儒入释，宗教之味太浓耳"。（柳诒徵：《致王驾吾书》，1939年11月3日，杨共乐、张昭军主编：《柳诒徵文集》第12卷，商务印书馆，2018年，第162页）

李一真曾在桂林筹办赞育书院，"发扬我国固有文化，阐述儒学"，李济琛、黄旭初、邱昌渭、苏希洵予以赞助。（《李一真发起筹设赞育书院》，桂林《扫荡报》，1941年5月27日，第3版）李一真后又拟赴湖南讲学，张舜徽认为"兹事鹄高体大，非一人所易举，丁斯乱离，尤难收效"，并将章氏国学讲习会与复性书院视为典范：

间有卓绝之士，识道甚真，足以转移风气者，则又薄学校诸生为不屑教诲，鸿冥世外，自视弥高。若欲强起讲学，必别立名义而后可，若章氏之国学会、马氏之复性书院皆是也。近年来，效之者日众，而弊亦滋甚。仲尼有教无类，诲人不倦，此正以见其大。若必颜、曾、游、夏而后可以施教，则圣门隘矣。宋明以来，理学诸儒高自位置，非真能学孔子者也。（张舜徽著，周国林点校：《壮议轩日记》，1944年3月26日，华中师范大学出版社，2018年，第218—219页）

张舜徽从李一真处借阅复性书院简章，仔细浏览后，"深服马氏揭橥之正，足以箴膏起废"：

彼既以六艺统摄一切学术，颇有得于向、歆录略之遗。其教学者，治经则分通治、别治二门。通治明群经大义，别治专主一经可也。通治门以《孝经》《论语》为一类，孟、荀、董、郑、周、程、张、朱、陆、王诸子附之。别治门以《诗》《乐》为一类，《尔雅》《说文》附之；《尚书》《三礼》为一类，名、法、墨三家之学附之；《易》《春秋》为一类，道家附之。观其区分门类，亦明切缜密。惟《尚书》《春秋》宜别为一类，而以史部诸书附之，较为精当。彼复欲于书院外附设编纂馆，拟编定《群经统类》《儒林典要》《诸子会归》《通史》诸书，以明文化渊源、学术流别。余则以为，修订通史，谈何容易？即能成书，亦非恒士所易卒读。即《统类》《典要》《会归》诸编，义在提要钩玄，不厌高深幽眇。初学对之，亦必望洋兴叹，废然而返。与其示之奥赜而难喻，孰若道以浅易而可循。余旧有志撰集《经子粹语》《史传简编》二书，以为振民育德之助，即此意也。（张舜徽著，周国林点校：《壮议轩日记》，1944年4月7日，第231—232页）

舆论报道复性书院开办情形：

"复性书院开创消息"：该院以阐明本国学源本原，使学者得自由研究，养成通儒为宗旨，不隶属于现行学制系统之内，亦不参加政治运动。研究科目有经术、义理、子、史、文学，而以经学为主。现代科学与外国语文不在所治之列，但得奖励译才，由书院主讲指定，翻译中国古籍为西文。又拟附设编纂馆及印书部，编定《群经统类》《儒林典要》《诸子会归》及《通史》之类。该院顷已开始招收肄业生，肄业期间院方酌予津贴膏火，并得由院刊布其论著，身有职业而未能长期住院者，得为参学人，院方于其参学期内供给膳宿。参学人无定额，亦无定期。（《复性书院开创消息》，《图书季刊》，新第 1 卷第 3 期，1939 年 3 月）

△ 《申报》报道太炎文学院拟开设特别讲座。

福州路太炎文学院开办半年，颇著成绩。本学期添聘教授，加开班级，业于九月十一日上课。因尚有远道学生，纷纷要求入学，该院特为通融，限于开学后两周内，补行入学试验，随到随考，俾免向隅。又该院除正式学程外，设有特别讲座，敦请国学界名宿吕诚之、丁毂音、冒鹤亭等专题演讲云。（《学校汇讯·太炎文学院》，上海《申报》，1939 年 9 月 17 日，第 2 张第 7 版）

9月21日　吴承仕在北平逝世，享年56岁。

曹见微撰《国学界最近一个大损失》：

　　吴先生是安徽歙县人，和胡适故乡的绩溪是仅隔数十里的邻县。二人同著名于中国学术界，性情思想，却无一相同。胡适留学美国，思想完全西洋化，不但要根本改造中国文学，而且想改变传统几千年的哲学思想。检斋则中举后东游日本，究心法学，其后三十年来，更埋头于小学训诂之究研，遂成功为中国近代唯一小学名家。他和适之的学殖基础，即有显然差别。一则是以法学"打底"，一则是以哲学"立根"，后来的成就结果，自然异工异曲了。……检斋在学术上能收精湛的成果之原因，是基于两个条件：一是凝神壹志，埋首钻研，三十年如一日；二是得力于用法学作基础，他不但深通近代法理，而且博览先秦诸子名法家言。所以演绎出来的文章，见解遣词，都精当严密，令人"无以易之"。新安学派自江戴而后，要推他独步。而他的小学和考据成绩功夫，今日中国，恐怕也找不出一个并驾齐驱的人。我尝和老弟看云楼主谈到：新安位于万山之中，所出文艺怪杰，多属结实高峻一流，并世除检斋外，如许际唐君的诗，洪泽丞君的词，徐识耡君的字，不都是震烁一时的吗？而全属歙县人。可见山水风土和人文思想在在有关。（曹见微：《国学界最近一个大损失》，《国艺》，创刊号，1940年1月15日）

　　9月24日　中华图书馆为培养国学人才，特开设中华图书馆学函授学校。

报道称："南京路四八六号中华图书馆服务社为培植国学人才及增进现任图书馆员学识、提高工作效能起见，特商请图学专家吕绍虞氏，主持创设中华图书馆学函授学校，已登报招生，报名踊跃。"（《学校汇讯·中华图书馆学函授学校》，上海《申报》，1939 年 9 月 24 日，第 3 张第 12 版）

9 月　顾颉刚抵达华西坝，主持重建齐鲁大学国学研究所。

此次重建，顾颉刚拟定各种章程及经费预算，延聘人员，包括研究员、编辑员、图书员等；又主持整理二十四史，作《齐鲁大学国学研究所整理二十四史之主旨》，先着手编辑中国民族史材料集。

（顾潮编著：《顾颉刚年谱（增订本）》，中华书局，2011 年，第 336 页）

《齐鲁大学国学研究所整理二十四史之主旨》：

齐鲁大学国学研究所之工作目的在于整理中国历史材料。此项材料之最基本者为二十四史，即中国每一朝之史官随时所记述而经后一朝之史官所编订成书者，都凡三千二百四十三卷。因其卷帙太多而又素不断句，故中国人以及世界历史学者虽群知其重要，然皆苦于不易读诵，且无法检索。至于解释，则只有《史记》、两《汉书》、《三国志》、《新五代史》五种有之，他皆无有，且注家随文敷意，亦难免前后牴牾之处。该所之工作，现在即以二十四史之整理为中心，集合所中人员并力为之，预计需时约十年至十五年。其法，先收集史书之各种版本作校勘，记出其异文，再加标点作索引，然后根据此索引中所录出之人名、地名、官名、书名、器物名……及成语、谚语等，作为《二十四史辞典》，除毫无疑问之名词依据史文作成解释外，更用归纳方法为每一个有疑问或意义不定之辞语作解释，务使其意义能完全表现于解释之中，并叙述其演变之史实；其意义之迄不能确定者，则备列数说以供参考：务使研究中国史学者得此一书可以减少大量之困难。将来就此扩大，便成《中国史学辞典》。又地图、器物图、年表、世系表、官制表、疆域户口表等，旧史中虽间亦有之，惟以当时卷册之方式不适宜于作此，所载图表终不易使读者得一明了之印象，况缺略者太多，实非补作不可。该所于编辑辞典之余，复钩稽史实，用新式方法制成各种图表，使事实益加显明。二十四史之本身整理既毕，乃将其材料分类辑出，编成各种专史之材料集，如种族、宗教、政治、军事、经济、社会、交通、思想、文学等等，更于大类中分析细密之小类，务使史书中各种材料均若网之在纲，有条而不紊，后来学者可依据之以作中国各专史及通史。凡此皆为中国史学之奠基工作，甚望其有顺利之进展也。（顾颉刚：《顾颉刚全集·宝树园文存》卷二，中华书局，2011年，第254—255页）

10月16日，王伯祥称："接颉刚九日成都信，告安抵校中，正创办国学研究所，拟有印行书籍计划，商开明合作。"（张廷银、刘应梅整理：《王伯祥日记》第6册，中华书局，2020年，第2796页）10月26日，顾颉刚与叶圣陶商讨齐鲁大学国学研究所整理二十四史问题。函称："此间国学研究所工作，拟集中精力于整理廿四史上，使散乱材料串上系统而成各种专史之材料集，为将来正式作通史之基础，再将范围扩大至廿四史之外。此事甚大，我辈生命中未必能亲睹其成。但欲引史学上轨道，固非此不可也。"（顾颉刚：《顾颉刚日记》第四卷，第300页）11月30日，顾颉刚计划此次到齐鲁大学研究所任职，"立志为中国通史工作打好一个基础"：

> 一、编各种专史材料集，庶数十年后有正式之各种专史及通史出版。二、编通史稿，分为十期：1. 秦以前，2. 秦、汉，3. 魏、晋、南北朝，4. 隋、唐，5. 五代、宋、辽、金，6. 元，7. 明，8. 清初至中叶，9. 鸦片之战迄辛亥革命，10. 民国。每一期为一册，每一册约自三十万言至五十万言，供一时的应用，且为将来人作正式通史之底本，此事希望十年内能编成。（顾颉刚：《顾颉刚日记》第四卷，第313页）

是年秋　甘鹏云《国学笔谈》于崇雅堂印刻，收入"甘氏家藏丛稿"。

该书卷一写于光绪二十五年（1899），"客荆门山中，此邦英秀多相从问学，辞不获已，辄以一得之愚开示埻的"，后将问答整理成册，"以守约施博为指归，以致用当务为究竟"。该卷内容谈及经学、小学、史学、理学、诸子学、舆地学、政治学、文学等，后加读书方法。卷二写于1939年，作者感叹道："世变日新，江河日下，人心竞利忘义，士习篒古而趋时"，因"不忍国学沦亡，经籍遭祸，狂澜莫挽"，遂将"胸有所触，辄书一卷，附诸前书之次，以告学子"。（甘鹏云：《国学笔谈》，转引自刘思捷：《甘鹏云〈国学笔谈〉述论》，《湖南科技学院学报》，2019年第4期）

△　国专沪校聘请周予同、葛绥成等为兼课教授。

　　周予同讲授经学概论，葛绥成讲授中国地理。有家长写信给唐文治先生，认为像国专那样的学校，不能容忍周予同在课堂上"大放厥词"。唐文治表示："我们学校正需要周予同先生这样的教授。"
（刘桂秋编著：《唐文治年谱长编》下，第986—987页）

　　一九三九年秋沪校迁在戈登路（今江宁路）三百六十号上课，这时又聘了几位兼课教授。教我们一年级的，除了唐校长自己教《论语》研究外，周予同先生教经学概论，张世禄先生教文字学，葛绥成先生教中国地理，郝立权先生教中国文学史，几位都是我慕名已久的名教授……周予同先生是很受学生欢迎的教授，高年级同学常到我们班上来旁听。周先生要我们买四本参考书，其中一本他自己写的《经学概论》。但他并没有照书本讲课，而是先讲两个导言：一、经学与现代中国文化的关系；二、经学与其他学科。他讲现代中国的社会属性时，列举了"次殖民地""半殖民地""资本主义""半封建半殖民地"四种说法，然后下结论："最后一种说法最恰当。"他评介孔子在历史上的地位时非常风趣地说：孔子在政治上是失败了，但在文化史上留下了宝贵的业绩。作为一个政治家太老实了，所以所遇不合。但他却是不老实的历史家，他的《春秋》（假如传下来的《春秋》真是他的原本）是一本政书，不是一个信史。他又说："章学诚说'六经皆史'，我不能完全赞同，还是作一些修改的好，就说'六经皆史料'吧。"他分析了当代的汉宋今古文学派，又讲了这几派对现代学术界的影响。有一同学问周先生自己属哪一派，他说自己是非汉、非宋、非古、非今的"超经典派"，属于新史学范畴。我进入国专，第一堂课没有听到"中国传统文明"，而是打开了眼界。以后对新事物比较容易接受，应该归功于周先生这一年中的教导。我相信很多听过他课的同学，都有此同感。后来听陆景周先生谈起，当时曾有两位学生家长写信给唐校长，认为像国专那样的学校，不能容忍周某在课堂上"大放厥词"。他奉校长之命，有意无意地向同学们了解几位新教授的讲课情况，对于周先生的情况问得特别仔细。唐校长听了他的汇报，毅然表示："我们学校正需要周予同先生这样的教授。"（黄汉文：《记唐文治先生》，中国人民政治协商会议江苏省委员会文史资料研究委员会编：《江苏文史资料选辑》第19辑，江苏古籍出版社，1987年，第130—132页）

唐文治称赞周予同"博学多闻，敦善不息，恂恂乎君子人也。曩岁在国学专修学校教授诸生，宗旨一出于纯正，与余心心相印，而其识见之卓越群伦，广博无津涯，远出余上"。（唐文治：《送周予同先生赴台湾序乙酉》，陈国安等编：《无锡国专史料选辑》，苏州大学出版社，2012年，第81页）

10月1日 湛曾发表《释"国学"》，提出中国学术者由中华民族先民的智慧经验累积而成，资以明了其环境，利用其环境的唯一利器。

国学一词，为中国学术之简称，吾侪于未论述中国学术以前，请先为学术二字下一解释：

学之为言：教也，效也，觉也，悟也。教与效为学之本体，觉与悟则为学之作用；故凡师弟相承，以教，以效，以求任何事物真相之渐趋于清楚明晰者，斯之谓学。

术之为言：道也，路也，由也，法也。道与路为本谊，而由与法则其引申之训。自西之东，自南徂北，必由于道路，人类欲达其种种希望，必由于种种方法；斯种种方法，即谓之术。

学与术虽可分析言之如上述，然二者之间亦自有其不可分离之连带关系在。

因学之目的为求知任何事物之真相，求知任何事物之真相，为一种希望，希望之达到，必由于方法，是则学固不可须臾离术而独立也。试举例以明之，有一某种物质于此，求知此物质系某几种原质所化合，每一原质在全体中所占之分量若干，是固属之于化学范围者也。然既欲得知此物质系某几种原质所化合，则化学师必先施之以定性分析，欲进而求知此物质中每一原质所占之分量若干，则化学师必且更施之以定量分析，定性分析、定量分析二方法，皆术也；舍之则此某种物质系某几种原质所化合，各种原质在此物质中所占分量若干之智识，皆无由而自得。故曰：学不可须臾舍术而独立也。

更因任何方法，其本身亦为宇宙间事物之一，其真相若何，亦有被人探求之资格，故术之本身，亦往往能成求知之对象，蜕变而为学。试亦举一例以明之：如文艺创作，系组织文字以发表感情之一种方法，其本身实为艺术。然创作发表以后，他人欲求知此创作中所表现之感情真相若何，所表现此感情之技巧若何，加以探讨，加以批评，则此创作遂成研究之对象，而入于文学之范畴矣。故曰，术之本身，亦往往能蜕变而为学也。

学、术二字意义之不同，与关系之密切既明。复次，请更一述学术之功用：宇宙为一物竞天择之大舞台，人类自出现此舞台来，以迄于兹，不特未沦入被淘汰之行列，且其把握之区域日益扩大，俨然凌驾万物而上之，揆厥因由，实缘人类在消极、积极两方面，各自特殊之能力：在消极方面，力足与周围之环境搏斗而制胜之；在积极方面，则力足驾驭其周围之环境，而资其利用。更推其所以能制胜环境，利用环境之故，则又缘人类先之以能明了其环境，继之以有适当方法，对付其环境。夫明了其环境，学之事也，有适当对付环境之方法，术之事也，是则人类所以能制胜环境，利用环境之原动力，固皆产生于学术，学术实为使人类在宇宙间占得优越位置之唯一武器。

学术之功用，在使人类明了其环境，应付其环境；然则，宇宙间各人类集团之环境，尽相同乎？抑尽不相同乎？使各人类集团之环境而尽相同也，则学术之适用于某一人类集团者，亦必适用于其他人类集团。使各人类集团之环境而尽不相同也，则学术之适用于某一人类集团者，必不适用于某以外之人类集团。顾宇宙间各人类集团之环境，因同蕃息于此宇宙之间，故不尽相异。又因所居地理上之各殊，及生活惯习上之各殊，故亦不尽相同。斯所以各人类集团用以制胜环境、利用环境之学术，虽大致不远，而亦各自有其区别。此种区别，各人类集团之环境一日不能尽同，即一日不应泯灭，苟揠苗助长，强泯灭之，则非徒无益，而又害之，学术将仅可施之纸上，为点缀人类文明之装饰品，而不足以发挥其制胜环境、利用环境之实效矣。

亚东大陆所居之最大人类集团，为吾中华民族；所谓中国学术者，即吾中华民族先民之智慧经验累积而成，资以明了其环境，利用其环境之唯一利器也。凡以宗国兴亡巨责自负于肩背之志士仁人，对此列祖列宗所留巨额遗产，其汰洗补苴，助其新陈代谢，而益发扬光大之！（湛曾：《释"国学"》，上海《清明》，第1卷第6期，1939年10月1日）

10月2—4日 高仓正三实地考察俞樾故居、章太炎故居及坟墓。（高仓正三著，孙来庆译：《高仓正三苏州日记：揭开日本人的中国记忆：1939—1941》，古吴轩出版社，2014年，第8—10页）

10月13日 船山学社代理社长周逸在湘潭县石潭乡参照历年惯例，举行船山先师诞祭典礼，参加者有在湘潭的社员与石潭乡绅。（赵启霖著，施明、刘志盛整理：《赵瀞园集》，湖南出版社，1992年，第450页）

10月20日 伪教育部令伪国立北京大学接收前国立北京大学国学门研究所。

"教育部指令（总）字第一〇七二号（二十八年十月二十日）：令国立北京大学：呈一件为前国立北京大学国学门研究所由本大学接收派员前往清查，分别造具清册八本，呈请鉴核备案由。呈暨附件均悉，准予备案。附件存。此令。教育部总长汤尔和。"[《教育部指令·令（总）字第一〇七二号》，（伪）《政府公报（北平）》，第112期，1939年11月11日]

10月28日　龙榆生致函夏敬观谈为齐鲁大学撰稿事。

函称：

> 顷得陈斠玄兄成都来信，哈佛大学燕京社在华所办之国学研究所（附设齐鲁大学内）决聘佺为名誉编辑，特约撰著《唐宋词学史》及《清代词学史》二书，稿费尚优，可以分期支领，决将校课摆脱一部（复旦已辞，暨南亦请人暂代矣），借得余力著书，惟他日求教之处甚多，尚冀不吝指点也。该所由顾颉刚君主持，专事译著，年有美金八千云。尊用稿纸甚雅（即写《遁庵乐府序》者），不知何家刻版，乞检赐数张，以便仿制。又高斋如有《李文忠公集》（或奏议亦可），拟恳惠假一读。

顾颉刚邀龙榆生为齐鲁大学撰词史。又拟编清词总集，仿汲古阁六十家词例，分集影印善本清词，每种附小传、相片、手迹及提要。期望十年出十余集，约三五百家。《干部自传》云："那时老友陈中凡在成都华西大学，替我向顾颉刚介绍，寄了一张齐鲁大学国学研究所通信研究员的聘书来，要我担任中国文化史的一部分编撰工作。我因忙于教课，不曾写出什么来，也没有领过分文补助。"此事至次年二月仍在具体策划中，因龙榆生赴宁而作罢。（张晖：《龙榆生先生年谱》，学林出版社，2001年，第96—97页）

10月30日　顾颉刚拟《齐鲁大学国学研究所名誉研究员名单》，以史学为主，辅以语言、文字学。

为联络学术名流，发扬国学，齐鲁大学国学研究所增聘吕思勉、蒙文通、丁山、童书业、赵贞信、钟凤年、赵泉澄、萧一山、金毓黻、韩儒林、夏光南、方国瑜、李镜池、成觉法师、白寿彝、栾调甫、容肇祖、顾廷龙、闻宥、高亨、于道泉、吴晗、刘朝阳、陈钟凡、龙沐勋、方豪等名誉研究员。（《国学研究所加聘名誉研究员》，《齐鲁大学校刊》，第2期，1940年1月）

吕思勉（通史）："吕先生，号诚之，江苏武进人，现任光华大学教授。耆年硕学，孜孜不息，熟诵二十四史，所成著述均极切实。现正着手草《中国通史》，此一大业必须经其草创方有坦途可行。拟即邀致，先支稿费一千元，以表本所诚恳延揽之意。"

蒙文通（古史）："蒙先生，四川盐津人，现任四川大学史学系教授。著有《周秦民族史》，已允于修正后归本所印行。"

丁山（古史）："丁先生，安徽和县人，现任东北大学史学系教授。长于钟鼎甲骨文字及古代史。现著《先秦神话史》，行将脱稿。"

童书业（古史）："童先生，号丕绳，浙江鄞县人，现任光华大学史学系讲师。博闻强记，论断新而甚确，所著之文散见各杂志中。"

赵贞信（古史）："赵先生，号肖甫，浙江富阳人，现任中国学院文史系讲师。长于校勘，一笔不漏。编有《辨伪丛刊》若干种，著有《论语考》等数种。"

钟凤年（战国史）："钟先生，号云父，湖北人。京宦闲暇，专力研究战国史，所著《战国疆域考》及《淮南子故事考》等俱有成稿。"

赵泉澄（清史）："赵先生，浙江余杭人，现任之江大学国文系副教授。读书于北平图书馆者近十年，搜集清代史料不少，已成《清代疆域沿革表》《清代经世文编索引》等书待刊。"

萧一山（太平天国史）："萧先生，江苏铜山人，现任东北大学文理学院院长。对于太平天国史料搜集逾十载，待发表之文字不少。"

金毓黻（东北史）："金先生，号静安，辽宁人，现任中央大学史学系主任。著有《东北史》一书，为十余年来之精心结构。已允将上册先归本所印行，下册亦有成稿。"

韩儒林（蒙回藏史）："韩先生，号鸿庵，河南舞阳人，现任北平研究院史学研究所研究员。既娴欧西各国文字，复习蒙古、西藏、波斯、阿拉伯诸种文字，为极少见之语言与历史学家。拟请其将波斯文拉施特之蒙古史译为中文本，为国史开一新园地。此外并编辑《突厥史料汇编》《域外蒙古史料丛书》《西藏史译丛》《中国边陲纪行丛书》等巨帙。"

夏光南（西南史）："夏先生，号嗣尧，云南东川人，现任昆华高级中学历史教员。著有《元代云南史地丛考》，中华书局出版，极得好评。其稿尚多，本所倘能征得付刊，诚为谈西南史地者所不可废之书也。"

方国瑜（西南史、麼些文字典）："方先生，云南丽江人，现任云南通志馆编辑。对于西南掌故极为娴熟，以所居近麼些人，因识麼些文字，已为该种文字作成字典一部。此种工作，最为世界学者所重视，本所如能出版，定能将世界上最象形之文字系统贡献于学术界，而引起中外学者之注意。"

李镜池（宗教史）："李先生，广东台山人，现任广州协和神学院教授。研究宗教史，有极锐利之目光。今拟编辑《中国宗教史材料集》。"

　　成觉法师（佛学）："法师，四川巴县人，出家后即读藏文，近年游学拉卜楞［楞］寺，毕力为藏文经典之研究与校勘。其工作结果如能由本所刊行，亦足为我国佛学界开一新面目也。"

　　白寿彝（回教史）："白先生，河南开封人，现任云南大学史学系讲师。熟于宋儒理学……现拟以九年时间编辑《中国"回教"史料》一书，已有计划开来，倘能成事，洵东方学之一重要典章也。"

　　方豪（宗教史）："方先生，号杰人，浙江人，现任昆明《益世报》"宗教与文化"编辑。素有志于基督教史之研究，搜集材料甚多，惜抗战以来半化灰烬。近拟出洋游历，继续访求。"

　　栾调甫（中国哲学、文字学）："栾先生，山东蓬莱人，曾任本校国文学系教授及国学研究所所长凡十数年，抗战以来归家潜居，闭门读书兼事著述。所著有《墨辨》《名学》诸书及其他短篇文字甚多，均极精深。现拟整理《墨子》及草著《文字学》等书。"

　　容肇祖（中国思想史）："容先生，号元胎，广东东莞人，现任西南联合大学哲学系副教授。搜集宋以来思想史料多年，述作颇丰。拟为本所编《中国思想史丛书》及《明清思想史》等书。"

　　顾廷龙（目录学）："顾先生，号起潜，江苏吴县人，现任上海合众图书馆主任。熟于文字学及目录学。该图书馆为张菊生、叶揆初诸藏书家所创办，搜罗善本甚多，尤可籍以收版本之材料。"

　　闻宥（语言学）："闻先生，号在宥，江苏松江人，现任华西大学国文系教授。长于语言学，注意西南边民语言文字已久，所著论文博得国际称誉。本所将来如作边疆调查，必须得其助力。"

　　高亨（文字学）："高先生，号晋生，吉林人，现任武汉大学国文系教授。熟于诸子及文字学之研究。着手于《说文》之整理有年，蔚然巨篇，近已脱稿。此外尚有著作数种，亦在编著中。如其著作本所能代为刊行，对于文字学定有极大之贡献。"

于道泉（语言学）："于先生，号伯源，山东临淄人，现任伦敦东方博物院教授。精于语言，如满、蒙、藏、梵、英、法、德及世界语均极深邃。所搜关于语言学之书籍材料，为数亦夥。"

吴晗（制度史）："吴先生，号辰伯，浙江义乌人，现任云南大学文史系教授。对于中国政治制度及经济制度俱有研究，所作论文散见各杂志中。"

刘朝阳（天文学史、历法史）："刘先生，浙江东阳人，现任中山大学师范学院物理学系副教授。研究天算，因及中国古代天文学史，所成单篇文字甚多。历史与天文学关系甚切，推定古史年代尤非有天文知识不可，故本所亟应聘之以作整理史书之顾问也。"

陈钟凡（文学史）："陈先生，号觉玄，江苏盐城人，现任金陵女子文理学院国文系主任。设教二十余年，熟于校勘训诂之学。拟请其为本所编辑《历代史诗集》一书。"

龙沐勋（文学史）："龙先生，号榆生，江西万载人，现任暨南大学国文系主任。熟于词学，编有《词学季刊》行世。拟请其为本所编著《唐宋词学史》《清代词学史》及《清人词集汇编》等书。"

（顾颉刚：《顾颉刚全集·宝树园文存》卷二，第256—260页）

10月　曹恭发表《国学的话》，强调国学就是国性，在民族危亡时期，以此抵抗外来文化的压迫，认清时代，创造新的文化。

文章称：

开宗明义第一先问何谓"国学"？什么叫"国"？国是有界别的意思，"国学"就是指我们本国的"学"，与他国当然有别。什么叫"学"？《白虎通·辟雍篇》："学之为言觉也"，人之所以异于禽兽，即是有"觉"。《荀子·劝学解》："学者心之白日也"，要求我们"明"与"悟"。所谓"国学"，就是要我们体认"国性"。何谓"国性"？南通张謇先生讲："国与天地必与有立"，即是有民族性包藏在里面，而语言、文字、宗教、习惯、风俗、思想、信仰相同的地方，此之所谓"国性"。"国学"并不是专读国文，就叫"国学"。而"国学"是有思想、精神、生命、民族文化各方面都包藏在里面的。我们要知道"国学"不是狭意的，而是广泛的。讲到所谓"国学"的范围，"国学"的名称，是近代才有的，在从前就根本无所谓"国学"。以前以人名为学，如《庄子·天下篇》，墨翟、禽滑厘之学，关尹、老聃之学。又以家为学，如司马谈《六家要旨》，以家名学，考之史书，汉时最盛。后来一直到清咸丰、同治时，中国在外交上迭次失利，曾文正公、张之洞力倡"中学为体，西学为用"的口号，而其最大的原因，就是自鸦片战争以后，一般国内有识之士，大家觉悟，欲振兴中国，非学西洋科学不为功，于是始有"国学""西学"之分。

甲午战争以后，又有所谓"新""旧"之学，康有为、梁启超、谭嗣同等对"新学"提倡不遗余力，而谭对于"仁学"倡的尤力。在他们的主张，凡字沾"古"字皆认为不好，古字加草头，从草则苦，加木则枯，所以他们倡新，凡新都好。所谓新者，就是想接受外来的东西，来改革旧的东西，尤其光绪二十六年以后，就有人觉得政治上、学术上都要革新。这时候一般人开始办报，如刘师培《国粹学报》，而其国粹的用意，欲将古有的精华发扬出来。后来章太炎又讲"国故"，认为过去的皆是古的。章在日本讲学，立有国学讲习会，亦即"国学"名称的由来。最初以人名名学，其次以家名学，后来中国同外国时常发生战争，中国连战皆败，当时国内一般有远见的知识份子，觉得自己的一切太落后，有接近西方学术的必要，于是五四运动的政治运动一变而为学术运动。此时整理"国故"以北大为中心，办有《国学季刊》，以中国过去的历史文化皆是我们的"国故"，研究这一些过去的学问，就叫"国学"。继之南方的东南大学办有《国学丛刊》和北大对垒，即国学之演进。

　　近几年来有所谓"本位文化"和"全盘西化"的口号，然而我们应该知道"国学"不是一朝一夕成功的，是由多少年代镕铸而来的，可说是民族文化之融合。此种融合的力量，任你千钧之力也分不开的，最显著的一时代有一时代的特色，《易余籥录》云：秦有秦之特点，汉有汉之特点，……元明清有元明清之特点，时代影响最大，平常所谓"落叶知秋"，这是我们知道时代的道理。所谓文化也是这个样子，它的进化如潮水一般，不可遏止，不能抵抗的。在这个时代进展中，你必须加入这一时代，如春秋百家争鸣，这是那时代的风气，在那时代就要受他的影响。又如隋唐"佛学"，宋代"理学"，一时代有一时代特殊的精神。最显著如楚辞是南方文学的代表，元曲是北方文学的代表。屈原的《离骚》有新语言在里面，表现这一时代。又如佛经另成一种格调，元曲有新的成分在里面，可说是民族文化融合而成的。既成功之后，就成为公有。

再者"国学"可说是民族文化之消化，尤显著莫过于"佛学"。中国"佛学"谁都知道是从印度传入的。讲"唯识"只能求之于中国"佛学"，印度"佛教"传入中国，不但被中国消化而其成就且过之。"理学"是"佛学"和"儒学"融合而成的，而"国学"可以说将历史各方面的文化都包藏在里面，是各种学问镕铸而成的。在民族抗战激烈进展中的今日，现在我们为什么要讲"国学"？就是因为帝国主义侵略我国，除武力、政治、军事、经济外，更进一步加速其文化侵略，这是最痛心而最可怕的事情！拿以前庚子赔款来说，事后各国又纷纷自愿退款。美国退出赔款，叫我们创办清华大学，派学生到彼国去留学。他们认为杀洋人烧教堂是没知识的举动，叫我们受教育，他们拿可怜的眼光对待我们！我们应当引以为耻！现在我们的文化故都"北平"，日本人不准我们的同胞读中国历史。我们受此种外力的压迫，应该认识固有的东西，一方面把握住固有的，一方面另接受新来的。我们同时利用它，利用得好就可以产生新的文化。

太虚法师将世界的文化分为三部分：（一）印度文化、（二）西洋文化、（三）中国文化。中华民族的创造性并不比其他民族低，如陶器、刺绣之类，无论在什么地方一看，就知道是中国的。日本人制造的东西，看起来西洋也像，中国也像。日本人因此夸示，了解西洋文化，中国人不如日本人；了解中国文化，西洋人不如日本人。就现在看来一点儿也不错，将来第三种文化是否产生于日本？我们中国人听到作何感想！那么中华民族创造精神在什么地方？祖先遗留下来的是否能把握得住？所谓"国学"就是要认识"国性"，今天外力来压迫我们，我们更要清楚的认识我们的立场。抗战到现在两年之久，我们还能安居乐业，还能照常读书，这是我们受到国家最优惠的待遇。我们现在所负的责任，不但要接受固有的文化，而且还要创造新的文化。所谓"三十年河东，三十年河西"，人事上也是如此。百年一大变，中国鸦片战争到现在，有一百年的光景，应该有一大转变。我们一定要把握住这个时代，要抵抗外来文化的压迫，要认清时代，创造新的文化。（曹恭：《国学的话》，《陇铎》，第 1 期，1939 年 10 月 15 日）

11 月 2 日　《总汇报》创办《国学专刊》，金湛卢主编。
金湛卢撰《国学专刊导辞》：

国学范畴，浩如烟海，文章名类，紊若乱丝。言性质，既有经史子集之分；言体例，复有诗赋文词之别。吾人穷毕生之力，不能卒其业；古人著等身之书，不能尽其旨，然则区区报纸之定期附刊，一曝十寒，安能挈其端而理其绪？

虽然，国学载籍，汗牛充栋，如欲精研深讨坊间不乏专书，亦无俟报纸附刊之怀铅供椠也，有意于国学者，负笈从师，下帷攻磋，东壁有图书之府，西园有翰墨之林，亦无俟报纸附刊之陈鱼獭祭也。本报之所以列国学为专刊者，特鉴于晚近社会人士之国学知识，日见其薄；学校生徒之国学造诣日见其低，国粹凌夷，文风衰替，不能无动于中［衷］；爰为特辟一栏，冀与先进同志共事提倡，籍挽狂澜于将倒耳，是以篇幅不求其长，但期暮鼓晨钟，依时而动；陈义不惊其远，但望浅尝深入，循序而前，此外如关于国学之知识，当搜采而灌输之，关于文字之体用，务研讨而明辨之，时代流行之文字，比较有裨于日用，容当尽量绍介，以供读者之修习；趣味浓厚之作品，可为精神之养料，甚愿择尤供献，以佐读者之余兴。

所望国学通儒，艺林硕彦，弗吝珠玉时锡箴规！谨抒抛砖引玉之诚，伫候磨眉捃章之颁！

刘孟晋撰《对于本刊之希望》：

《总汇报》为发扬我国固有之学术提倡我国特具之文粹起见，特辟专栏，有《国学专刊》之设。当此欧风东渐，新学繁兴，国人竞骛新奇，不屑关心国故之际。《总汇》当轴，不惜牺牲篇幅，罗致专家、孜孜然以葆存国粹为职志。其宗旨之纯正，与魄力之伟大，概可想见。

主编者金君湛卢，为吾乡先达雪舫司马之哲嗣。家学渊源，复得武林名宿吴鉴冰之薪传，为文爽朗清新，倚马可待，侪辈中向有"飞毛笔"之雅谑，此次冯妇下车，驾轻就熟，深为本刊得人庆！

本刊发稿期近，金君征稿于予。予以学殖荒疏，教务忙迫，愧无宏论，可供刍荛。爰就本人所希望于本刊者，约略陈述，借贡采择。

我国国学，博大精深，名类纷纭，部门繁赜。普通人穷毕生之力，寝馈其中，亦不过略识篇章，稍明体系；欲求得其奥妙，窥其底蕴者，能有几人。此无他，指导不得其人，攻治不得其门，以致曲折迂回，事倍功半，卒之不得不畏难而退耳。甚望本刊关于国学进取之途径，以及国学攻治之方法，能以极经济之时间，作极便捷之启迪，吾知金君在童龀之年，以八个月之时间，修毕四书，而能背诵其章句，尽通其意义，阖乡诧为神童。此中或有其家传之秘诀在。如果有之，则甚望金君能不自珍秘，公开示人，其加惠后学，当非浅鲜。（湛按：此刘君之谬赞耳。八个月而毕四书，事属寻常，亦并无秘诀可言。）

现代学校，关于文学之讲授，遵照部定标准，系以历代文学产生之先后为次第。自古及今，顺序而下。其用意可以使学生明了文学之系统与变迁之沿革。然而我国文学，愈古愈难！《书》《易》《三传》之文，在现在人诵读之下，佶屈聱牙，扞格不吐，颇觉不易于记忆。而且古书意义，在现在人心目中，往往晦盲否塞，不易明了。教学双方，同感苦闷！甚望本刊对于此节，能提出讨论，引起其他同情之士之共鸣。同时对于肄习古书之方法，甚望能博采周咨，悉心灌输，使我学校师生同受其益。

现代学校国文教科书，遵照部定标准，小学全为语体；中学以上，语文参半。一般学生，在小学时代，对于语体文，已有相当成就，写作语体文亦已有相当之造诣。惟一入中学，受及文言之课，则迟钝扞格，困难丛生，往往囫囵吞枣不暇究诘。每遇作文则全体课卷之中，语体文仍占其十九。偶有文言之作，亦晦涩滞重，言不达意，戋戋乎不能终其篇！此无他，平时积重难返，文言太不讲求，遂致满目生疏，望洋兴叹耳。夫语体之文，固亦自有其特长，然我国文言之文，已经数千年之递嬗，无论何时，何地，决不能予以偏废，此当代学者所公认，不图今日之学生，对于文言之文，竟致视若弁髦！若不亟事提倡，则将来百十年后，其不束诸高阁也几希！甚望本刊注意及此，迅予发挥有效之方法，引起学生研求文言之兴趣，一面指示进取之门径，示以应循之轨辙。

　　以上所举三点！事属无关宏旨，然教鞭同志之中，与我抱有同感者，颇不乏人，甚望本刊能接受要求，补敝救偏，对于国学之提倡与发扬，似亦不无关系也。（金湛卢：《国学专刊导辞令》；刘孟晋：《对于本刊之希望》，《总汇报》，1939年11月2日，第6版）

11月　程树德著《国故谈苑》（上下册），由上海商务印书馆出版。

　　该书为札记体，仿《困学纪闻》《日知录》之例，参以论断。书分六卷，包括经部、论史、考古、诸子、政治和法律。郭则沄作序称：

　　余弱冠归里应省试，闻里人言文学者，盛推程君郁廷，恨不得一见。迨郁廷入京师试明法第一，余已外简。闻都人盛推君法学如其文学也。国变后，复入都门，始识君。君方见重于时，余则意气摧隤。相视如鹏鹞，意不敢倾写，比乡人旅旧京者，结竺社，每招余共饮，饮必与君俱。君年六十，健犹昔。

酒酣纵谈神鬼及旧闻轶事，坦率无矜容，久乃愈亲，以为向之知君者有未尽也。既乃出示所著《国故谈苑》，于《困学纪闻》为近，而参以论断。其析文、辨器、论学、考制，类能洞见本末。盖以治科学者治国学，非深思明辨不能也。夫儒者通天地人之谓，又云一物不知，儒者之耻，故钜而经纬天人，细而辨析事物，皆学也。自科目取士，士囿于诗赋帖括之学，而学始隘。虽有杰出之士，欲肆力于古。然毕生役役于科目仕宦中，余力所及者，殆亦仅矣。君犹是科目仕宦中人，乃天既假以未入官之岁月，使之治律为专家。又假以退闲之岁月，使之博究天人事物，以成其绝学。年渐老，其学愈进，犹孜孜罔懈，向之知君者，诚有未尽，抑乌能测其所至耶？且著述不易言也，性之不近者无论矣。性近矣，志不足以持之，往往中画，志果矣，又或限于才与识，故成就卒鲜。君宽闲之境得自天，其志之坚，才识之卓，则得之于己。于以发扬宏著，皋牢古今，举世曾有几人哉？读既竟，乃叙其所见如此。若云订讹补阙，则君之精审，固无待于余。且余又奚足益君者，如入五都市，目眩舌挢，但有赞叹而已。

程树德自序称：

昔方植之作《书林扬觯》，论著书须出于不得已。孟子生战国之际，著书七篇。断断与杨墨争辩，初非有意传世，而其书至今与日月经天，永垂不朽，岂始意所及料哉？古人谓三十以前，不可轻易著书，恐老而成悔。杨慎著《丹铅录》六十九卷，《四库提要》评之曰："慎以博洽，冠一时，使其覃精研思，网罗百代。竭平生之力以成一书。虽未必追踪马郑，亦未必遽在王应麟、马端临下，而取名太急。稍成卷帙，即付枣梨，侄订为编，只成杂学。"此论深中其弊。余五十以前，以十年之功，成《九朝律考》二十卷。今年逾耳顺，犹著手《论语集释》之编纂，诚不欲以杂学鸣也。顾鸿篇巨帙，杀青有待，而回忆少时所欲著而未成之书，或功亏一篑，或仅存其目，断简残篇，千虑一得，转觉弃之可惜。丙子秋间，始稍稍佣钞存箧，仿《困学纪闻》《日知录》之例，录而存之。丁丑复将原书中无关国故者，别厘为《晚椎杂缀》二卷，而以旧作《中国法系论》残稿附之，颜之曰《国故谈苑》。第一卷为经部，而以论孔教及从祀附之。第二卷论史，第三卷考古，第四卷泛论诸子百家之学，第五、第六两卷则多谈政治法律，期于发扬国光而已。近日整理国故之说，甚嚣尘上。夫整理岂易言哉！昔人谓《大学》经朱子补传后，已为宋儒之书，而非孔氏之书。今之言整理国故者，毋乃类是。往者闭关时代，故步自封，诚如庄周所云，夏虫不可语冰。变法议起，欧化东渐，国民思想，为之一变。虽然，释氏谓宇宙互为循环，无往不复者大易之理，无平不陂者洪范之义。自汉武罢黜百家，独崇儒术。六朝以后，南方之老庄思想，与北派之儒家，混合而成为南北朝之玄理哲学。南宋以后，佛家禅宗一派，又与儒家混合，而成为宋儒之理学。盖吸收异族文明之后，又必排斥其主张，而后有以自存。此二千年来历史所昭示者也。树无根不生，国无本不立。未闻事事师法他人而能立国者。远识之士，骎骎有亡国灭种之惧。而欲提倡旧道德，以冀挽回于万一者，善乎列子之言曰，子产非能用竹刑，不得不用。邓析非能屈子产，不得不屈。何者，时代使之然也。故昔之言新知者，多系邃于旧学之人。今之言国故者，必为富有新知之士。所以言者异而出于补偏救敝之不得已则同。著者少年驰骋名场，标新领异，人争以狂生目之。老而读书渐多，阅世渐深，始知其谬，岂生而迂阔者哉。（程树德：《国故谈苑》上册，上海商务印书馆，1939年，序，第1—2页，自序，第1—2页）

夏承焘曾于《天风阁学词日记》1940年1月5日记载："过商务印书馆，阅程树德《国故谈苑》五六节，多奇论。"（夏承焘：《天风阁学词日记》二，第164页。）"书林偶拾"评论《国故谈苑》，"此书各卷有多处独到之笔及卓越之处"，"匪独发扬国光，实可资研究中国法制史者之参考也"。（书林偶拾：《国故谈苑》，《中和月刊》，第2卷第8期，1941年8月1日）"敬"评价此书："著者博究经史，深思明辨，其论学、考制、析文、辨器，订讹补阙，颇多见道之作"，而以"所惜迂谬时见，失之陈腐，所引上古史事，多属无稽（卷一'四岳、许由当仍是一人'条，卷二'尧时争帝位之多'条，卷三'洪水以前之历史与文化'条是），妄解选举（卷五'选举'条谓君子不争），误论多数（卷五'多数'条谓少数条为贤智，多数为庸愚），关于家庭婚姻（卷五'家族制''个人制'，卷六'中国法系论'下）之见解，尤为荒谬，倾向于维持大家庭，拥护一夫多妻制，背逆时代思潮，怪诞可厌"。（敬：《国故谈苑》，《图书季刊》，新第2卷第1期，1940年3月）"致中"发表《评国故谈苑》："此书盖作者平

日读书之札记"，"细审内容，虽不及王顾二书之广博，然所涉亦甚
广，且颇多精湛之见，在近日笔记说部中，尚不多见，盖作者学有
根底，此虽绪余，究不同于凡响也"，"作者既以发扬国光自任，故衡
道之精神极重"。（致中：《评〈国故谈苑〉》，《益世报》，1946年8月17日，第
3版）

　　△　民族文化书院召开董事会，陈布雷任董事长，张群、朱家
骅、周惺甫、张公权、张道藩、卢作孚任董事。张君劢任院长，负
责筹办事宜。

　　舆论称"蒋委员长为复兴民族文化起见，特发起创立民族文化
书院，并聘定张群、朱家骅、周惺甫、张公权、张道藩、陈布雷、
卢作孚等为董事。"（《时事文汇》，1940年第2期，转引自沙文涛：《张君
劢与民族文化书院》，杨福泉主编：《中国西南文化研究.2012》，云南科技出
版社，2013年，第180页）张君劢撰写《民族文化书院缘起》，从书院
成立的理由、宗旨、德性四纲、治学方法和研究工作等方面展开介
绍和说明。张君劢首先辨别中西文化的分别，我族立国精神与学术
思想所不可磨灭者，然而与欧洲现代文化相较，难免有相形见绌之
讥。第一，从学术方面而言，"欧人上自哲理，下至万物，中为人
事，无一纲一目，不加以精研覃思。其智识范围之广博，绝非吾国
所及。彼于素不相识之文字，如埃及文、如梵文，能推寻其锁钥而
通晓之。自万物初生以至人类进化，彼等能一一列举其种类，以成
一联系之线索"。西方学术有其精巧方法，"有名教以立其基，有证
据辨伪之法以定其是非黑白"，所以其学者的成就，"实有震古铄今
之效"。第二，就政治社会现象方面看来，其最易见者有"各人饱
食暖衣"，"各人之读书明理"，"各人之独立自尊"，"各人责任心之

发达"，"各人爱国心之强烈"，"治者与被治者从容揖让于根本大法中"，"战争时之举国一致"。我国士大夫赴欧美者，"尝目击此种种而叹为三代盛治复见于今日"，"则其衷心仰止之情，可以想见矣"。如何追慕欧西，张之洞"中学为体、西学为用"之说，"以图稍减西化之势，然为学方法与政治构造为国民精神之表现，若此两方已因外人之观点而动摇，则其所谓'中学为体'之'体'尚有几何乎？"张君劢认为，文化交流在人类历史中为数见不鲜的现象，"吾人处于今日，惟有坦白承认欧洲文化之优良，而大开心胸以招来之。俾欧洲文化之移植，成为吾族虚弱之补剂，因以促进吾族新文化之兴起。此乃学术上政治上至显之涂辙，大势所趋，谁能逆流而抗之乎？"我国文化的未来途径已如上述，"培植而奖进之者，不离乎教育机关。三四十年来，国中大学林立，固已抱此目的而前进"，如今何以要复兴书院呢？原因有四：

　　昔日书院于录取之士子，各给以饩廪，月考季考，更发奖金。因此士子之有志进取者，生活安定，得以请教名师，从容问业。今大学固遍于国中，且偶有少数大学设为研究生之制；然大学毕业以至学问成熟，必经四五年之潜心思索，或埋头著述。若于大学之上，更设书院一级，资之以膏火，庶几大学毕业诸生，从容从事于学问，而不必汲汲于衣食之谋，亦犹欧美大学以外尚有各种研究所与学会之存在也。此书院制应复活之理由一。书院中之教授法，重在因人施教与师生问答。与大学之班级讲授，迥乎不同。虽现时大学中，于最后一二年论文起草之日，未尝无师生间之问答与论难，然亦仅以研究工作之完成为止。以云昔日书院师生相敬，如所谓立雪程门，或对于一举一动之注意，如象山责子弟饭次之交足者，岂现时大学所能望其项背者哉？《宋元学案》之记安定曰："先生推诚教育，甄别人物，有好尚经术者，好文艺者，先生时时召之，使论其所学，为定其理，或自出一义使人人各对，为可否之，或即当时政事，俾之折衷。"凡此师生知相爱之深，提撕警觉之严，乃人才所以养成，而学统之所以维系于不替也。此书院制应复活之理由二。今西方大学之所事，在发达理智，在增进智识。以云个人道德之修养，委之于宗教、于家庭、于社会风气，初未尝列为大学教育目的之一。然吾国士子处社会中，关于待人接物之法与辞受取予之节，与其谓为得之于家庭，不若谓为得之于师友。宋、明之书院，注意于修养省察，实为风气转移之关键。近年国中闻颜习斋之说，好为攻击宋儒静坐澄心之论，且目宋、明儒为泥塑土雕之人，然试问习斋之所谓三德六行，何一事不出于修养，而岂习行二字之所能尽。况心之为物，操存舍亡，近日西方学者亦已见到心力之奇伟，而创为心理卫生一课。则吾之固有此科者，近则千年，远在两三千年以上，奈何弃如敝屣，而视为不足爱惜之物乎？此书院制应复活之理由三。吾国书院与今日欧美大学绝不相同者，在西方大学重理智之造诣，而吾国书院则德智并重，实则侧重于德。孔子曰："志于道，据于德，依于仁，游于艺。"此即二千五百年前吾国教育之方针也。北宋伊川为学之宗旨："涵养须用敬，进学在致知。"迄乎南宋之朱、陆有道问学尊德性之辨，亦即为德智二者孰先孰后孰轻孰重之争。良以吾国所谓"学"字，涵义至广，有不可与西方专指智识之"学"字相提并论者。明儒许敬远之言曰："学之系于人者大也！天聪天明，非学不固。威仪动止，非学不端。刚柔善恶之质，非学不化。仁义礼智信之德，非学不完。君臣父子夫妇昆弟朋友之伦，非学不尽。富贵贫贱夷狄患难之遇，非学不远。"所谓学之范围，如是其广，岂得与西方之所谓"学"字同日而语乎？今日所谓学术研究，重在本客观态度以求真理，自不应以道德价值夹杂其间。至于个人修省，何尝不可于理智之旁，兼顾德性之存养。况治社会科学之人，苟平日留意于一己之器局度量，惩忿窒欲，与乎正人正己之要道，小之一身，大之天下，必有能受其益者矣。此书院制应复活之理由四。

国难之际，谋划创立民族文化书院，意义正在于此，

"民族文化书院之名为书院，虽与宋、明同，而设教治学之方，自不能不大异乎昔。何也？欧洲文艺复活以降，智识之范围，既大扩充，学问之种数，德性之本源虽同，而其侧重处，因之以异。"今日，复兴书院制度，"非有一种新白鹿洞之规制不可"。

其一，民族文化书院的宗旨。东西洋大学教育的差异，一重德性，一重智识，自古如此，今日尤甚，"在我则有重德性修养之书院，在彼则有孳孳不倦于自然公例与社会现象发明之大学研究机关。一为识仁定性与知行合一诸说之发见，一为科学方面探幽索隐之成功"：

　　吾侪今日之进德，不能但记识仁定性或致知主敬之言，而自谓已尽格致诚正之能事。同时亦不必步趋西方学术机关之后，但以宇宙现象之研究为事，而置身心问题于不顾。伸言之：重德性而轻知识，则为科学之不发达。重知识而轻德性，终必陷于转以智力为戕贼同胞同种之利器，惟其然也，本书院之宗旨，既不学宋人视读书为玩物丧志，而以静坐为善学，凡关于国故与西方哲学科学原理社会科学均列诸科学之中，以为学者研究之资。同时列举德性纲目，以为存养之鹄。盖德性与智识二者既为人类得之自天之能，使之平均发展而同等表现于人类社会之中，乃学术上不偏不倚之善德，而惜乎古今中外之未有能严格遵之者也。孔子之教人，道问学与尊德性并重。《中庸》之言曰："诚则明矣，明则诚矣"。诚者主德，明者主知，亦言乎德知之交相为用也。惟学问博大高明，尤见德性之纯一不二。惟德性之纯一不二，尤见一物不知为儒者之大耻。因此本院之根本宗旨，曰德智交修诚明并进。

　　其二，民族文化书院的德性纲目。今日以为列国竞争之世，朱子所谓父子君臣夫妇长幼朋友之五教，"已不尽合乎现代之需要"。民族文化书院学规之中，关于德性纲目，分为立己、达人、爱国三项：

　　第一，关于立己者三：曰诚朴，曰仁勇，曰公忠。第二，关于达人者有三：曰敬人敬事，曰胞与为怀，曰集团纪律。第三，关于爱国者有三：曰爱护本国历史，曰养成法治精神，曰履行国民义务。……吾今所欲言者，为德性修养之方法。宋、明时代之儒者，有约为一二言之讲学宗旨，如伊川之所谓"致知主敬"，阳明之所谓"知行合一"。今日似不必如昔贤探索心性精微神妙之地，而但取足于平日生活所必须之道，其根本所在，莫要以诚。……近代大儒之所以提倡于国中者，罔不推本于诚。而湘乡举出一拙字，尤为吾族好以聪明自命之对症良药。窃以为诚之在一身，为无自欺，为不愧屋漏。诚之推己及人，为居处恭，执事敬，与人忠。诚之在穷理方面为慎思明辨。诚之在言行方面，为言忠信，行笃敬。凡来此院而有志于学者，吾人对之有第一要求，曰立诚而已。

其三，民族文化书院的治学方法。讨论现代学术史的功绩高下，"以吾比诸西方，惟有自叹勿如"，"数教学之不讲，使探幽索微之士，无以窥见宇宙现象之总体，与夫思想之统系。即其纪载之勤（如《二十四史》），搜集之广（如三通与其他类书），究无以达于学术源之地。所论不免于支杂破碎。所积累不免擘绩补苴"。究其实质，我国学术只有求之于书本，"除书本之外，几无学术之可言"。为矫正已往之学风，而树立今后的新精神，张君劢强调学者求知应有之态度，积极方面有四：一、仰观俯察。二、力求正确智识。三、养成协作思想。四、博通约守。消极方面有四：一、力戒门户偏私。二、力戒人身攻讦。三、力戒随俗浮沉。四、力戒剿袭"：

　　第一，知识之源，出于天地之间，善为学者，应以天地为书本。奈端、达尔文之大发明，遵此道也。吾国学人诚欲力争上游，应以宇宙为底本，而参考书册上片段之描写。不独对于自然现象，应抱此态度，即对于社会问题，亦应于自己搜集之实例与数字中，求得其所以然之故。乃至关于各事各物之记载，与其博采于书本，何若自得于观察。譬之记苗人之书，应先与苗人生活一番。记蒙藏之书，应自去蒙藏周游一次。凡笔之于书者，先经实地视察，或日久思索，庶可免于为书本生活之弊，而得"第一手之智识"。所谓仰观俯察者，此也。第二，学者治学，不能须臾离逻辑之学。如各种立言，或为宗教，或为哲学，或为自然科学，或为社会科学之分界，如名辞之定义，如证据之列举，有此数者，则是非可否之争，不须强辩，自皎然如水落而石出。欧人学术所以日有大进，虽异说纷哎，而终有平亭之法者，即以此故。吾国近年亦知逻辑之重要矣，然辨析之精微，持论之谨严，与自创一说，自明一义，或与人论辩之能遵守逻辑规矩者，尚不多见。良以逞辞藻凭主观之积习未除，而客观求真之念，犹未深入于学者笔底心坎之中。所谓力求正确智识者，此也。第三，学者之立说，贵出乎一己之真知，发前人所未发，乃其所以为世所重而传久远也。其有趋时媚世之文，自昔名曰墨卷，乃场屋中投试主所好，以弋取功名，绝不足语夫学术之贡献。近年国中学子之所为，大类场屋之考生，或驰骛于域外新奇之说，俯首帖耳，为之宣传。或迎合青年所好，当为雷同附和之声。将自己心思束之高阁，而置之于无用之地。诚不知号为学者所自负之为何事矣。

昔章实斋生乾隆之际尝有言曰："君子之学，贵辟风气，而不贵趋风气。盖既曰风气，无论所主是非，皆演成流习，而谐众以为低昂，不复有性情之自得。"痛切哉此言！何其似为吾人今日之病而发乎？所谓力戒随俗浮沉者，此也。第四，窃人财物之为盗，攘人学说之罪正同。学术界之至宝，为各自之心思。何者属人，何者属己，此界限最应别分清楚。然后不至以攘诸人者为己有。此在西方，名曰理智的诚实。然人之著书，不能无依傍，无参考，无援引。读他人书而己有所触发，谓为己有可也。若明明得诸他人之成书者，必注明某书某人著，某年某版，某卷某页，以明其来源所自，此西方著述之通例也。然在吾国之著作界，似尚未能守此绳墨，甚至一二大儒，且有窃人成说为己有之举。如戴震之《水经注》，攘自《永乐大典》。康有为春秋三世之说，得自廖平之启发。皆不肯注明来源，而犯盗窃之罪。其何以明人我之界，置著书立说于庄严之地，而奖进学者创作之思想乎？所谓力戒剿袭者，此也。以上四项，仅为本院求知态度之一部，其全豹尚未尽论。然治学者之应自勉以实察、正确、诚实与自出心撰者，可以概见。今后新学术能否开创，即视吾人对此原则之能否遵守而已。

其四，民族文化书院的研究工作。今日东西洋学术的范围与种类，至广且繁，"非书院一所之地所能尽"。民族文化书院暂时分为四系：第一，经学附子学；第二，史学；第三，社会科学；第四，哲学。

（A）经子学。研究经学，历来分为汉学派，主训诂；宋学派，主义理，"在今言之，一属于文字学，一属哲学"：

　　其范围异，其对象异，故其所凭借之方法因之而亦异。此二者之不必相非，亦既彰彰明甚。此非苟为调停之论，诚两方之注意点，自不相同故也。然今后之治经，非继承汉、宋两派已焉，宜有推陈出新之法。所谓文字考订，今视汉人清人已扩大矣，所谓义理，今亦异乎宋矣。则群经之新解新诂（文字、义理两方），今后殆将应运而生矣。目前下手处，先将二千年来每经中之问题，一一清算，俾国人了然于已往经学家所争者为何事。同时应自各经中求得其义蕴。而后吾族立国之大智慧，乃得如日月之昭垂天壤。治经之法，约略如下：甲、一经之研究。乙、同类各经之研究，如三传及三礼。丙、群经之会通研究。于诸经中推求群经大义，古代宗教思想，吾国政治之起源及名物沿革之类。丁、各经之考订，如全书真伪之订考，文字之考订。本书院尤注意者，诸经之研究，固应根据科学方法，以求正确，但不可过涉于支离灭裂，应就根本问题加以发挥，以存吾族精神所在。子学于近二三年中略见发达，已经各家于专书及哲学史中，整理有绪，但其研究似偏于哲学为多。今后应持各家论理观念、法律观念、政治思想、经济思想，继续发挥光大之。

　　（B）史学。"历史为一国精神与经验之所寄，宜熟思深考，期于鉴知往来。"近来国人研究史学，偏于疑古，"哲学家以疑为哲学之始，则疑古亦为史学之始而已"：

　　　　近人所侧重者，为辨正、为考订、为史前时代。至以春秋战国以至秦后各代之其人其事之无可疑者，反少研究之人。如秦、汉、唐三代为吾族发展之期，其功业之盛，最足鼓舞国难中之吾人。理学、磁器、书画，亦吾族思想美术上之奇观，可为后人观摩之资。徒以史家不加注意，潜德为之不彰。此非历史研究工作上应兼筹并顾而不可忽者乎？史学之工作略如下方：甲、二十五史之分别研究。乙、根据二十五史及其他史料之研究，编纂一部与剑桥大学古代史、中古史、近代史相类之中国史。丙、历代史家及史学家之传记。丁、专门史，如中国民族史、佛教史、道教史、军制史、法制史、生计史、美术史、社会发达史之研究。戊、东亚邻国史，如印度、安南、暹罗、缅甸、日本、朝鲜及南洋开拓史之研究。己、欧美文化史，各国历史及各国之各种专门史之研究。庚、新历史研究法与其史学家之扩大的研究。

（C）社会科学。我国研究自然科学与社会科学，"岂以读横行文字之书或倾倒西方学者，而自谓踌躇满志乎"，应当探求自身的自然科学与社会科学之"日新月异且与之并驾齐驱，此全国学者所当共抱之宏愿也"：

自然科学不在本书院范围之内，姑置不论。社会科学之发达，与自然科学异，每一国常有其各国独自之彩色。如英国人治经济学，好用抽象法。德人之治经济学，好用历史法。此即社会科学观点，因国而异之明证。今日吾国欲求社会科学之独立发展，当注意下列各点：（a）每一种社会科学成立之经过。

（b）各学者立说所以不同之故。（c）每一种社会科学中问题之层出不穷。（d）每一种社会科学中各贡献者之努力方针。吾人试考近代政治学由陆克以至赖斯几之经过，经济学自亚当·斯密以至凯恩斯之经过，则知社会科学上不患吾无自创新说之可能也。本系中暂设政治学、经济学、社会学、人类学四种（历史学已见第二系）。其研究方法，在初期中，先注重此四种科学成立之经过。各人学说所以不同之故。各项贡献者努力：如德国李斯德与许马勒对于经济学之努力；如北美合众国中白琪斯对于宪法学与政治学之努力；华德与吉定斯对于社会学之努力。惟从事于此等学科者，读书多见闻广，根据本国环境中所生之问题，加以分析与综合而自解答之，何患吾国社会科学之不能独立发展乎？以上四种科学中所包含之专门问题，如政治学中国际关系，经济学中之银行币制，各国经济近况等等，亦为本院所认为应加注意而研究之事项。

（D）哲学。从各种分门的科学，上溯其渊源，可知哲学与科学原理是一切学问归宿之处：

惟专治哲学之人，乃知哲学所给予人类思想上与行动上刺激力之伟大。今后欲求吾国学术之发展，不能不了解西方哲学，并求吾国自身哲学之建立。其附哲学之各科，亦应同时研究。本系中暂设各科如下：哲学、哲学史、论理学、科学原理、科学史（乃至现时各国科学所以发达之故，如德国自十九世纪初期科学家努力之经过）、宗教史，乃哲学科学交界线上之学说，如进化论，如新物理学。近来吾国哲学史之整理，何一不受西方哲学学说之影响而来？则知哲学科学理论与各种学术之关系为何如矣。

张君劢总结民族文化书院的宗旨与工作，"（一）发挥吾族立国之精神。（二）采取西方学术之精神。（三）树立吾国学术之精神，新方向。（四）教育学子从事以学问深造与德性修养"：

> 同人念念不忘者，则民族之处于大地，必焉于智德两方饶然自立，于国民生活方面，秩然有序，而日新月异，又何患国家不强，与文化之不能独立，而东亚主人翁之地位，舍中国其谁属乎？张横渠告宋代之学人曰："为天地立心，为生民立命，为往圣继绝学，为万世开太平。"本书院之所志亦曰："求德智二者之诚与真，以树立民族精神，以阐发宇宙秘奥，因以使世界人类安心立命之一日而已。（张君劢著，程文熙编：《中西印哲学文集》，台湾学生书局，1981年，第1420—1432页）

12月1日　马一浮提议复性书院应从速成立董事会，延揽多师，增设科目，广收学生，刻书与讲学并重。

> 自书院开讲以来，就学生材质之差分，揆以时人建议之倾向，有亟宜加以商量审择之处。举要而言：时人每病书院规制不广，谓宜延揽多师、增设科目、广收学生，始有兼容并包之量。然在征求学生一面言之，则又患根柢欠阙，入选

人数无多【初次征选，以文字来求审查者七百余人，仅选得二十余人，及格者才百分之三】。其初亦不免扞格难入。【因诸生从学校出身者多，未读经。】欲求多得美材，不违时论，惟有即速成立董事会，赓续筹集基金、增加经费，乃可酌量增收学生【拟添设预备班若干人】。多聘教师，以餍众望。使来学者先有资格，粗识门径，乃可进求高深之学问。此第一种办法也。至关于董事会人选，固宜推举尽善，其应行规定董事会所负之责任，尤须切实周详，庶几会不虚设，议必可行，然后书院事业方有推进之可能。设若董事会一时不易成立，经费又一时不易增加，则不惟延揽多师势难实现，即增收学生亦徒托空言。不得已而思其次，与其博而寡要，言过其实，于事未必有济，不如量分就己，尽其所能为，重内轻外，较切实际。所谓较切实际之办法，即是刻书与讲学并重。求师如不能得人，不妨暂阙；学生务取真切为学之士，亦不在多收。就原有经费，撙节刻书，使志在专精者，仍可依旧讲习，意存博涉者，亦任自择通途，不必定要来院肄业，有书可供参考。【就先儒说经诸书及关于义理之撰述，量力择要刊行，书院所出《讲录》，亦听人购取。】如此虽不能广书院于天下，亦是随分益人。

在异趣者，必贻以隘陋之讥，然于笃学者，或不无毫末之补。此第二种办法也。【战后文物毁阙，求书甚难，故刊印古籍尤为迫切需要，若能资力稍厚，以大量出之，实文化之幸也。】然无论采取何种办法，董事会俱有成立之必要。应如何斟酌时宜，从长讨论改进之计，是在诸君。敬陈管见，以侯裁择。

一、董事会。书院筹备成立已逾半载，开讲亦将满三月，亟应成立董事会，树立永久基础，赓续筹募基金，推进现行必要之设备及逐步发展之计划。关于初步人选，注重能任重致远者，名额不必过七人或九人，似宜预留名额，以便于必要时继续增加。讨论人选时，事前互相商定后，再正式推举。在七人或九人之中，预留名额二人。一、预备班。根据初次征生经过，及开讲十二次以来之经验，添设预备班为目前必要之图。如预备班不能增设，仅可得根柢欠缺之肄业生【就应征者全数中取百分之三，初听讲时已感困难。】成就如何，颇难预必。非添设预备班，从根本培植提高其程度，终觉成效迟缓。但添设预备班，则书院就寺院赁居已有之屋，仅敷肄业生之用。故欲实现此计划，则经、临各费【详见预算】，必须同时增加。就原有每月之经常费，仍在继续敦聘讲座，未便挪动。其筹备费撙节未动用之余数，已经挪垫作十月、十一月两个月经常费用。十月、十一月经费发出之后，虽可拨还，而亦不可拨作预备班任何用途，当作青黄不接或遇特殊事变及不虞之需。一、购书。保留筹备费余款，上来已经说明，万不可轻易挪动，而书籍太少，不足供学人参考，应酌量分期购置。先将本期第一次应购书目列后：《经苑》【嘉兴钱氏刊本】,《通志堂经解》【纳兰氏原刻】,《武英殿聚珍板丛书》【闽刻】,《耆献类征》【长沙李氏刊本】,《乾坤正气集》【泾县潘氏刊本】,《图书集成》【光绪间上海图书集成局铅字本】,《清史稿》,《张宗昌刻唐石经》,《常州丛书》【武进盛氏刊本】,《金陵丛书》,《四明丛书》【张寿镛刻本】,《安徽丛书》【程演生编铅字本】,《畿辅丛书》【缪荃孙编】,《武林先哲遗书》【杭州丁氏刊本】,《金华丛书》【胡凤丹刊本】,《续金华丛书》,《全上古秦汉三国六朝文》【黄冈王毓藻刊本】,《全唐文》【扬州诗局本】,《宋会要》【北平国立图书馆石印本】,《学津讨原》【商务印书馆石印本】。一、刻书。书院章程早经规定刊刻《群经统类》《儒林典要》《诸子会归》等书,此非经费充足不能举办,然不妨筹集专款,量力先行,择要刊刻。书院规制狭隘,即能添设预备班,先后亦不过数十人,受益者少。刊刻书籍,不特为书院必办之事,亦稍存广书院于天下之意。姑将第一次择要刊刻书目列后:《四书纂疏》,《孝经集传》,《诗缉》,《东莱书说》,《易学启蒙通释》,《礼记集说》【卫湜】,《春秋胡氏传》,《周子全书》,《张子全书》,《二程全书》,《朱子大全集》,《朱子语类》,《朱子遗书》,《近思录集解》【叶采】,《太极图说通书注》【明曹端】。（马一浮:《提议从速成立董事会,增广师生及刻书与讲学并重两种办法》,吴光主编:《马一浮全集》第4册,第337—339页）

12月5日 李庚发表《研究国学之管见》,指出以治外国文学的方法研究国学,丧失国学的大体。

文章称:

治国学与治外国之文学相比拟,则相差不可以道里计。盖外国之文学,乃各随其科学进化,有机体可化解,有门径可寻求，可量力成功，计日效技，如积土为山，多一篑有一篑之功，积百十千篑，亦可预测而估计之。治国学则不然，有颖慧早成者，有白首穷经而一窍不通者，有明而复晦者，有困而后成者。譬之掘地汲泉，人工之多少，地层之浅深，泉之有无，皆不可知，即幸而得泉，而其性之寒温，味之甘苦，又不可知。既得甘泉矣，而寒暑转易，致壅塞中断，则更掘而泉复来，或再掘而泉不来，其晦明变化，数千年来，经无量数圣贤明哲之阐扬启发，而终不能循一定之阶段，依成章定例，以求其入德升堂之方法。是以父不能尽其道传之子，师不能尽其学授之徒，此乃神圣而不可思议之文学，非机体之文学可比也。然则研究国学，岂生而知之，抑学而知之乎？究应根据何点，备具若何条件，始能竣事耶？传曰："文以载道。"盖离经叛道，出于常理之轨外者，其文虽工不传。今有人焉，充其德，养其气，配义与道，发为文章，所谓一言兴邦，卒为天下后世法。故曰："蓄道德，能文章。"换言之，道不蓄，则文不能矣。孔子曰："入则孝，出则悌，行有余力，则以学文。"盖即先道德而后文章，我之研究国学，而不见一斑者，实亦道之不修，德之不讲，则文艺不能解矣。世之以国学比外国学，而指为一种智识、技能、艺术，则未免失国学之大体矣，尚乞明达赐教焉。（李庚：《研究国学之管见》，《总汇报每旬增刊》，第 1 卷第 3 期，1939 年 12 月 5 日）

12 月 12 日　高仓正三撰成《日过（辻）部队长修复章太炎墓》一文，详述此事始末，以供媒体宣传之用。

　　日过（辻）部队长莅官以来，吾苏城复兴状况颇为注视，公事之余，每访部属，细心观察，故于上下民情无不通晓。日前闻国学大师章太炎墓荒废无度，蓬蒿丈余，岁经三载而无人修护，哀痛之至，亲往吊之，三孙之冢，吴令置守。章氏实为一代大儒、民党元领，学行之盛，远闻东邻。今颓毁如此，无乃先贤为后愚废。遂督人员，芟除艾积，重封其墓，略就规矩。记者昨悉及此，特行往访。据部长部属石井中尉谈，章太炎先生实系世界著名大儒，素所佩服。少时师前清名儒俞樾，研精国学，属正统古文派。壮年激于民族思想，鼓吹革命，屡次被逮。前清末避难于东京，深结于孙中山，自此为民党元老，见重一世。民国初袁氏称帝，章氏又被幽禁。得释出后，遂不论政治，专攻朴学，关于训诂音韵，学术上之贡献尤多。晚年卜居苏城锦帆路，创章氏国学讲习会，致力于讲授，其徒皆为学界重要分子。性嗜著书，有《章氏丛书正续》，其中如《訄书》等篇，稍为过正，但皆壮年所为。前年夏身亡，当礼以国葬而未果，深可惜也。闻诸公子至孝，拟将来厚葬，无奈荒芜至此，知章氏身事者，无不为之黯然泪下。我过（辻）部队长仁慈为心，世所共知，尤对文化，最切关心，顷悉章氏坟墓，无人清扫，遂命部属，略加修葺，以待将来盛葬。所愿中国古文人士，对于如此东方文化界功臣，常持敬爱之念，其坟墓遗迹，细心保护，无以死而废则幸甚矣。（高仓正三著，孙来庆译：《高仓正三苏州日记：揭开日本人的中国记忆：1939—1941》，第56—58页）

12月14日　陈布雷阅读马一浮寄来复性书院语录，"其学规部分丁宁周至，至堪玩诵。读书法及书目以六艺为纲，次第说明，亦具有条贯"。（陈布雷：《陈布雷先生从政日记稿样》，东南印务出版社，无出版年，第386页）

12月15日　孟寿椿撰写《视察迁桂无锡国学专修学校报告》，总结考察无锡国学专修学校事宜。

报告称："该校精神方面，足称苦干，但物资方面太觉贫乏。一切设备，均属因陋就简，假若所研究者非为国学，决难成一学校局面。而全校师生尚能互相维系，求精神上之满足，孳孳讲学，惟日弗足者，未始非寝馈国学，究易服膺前哲遗训，有以致之。中国文化之伟大，于此又可获一显证。"（孟寿椿：《视察迁桂无锡国学专修学校报告》，《教育部派员视察私立无锡国学专修学校武昌文华图书馆专科学校报告及有关文件》，转引自刘桂秋：《无锡国专编年事辑》，第299页）在孟寿椿递交视察报告后，教育部给国专桂校下达训令云：

> 该校前经本部派员视察，据报该校校址环境尚佳，学生生活朴实无华，学术研究空气亦尚浓厚，虽体育设备缺乏，尚能切实注重早操，鼓励学生常作远足、单车、骑马、爬山、射猎、游泳等练习，以替代田径运动。全校师生具有苦干精神，洵堪嘉慰。惟该校经费过于支绌，应即设法增筹。对于图书及体育等设备，应谋充实。教员有尚未聘齐者，应设法延聘，并酌予提高教员待遇。过去对于事物管理欠有条理，应再注意改善。（刘桂秋：《无锡国专编年事辑》，第296—300页）

12月22日　李培恩欲联合之江、约翰、沪江东吴联合办国文系。夏承焘谓可以辞章、义理、考据及新文学分功程能。（夏承焘：《夏承焘集·天风阁学词日记》二，第159页）

12月25日　顾颉刚致杨向奎信，谈《经学清理工作》问题。

现在治文字学与历史学者甚多，而治经学者殆无其人。经学到将来固不成其为一学，但在其性质尚不十分明了时，则必须有人专攻，加以分析。如廖平、皮锡瑞然。物希为贵，我甚望你向这条路走。我想，应做之事有几项：（一）编纂"清代汉学丛书"，汉学之分析，清代学者已做得不少，但尚未有人加以系统的搜辑，我辈先成此工作，而后以后之工作有所借乎。（二）校点《十三经注疏》，将六朝、隋、唐之经学作一总清理。（三）校点《五经》《四书大全》，同时读《通志堂经解》及宋、元、明诸学案，将宋以下清以上之经学作一总清理。（四）作"群经新解"，将自汉至清之经解选择一过，惟善是从，以便后学。（五）编辑《经解汇编》，将历代水平线以上之经学书合为一部，如《释藏》《道藏》然，以便翻览而不致散佚。（六）作"经学史"，为系统之叙述，以显示历代经学家之真相与其价值。此若干种工作，之须集合十人，工作二十年方可，我和你可先引其绪。如工作成绩能得好评，将来之成功可预期也。

此外，《史记》一书大可作分析工作，以《左传》《国语》《战国策》，及《尚书》《逸周书》《两戴记》校之，比较其异同，从异同中猜测其先后与原书之状态。从此工作中，说不定

可以解决聚讼最久之《左传》问题也。（顾洪编：《顾颉刚学术文化随笔》，中国青年出版社，1998年，第296—297页）

是年　徐一士和瞿兑之、谢刚主、柯燕舲、孙念希、刘盼遂、孙海波等组成国学补修社，切磋国学，并不时举办讲座。随后又同瞿兑之主编学术性刊物《中和》，共出5卷。

谢国桢回忆七七事变之后，经常与徐一士、瞿兑之等人每周三一块聚餐：

> 聚会的地点，不是在兑之家，便是在燕舲和我家。我们谈话，上下古今，没有一定范围。总是在寂寞之中，得到一点朋友晤谈的快慰。一士和我都是原籍江南而家居在历下，谈话的资料，老是由西山的斜照，谈到明湖的秋光；尤其是谈到济南吃的小点心，便津津有味，所以我们二人尤为谈得起劲。不久的时光，就由兑之发起了国学补修社，是每星期的朝晨，约会莘莘的学子，一起讲学，很有不少同学得了益处。后来兑之又约一士主编《中和》杂志，一士所编共出到五卷，经常写稿的人，便是海波和我。在北方刊物中总算是比较有学术性的杂志。（谢国桢著，姜纬堂选编：《瓜蒂庵小品》，北京出版社，1998年，第187页）

1940年（民国二十九年 庚辰）

1月1日 衲叟发表《整理国故之我见》，以章太炎、胡适、古直、吴梅为例，提示四种整理国故的路径。

国故之急待整理，实为今日研讨学术首先要务。盖自周代中国学术称极盛，百说共鸣，派多而流益分；及于汉代，司马子长已有载籍极博之叹；所谓考信于六艺及尊儒经百家者，皆为当时整齐学术之一道。然而囿天下人尽出于一辙，有因袭而无所发略，有引伸而绝无创造，则又中国学术未能大昌明之故也。

庄生在周末已有"问［闻］其风而悦之"之说，司长谈又复撮六家要指而为之论。古代学术，师承流别，固似有可考矣。刘氏父子撰《七略》，班孟坚本之志《艺文》，魏晋以来承之，录略既夥，史籍又多，有艺文经籍之志，于是中国载籍亦若似有类可寻矣。自隋唐后，学者益多言四部，若在今日用四部以区别中国学术，不独不合于学子研求之需，抑亦无当于教者之方，诚所谓劳而无功者也。然如今人用文史哲以析类，要亦未允，故兹事之有待于研讨，决非一手一足之事。往年与友好颇论及此，今就所忆，分别书之于后，用资扬榷。

余杭章君太炎，晚岁讲学苏州，颇右经术，手订其课程，远承寄示，余邮书妄有所献替，复及于今后读经之法，有待于研讨者。今日学校课诸生多至十余科目，如何可使诸生专经，即言读经，究用何本为宜，人人异本，家家殊说，于学于教，都未见其然也。因劝先生用朱子小注训故之法，参用隆氏《经典释文》遗义写订五经读本。先生复书，孙谢未遑，谓此事不能不望之政府矣。余意今日学校宜读经不宜读经是一事，经之本身要自不可废，既不可废，而今之学生又无法可读，则不废而废。若枝枝节节读之，则犹之未读也。今人喜速成，治经无速成之法，无已，仍当从汉人训故举大谊之法则，用朱子小注训故之法，参用隆氏释文遗义写订五经读本，固是不废经学之一道也。

十余年前，遇胡君适之沪上，君力倡语体文者也。文岂尝有定体，要在使人易入与行之久远而已。就语体近起不过二三十年，学生既群习于语体文，而从来中国载籍，尽属文言，久而久之，后来学子见中国旧籍，几等天书梵典，无人能读，则流病亦殊大。因觉倡语体文可也，中国旧籍亟须择要改易为语体，庶使后学因而获窥中国学术之大要，当时适之亦深以余言为题而未及为也。此事实系乎中国旧籍之存废问题，而新旧主张各异，尤当集思广益，共相研讨也。

古君公愚在广州时，订经学课目，先邮以见示。余复书告以将于四年之中，责诸生遍治诸经，不可能也。因劝以用日读五百字法，期年而五经本文读完，课余为之，无害也。更延通儒专家，日有讲而月有会，都以不碍学校科目为主；公愚颇用余说而未尽也。且将余书刊布广州，其后竟有争议，南北学府群相诘难，余独默然，且劝余杭勿预此事，然余杭尝有书与余论及之。此事主旧学者以为势在必争，主新学者则视同迂诞，二者皆过也。然而如欲整理国故，此事固当首先研讨也。

余又尝与吴君瞿安数共讲席，两人尝欲共编文学史，因论及近年国学概论、诸子概论、中国学术史、文学史之类，皆非一人所能编，当集数人或十数人合编之，先共定体例，然后各就所专研者，认编一门，庶几可成一书，否则一手纂成，此类书终不免有强不知以为知之病也。至今思之，益觉此事皆政府所当为，而亦学者所当尽心也。

凡前所述四事，皆昔年与明好之环堵私言，要自可质之天下后世者也。顷友人来，以此事相询，枨感旧怀，因为述之，期共扬榷焉！（衲叟：《整理国故之我见》，《兴建》，第1卷第4期，1940年1月1日）

1月4日　马一浮发布《告书院学人书二》，并公布复性书院第一次考试试题。

《易》为六艺之原论。心统性情说。问：何谓义理之学，何谓哲学？试言其志趣。问：人之好乐，各有不同，因之择术亦异。诸生既有志于六艺，欲专治何经，将来涉世欲作何等人，此必有所择矣。愿依"各言尔志"之例，恣言之毋隐。右四题，能俱作固佳，力不逮者勿强，作两题即为完卷。但弟四题设问在所必答。尚有与诸君约者，条列如下，并希注意毋忽：一、限用文言，勿为语体。一、字迹须端正清楚，勿潦草，勿添注涂改。一、勿用新式标点。一、勿写破体俗字。一、卷上须自书姓名。一、自本日发题，予限四日，须于本月一日一律交卷。一、参学人自愿与课者同上，不愿与者听。（吴光主编：《马一浮全集》第4册，第340—341页）

1月8日　教育部训令专科以上学校加强中国传统文化的教育和研究。

教育部通令所属各机关各学校：

查近年以来，国人对于我国固有文化之价值已有相当之研究与认识，顾如何发扬光大，尚有待于进一步之努力，我国国际地位，现既因持久抗战而日益增高，关于固有文化，尤应特予阐发，以增强民族意识，而促进建国大业，本部除计划进行编纂中国史学丛书，整理古代经籍，暨筹设中国文化研究馆外，各公私立专科以上学校，应本发扬吾国固有文化之旨，进行下列各事：（一）各院校各科系教材，应尽量引用本国材料。（二）各院校教员对于我国先哲有价值之学术，应用现代科学方法，加以整理，并与西洋同性质之学术比较研究。（三）各院校对于部颁科目表中之中国通史、断代史，及各种专史，应特加重视，广搜材料，以充实教学内容。（四）各院校应与海外友邦设有研究东方文化组织之学校、博物馆、图书馆，或学术团体联络，俾收合作之效。（五）各院校应为所在地之文化中心，对于邻近古物建筑名胜古迹，应负调查及倡议保护之责。（六）各院校应常由校内教员，或聘请对于中国文化具有研究之校外学者，作有关中国文化之讲演。（七）各院校教职员应指导学生，组织有关中国文化之学术研究会及讲演会等。（八）各院校训导人员，应利用各种集会，启迪学生对于固有文化之信心。（九）各大学研究校所之各学部，应注意整理中国材料，研究中国问题，翻译中国典籍，并负向世界学术界宣传介绍之责云。（《国内消息·教部注意发扬我固有文化，通令所属分别整理研究》，《中华图书馆协会会报》，第14卷第5期，1940年3月30日）

余卓坚撰《对于教育部"阐扬固有文化"的认识》，指出"研究与发扬中国固有文化的具体方法"：

（甲）思想信仰与意识形态的研究工作：这一类是包括了文字的整理和系统的重新叙述与注释。例如把经、史、子、集以及各种历史上有价值的书籍的节录，系统的分编、注释、丛刊，和用种种新的科学方法，使其容易为一般人所了解，必要时当然可以只摄取其精神与意义，而不必保存其原文。例如就《论语》及《孔子家语》，和其他经传中所散见的文字，加以系统的分析与客观的观察，再予以主观的判断，而成为孔子的哲学思想——包括人生哲学、政治哲学、历史哲学等等；孔子的社会学——包括社会学史、社会心理、社会生产与经济、社会与礼乐、社会道德等等；孔子的心理学——包括内省的心理、行为的心理、成人幼年、社会心理等等；孔子的政治学——

包括政治原理、思想、制度，运用政治的方法、政治的目的等等；孔子的经济学——包括原理应用、经济心理、国家经济、私人经济、社会经济、经济与政治等等；孔子的艺术学说——包括射、御、书、数、礼、乐，和一切起居饮食的艺术性；孔子的教育学——包括人性论、教育方法、教育科目、教育目的与功用，以及孔子教育的成果与中华民族性等等；孔子在中国文化史上民族史上的地位——包括整个的孔子精神人格以及其死后及于中国民族的影响，以及历代崇尊孔子的作用与效果等等。还可以就孔子的学术思想事迹，再细分为若干项目，各成为专册的研究。每一项目的研究应分：（1）客观的当时环境与事物的认识；（2）客观的有关孔子的一切材料的分析；（3）主观上就是站在三民主义的信仰与近代人类文明立场上的判断与评价；（4）发扬它的优点，与其他民族与孔子同时代的伟人的比较，而表现它的优点。这就是增加民族的自信力，更用这种自信力，来运用一切进步的思想学术。

关于孔子的只是一例，其他如孟子、管子、晏子、墨子以及《诗经》《书经》《易经》《礼记》《周礼》《仪礼》《春秋》《左传》《公羊传》《穀梁传》等等的书籍，都可以照此方法予以整理研究编述，至于秦汉以后，则可以分朝代而合若干代表人，为研究整理编述的单位。

（乙）制度典章法令器物的研究工作：这一类包括了各朝代一切政治、社会、教育、经济、军事与一切社会与自然学科的创作与发明的进步的述叙。例如就《周官》中所说的官吏职务的划分，官吏组织的系统，君主与官吏、人民的关系，中央与地方制度，乡官与人民自治，以及当时的军事与政治、政治与经济、经济与教育、政治与民权，器物的制造、管理分配等等的项目，加以系统的研究与述叙。其余就《礼记》《书经》，以及全部经传中的材料，都可以此为例予以分门的研究整理。至于秦汉以后各朝代则可以：（1）分别朝代，就其政治、法律、经济等项目编写专书；（2）统合各朝代而以全部的纵的政治、法律、经济的史的发展为系统而编为专书。

在此一类中要特别注重于自然科学的发展史：例如医药、工业、建筑，各种器具的制造，以及农田水利之经营运用的方法。以近代科学的观点，予以学理上的说明。尤应注重于在同类事物和同时代中，和欧洲自然科学发展的比较，以证明我们在各种自然科学上，都早有原理原则的发明，更证明我们在近代自然科学所以不能进步的原因，不是我们民族的智力不够，而是由于我们另有其他的社会与心理以及精神上的诸种不需要自然科学的进步的原因。这样就可以更进一步的引起一般人以我们的文化为主，来积极的发明科学、运用科学，再以科学发扬我们的文化。在医药方面，可以得到许多的我们比西洋人发明较早的学理的材料。有些医药的方法，我们从经验中，从直觉中，用过几千年有效的方法，而西洋人到现在还没有用科学的方法证明它的原因。

（丙）文艺、戏剧、书画、音乐、雕刻，以及各种艺术的研究工作：因为中国的文化是偏重于欣赏与适应自然，而很想把各人的思想、意识、行动，都与大自然合流，而从认识自然中来把握自然，它不想用力量来征服自然。因此中国人的聪明才力都用到描写、体认和欣赏自然的文学艺术方面，而对于利用自然分析研究乃至是征服自然的科学方法不感兴趣。中国文化中所说的文学艺术的极点，都是要合于道，道就是天地的自然作用。能了解道的作用，就可以与自然合流，不必征服自然而可以满（足）它的生存的要求。我们要了解中国文化的真正精神，就要用现代科学的眼光，来认识中国一切文艺美术等等的更高的意义。从这种认识中，可以超越一切的功利主义，消除个人自由竞争的生活方法，充分的发展救人救世、以服务为目的的人生观。艺术本身虽然是抽象的，而它反映到人生的作用是最具体现实的。关于这一类的工作是：（1）证明中国固有的艺术的学理和根本观念；（2）把一切的艺术作用，和中国人的人生观合起来加以说明；（3）说明中国艺术中所表现的自然作用；（4）具体的说明中国艺术所用的方法；（5）证明中国固有艺术比较外来艺术的优点；（6）述叙中国艺术发达的经过与吸收外来艺术的特点，以证明中国艺术的伟大性。

艺术本身是比较不受种族、阶级与国界的限制，要使外国人能够了解中国固有文化的价值，最容易收效的，就是从艺术作品中，表现国人的精神。在客观上，外国人是早就认为中国的艺术是有较高的价值。就是不能读中国书的外国人，看到我们很小的一个艺术作品，往往表现出奇异欣羡的意思。他们看到我能在三千年前的铜器、玉器，便要说中国民族是没有经过野蛮时代，是原始以来就具有高尚的文化。

现代的民族生存，不仅是生存于物质的力量，而是生存于所以能运用物质力量的文化力量。没有独立文化的物质力量，就是等于没有灵魂的躯壳。所以当此抗战建国的重大时期，最近教育部就通令各教育机关，注重发扬中国固有的文化，并且要筹设中国文化研究馆。作者认为固有文化就是抗战建国的总动力，因此特简单的说明其意义。（余卓坚：《对于教育部"阐扬固有文化"的认识》，重庆《中央周刊》，第2卷第31期，1940年2月17日）

1月13日　柳亚子致书柳非杞，告知南社纪念会经济窘迫。（杨天石、王学庄编著：《南社史长编》，中国人民大学出版社，1995年，第646页）

1月14日　中央图书馆筹备处主任蒋复璁抵上海，后由郑振铎、张寿镛、何炳松、张元济、张凤举等人成立"上海文献保存同志会"。（李慧：《〈文献保存同志会第一号工作报告（1940年4月2日）〉考释》，国家图书馆善本特藏部编：《文津学志》第三辑，国家图书馆出版社，2010年，第36页）

1月15日　伪江苏省政府布告国学月课第一期（一月份）题。伪省长陈则民发政府布告：

秘三字第一号（中华民国二十九年一月十五日）：为布告事案查上年三月间，行政院召集第一次各省市长官会议，本府提议规复从前书院月课办法以济寒素而振国学一案，经议决交教育部备案纪录在案。兹据教育厅呈拟实施办法，前来除酌予修正，咨报教育部备案并分令教育厅暨各县知事外，第一期月课兹定于本年一月份起实行，合行布告周知。所冀吴中硕彦共抒思古之幽情，江左英年咸蹈右文之正轨。倡导国学，消除邪说，期以振作民族精神，永辉东亚，本省长有厚望焉。特此布告。

第一期月课题附后

江苏省政府国学月课第一期（一月份）题

一、经义题：尧舜帅天下以仁而民从之，桀纣帅天下以暴而民从之，其所令反其所好，而民不从义；君子时中说。

一、史论题：文天祥、史可法合论；元清两代国祚修短不同，试言其故。

一、词章题：拟和平告成颂；迎春赋（以杨柳共青旗一色为韵）。

每卷任作一题完卷，全作者听本期限一月二十五日前缴卷，径寄苏州教育厅收，由厅尽一月底汇呈本府评定等第名次。[《公牍·江苏省政府布告，秘三字第一号》，（伪）《江苏省公报》，第86期，1940年1月22日]

1月17日　马一浮发布《告书院学人书三》，劝诫诸生假期勿令身心放逸。

自开讲迄今，为时不过四月，诸生或有来院差后者，熏习日浅，又前此未尝治经，人之资禀既有不齐，其用力亦有勤驰，固未能必其进之速也。观诸生所为课试文字，间有过于率易，不中绳墨，未知修辞之道者，良由平日不曾留意文字使然，据此可知于文义尚欠理会。就文评骘，亦是各如其分，于可者冀其加勉，于未可者亦望其求益。念诸生均来学未久，未欲绳之过深，将勖之以徐俟其进，初无遣去之意。颇闻有以课卷评语有贬辞而意不能平者，此非有志于学者所宜出也。（吴光主编：《马一浮全集》第1册下，第558页）

△　陈礼江在《民国二十八年中国教育的回顾（一）》特意提出私人讲学方面有复性书院。（陈礼江：《民国二十八年中国教育的回顾（一）》，上海《申报》，1940年1月17日，第2张第8版）

1月26日　四川大学国文系全体师生，以我国国学亟待发扬光大起见，特发起国学研究会。国文系系主任李蔚芬指定学生李声扬等九人负责筹备。国学研究会召开成立大会，向楚院长，傅况麟总务长，李蔚芬主任，导师向宗鲁、路朝銮、祝杞怀、陈季皋、殷孟伦等，暨中文系全体学生百余人出席。

　　向院长代表程校长训词，略谓：本校实行导师制度，已见成效，各学系均纷纷成立学会，提倡学术研究，并辅助导师制之推行，今中文系能有此组织，必可予诸生身心，极大裨益。洎太炎先生有国学讲习会之设立，国学研究风气为之一新。本会所分文学、语言文字、古籍校读三组，与研究院所分组别，无大差异，希望诸生在各导师指导之下，努力研究工作，将来必著良好成绩，昔张文襄有言"得师不易，即以国朝诸师为师"，今诸生于得师之外，复有同学切磋之助，幸细审斯旨，必可事半功倍也，词毕。导师萧中仑先生，讲演文学、语言文字、古籍校读三种学问皆有相连之关系，不可偏执一途。继请祝、路、向诸导师讲演，词意精采。末由傅总务长讲演："国难当前，望诸生以固有道德，作宣传工具，促进国民精神总动员。"……当经选出何迪九担任总务干事，樊家菱担任文书干事，袁瑶卿、柴让担任财务干事，李声扬、胡光纯、郭石尊担任编审干事。（《国学研究会开成立大会，向院长代表校长训词》，《国立四川大学校刊》，第8卷第4期，1940年2月1日）

1 月　《泰和宜山会语合刊》嘉定刻本出版。

该书卷首有马一浮《题识》,《泰和会语》收录:《引端》《论治国学须辨明四点》《横渠四句教》《楷定国学名义》《论六艺该摄一切学术》《论六艺统摄于一心》《论西来学术亦统于六艺》《举六艺明统类是始条理之事》《论语首末二章义》《君子小人之辩》《义理名相一：理气形而上学之意义》《义理名相二：知能》,附录《论老子流失》《赠浙江大学毕业诸生序》《对毕业诸生演词》。《宜山会语》收录:《说忠信笃敬》《释学问：先释学问之义后明问答之旨》《颜子所好何学论释义》《续义理名相一：说视听言动》《续义理名相二：居敬与知言》《续义理名相三：涵养致知与止观》《续义理名相四：说止》《续义理名相五：去矜上》,《续义理名相六：去矜下》,附录《拟浙江大学校歌》。

有评论称:"讲义之说与著述事异,一则称意而谈,随顺时俗,语言欲人易喻,虽方言俚语,亦不为过;一则期其传世行远,不留疵瑕,体例务求谨严,叙论不取繁芜。讲说亦有不由记录而出于自撰者,如象山白鹿书院《论语讲义》,荆门军《皇极讲义》,朱子《玉山讲义》是也,王阳明以后,讲会益盛,每有集听,目为会语,其末流寖滥矣",马一浮鉴于讲义先后散尽,乃将泰和、宜山两处讲义合刊,"欲以贻初机之好问者""大约随机设施,因言见理,治学者各有因承,乌能以其空疏于义理而忽视之哉?"(静:《图书介绍·泰和宜山会语合刊》,《图书季刊》,第 2 卷第 3 期,1940 年 9 月)丰子恺将《泰和会语》寄赠师友,宋云彬收到之后,认为:"宋学本空疏,马亦未能例外。宋明理学为封建时代之产物,基督教则已市侩化,二者在社会科学面前皆黯然无色矣。"〔海宁市档案局（馆）整理:《宋云彬日记》上册，中华书局，2016年，第38页］1940年2月丰子恺在《宇宙风》上撰文《教师日记》（四），抄录马一浮的讲稿，李广田予以批评，后又撰《写在〈泰和宜山会语合刊〉的空白上》，批评以复性书院为代表的复古思潮。文中称：

　　忽然看到这样一本宝贝书：线装，淡黄封皮。木刻宋体字，嵌在一行行的立格里……真可谓十足的古香古色。我于青天白日之下翻弄这本书，觉得很不对劲。当然，这样的书最好是于青灯之下读之，所谓"黄卷青灯"是也。如再有"红袖添香"那就更够味儿。书面上有一个书签，写道："泰和宜山会语合刊"，字体也很古雅。我想这样的书假设不是宋版，也该是明版，最晚最晚也该是"大清皇朝"的玩意儿吧，果然，翻到第二叶（页），就在第二面上出现了一个方框框，方框框里也同样印着那么古雅的八个大字："己卯仲冬，刻于嘉州。""己卯"到底是属于哪个朝代的呢？真是……然而奇怪，在姓马名浮的一位先生的"卷端题识"末尾，却又忽然出现了这么一行字："中华民国二十九年一月马浮识。"这真叫我不敢信任我的眼睛了，"中华民国"！真是咱们这个中华民国吗？而且还是二十九年，正是所谓抗战的第三个年头！同时我又叹息，这位马浮君也有点糊涂，为什么不用"庚辰"而用"二十九年"呢？也许用"上章执徐"就更古雅一些，甘脆把"己卯仲冬"四个字也改为"□维单□仲冬"，"刻于嘉州"还可一仍其旧，不用嘉定，当然更不用乐山，可惜于"嘉州"之上再也找不出更古的名字来了……从"卷端题识"里知道，这本书就是这位姓马名浮的讲学录，而且是在"避寇江西"和"留滞宜山"时讲的。就先看看书里的目录吧。"目录"这玩意儿仿佛并不见于咱们的"圣经贤传"，虽然这位马浮君在给活在民国二十九年的中国人大讲其圣贤之道，然而他在书前边却列出"目录"一项来，还是不足为训的，这也正足以证明他去古已远了。目录占了三面，足见内容之丰富，现在就仅举出这几篇来看看吧：

论六艺该摄一切学术、论六艺统摄于一心、论西来学术亦统于六艺、说忠信笃敬、颜子所好何学论释义、说视听言动……

而其中最使我惊骇的却是"论西来学术亦统于六艺"一个题目。这意思就是说，西洋一切学术也都包括在咱们这古国的《诗》《书》《易》《礼》《乐》《春秋》里边。这真是值得我们欢喜欲狂的好事，原来西洋一切科学文明，例如火车、轮船、电灯、电话、飞机、大炮、资本主义，帝国主义……早就在咱们老祖宗的六艺里统摄着了。这真是光荣之至，足见西洋鬼子虽自称文化先驱，实则瞠乎其后也已久已夫数千百年非一日矣！其实何况西洋鬼子不中用，连东洋鬼子也不行，或者说"更"不行，因为东洋鬼子是跟西洋鬼子学的，若以学龄排辈，咱们是爷爷，西洋是儿子，日本当然是孙子。如今孙子居然用了飞机大炮来打爷爷，这真是岂有此理的事！但是且住，这所谓飞机大炮种种玩意，原是咱们的六艺中物，那么他岂不是用了"六艺"来攻伐"六艺"了吗？

好，不必管，所以我们只要好好地讲求咱们的六艺就行了，何况，咱们的阿Q翁就曾屡次以"儿子打老子"而骂人而自慰过的，也就无怪乎这位马浮君在流亡中的浙江大学里大讲其六艺并大声疾呼曰："西来学术亦统于六艺"，以后，又于中华民国二十九年即庚辰年亦即抗战的第三年印出了这么一本大著！

那么，我们且来拜读一下大著里边选的名文吧："六艺不惟统摄中土一切学术，亦且统摄现在西来一切学术。举其大概言之，如自然科学可统于《易》，社会科学（或人文科学）可统于《春秋》，因《易》明天道，凡研究自然界一切现象者皆属之。《春秋》明人事，故研究人类社会一切组织形态者皆属之……文学艺术统归于《诗》《乐》，政治法律经济统于《书》《礼》，此最易知。宗教虽信仰不同，亦统于礼……哲学思想派别虽殊，浅深小大，亦皆各有所见，大抵本体论近于《易》，认识论近于《乐》，经验论近于《礼》……学者当知，六艺之教固是中国至高特殊之文化。惟其可以推行于全人类，放之四海而皆准，所以至高！惟其为现在人类中尚有多数未能了解，百姓日用而不知，所以特殊。……西方哲人所说的真善美，皆包含于六艺之中，《诗》《书》是至善，《礼》《乐》是至美，《春秋》是至真。……诸生若于六艺之道深造有得，真是左右逢源，万物皆备，所谓尽空虚，遍法界，尽未来际，更无有一事一理能出于六艺之外者也。吾敢断言，天地一日不毁，人心一日不灭，则六艺之道炳然常存，世界人类一切文化最后之归宿，必归于六艺，而有资格为此文化之领导者，则中国也。今人舍弃自己无上之家珍，而拾人之土苴余绪以为宝，自居于下劣，而奉西洋人为神圣，岂非至愚而可哀！诸生勉之，慎勿安于卑陋，而以经济落后为可耻，以能增高国际地位以为可矜。须知今日所名为头等国者，在文化上实是疑问。须是近于六艺之教，而后始为有道之邦也。不独望吾国人兴起，亦望全人类兴起，相与坐进此道，勉之，勉之。"

够了，够了，这已经可以"叹观止矣"了。原文是没有标点符号的，因为标点符号这玩意也是"古未曾有"的，故不取。虽然说六艺包罗万有，却不曾包进这些小玩意去，可见这些小玩意也是有害于"有道之邦"的。"今人""不慎"妄给马浮君加写标点，亦可谓"至愚而可哀"矣。

关于马浮君这些名论，也许根本就没有批驳的必要，因为"此最易知"了，讲给一个小学生听，他也会骂一句："要不得！"那么我现在却来说长道短，岂不也是完全无谓吗？既然小学生都知道"要不得"，谁还肯来信他这一套？然而不然，所谓"天下事乃竟有大谬不然者"，何以故？请看下列数事便了：

至今尚有马浮其人——实在这类人还不少——而且还在讲这样的学，而且是在敌人追赶之中讲的……此堪注意者一也。至今还有大学请这样人讲学——不知除浙江大学外还有无此类大学或学术团体——此堪注意者二也。至今还居然有人，而且是大学生！是抗战时期的青年人，肯听这样的讲学，而且我想他们一定是听了的，假如学生出来反抗，马浮就将讲不下去。实在，如果有十个人听，就该有十个人的反抗呼声才对，有一百个听，就该有一百个人的反抗呼声才对，不但不听，而且不让他讲，反正这类人不作教授也饿不死。但是，究竟是有人听了，此堪注意者三也。

　　既已讲了，而且还有人为之刻板，为之付印，为之出售。在本书底面上还印着这样一些字："泰和宜山会语合刊每部定价法币一元，外埠加邮费二角，总代售处四川嘉定乌尤寺复性书院。"天乎！这本书一共百十余页，卖法币一元，而且外加邮费，不为不贵，其实抗战以来什么不贵呢？人力也贵，物力也贵，这书的内容又"贵"，也就无怪贵了。看来咱们的抗战是一定可以得到胜利的，当此人力物力至极宝贵之时，还肯出版这样贵书，而且还有人买，就是一个证明。而且底面上还印着"版权所有，不准翻印"呢，是不是会有人偷着翻印呢，我不知道，我只记得，张宗昌穷凶恶极之中还翻印了几万部十三经，所以……此堪注意者四也。

　　而且，假如有人要买这类书，就请到嘉定乌尤寺"复性书院"去买吧，还有什么"民族文化学院"，大概也有这类书，而且也一定代卖这本书。抗战继续了三年，抗出了这么些学院，真是懿欤盛哉。这当然狠（很）好，抗战期间"思想"必须特别"正确"，这些什么学院之类，以及什么马浮之类，一定可以给咱们中国造出很多"思想正确"的国家柱石来，然后再请他们去用"六艺之道"抗战建国，去打退敌人的飞机和大炮，去开矿山筑铁路，"而后始为有道之邦"！此堪注意者五也。

　　由以上五点看来，即我这番唠叨也许并不是完全无谓的了，因为这并非打落水狗，落水狗尚须打，况尚未落水者乎！……我们很坚决地拥护抗战，我们要坚持抗战，一定要抗下去，抗下去，不但要消灭我们的敌人日寇法西斯，而且也要在持久抗战中来扫清我们内部的各种渣滓。我们一定要这样做，我希望大家都要这样做。（李广田：《写在〈泰和宜山会语合刊〉的空白上》，《笔阵》，新第 1 卷第 2 期，1940 年 5 月 1 日）

丰子恺致信朱光潜，说明《教师日记》写作背景，请朱光潜向成都出版界解释。朱光潜致信李广田：“我也认识马一浮先生，其见解非敢苟同，其风范尚可景仰。我以为见解不同究竟是小事。尊文没见到，说些什么？之琳说，听人说写得很好。”（宛小平：《朱光潜年谱长编》，安徽大学出版社，2019 年，第 151—152 页）

2月5日　在学术中国化的运动中，舒芜发表《用新方法整理国故》，提倡用辩证唯物主义研究国学，整理国故。

舒芜认为科学的社会主义是整个人类文化发展最高阶段的产物，一切伟大学术思想的精华都能被积极发扬而保存。为了实现“学术中国化”的任务，只有用新方法整理国故，承受中国优良的遗产，才能做到真正的“中国化”。所谓新方法，就是指唯物的辩证法。国故本身的法则就是如此，不根据国故本身的法则去研究它，一定不能发现国故的真相：

首先，对于中国古代的一切学术思想，都要把握它的阶级本质。例如，在中国学术史中，儒家是正统的，地位和力量都没有其他任何学派能相比。这就因为它是封建贵族阶级的代表，同时，它又是封建文化最完备最适合的形态。在两三千年封建社会中，它深刻支配着人们的思想，正因为它本身是封建社会产物的原故。一些统治阶级也因为它足以维持他们的利益，所以从“汉武帝罢黜百家，独尊孔家”以后，历代帝王都极力尊崇儒家，甚至把孔子造成一个尊严的偶像，这些恰恰表明了儒家的阶级本质。又如，在《孟子》书中，虽然攻击一切"异端"，但却特别向"杨墨"进攻，说："杨朱墨翟之言盈天下……无父无君，是禽兽也。"又说："能言拒杨墨者，圣人之徒也。"这种极端的诋毁，就是因为杨墨是新兴城市商人的代言人，墨翟是农民的代言人。这两种学说"盈天下，"自然要引起作为儒家急先锋的孟子的猛攻。战国以后，如明朝的颜元、李塨，近代去世不久的章太炎先生，都是墨家学者，攻击儒家最激烈。而颜李的实际行动，都是注重"躬身实践"亲自耕种，至如章太炎先生的少年时代，更是参加革命，不屈不挠。我们从这里更可以看出，儒墨之间的斗争，实际上反映着封建贵族对被压迫阶级特别是对农民的斗争。我们再看"阴阳家""老庄""佛学"等，虽都曾被儒家视为"异端邪说"，但儒家曾在汉朝与"阴阳家"融合，在晋朝与"老庄"融合，在宋朝又与"佛学"融合，这就因为它们本来都是代表着统治阶级的。总之，透过社会根源，透过阶级斗争的本质，才能认清国故中万花潦乱的各种现象。

其次，要把握每种学术中，与各种学术间的矛盾，并把这些矛盾看作发展的基本动因。儒家学说，本来与"九流十家"中其他各界地位相等，在对其他各家不断的斗争中，它才日臻完备，地位也日益提高。就儒家内部说，由于孟子荀子间的斗争，使关于"人性"方面的学说比孔子前进了一步；由于"今文""古文"的斗争，使"经学"成了独立系统的研究部门；由于"汉学""宋学"的斗争，把"经学"的研究弄得两方齐备；由于"朱子""陆子"间的斗争，使"宋学"发展为明朝许多比较进步的学说，如顾亭林的学说，王阳明的学说等等，整个儒家学派的发展史，就是一部斗争史。文学上也是这样，有"唐宋八家"反对"六朝文学"的斗争，有"公安竟陵"派与归有光一派的斗争，有"桐城派"反对"八股文学"的斗争，有"江西诗派"与"西昆诗派"的斗争，这些斗争构成了文学史。当我们把握到这些矛盾斗争时，就可以看出每一发展变化的真实内容和动因，就可以从相互的批判复述中看到各方面的真面目。

　　复次，在紊乱复杂的国故中，特别要辨别许多形式相同而本质互异的东西。例如，"古乐府"经过后来"诗"的否定，而达到"词""曲"的否定之否定阶段。这时，似乎"古乐府"与"词""曲"是同一的东西，在形式上都是有规律的长短句。然而，显然的，"词""曲"是与"古乐府"完全不同的；"词""曲"一般上是十分细腻的东西，不像"古乐府"的自然豪放（自然少数例外的以豪放为能的"词""曲"也是有的）；"词""曲"是贵族所独有的玩物，不像"古乐府"之起于民间的歌舞。若是看不清二者间质的区别，那将弄成笑话。又如，后来的"道家"虽然与"老庄"的"道家"同名，并且后来的"道家"也奉老子为祖师，但实际上却是两个东西。"老庄哲学"是古代相当伟大的学术。而后来的"道家"只是"阴阳家"的演变。要是真正以为"老子"和"庄子"书中，也有"丹药""飞升"那一套东西，又是一个笑话。还有，前面已经说过"汉学""宋学"虽然都自命为儒家正统，但实际上前者本质上杂有"阴阳家"成份，后者本质上杂有大部份的"佛学"，与孔孟时代的儒家是有分别的。汉朝的"汉学"又和清朝所盛行"汉学"不大相同，后者已大致除去了"阴阳家"的成份，而向着科学方法更进一步。这些质的区别，都是绝对不可抹煞的。

最后，而且最重要的，就是要认清时代。有大多数人把古代各种文化看成永不可变，永远适用的东西，特别这样对付儒家学说，认为是"天下之常经，古今之通义"，把孔子看成"万世师表"。这是由于人们的意识随着封建社会而长期停滞了的原故。我们今天，决不能有这样的意识，因为时代已经变了。我们当然不否认，孔子是"一代哲人"，但他决不是什么"万世师表"。这种认清时代的方法，是我们进行扬弃工作的标准。凡是旧东西而可以在现时代中获得新的内容，适用于现时代的，我们要发扬它。凡是只能在旧时代中适用的，现时代不要它，我们要扬弃它。例如，"忠"字本来含有"尽己之谓忠"的意义，我们就发扬这一方面，把它应用为"对国家尽其至忠"，就是对国家尽力完成自己任务的意思。"抗战中的中国是非常需要这个新道德的。"至于，"臣事君以忠"的"忠"字，我们却要反对。无论考察任何思想及学术的，都要像这样。（舒芜：《用新方法整理国故》，《学习》，第1卷第10期）

2月12日 行政院决议褒奖陈汉章，阐扬国学。

内政部、教育部呈文："已故教授陈汉章，浙省名儒，学识深邃，历任国立北京大学及国立中央大学等校教席，讲解经史，士林推重，毕生潜心著述，阐扬国学，有功文献。晚年建藏书楼，嘉惠后学请褒扬案，决议呈请国民政府明令褒扬。"（《行政院决议事项》五，上海《申报》，1940年2月14日，第1张第3版）国民政府遂明令褒扬陈汉章阐扬国学有功文献：

> （重庆航讯）浙江象山县名儒陈汉章，系逊清俞曲园弟子，精经史之学，海内学者，如章太炎、刘师培、黄季刚等均深为推重，历任国立北京大学、国立中央大学等校教席，讲解经史，诲人不倦。毕生潜心著述，所著有《缀学丛稿》《辽史索隐》《集古录补目补》《后汉书补表校录》《南田志略》《周书后案》《苏诗注补》《崇文总目辑释补正》《风俗通姓名篇校补》等书，阐扬国学，有功文献。晚年出其余资，建藏书楼，嘉惠后学，尤足称道。行政院于本年二月十二日开第四五二次会议，特呈请国民政府明令褒扬。（《国民政府明令褒扬象山名儒陈汉章》，上海《申报》，1940年3月7日，第2张第7版）

2月15日　重庆《文学月报》第1卷第2期刊登了向林冰《论通俗读物的文艺化》和葛一虹《关于民族形式》两篇文章，引发向林冰、葛一虹之间"民族形式"的中心源泉之争，进而引申出新国粹主义的讨论。

向林冰把民间形式作为"民族形式"创造的中心源泉，把"五四"新文学置于副次地位被视为"民间形式中心源泉论"。3月15日，葛一虹发表《民族遗产与人类遗产》，针对向林冰的观点提出反对意见："拿旧的装酒的工具来装酒一定没有新的玻璃酒瓶的好"，以民间形式为创造"民族形式"的"中心源泉"和"主导契机"论，是"新的国粹主义"，予以反对。葛一虹认为我们的目光应该放在什么地方，决定了"主导契机"与"从属契机"的关系，我们应当从人类文明之中吸收最丰富最伟大的战果，尽一切可能来接受并发展它，"因为文化及科学或其他原是属于全人类，而不仅是一个民族的"，这是我们要坚决地反对国粹主义的理由：

> 反对遗老遗少的国粹主义在现在似乎没有问题了。然而新的国粹主义却穿上漂亮的外衣登了场。什么是新的国粹主义呢？抹杀五四以来在新文学上艰苦奋斗的劳绩，责难它不大众化和非民族化（最骇异的其中之一在莎翁的某一大悲剧的演出上亦要求起中国的民族形式），而所谓大众化和民族形式的完成，只有到旧形式或民间形式里找寻。或者认为这样的追求是至少要"以民间形式为中心源泉"，为"主导契机"，等等。
>
> 我们并不否认我们的民族遗产中间多少有些有助于我们完成大众化完成民族形式的东西。但是却不是"主导契机"或"中心源泉"。我们的"主导契机"或"中心源泉"，还是在于我们的科学的世界观和我们的现实主义的创作方法。那末在封建制度底下所成长起来的旧形式或民间形式中间，那般创造家会把握了怎样深度的科学的世界观和怎样高度的现实主义创作方法来组织题材，并把这些题材来表现了呢？
>
> 民族革命的内容，自然需要着一个民族的形式，但是却不是像把新酒装到旧瓶似的单纯地把新内容塞到旧形式里面去就算完成了民族形式。这样的形式根本容载不了这样的内容。

我们的新内容自然不能借用属于旧内容，表现旧事物的凝结了的僵死了的形式表现出来的。它需要一个属于它自己的形式。是的，"我们要创造新的纪念碑的形式"，因为惟有这样新的纪念碑的形式才能容载我们新的内容，它是最新的，必为大众所"喜见乐闻"的，也惟有受着新内容的支配而决定的。

民族遗产是人类遗产的一部份。而"中心源泉论"与"主导契机论"的"中心"与"主导"却在乎作为人类总遗产之一部份的民族遗产之上。这是只见树木而不见森林，这是明白地新的国粹主义。（葛一虹：《民族遗产与人类遗产》，《文学月报》，第 1 卷第 3 期，1940 年 3 月 15 日）

向林冰后在《新蜀报》副刊《蜀道》发表回应文章《"国粹主义"简释》。向林冰认为"遗老遗少的国粹主义"是应当反对的，"新的国粹主义"尤其是应该"反对"，因为新国粹主义"穿上了漂亮的外衣登了场"，极大地妨碍了文艺大众化运动。首先要分清楚什么是"国粹主义"否则会闹出笑话来。现在所谓国粹主义五花八门，包罗万象，比如说，"五四新文艺不大众化和非民族化"，认"大众化和民族形式的完成"应以"民间形式的批判的运用为中心源泉，为主导契机等等"的见解，就是"穿上了漂亮外衣登了场"的"新的国粹主义"，这是我们要坚决地反对的：

一切形态的"国粹主义"，有一个共同的特征，这就是：历史上已有的一切，都是尽善尽美的，"将来"都被包括在"过去"里面；进步是每况愈下，改造是大逆不道，黄金时代是在古圣贤之世。所以一切形态的"国粹主义"，本质上是和"复古主义"异名同实的范畴。

由于新事物发生在旧事物的胎内，所以民族形式的完成，应以民间形式的批判的运用为实践的起点，而后者应以前者为发展的归宿，由于后者为中国老百姓所习见常闻的自己作风与自己气派，由于前者为抗战建国动力发现在文艺上的反映，所以后者为前者的中心源泉或主导契机；并且，由于内容决定形式，所以旧瓶装新酒的方法，不是意味着民间形式的保全，而是意味着它的被扬弃被改造。这样的见解，确乎是有人在支持；我在拙作《民间形式的运用与民族形式的创造》及《论民族形式的中心源泉》二文中，便支持着这样的见解。这样的见解，我不敢自信其完全正确，但它绝不是国粹主义，因为它只是在如何扬弃民间形式的问题上，只是在如何使新事物从旧事物的内部矛盾过程中孕育成长起来的问题上，提出了若干的方案或意见，而并（没）有否认民间形式的低级形态性，并没有否认民间形式被改造扬弃的可能性与必要性。

如何扬弃民间形式呢？我们的国粹主义反对论者说："那只是……落在多少世纪后面的'野蛮民族'的装酒的工具"。"我们便不应该因为是民族的而死抱着它不放手"。对民间形式"放手"，就是扬弃民间形（式）的"现实主义的创作方法"吗？我们虽然"放手"了，而大众是不是也就"放手"了呢？而且对于新"发明"的"最好的表现思想与感情的技术和方法"不能够以"最高的热忱来欢迎"的"野蛮民族"，在现阶段的中国人口中，究竟有多少呢？这似乎是文艺大众化工作者应该考虑的问题。

新兴文艺形式与民间文艺形式，在建立民族形式的工程上，何者是中心源泉呢？应以何者为主导的契机呢？我们的国粹主义反对论者说："我们的'主导契机'或'中心源泉'，还是在于我们的科学的世界观和我们的现实主义的创作方法。"这简直是在做梦！例如倘若我们问：开发西北与开发西南，在国防经济建设上，何者是中心源泉呢？应以何者为主导的契机呢？有人答道："我们的主导契机或中心源泉"，还是在于"我们的"救国的三民主义和"我们的"抗战建国纲领。这样的答案，不是根本就没有理解什么是"主导契机"或"中心源泉"的含义吗？不是根本就没有理解所讨论的问题在那里吗？然而，我们的国粹主义反对论者，……则恰属此类。在这里，如果"要坚决地反对"建立民族形式应以批判的运用民间形式为中心源泉或主导契机的命题，就应该阐明"批判的运用民间形式"与"我们的科学的世界观和我们的现实主义的创作方法"的不能相容并立的理由何在，单纯的持出后者，有何相干呢？

反对国粹主义，确乎是现阶段文艺运动上的一个火急的课题。但是，要想打倒它，须先认识它！像目前这样"指鹿为马""认虎作豹"的反对方法，主观上虽然是"要坚决地"，而却只会让"遗老遗少的"或"穿上了漂亮的外衣登了场"的真实的国粹主义逍遥法外，注视着代它受刑的无辜牺牲的它的敌人之一，而发出狰狞的恶笑。（向林冰：《"国粹主义"简释》，《新蜀报》，1940 年 3 月 27 日，第 4 版。）

卢鸿基认为向林冰只看见理论，而看不到历史的发展，而且不止看不见，还要把它斩掉。"国粹主义"固在"复古"，"新国粹主义"也不近今。不知今，无以明白将来：

那么"今"怎样呢！"今"是"五四"以来的新文艺。它是"民族形式"么！是"民族形式"的中心源泉么？它是从那里来的？上面已说过从旧文艺形式中来的，并且也加入了外来的形式。为什么它可以作为民族形式的中心源泉呢？因为它就是从中国的旧文艺形式中蜕变而来并加了外来的影响（所谓扬弃了呀）。它既是从旧文艺形式中蜕变而来，而旧文艺又是从旧的文艺形式中变化而来，中国的文艺史也是和世界各民族的文艺史一样是无断地嬗变下来的。它总是从一个旧形式蜕变成新形式，而且一变了之后，又总是该时代的文艺形式，而将来的文艺形式又总是从这一新形式中变过去的。但是由一个形式蜕变为第二个新形式会没有出岔的呢？有的。像胡意的变，变成外来形式而不是外来形式变过来的。这是一；不高兴变，或者为一部分不能跟时代及"形式"一道受教育的民众所喜爱便具有残留下来的，这是二。前者弄得没人懂，后者觉得是不出息。然而出了岔之后怎样呢？出了岔只不过出了岔而已，一大群民众不会也被拉过去的，他们总得集中到不出岔的正轨来，跟着它发展，怎么集中法呢？专门模拟外国的，站不住。残余在民间的，应该赶快变质，作（过）度到中心去的桥梁和从属——一提到从属就只好屈它做从属契机了，而主导契机，自然就是新文艺——这样发展，便是"中国气派和中国作风的民族形式"。范本呢，便是新文艺形式中的鲁迅的形式。倘以为"什么民族形式"在无何有之乡，抱着"通俗读物"而无视或者推翻了"五四"以来的新文艺，那是什么东西也没有的，"五四"以来的新文学运动便是白费了。前几天还有人在追悼蔡元培先生呢，恐怕也犯不着吧。

在这里还是来一个比例吧，如旧酒瓶问题。说现在只见玻璃（新的吧）瓶了，这话我不大同意的，就在是玻璃瓶土木制（旧的吧）瓶杂用，这是向玻璃瓶发展的，但以为只须用土木瓶等不要玻璃瓶，那心情总使人想到要说"这家伙真顽固"，有些"国粹主义"意味了。自然，那地方也是根本没有玻璃瓶那是没法，但一有，那他们一定是抢的。记得我有些年前在海外故乡，（可恨现在给敌人抢去了）带玻璃瓶走到土著那里去，他们就向我讨了去盛酒。他们原来盛酒的工具是葫芦壳或椰子壳，盛久了总要变些味。这土著与我们是有些生活上的联系的，所以常常走动，知道他们后来专门用玻璃瓶盛酒而不要椰子壳或葫芦壳了。他们爱新、好、漂亮的工具。那样的旧家伙们先前也用的。我们"放手"了，可怪，便是野蛮的土著也"放手"了，毫无足奇。

当然，还只能指酒瓶与酒说的，讲到文艺，大概没有这样简单。

至于说"我们的'主导契机'或'中心源泉'，还是在于我们的科学的世界观和我们的现实主义的创作方法"，也许有语病吧，但不能说它完全错了的。何况"例如倘若我们问：开发西北与开发西南，在国防经济建设上，何者是中心源泉呢？应以何者为主导的契机呢？"的"例"也不大"相干"。我们的"民族形式的中心源泉"应是"五四以来的新文艺"，而是新文艺的巨匠的成绩便是通过"我们的科学的世界观和我们现实主义的创作方法"的。倘不认它，那只好把"五四"新文艺扑煞完事，代而有之的是"新国粹派"和"民间形式"。

仍是说笑话做结吧。中国妇女的脚的形式，原先不知道，而又不知什么时候裹起来了，只有三寸长，长久后，变成脚的"民间形式"了。待到维新，才放天脚，着新鞋，而发展到现在，三十多岁的女人是大概多是天脚的，这回应该以天脚作为它的"新形式"了。但可惜一般乡下的老太婆及顽固至极的女人还是"三寸式"（或改组式），没有法子，骂的也相当多。而且他们有些又要穿文明"新鞋"，只可惜脚不够，可又不能为了"新鞋"之普遍而去自杀，于是只好塞棉花，虽然初时不舒服，也只好硬装，但她们总希望子孙们不要再塞棉花，也绝不说"裹脚了再塞棉花"的。好吧，我们现在谁也主张裹脚的"民族形式"起来看看吧，那么，这"中心源泉"和"主导契机"在那里呢？大家猜吧。（卢鸿基：《"国粹主义"与"中心源泉"略谈》，《新蜀报》，1940年4月17日，第4版）

王冰洋从大众化与民族形式的关系层面，专论葛一虹所言的"抹杀"和"责难"：

一、据葛君全文看来，"新的国粹主义"系指旧瓶新酒论及其最近发展而言。那么，据我所知，我们坚持旧瓶新酒论的人，就从来没有"抹杀"过"五四"以来在新文学上坚苦奋斗的劳绩，有案可查，不用细讲。反之，我们正是继承了它而才发现旧瓶装新酒这一通俗文艺的创作方法的，并使这个劳绩的精华配合着中国实际情况更向前发展，具体化为一种方法，甚至我有时亦觉得，它还应该广泛灵活的运用到一切文艺的创作上去，因为更深刻的观察便可发见，通俗化不是文艺的一支流，实乃中国文艺当前的一整个阶段和发展关键，它保证着新的民族形式之完成。不过由于旧瓶新酒论之科学的具体性，换言之即民族性，我们之继承起劳绩，一开始便是民族化的，一开始便是把民族形式的中心源泉放在民间形式上的。这表面上看似"抹杀"那劳绩，实则是那劳绩之最巧妙的光大发扬。葛先生不理解这里的历史逻辑，贸然名为"抹杀"，实在迹近栽赃。

二、但我们倒确实"责难"过"五四"以来的新文艺不大众化非民族化。究竟"五四"以来的新文学是不是在很大程度上不大众化非民族化呢？假若真有这种现象时又应不应该"责难"呢？我以为有这种现象而且应该责难，这是有目共睹的事实，而并有口皆吐过这种责难之辞。倘使这种责难便是新的国粹主义，那么这种人实在太多了。问题就在于不大众化非民族化究竟应不应该责难。据葛君的全文尤其上边引过的注语看，他至少是以为不应该民族化的。在那个注中，说他"最骇异的是在演出外国戏剧时要求起民族形式"即民族化，那么一般文艺的民族化在他看来，即使不是"最骇异的"，也是可骇异的，该反对的：因为他是关联着比较着说的。进一步，文艺的民族化在目前便是文艺的大众化之具象说法，他既反对民族化，在逻辑上亦必到达反对大众化，而主张文艺的民族化他就以为是

"新国粹主义"，逻辑上也就达到大众化便也是"新国粹主义"；不用说葛先生的意见自是为货真价实的国际主义了。

三、葛先生虽然闪烁其辞，但事情十分明白，他确实以为只要是"责难""五四"以来的新文艺有不大众化非民族化的缺陷，就是新国粹主义，更不用说"抹杀"它的劳绩了。倘真这样，我们倒委实情愿当他一个新国粹主义者哩，因为我们是热心主张民族化的，并且把大众化看做民族化之某种规定上的同一物。应知，文艺上的民族化，关联的说，乃是世界的文艺形式和民族的文艺形式之交流融合过程，并且是一个历史的选择，就它本身看是目的，就世界历史看又是手段和阶段，它们是对立统一的，离开民族化则国际化根本不可能实现，只有民族化才是当前现实的国际主义之具体形态。反之，如果不要这个民族化过程或不如此理解或在国际化和民族化中开割一道不能跳跃的鸿沟来，则事实上将会让一个民族原有的民族文艺形式之古色古香原封原样永远闭关自存而不向外发展，那也就更无所谓新的民族形式的缔造。客观上必将如此，任你怎样高呼国际主义都是白费；于是你葛先生倘若持着这学说，就会有从口头上的国际主义一变而为事实上的老牌国粹主义的可能，于是，那些加以反对已经不成问题的老牌国粹主义者，亦必额手相庆曰：吾道不孤，看啊，有人来帮我们了。

所谓"什么是新国粹主义呢"的问题，粗粗说来便是如此，而政治上的推论是十分可怕的，我且默而不言。至于"中心源泉"问题，当再另文补论。（王冰洋：《什么是新国粹主义呢？》，《新蜀报》，1940年4月14日，第4版）

4月10日，葛一虹在《蜀道》上发表《民族形式的中心源泉是在"民间形式"吗？》加以反驳。论辩双方以《新蜀报》副刊《蜀道》为主要阵地，展开激烈论战。胡风批评向林冰等"新的国粹主义者"，捍卫"五四"新文艺的历史地位。指出："我们把五四的新文学叫做'革命文学'，我们骄傲这个革命传统，正是因为它代言了一个伟大的精神：不但用被知识分子发动了的人民的反抗帝国主义的意志和封建、买办的奴从帝国主义的意志相对立，而且要用'科学'和'民主'把亚细亚的封建残余摧毁"，批评说五四的新文学是"大学教授、银行经理、舞女、政客以及其他小布尔"的，"那仅仅只能是'新的国粹主义者'的污蔑"。（胡风：《文学上的五四》，《胡风全集》第2卷，湖北人民出版社，1999年，第622—624页）这场论争中，王冰洋、方白等人支持向林冰，叶以群、胡风等人支持葛一虹，郭沫若、潘梓年、茅盾居间调停。

2月25日　章太炎夫人汤国梨招蒋竹庄、夏承焘、孙世扬等太炎文学院同事会议。席间谈吴承仕以议时政触人忌被杀于天津事。（夏承焘：《夏承焘集·第六册·天风阁学词日记（二）》，第181页）

△　私立南浔国学讲习馆举行招生考试。

私立南浔国学讲习馆分预科本科两学程，"凡有高小暨初中毕业相当程度者均可报名投考，身家清寒者并得申请减免学费"。董事长庞元济，董事：施肇曾、刘承幹、张善裕、张善贤，馆长张一鹏。馆址：爱多亚路南京大戏院对面九六〇号四楼。（《私立南浔国学讲习馆招生》，上海《申报》，1940年1月21日，第2张第6版）

△　吴门小说家顾明道主持的明道国学补习社开学，课程有骈散文选、《史记》《左传》《孟子》、历史尺牍、作文等，每月开

文学研究会，敦请文学家演讲。社址新迁威海卫路三八一弄鸿远坊十六号。（《学校汇讯·明道国学补习社》，上海《申报》，1940年2月4日，第5张第20版）

2月26日　顾颉刚作《〈齐大国学季刊〉发刊词》，并为题刊名。

同时成立齐鲁大学国学研究所学报编辑委员会：钱穆（主任）、顾颉刚、张维华、胡福林、吕思勉、王伯祥、徐调孚。钱穆编第一期，次年一月在上海开明书店出版。（顾潮编著：《顾颉刚年谱（增订本）》，第339页）

2月28日　上海国学专修馆切实调整教程，招考各级新生插班生。

学额：本预科各三十名。资格：本科大学程度，预科中学程度及同等学力可投考。附设国文补习班，分高、初两级。馆址：威海卫路二八九号。馆长：冯明权；教务长：钱自严。（《学校汇讯·上海国学专修馆切实调整教程，招考各级新生插班生》，上海《申报》，1940年2月14日，第2张第8版）

2月　顾颉刚在齐鲁大学国学研究所创办《责善》半月刊，拟该刊合作办法以及《齐鲁大学季刊》设想方案。

成都通讯：齐鲁大学自七七事变后，由济南迁成都，自建临时校舍上课，原有国学研究所，于事变后停顿，二十八年秋重建研究所，聘顾颉刚主持所务，编纂工作已在进行中者，有"中国民族史材料集"，先后就正史、别史、经子、方志、金石，及外国撰述中整理出其有关中国民族史之材料，并为作表注、及索引等，分类编纂。其他有"中国学术史材料集""中国宗教史材料集""中国边陲史料丛书"，皆在计划进行中。该所于二十九年春出版季刊，又于本年度内出版关于中国通史之书籍一二种，每年并招收研究生若干名，予以生活津贴，指导其作国学之高深研究。（《齐鲁大学国学研究工作》，上海《申报》，1940年4月25日，第2张第7版）

3月10日　复性书院开讲，马一浮致辞，宣明旨趣与书院院规。

顷以将届开讲，有数端须告诸生知悉者，条举于下：一、释奠礼定每年秋季举行。一、自本年起，参学人改为一律不住院。一、讲期仍定每届星期三上午。一、个别谈话改为每星期两次，以星期一、星期五上午在尔雅台接见。愿见者须预告典学，先行关白，仍以三人为限。发问须切，勿泛泛作闲言语。一、院外参学人个别谈话以星期三行之，时间定讲毕以后。一、院外参学人及院外听讲生道远者，每逢讲期得在院内午膳。一、《学规》为书院主要旨趣，务宜身体力行，新到诸生先须熟玩。如其志行与《学规》相违，强聒无益，无论新旧，听其自退。一、同舍相处，宜互相辅益，勿存胜心，不得因细故起诤。其有忿懥形于辞色者，轻则告诫，重者遣归。一、各人读书宜有札记，每届半月呈阅一次。（参学人不在此例。下条同。）一、听讲别记，听各人量力为之。所记言语，贵要不贵多。其记入札记者，则不须别出，一并呈阅。一、书院讲习之事，阒绝已久，时人不喻，有加以诽议者，皆可置勿与辩。诸生但当益自奋勉，勿因人言自沮。一、体究义理之余，宜留意训诂，及说理论事文字。一、诸生用力精进，见于平日所为记录文字，或能自发挥有所论述，当于义理者，一年以后可为择尤选印，以示鼓励。一、诸生呈阅札记文字，字迹虽在不必求工，须端谨，勿潦草涂乙，勿写破体俗字，勿用新式标点。此不独文字有雅郑之别，亦程子所谓学写字时须用敬也。（马一浮：《开讲前示诸生》，吴光主编：《马一浮全集》第4册，第344—345页）

3月16日　《责善半月刊》创刊，成都私立齐鲁大学国学研究所出版编行。

《责善半月刊》由齐大文学院、齐大国学研究所、边疆服务部联合编辑。文学院由张霄岩负责，服务部由林冠一负责，研究所由陶元甘负责。顾颉刚在《发刊词》中称：

治学之道，不贵因而贵创。苟惟循常蹈故而已，是将历百世而无尺寸之进也。何以能创？必发于精思。何以构思？必基于物证。何以得证？必赖乎善索。汉之笺注，唐之义疏，其功深矣，而依违旧训，徒积千年之蔀，此不能创之患也。晋之清言，明之狂禅，其思锐矣，而取资直觉，但快一时之谈，此不求证之病也。惟清代朴学，严设科条，力搜实据，一义之建，本证旁证多至数十百条，用能立于不败之地，正误匡谬，若扫阶尘。况在今日，遗物大出，方术益工，我辈之凭借又足傲清贤乎！然效无幸致，获必先难，如其未能痛下沈潜之功，固绝不容突觊高明之业。所谓沈潜者维何？深思所学，虽纤介不敢忽焉，一也。思而得间，写为札记，试立假设，集材料以证成之，二也。有对我树异义者，函商面折，不厌其繁，三也。学有进益，便当从善如流，不护前短，四也。所积既夥，豁然贯通，然后敷以系统，勒为专著，善则莫后生进学之基，不善则待来哲绳纠之至，五也。质辞言之，则初由材料以发生问题，次由问题以寻求材料，而即由此新得之材料以断决问题，且再发生他问题，二者循环无端，交互激发，遂得鞭辟入里，物无遁形，如斯而已。夫天壤之间，问题何限，匪精思则不得；材料靡尽，匪勒索则不来。所贵乎学者，即以穷年累月之研究，期对于某事某物有正确之认识已耳。文史诸科，虽与自然科学异其对象，实当与自然科学同其精神，必本质既固，而后文采有所施，否则研雪镂冰，其何能久！清人之学为世重者以此。

齐鲁大学自国难中侨居成都，重立国学研究所，文学院中旧有国文及史社系，扬榷学术，其事大同。而从学者初至，恒谓志学未逮，祗缘不知所以入门，譬诸宫墙，无术攀而窥焉。惮于个别指点之烦，鉴于借题示范之急，故为此刊以诱导之，使知涉想所存皆可载诸简牍，而良材播散，有如美玉精金之狼藉满地，虽资禀有钝敏之殊，而凡刻意自振奋者无不可有小大之拾获，其劳也即其成也。夫岷江浩浩，始则滥觞，增冰峨峨，凝于积水。从古大业之兴，无不造端于隐而积功于渐。欲争上流，惟须不懈。于以唤起其自信心，鼓舞其创造力，观摩一学，切磋一题，各寻自得之深乐，同登治学之大逵，岂不懿欤！至于连结篇章，卓然树帜，自当罗之研究所季刊之中，斯刊固唯是不成报章之七襄尔。

　　孟子曰："责善，朋友之道"，同人行能无似，诚不敢忘此鹄的。方今敌寇凶残，中原荼毒，我辈所居，离战场千里而遥，犹得度正常之生活，作文物之探讨，苟不晨昏督责，共赴至善之标，俾在将来建国之中得自献其几微之力，不独无以对我将士，亦复何颜以向先人！故取是为名，愿我同学咸铭之于心焉。（顾颉刚：《发刊词》，《责善半月刊》，创刊号，1940年3月16日）

　　△　车载发表《扬弃国故与整理国故》，提倡抱着扬弃的精神，接受旧有的文化。

　　文章指出，"国故"这一名词很不妥当，不过，仍有人代表着社会上某一阶层，在做着提倡国故、保存国故的抱残守缺的工作。这里提出的"扬弃国故的态度"与"整理国故的态度"有所不同。整理国故的口号最初是以革命的姿态露面，但社会进步得太快了，整理国故的革命性早经失去。这一口号，反为抱残守缺的保存国故的人们所利用，成为一种反动的力量。"这不是偶然的，这是社会生活的反映。"过去的文化是封建社会生活下的产物，保存国故无疑是"封建社会的残渣"：

　　　　整理国故口号的提出，是五四运动以后提倡新文化的某些人们的转向，这一转向，决定了他们自身的没落性。整理国故唯一的特质，在于形式逻辑工具的运用。于是输入的反映资本社会的文化工具和旧有的反映封建社会的国故结合了。从事于这一工作的人们，必然离开现实，忘却现实。

　　现实社会不停息的前进着，急流中停滞了的泥沙，只有沉淀下去的命运。我国近数十年来社会的演进，每一阶段都表现着突变的形态。反映资本社会文化的输入工作尚未完成，但它自身又被前进的社会扬弃了。

　　从事于整理国故的人们，最初何尝不想表现一点推进社会的力量；当他们的革命性尚未显露出来的时候，早经失去了推进社会的客观的根据，终于被抱残守缺的保存国故的人们利用，反替反动的势力张目。

　　整理国故的时期过去了。整理国故的工作，表现出阻止社会前进的力量，超过于推动社会前进的力量。对于这一有助于反动力量的口号，再也没有丝毫流连的必要。

　　但这却不是说旧有的文化是不值得我们注意的，相反的扬弃旧有的文化，成为我们的重要工作之一。没有历史，怎有现实？忽略历史重要性的错误，和忽略现实重要性的错误，是没有两样的。只有那些抱残守缺保存国故的反动的人们，既不认识现实的重要性，也不认识历史的重要性，他们口口声声要保存国故，其实他们正是一些糟蹋旧有的文化的人们。

　　有价值的旧有的文化，自身自能独立千古的，抱残守缺的人们不能发生半点的作用。抱残守缺的人们发出保存国故的喊声；也有其作用存在的，这是残余的封建社会的最后的挣扎。

　　我们看重旧有的文化的态度，绝不是消极的整理国故和错误的保存国故的态度。只有消除保存国故的错误的态度，只有克服整理国故的消极的态度，才能正确的担负起扬弃旧有的文化的重责。

消极的保存旧有的文化，是一种忽略历史忽略现实的态度，积极的发扬旧有的文化，是一种把握历史把握现实的态度。我们必须把握着旧有的文化的历史性和现实性。前者重在批判旧有的文化的价值，后者重在推动旧有的文化的发展。旧有的文化不是僵化了的化石，它本身潜藏着继续发展的力量，这是创造新文化的一种力量，这是推动新社会的一种力量。（车载：《扬弃国故与整理国故》，《学习》半月刊，第1卷第12期，1940年3月16日）

3月27日　是日起，江山毛夷庚在浙赣铁路东段管理委员会，演讲"国学略述"，包括"六经与诸子""小学略述""史学略述""礼运大同""张子西铭""曾文正公复贺耦庚书""大学讲述"等。（庄观澄、孙浙生记录：《江山毛夷庚先生讲述国学略述》，《浙赣月刊》，第1卷第5期，1940年5月）

3月　民族文化书院聘请国内著名学者，陆续在四川、香港、云南等地招考。

民族文化书院所聘教授均为国内硕学鸿儒，现已聘定的学者如下："经子学系有彭云生、高晋生、蒙文通，史学系有顾颉刚、胡子青、吴其昌、张贵永、翁独健、陈庆麒及德国史学家佛利特兰，社会科学系有罗文干、罗努生、黄荫荚、潘光旦、吴文藻，哲学系有该院院长张君劢与张东荪、施友忠、熊十力、龚云伯等。"（《民族文化书院投考者甚踊跃，教授多为著名学者》，上海《申报》，1940年3月17日，第2张第8版）

蒋委员长倡办之民族文化书院，已聘定陈布雷、张群、朱家骅、周惺甫、张公权、张道藩、卢作孚诸党国要人为董事，并推陈布雷为董事长，张君劢为院长，月前已见诸报端。闻该院筹备数月，各种设备，大致就绪。云南大理新建之校址，行将竣工。其所聘教授，均为国内权威学者。四川、云南、香港各地，不日开始招考学员。香港方面，闻已聘定国民大学教授伍藻池氏主持，并特聘香港大学中文学院文学系主任许地山氏为考试评阅委员。投考者资格以国立或已立案之私立大学毕业为合格。凡投考生一经取录，即为正式研究员，每年津贴膏火费国币五百元。二年修业期满后，即保送各政府机关分别任事。招考办事处，已定九龙旺角新填地街广东国民大学香港分校，一俟各种手续办妥后，当另行登报招生云。(《民族文化书院，将在港招考学员，以曾在大学毕业为合格，伍藻池主持许地山评阅》，《大公报（香港）》，1940年2月15日，第6版)

民族文化书院事属草创，且地处偏僻，许多拟聘知名教授并未到任。原定教务主任潘光旦，改为张仲友担任；训导主任原为刘百闵，改为院长兼任；总务主任由龚云伯教授兼任。列名各系教授经子学系彭云生、张西堂；史学系陈庆麒、胡石青及德国史学家佛利特兰；社会科学系罗文干、罗努生、潘光旦；哲学系张东荪、龚云伯、施友忠、牟宗三；语文学教授有法文教授Pucheu、藏文讲师李金喜喇嘛等；潘光旦、张东荪、罗文干、罗努生等学人均未到任。(周祥光：《学府风光：民族文化书院动态》，《读书通讯》，第17期，1941年1月1日) 汪懋祖亦曾在书院授课。(李群庆：《抗日战争期间的大理民族文化书院》，中国人民政治协商会议云南省大理白族自治州委员会文史资料研究委员会编：《大理州文史资料》第8辑，中国人民政治协商会议云南省大理白族自治州委员会文史资料研究委员会，1994年，第200页）黄炎培曾访问该院，记载"研究生十余人：（经）彭举□，（史）陈庆麟，（中国法制史）罗钧任，（佛学）龚云白，（西洋史）周谦冲（西洋古代史）（藏文）（梵文）"。（黄炎培著，中国社会科学院近代史研究所整理：《黄炎培日记》，第7卷，1940年12月24日，华文出版社，2008年，第46页）

时人评价民族文化书院，开创于世界风云动荡之际，抗战方酣之日，建立于崇山峻岭的滇西，"自有其意义及特殊之使命"：

> 文化之复兴，应以民族复兴为其目的，否则，只取欧西文化，忘却自己民族精神宝藏，则文化本身，陷于惰性，出主入奴，必为西洋文化所征服。文化失去独立性，则民族意识，不能保存，民族复兴，亦无希望。所以吾人处于内忧外患交迫之际，唯有发扬民族文化，同时吸收西洋文化，使中西两文化之交流，以促进吾族新文化之兴起，所以培植而奖进之者，不离乎教育机关，书院乃传播民族文化之司令台，培植民族文化种子之园地，其讲学宗旨，乃以培育德智，诚明并进之学风，研讨学术文化，致力身心存养，以期担任文化复兴之大任者也……凡一学校之前途发展与否，当见教授与学生之素质优良与否以为断。书院所有教授，既皆系国内外之硕学鸿儒，所有同学，复为受过高等教育之优秀青年，则师生共同研究，磨励精进，学术之发扬，自在意中，况君劢院长复以身作则，为之创导，及有计划之进展，前途光明，定操左券，将来抗战胜利，失地收复以后，并拟在国内文化发达之区，各设一所分所，以发扬民族文化，吸收西方学术之精华，而树立吾国学术

之新精神，新方向，则吾中华民族处于今日之世界中，自能使德智两方翘然自立，国民生活方面，秩然有序，日新月异，国家兴强，文化独立，东亚主人翁之地位，舍中国其谁属？民族文化书院之前途，实与时代而俱进也。

民族文化书院在将来拟办的工作有以下两种：

1.设立南亚洲人类学博物馆。南亚洲民族繁杂，分布地域又广，研究者尚鲜其人，书院有鉴于斯，拟在年内就院中设立南亚洲人类学博物馆一所，陈列之各民族，西起亚拉伯、波斯及印度，北自蒙古、回疆及西藏，南迄缅、暹、越以及南洋群岛，本部西陲则以苗、徭、僮、俚倮等为范围，此博物馆之目的，为研究以上各族之历史、语言、风俗、宗教而设，亦即所以比较各民族之优劣，而吾族之所以能立国东亚垂五千年之久者，亦可以表现于国人心目之中，至于供院中同学参考，尤其余事，馆舍即行动工，应需之陈列物品，亦已分函各地及各国政府征集矣。

2.佛藏英译，自从梦见金人，白马驮经以来，迄今将近二千年，佛陀思想控制着民间大部分之思想，文化上亦不无有元素之侵入，盖佛学发天人之秘，拯盗杀之迷，严格言之，佛教非宗教，非上帝观，非宇宙论，非多神之崇拜者，是富有道德之系统，为各宗各教之最高峰，其在哲学上之地位，已被世界各国公认为现代最精密之理论派，释迦之地位，实超越达尔文、利达、雷诺诸人之上，所以佛学亟宜传播于世界，惟因译述工作，至为艰巨，无人担负此种任务，书院旨在沟通世界文化，毅然负荷此种大任，业已向西藏购来藏文佛经一部，拟先由藏文译为中文，再译为英文，然后传播各地，使佛学宏扬于世界也。（《民族文化书院，内部组织与近况介绍》，《大公报（香港）》，1941年3月27日，第2张第5版）

△　复性书院木刻发行《复性书院讲录》卷一、卷二，9月卷三、12月卷四刻成。

有评论称《复性书院讲录》卷二："是编虽属讲说，行文不以谨严缜密为贵；而著者以其淹博，引申阐发，触类旁通，纵横条贯，融会为一，非同腐儒之株守注疏，无所会心之陈言也。各章论述，直似将一部《论语》拆散，而又从新铺排，整理有方，创义无穷，足以启发未悟。词达理举，望善会者有以得之！"（敬：《图书介绍·复性书院讲录卷二》，《图书季刊》，新第2卷第3期，1940年9月）王伯祥看《复性书院讲录第一集》，"语语切实平正，顾不免局于成见耳"。（张廷银、刘应梅整理：《王伯祥日记》第7册，1940年8月29日，第2972页）太虚撰文《论复性书院讲录》与之商榷，认为复性书院为"孔孟之道研究修养院"，提出应成立"佛仙之道研修院"，镕冶国故，创新文化。文中称：

马君《复性书院讲录》一二三，文从字顺，其辞雅驯，义积纯熟，其理平允，宛若程、朱、陆、王之再现。虽笃行践形处犹未获深知，而读书为说，则粹然类之矣；岂惟类之，且尤有胜之者也。试略言之：马君于禅宗语录，台贤教义，亦研习得相当纯熟，引之比合儒言，乃往往恰到好处，使儒道借以辉煌炳耀，大有非宋、明道学诸儒所能及者，其胜一也。承清代发皇小学考据经子之盛，马君亦尝含咀英华，撷拔芳萃，其取精用弘处，亦有非宋明儒之空腹空心、疏谬夸诞堪比者，其胜二也。值清季民初以来，欧西学术云奔雾集，震荡全国，自政治教化以逮民俗生活，均呈剧变，马君胸有悬衡，静观默察，其所愤悱启发于世缘者，亦远超宋明诸儒而上之，其胜三也。然大醇不无小疵，再更端议之。……

然则中国已不须传孔、孟、程、朱之道统，而孔、孟之道已不须研修欤？此亦不然，孔订六艺，七十子洎孟、荀继承以来之儒学，自为中国学术思想之主流。第其关于历史文化与关于辞章文学并小学部分，可归入各大学文科攻究外，而马君传宋明"道学儒书院"之统，如讲录第一册所示学规、读书法、通治群经必读，诸书举要，亦已堪作楷模。但宋明儒之锢蔽处须更加解除，而孝弟等义更须以新圣孝民族等说扩充之，成为"孔孟之道研究修养院"性质（承用复性书院之名亦可，此乃言其规定之性质耳）。他日恢复历史上有名之白鹿洞书院等一书院以建立之，程度在大学之上，百万人中能有一人研修，则全国可得四五百人，专作为"人格道德之陶冶修养所"，三分之一在院陶修，三分之二任各大学、各高中、各师范学校训育主导，守为专业；更开观摩游学方便门，使军政学长之退闲者，与各国慕中国儒风之学者，得来短期修习，则可收获分宜之实益，复不妨碍其他学术之分途发挥，各适其用。且其影响之大，可间接及于全国各界与各国高人，庶仍不失为组成"新中国文化"之一重要因素。但吾意与此同时并应有一"佛仙之道研修院"（这两个研修院归属中央研究院，可称为孔孟研究所，佛仙研究所）。通俗之佛教、道教，另为通俗之宗教，但专供全国及各国高人之研究修习，应另有此一种国立之学府。仙道为卫生学、医药学之一特殊部分。佛学所修约为律行、禅观、净业、密法之四门；而仙道殆可附归密法以学修之。西藏密法中之炼气、制药部分，本通仙道。更融会仙道而精纯之，上达佛证，下足为养生之术，亦中国学术之一精彩也。要之，在镕冶国故、钩陶世变之新圣的新中国新世界文化中，应认识孔孟之道、佛仙之道之特色，在适当之范围内为适当之建置，勿拘一孔之儒之宿习，则与今世之自然科学、社会科学均遂其宜矣。（太虚：《论复性书院讲录》,《时代精神》，第5卷第2期，1941年11月20日）

《图书月刊》对《复性书院讲录》四卷予以连续评述：卷一所录读书法，"入德固自有由，读书固自有法。所举诸必读书，亦中智十年之事"（澹：《复性书院讲录卷一》,《图书月刊》，第1卷第4期，1941年5月31日）；卷二"平易透彻，意者学人当善师其意，善观其气象，涵濡优游。譬如夫子学琴于师襄子，久而后得其为人。精义入神，然后知道术有在于是矣"（澹：《复性书院讲录卷二》,《图书月刊》，第1卷第4期，1941年5月31日）；卷三"虽旁参二氏，然纯是儒家之旨，于进化论及征服自然之说有所诋诽，盖就伦理立说，学人于此不加深论可也"（澹：《复性书院讲录卷三》,《图书月刊》，第1卷第5期，1941年6月30日）；卷四"上接子夏，欲以直绍圣门之缀绪；一泯今文古文汉学宋学数百年门户之争，消历代治经拘杂悍党诸弊，深有得乎

'存大体，玩经文'之意"，"且条分科判，旁参释氏，备极精密，实是醇儒；然教学如扶醉人，将虑后学支离，入于狂禅解经，同于王阳明之末派，斯亦讲学者之责。嗟乎！斯学之传，真有待于上智之士矣"。（澹盒：《复性书院讲录卷四》，《图书月刊》，第2卷第2期，1942年2月）

　　△　缪钺撰《中学国文教学法的商榷》，认为中学国文教学法荒芜日甚，应当寻求改正之法，不必特意教授国学概论等课程。

　　缪钺指出高中国文选材中的学术文，"应兼采各时代学术思想重要作品使学生略明中国学术之流变，不必特授国学概论"：

　　　　按国内各高中，教授国文，有于普通选文之外，特授文学史及国学概论者，以为可以增加学生国学常识，用意甚善。然其中亦利弊参半。盖高中学生于中国学术或文学之基本书籍阅读甚鲜，若仅以每周二时或一时之课，于一年之间讲明中国学术或文章之源流迁变，其卒也不过粗记姓名，侈陈宗派，仅得模糊影响之知识而已。此只可供谈助，未足为学问也。故不如寓文学史、国学概论于选文之中，使学生略读历代名篇，教者讲解时，加以连贯，以明其迁变演化之迹。如此，庶几一举两得，时间既经济，而学生所知亦较切实也。（缪钺：《中学国文教学法的商榷》，《国立浙江大学师范学院院刊》，第1集第1册，1940年9月1日）

　　是年春　江苏国学社创设。

　　该社举行月课，商兑旧学，辑印刊物，阐扬文献。"乡邦学者，闻风兴起，将沦之江苏文献，从此奇光顿发，续绪弗坠，是则此江苏国学社，于吾江苏近代文献史上，实占有重要之一页。"该社以沧浪亭为社址，"聘邑中名宿曹叔彦为主讲，兼评阅经学课卷；延潘若梁、陈公孟分阅史论词章课卷，各地文士，应课者月有增加。是岁三月，国府还都，省制改组，陈公以瓜代有期，乃就六期月课，择尤选辑，汇印成帙，取名'江苏省国学月课选辑'，凡分经义、史论、词章三门，佳什琳琅，足资商兑国学之观摩"。（徐澂：《三年半来江苏国学社》，《江苏文献》，第 1 卷第 11—12 期，1943 年 6 月 30 日）

4月1日　群雅月刊社创刊《群雅》杂志，李寅文、吴荣圈、叶百丰、方德修编辑。

该刊撰稿人有叶曼多、吕思勉、童书业、夏敬观、金天翮、叶百丰、唐文治、陈柱、张起南、张元济、方德修等。刊物征求范围以现代及前贤之论著未经刊行者为限，内容如下：甲，经子史地专著。乙，许学音韵专著。丙，目录版本专著。丁，金石书画专著。戊，诗文词曲著作。己，诗话词话笔记。叶百丰撰《发刊词》：

> 范蔚宗曰：安平则尊道术之士，有难则贵介胄之臣。道术之士既不为世所尊，无所用于时，则学术不修或至于泯绝。夫学术为维系国家、人民、政教之纲领。介甫谓：天下不可一日而无政教，故学不可一日而亡于天下。今吾国当危难之际，一二文学士局处一隅，既无能以助国，又岂可闭户吟诵，坐视学术废坠乎。百丰等不自揆度，乃有《群雅》之刊，欲使前贤遗著与夫当世名家撰述不至散佚，安平之后学术不至中绝，虽

存千百于一二，庶乎可以兴起焉。（叶百丰：《发刊词》，《群雅》，第1期，1940年4月1日）

4月7日 郦承铨在浙江大学中国文学会迁往遵义后的第一次演讲中就倡言中国文学系与中国学术的关系。

郦承铨认为中国传统学术分为哲学、史学、文学三类，"为天地立心，为生民立命"者为中国之哲学也；"为往圣继绝学，为万世开太平"者为中国之史学也；"温柔敦厚、微言相感"者为中国之文学也。研究中国学术须知义理、考据、词章，三者不能分割，须具备三种工具：以小学即语言文字之学为一切学术门径、以目录学辨章学术、以词章载道。若要学术有成，还需具备三种能力：一曰纵横即博约、二曰内外、三曰综合一贯。相形之下，今日治学有两大问题未能解决：专与博、新与旧。教育部颁课程划分中国文学系为文学与语言二组，"乃相当于三种基本工具中之二而已"。今日大学中文系弊端有四：倒因为果，"误以工具为归宿"；见小而遗大；缺乏通识；无归宿。时人所期望大学中国文学系"造就发扬中国民族文化真实有用之人才"，应当分为三阶段："一认识吾国固有之学术，文史哲也，经史子集也，要必明本知类，精粗兼到，如是乃可谓预于学术之流"；"二介绍欧洲思想，凡文化交流则转而益进"，今日不能排斥西方文化，"但中国民族文化自有其特点，今当取人之长，以稗吾之不足，非可尽弃其学而学焉，是则不能不加以别择"；"三吾人既明乎我之为我，复洞悉人之为人，然后吾人当前所应出之途，自如康庄大道之陈于吾前而无疑"。（郦承铨：《中国学术与今日大学之中国文学系》，《国立浙江大学师范学院院刊》，第1集第1册，

1940年9月1日）

4月9日　《文友月刊》创刊，该刊以宣扬道德、复兴圣教为宗旨，由刘重恒编辑，文友文艺院发行。

该刊发刊词：

> 夫子曰：君子以文会友，以友辅仁。周子云：文以载道。此本刊之所以文友名也。夫道者，天地之心，不可须臾离也。圣贤明而述之，无往而非道，君子体而用之，持身以道，爱人以仁，以之为政则政修，以之为教则教立。序伦常明八德，观夫君子体用之弘，益足征圣贤明道之教。迨至今世，夫所谓文者，固非载道之文矣。夫所谓友者，更非辅仁之友矣。又何怪乎伦常日非，八德频亡也。虽然世道式微，人心岂有独异于古，徒以世少倡导琢磨之师友，故斯民无所适从之道耳，所谓微危之诚，亦岂有独异于古哉。同人等有见世道之衰微，由于人心之离道，又有见人心之离道，尚可以倡导为也。故鼓惕然隐忧之心，推作提倡国学之举，正伦常，明八德，使已离道者复归于道，此本刊之所以问世也。至所选刊载之文，固以国学为基，而于文字之间，则力求其普及人群，诗文词等亦必求其浅显载道之作，循序可诵。谚云：如彼铜镜，不磨不明；如彼烈马，不勒不驯。意在斯乎，意在斯乎！（《发刊词》，《文友月刊》，第1卷第1期，1940年5月）

《发刊感言》称："夫世道之变迁，于兹极矣。子弑其父者有之，女弑其母者有之，其若家庭之逆变不一而足，而社会之奇形

亦叠出矣，可不叹乎！尝溯其源，盖由于我国数千年相传立家立
国之圣教不明，有以致之。夫圣教者，为何？五伦八德是也。今
此刊，专以宣扬道德，兴复圣教，且选载之文等，皆历代名儒精
作，学子阅之，于国学自可深入堂奥，然又能使阅者，化悍戾之
气习为祥和。倘人人手此一卷，不独可修其身，而齐其家。然社
会奇形变态，亦可潜移默化于什百，故此刊之发行也，实有利于
社会，而尤利于家庭与学子也矣。"（田：《发刊感言》，《文友月刊》第
1 卷第 1 期，1940 年 5 月）《申报》推荐该刊，"本埠若干有识之士以近
年社会道德逐渐衰微，与夫国学之日见湮没，乃组织文友文艺院。
首先发行《文友月刊》，其创刊号，不日当可出版问世。此宣扬五
伦八德者宗旨，而其选载国学，及诗文词等，皆经名家审定，为
有志于国学者，循序进学"。（《出版界消息》，上海《申报》，1940 年 4
月 9 日，第 3 张第 10 版）

　　△　国民参政会举行第八次会议，参政员陈其业等二十三人建
议成立中央国学研究院。

　　"陈参政员其业等二十三人提请中央设立中央国学研究院发扬
我国固有文化、以促进民族复兴案，决议。本案旨在提倡国学，用
意至善，送请政府参考。（九日电）"（《国民参政会昨举行第八次会议》，
上海《申报》，1940 年 4 月 10 日，第 2 张第 5 版）

　　请中央设立中央国学研究院发扬我国固有文化以促进民族复兴
案（提案第五号）。

　　　　理由：窃维经史子集，为我国数千年典章文物之所寄，
　　亦即为我国数千年民族文化之所系。往昔学者皓首穷研，锲

而不舍，注疏笺释，代有发明，穷则独善其身，达则兼善天下。上以是求，下以是进。经师人师，胥由是出，良以鉴往，足以知来，承先所以启后，固不徒为文人之寻章摘句、驰骋词藻而已也。明初以八股取士，此风稍替，然迄于清季，其间枕经胙史，融会古今，卓然名家，为世师表者，犹史不绝书。泊乎晚近，沉醉欧风，国学一门，遂为摈弃，治之者视如骨董，寥若晨星，在各大学文学院中，诚未尝不事研治。惜所研治者，仅止通论，探微抉精，为程尚远。章炳麟、唐文治先生辈，虽亦曾倡导国学，设馆传经，而事功未溥，为效亦仅。最近复性书院及民族文化书院，先后创建，研治国学之风，始为之一振。顾前者□储复性，似偏崇于理学，而后者则系私人创设，光大发皇，尚有待于政府之协助。环顾国内国学之衰微，实未有甚于今日者也。设不幸而再阅若干年，老成凋谢，继起无人，则我数千年典章文物之所寄，民族文化之所系之经史子集，其不为后人束诸高阁，而为广陵散者几希！典章文物之谓何？民族文化之谓何？先总理于"民族主义"第六讲中谆谆以恢复固有文化相勖勉者，盖在是焉，能不懔然！矧值此抗战建国之会，正开来继往之时，旧学新知不容偏废，允宜建议政府指拨的款，特设专院，罗致通儒，宏开讲座，镕经铸史，并重百家，上以承数千年之绝学，下以启亿万世之文明。民族复兴庶乎有豸？张子曰："为天地立心，为生民立命，为往圣继绝学，为万世开天平。"区区之意，窃慕是焉。爰贡一得，提议如主文：

办法：（一）由国民政府指拨的款，饬交教育部，筹设中央国学研究院。（二）中央国学研究院（以下简称研究院）以研究国学，发扬我国固有文化为宗旨，内设经史子集四学系，必要时得增设之。（三）研究院之教授、特约讲师、讲师及助教，由教育部敦聘全国通儒或邃于国学者担任之。（四）研究院招收曾受高等教育，对国学确有根底，而有志研治国学者为研究员，研究员之待遇，须足以事蓄。（五）研究员以终身研治国学为原则，将来国内公私立各大学文学院之教授讲师等，即以研究员择尤派充。（六）研究员应将研究所得撰著论文或专书，按月按年报由教育部审查，以定奖惩。（七）研究员得应硕士博士学位之考试，授与国家硕士博士学位。（八）研究院应与中央图书馆合作。

上述各点不过举其大概，以为政府设立国学研究院之原则，其详细办法，应俟本案通过后，由筹设机关拟具，是否可行，谨请公决。

提案人：陈其业。

连署人：褚辅成、马乘风、张剑鸣、齐世英、卢前、陶玄、马亮、姚仲良、胡景伊、黄同仇、郭英夫、陈石泉、王世颖、于明洲、胡元倓、陈锡珖、秦望川、郑震宇、刘百闵、欧元怀、张一麐、陈希豪。

傅斯年批注："此案应参照教育部所颁之私人设立书院办法办理，如有旧学大师确于学行有重要影响，愿设院开讲者，得由政府照复性书院例加以辅助，但不应影响学校系统。"（"傅斯年档案"，中研院史语所图书馆藏，档案号I-635）

4月12日　北京古学院发布课题。

京市古学院前已将三月考课办理竣事，现正分发奖金，并将本月课题公布，通知各学员到院领取试卷，兹将各项课题列后：

一，经学门课题：（一）东汉以通七纬者为内学，通五经者为外学说。（二）文与字古亦谓之名说。

二，史学门课题：（一）诸史志艺文经籍者汉隋两书而外以何代之史为最精博试详论之。（二）拟《晋书》补表序例。

三，诸子学门课题：（一）书《庄子马蹄篇》后。（二）"知彼知己百战不殆"论。

四，文学门课题：（一）宋崇宁中罢科举，士一出于学论。（二）绛都春（北海春禊）。

五，金石学门课题：（一）金元官印异同考。（二）琅邪台秦刻跋。

六，艺术学门课题：（一）安吴论书驳议。（二）读云客《观石录》、竹坨《后观石录》书后。

右六门课题每门任择一题，以作两门为完卷，不须多作，领题后限五日交卷，本月份限至十六日为止，逾期不收。（《古学院本月份课题拟定》，《晨报》，1940年4月12日，第8版）

4月15日　复性书院召开第一次董事会议。前后担任董事的有邵力子、陈布雷、屈映光、刘百闵、寿毅成、陈霭士、周惺甫、谢无量、沈尹默、沈敬仲等。屈映光为董事长，陈霭士为基金保管委员会主任委员、副董事长，刘百闵为董事兼总干事。董事会聘马一浮为主讲，统摄学众，总持教事。

4月20日　夏承焘参加国学会宴集，"松岑、竹庄、丁仲祐、高吹万、姚石子诸翁皆在"。（夏承焘：《夏承焘集·第六册·天风阁学词日记（二）》，第194页）

4月24日　重庆中国孔学总会召开筹备委员会。

孔祥熙、于右任、戴季陶、孔德成等数十人到会，推孔祥熙为主席。孔祥熙在致辞中说：孔学"乃集中国古代群圣之大成，实为中国文化之结晶"，要以孔学"挽颓风而平浩劫"。（《孔学总会筹备会，孔副院长阐述孔学真义》，《中央日报（重庆）》，1940年4月25日，第2版）

5月1日　青年会开办国学讲座，已聘定交通大学陈柱教授担任讲师，每逢星期三晚在该会讲述。

国学讲座初步确定十次讲题：（一）研究国学之门径，（二）群经大义，（三）诸子学概要，（四）论史学之重要，（五）研究文字学之方法，（六）研究文学之门径，（七）所谓古文，（八）论研究国文宜注重熟读，（九）论初学作文最要之方法，（十）论作文相题之法。"凡有志研究国学之男女青年，均可向该会报名。"（《青年会开办国学讲座》，上海《申报》，1940年4月29日，第3张第12版）

5月2日　唐文治、丁福保、袁希濂、顾公亮、王铨济、沈恩孚、蒋维乔、高燮、冯明权、贾丰芸、金天翮、钱振锽、吕思勉、孙德余、李心莲撰文推荐杨中一《国学丛书》。

无锡杨中一先生，践形积学士也，博闻强记，好学不倦，龆龄即驰誉于乡里，弱冠已推尊于师友。年甫而立，著作等身，深惧六经弁髦，国学沦亡，因广罗九经、诸子、七纬、史志、历象等专家名著，兼及新出科哲诸书，藏几万卷，为中一图书馆（参观《中国图书馆名人录》中《杨践形小传》），暇则寝馈其中，研究考证，每有心得独到处，多前人所未言。而《周易》一经，致力尤劬，参考书籍数至五百，旁搜远讨，辨异同、别醇疵，费廿余年，苦心自成一家言，有《易学丛书》三十六种，余如六书、音韵、乐理、历象，又皆别具会心，得未曾有。兹避乱沪滨，箧中藏旧著数十种，大半无副本，历年心血散失是忧，爰付印以广流传，定名《中一国学丛书》，惟是纸张昂贵，印费浩大，必待聚沙而作塔，庶能集腋以成裘，倘蒙好学知音，或解囊助款，或购书预约，俾得玉成藏事，亦结缘翰墨之良机也，特书此介绍。（唐文治等：《介绍中一国学丛书》，江浙同乡会编：《江浙同乡会两周年纪念刊》，1940年5月2日）

杨践形《中一国学丛书叙篇》如下：

经学类

（易）《先后天卦象交变图说》："先天即天地定位卦象，后天即帝出乎震，方位互为体用，均见《说卦传》。惟自来言交变之法者，乃有多端，或以术数，或以理气，或以爻象，并觉其远，静中思之，如有所得。盖其枢机，即在坎离之周流，而初变移风，再变易俗。学易所以教人寡过之方也，作《先后天卦象交变图说》。"

（易）《中字通释》："清易学，自端木《周易指》、焦循《易通释》，而后继起无人，然其特点有三：（一）研究科学化，（二）解释尚考证，（三）每一字均作专门术语，谊界精确而谨严。全书一贯到底，不得浮泛或望文生义，作《中字通释》。"

（易）《六十四卦错综法》："宋易起于希夷，演为周濂溪之《太极图》与邵康节之《先天图卦变图》；朱紫阳出，兼承两统，遂为宋易大宗。明时来瞿塘之错综法，又别出为支流，兹参酌宋明二学，作《六十四卦错综法》。"

（易）《卦变考》："汉易有卦变，宋易有卦变，清易亦有卦变，即如首扫卦变之王弼，最辟卦变之程颐，而于贲损等象，竟不能不言卦变。至郑汝谐之相错，俞琰之反对，来知德之错综，毛奇龄之分聚，焦循之比例，虽各别树一帜，要皆不出汉宋之卦变也，作《卦变考》。"

（易）《卦象两端述例》："爻虽有六，象约维三。《文言》著进退之辞，《象传》辨往来之谊。上下内外之界说不明，故汉宋卦变之来源互歧，塞晋等卦聚讼纷如，欲息群言之争，必折中于至圣，作《卦象两端述例》。"

（书）《读伏胜尚书大传》："《说文·禾部》引《唐书》曰，期三百有六旬，又《心部》引《唐书》曰，'五品不逊'。盖古以《尧典》为《唐书》。考伏胜《尚书大传》，有唐传、虞传、虞夏传。《困学记闻》云：《大传》说《尧典》，谓之'唐传'，则知不以为'虞书'。于时慎徽五典以下，尚未别析为《舜典》也。按'虞夏传'叙舜禹摄政之事，并详九招、八伯之乐名舞名。韶乐之后，尚有雍乐、雍舞，备十有二变，诸如此类，补充经义，关系甚大，作《读伏胜尚书大传记》。"

（书）《范微》："上古哲学渊源，八卦以后，厥惟九畴。《周易》之阐发，代有其人，至若《洪范》，汉儒多因以究休咎之征。宋有蔡九峰，析其名数，以为《洪范皇极内篇》，用心虽苦，继起无人。要知《易》《范》相为表里，神禹所受，箕子所陈，凡动几行为之间，天道人事之变，祸福感应之理，皆备其中，诚修身之捷径，处世之良轨也，作《范微》。"

（诗）《孔子之诗乐》："孔子删《诗》，然后乐正。则孔子之时，《诗》无不入乐矣。太师陈《诗》，比其音律，则孔子之前，《诗》无不入乐矣。《墨子》称《诗》诵弦歌舞，则孔子之后，《诗》亦无不入乐矣。古时《诗》教通行，未有《诗》而不入乐者，故季札观乐诸国皆歌，而《乐记》宜歌风，与雅颂并言。郑樵《通志》谓古之达乐三：一曰风，二曰雅，三曰颂；而金石丝竹匏土革木，皆主此三者以成乐，其说本诸孔颖达。《正义》云：依音制乐，诗在乐章之谊，故曰兴于诗、成于乐也。汉立学官，齐诗最盛，盖鲁韩三家但传训诂，不传音律，传音律者，只有齐诗。齐诗特点，即在'四始''五际'等谊；《诗纬》'泛历枢''含神雾'诸篇，可相印互明，惜二千年来，传者无人，仅孔广森《经学卮言》尚能略知梗概耳，作《孔子之诗乐》。"

（礼）《皮弁素积裼而舞大夏考》："古礼失传，服制无考，裼袭之义，尤多异说。学者、经生，迄未能定一是，然就《玉藻》三思，谊可知矣。兹分冠、衣、裳、带、韠、屦六类，详稽三礼经传疏图，旁参书、诗、左、汉等注疏所引，及《乡党考》《小尔雅》《释名》《方言》《说文》诸书，作《皮弁素积而舞大夏考》。"

（乐）《乐微》："周官六艺有乐，孔氏六经有乐，武城弦歌，千古传为美谈。秦火之余，《乐经》虽亡；汉兴以来，乐艺犹存。比至后世，古雅沦湮，胡俗僭充，龟兹既乱，于前海舶，复夺于今，乃至西鄙粗暴杀伐之声，尊其号曰'军乐'；濮上哀怨烦碎之音，美其名曰'细乐'；逢婚丧庆会之礼，无弗举之。考诸周制，则五礼之乐，各宜有别也。三礼而外，则《尧典》《周语》《管子》《吕览》《淮南》、史迁、班固诸说犹可考见，下逮历来乐律专著，远及西乐律理，准成均之制，补乐经之亡，作《乐微》。"

（乐）《舞史》："人不能无乐，乐不能无形，故歌咏其声，舞动其容。咏歌之不足，不知手之舞而足之蹈也。舞蹈一艺，由来古矣。昔者伊耆有蜡舞之辞，祝诵有属绩之乐，葛天有玄鸟之曲，阴康有宣导之舞。伏羲作立基，有冈罟之歌，驾辩之曲，凤来之颂。女娲作允乐，神农作下谋，有丰年之咏、扶黎之乐。黄帝而后，六代之乐，有周礼足征。秦汉以来，随代皆有制作，然不离韶武二舞。爰考证群经、诸子、七纬、九通等书，溯尚世之渊源，叙历代之沿革，作《舞史》。"

子学类

《老子碻解》："柱下五千言，阐发处世修身之哲理，与《周易》相通，而后世刑名法术、隐逸神仙之流，各以其说说老子。五千言之老子惟一，而各人心中之老子无穷。一人一谊，百人百谊。冰寒火热，凿圆枘方，而五千言之老子难知矣。乃或诿老子之书难读，皆由未能精研深体五千言之全旨耳。研易之余，泛滥道藏，全书得百数十家老子注，上溯韩非、尹文、庄列、吕览、淮南诸解，下逮近人诸说，借资考证，务期以本经之说说老子，作《老子碻解》。"

《庄子辨味》："孔子赞《易》韦编三绝，其最大之发明有二：一曰继善成性之道，《孟子》七篇发之；二曰太极圈中之旨，《庄子》内七篇发之。宋儒谓孟庄之学，内圣外王，一体一用，同得孔

《易》之心传。观《大宗师》篇，溯'心斋''坐忘'之师说，于孔颜不仅远祖杏坛，兼上宗陋巷矣。其言，一则曰：《春秋》以道名分，再则曰：《春秋》经世先王之志，圣人议而不辩。《齐物》篇一再称孔子为圣人，为夫子，既引征其言，复缀词其后，而郑重以申之曰：万世之后，而一遇大圣，知其解者，且暮遇之也。考《庄子》一书，称颂圣人最多，《逍遥游》一、《齐物论》九、《人间世》二、《德充符》四、《大宗师》九、《应帝王》二，计内篇之言'圣人'者已二十有七，盖内七篇皆真庄手笔，非如外篇、杂篇多续庄、赝庄之作。世人执鱼目而疑庄子，不知庄子之心也。读庄、解庄者，不得庄子之心，则读者非庄子之书，解者非庄子之意矣。呜呼！人非庄子，谁能得庄子之心；人非庄子，谁能读庄子之书而解庄子之意哉？虽然谓世无庄子则可，谓天下无人则不可。天下不能无人，则庄子之书不能无读者、解者，理必然也，作《庄子辨味》。"

《雪墨》："墨子著书，具救世之宏愿，经孟子'无父'一语，蒙不白之冤者，二千余年矣。余悲悯墨子之志，乃扫径篲棘、证经引传，博征周秦遗献，暨史家学者之评论，为之讼冤昭雪。余不敢为墨子知己，明证俱在，天下有目者，所共识也，作《雪墨》。"

《孟荀性论折中》："孟荀性论善恶之异同，为中国哲学史重要之争辩，至今迄无定论。虽然，道在迩而求诸远，事在易而求诸难，曷不即以孔子之说为息争端之标准，作《孟荀性论折中》。"

哲学类

《人生哲学谈》："人生之幸福，不在肉欲之恣肆，而在价值之增隆；不在肢体之安适，而在精神之愉快。苟欲发挥人类固有之良能，扩充人类固有之良知，涵养性情、锻炼意志，而免于人类之化为物质、化为机械，以圆满真实美善之人生主义，非研究哲学不为功，作《人生哲学谈》。"

《西哲学案》："欧西学术，渊源发轫于希腊七贤之泰利氏，逮苏氏、柏氏、亚氏相继崛起，学院兴立，斐然可观；乃自西罗马灭迄东罗马亡，其间学术统于教会经院者，殆有千载。文艺复兴而后，新说竞起，学派潮涌，直至今而未艾，遂蔚为近代之学说，作《西哲学案》。"

《伦理学谊解》："伦理学定谊，历经各学者之标诠，说互不同，然究其能兼赅诸家之长，而不背于国学固有之史迹者，当以研究人生行为之价值，而得实践处世之正道为主旨，作《伦理学谊解》。"

《欧西伦理学源流》："欧西学术，夙以认识宇宙为研究之点，与中国学殖之渊源于伦理者着眼不同，倾向各异，然处世之方，不外奉己待人两途，则伦理与学术之关系，其重要可知，作《欧西伦理学源流》。"

《习性论》："《中庸》言性本同，《论语》皆指先天之禀赋。言及其'居移气，养移体'，受家庭教育、社会风俗之环境，而后遂渐变遗传之个性，而成后天之积习，故研究优生学者，当以先天之性、后天之习并重，至其补救缺憾，则惟教育感化之力，作《习性论》。"

科学类

《黄道新天象》："根据史汉天官书、天文志、星经，参证历代天算家说，迄近代贾步纬、黄炳垕戊寅（廿七年）春用天文镜测定黄道二十八宿经纬度数，重排二十八舍广狭，及每舍首尾两星均取三四等以上，必不得已而采用五等星者，仅一张宿。用意欲使初昏时，人目皆能共见，以符'敬授民时'之教，且挽救习用西法星座之流弊，作《黄道新天象》。"

《历代历制沿革考》："自伏羲始立周天历，度乃作甲历起，迄清世宗更定时宪历止，凡九十家。作《历代历制沿革考》。"

《民元历新钤》："壬子春，与徐璇玑共算截历捷法，故名民元历。至甲子年更定新钤法，推算即从本甲子年天正冬至起用，钤者省去乘除之烦难，便于布演之简捷尔。作《民元历新钤》。"

史学类

《中国文化之关系全世界》："中国文化有五千余年，最古之信史，用域内四百五十兆民统一之同文。其文化思想磅礴，扶舆海外异域，并受同化展发，至今不仅蔚演成东方文化之一大系，即其流风遗韵之响影欧西者，实为世界文化之祖，迹至伟也。作《中国文化之关系全世界》。"

《杨氏源流考》："读《中国国学会会刊》第十期专件《杨宗同姓分氏始祖考》后，心有所感。余，杨氏也，事关始祖，未敢缄默。爰博征经传、史子、通志、姓谱、世本、世系、《唐书·宰相世表》，作《杨氏源流考》：上编姬姓杨氏始祖辩，下编弘农杨氏源流考。"

小学类

《六书分类例证》："依据《说文》，间及金石、甲骨。体近王筠《释例》，与《六书源流考》相为表里，作《六书分类例证》。"

《国文法字类例证》："自马氏仿欧法而作《文通》，嗣是国文法书踵武杂出，然皆习狃于西文形式，不免削足适履之弊，盖文法必根据于语言文字之历史习惯，而我国字制又自有其独立之特性与价值，视欧西构缀不必从同，亦不容强同，研究国文法者，首宜知此。作《国文法字类例证》。"

比较音韵学

文字学统三部："一，字形属《说文》系；二，字义属《尔雅》系；三，字音属《唐韵系》。细别之，为古韵学、广韵学、等韵学、切韵学、发音学、语源学、音韵通转法等。兹用注音符号、万国音标及世界各邦字母比较附注，作《比较音韵学》。"

《无锡音韵考》："自江左偏安、五胡乱华暨异族入主以来，中原古音早已系系统绝，然而秦汉之音，犹留岭外；隋唐之韵，仍遗江南。吾锡方言之犹秉周化者，有经传足证。爰据守温，旁证华严，挹温公、郑樵、刘鉴诸图，合喉腭舌齿唇清浊发送收，则吾锡声类超乎七十以上，而韵摄不与焉。考指掌十摄、指南十六摄、七音略四十三、图韵镜四十五、图广韵三百二十九类，而吾锡安摄独析三韵，盖寒从 [ɔ]（倒西字），元从 [a]，先从 [e]，三韵介母证诸万国音标，固不同也。殆遗韵之未蜕者，至闭口韵之收声于 [m] 音者，仅广东犹保古韵而江南已荡然矣。作《无锡音韵考》。"

《梵字母考》："精研佛学或诵真言，非通梵字音义难确，故欲深造内学，必先务字母而记典源，志所载字，数形音各有出入，甚至异字同读、同母异音，修持者亦不过谨守师傅，依样葫芦，奚待六译而歧义哉！作《梵字母考》，附字体异形、字音异读二表。"

文学类

《中国文学研究法》："文学之重思想情感，各国皆同。至若气势格调、采藻声律，则中国文学之美，有非旁行画革者所能梦想矣。上征《文心雕龙》，下逮芸台阮氏，当知所谓中国之文学者。作《中国文学研究法》。"

《中国文学史述要》："近百年来，道丧文弊已极；黄钟瓦釜，病狂谁辨，诲盗诲淫，书肆充斥。识者早有陆浑之忧，由未能真识文学之谊界也，作《中国文学史述要》。"

宗教类

《佛学研究》："中国佛学，唐为最盛，三教十宗，互显宏通，并流朝鲜而传日本，即南海诸邦亦多学佛于震旦。近如欧洲发起世界佛教大会，纷向佛教先进之中国，求取华文佛经，译成各国文字，用广流传，诚以华译佛经，词意恰到好处，而大乘佛教又属震旦之特色，与老庄印证颇多，指月拈花之趣，而六波罗蜜原皆孔孟所雅言，寂感遂通，作《佛学研究》。"

《太虚讲录疏正》："乙亥秋仲丁，侍父值祭，迁锡始祖宋儒龟山公于东林旧址道南祠，并欢迎国府林主席所颁匾额，在迎宾楼聚餐后，随至县佛学会听太虚法师讲大乘理趣、六波罗密多经，返舍后倍记所闻，作《太虚讲录疏正》。"

艺术类

《乐律精义》："会通世界三大乐系，折中于冷沦成周乐。艺之精妙，有非胡俗所能梦想，尤在成均还宫、曲折复音诸法，作《乐律精义》。"

《大学歌舞谱》："移风易俗，莫善于乐。周礼大司乐掌成均之法，以乐德教，以乐语教，以乐舞教，盖其变化气质、涵养性情，所以日徙善远罪而不自知也。爰稽历代乐舞之制，曲折均调之法，征之三通诸说，参之大成各谱，损益因革而为学篇之歌之舞，振国政于陵夷，寓教育于游戏，适合学童之耳目，便于音容，乃斟酌中外古今之宜，翻雅为俗，仍不谬于舞象、舞勺之旨，作《大学歌舞谱》。"

《数棋》："余长景校时，偶见诸生有圈井之戏，欲以无害学业、有裨智虑之品易之，因本其素好游戏之心，符以利用算术之理，作为数棋之诀以授诸生，俾寓学科于游戏，借增智虑之发展。复纂辑原理，错综变法，泐成一书，作《数棋》。"（杨践形：《中一国学丛书叙篇》，《江浙同乡会两周年纪念刊》，1940年5月2日，第85—94页）

5月14日　"北京古学院"公布五月份课题，分经学、史学、诸子学、文学、金石学、艺术学六门。

经学门课题：①木神则仁，金神则义，火神则礼，水神则信，土神则知说，天命之谓性，郑注。②释光。

史学门课题：①读五代史记杂传。②有明宦者之祸，视汉唐孰甚论。

诸子学门课题：①刑胜论（见《吕氏春秋·贵因》）。②南正重司天，北正黎司地说。（见扬子《法言》）

文学门课题：①《五代史》书后。②丰台芍药赋，用古赋体不拘韵。

金石学门课题：①晋侯盘跋。②魏曹真碑书后。

艺术学门课题：①论宋之书院。②述明之竹人。（《京古学院五月份课题公布》，《河北日报》，1940年5月15日，第3版）

5月15日　徐文珊发表《国学略说》，概述国学源流、分类，评述国学的价值与整理方法，整理方法有一统计、二列表、三洗刷、四考证、五标点注释说明。

徐文珊认为，"国粹"的名字不妥，不必讨论。"故"是旧的意思，但是旧的东西不只有学问，"领土山河、残砖破瓦，都是旧的，未必都是学问"，所以"故"字不能做学问的代表，"国故"未必就是"国学"，所以"国故"这一名称也不好。相形之下，所谓"国学"是指出自本国的学术，而且并没有加上界限使之不能与世界各国交流。"我国的学问我们可以研究，应当研究，外国人也可以研究"，并不是一加上"国"字就有中外鸿沟之界，不许外人研究。譬如"国货"出自本国，但我们希望它出口。"'国学'又何独不然呢"？因此，徐文珊主张用"国学"的名称。首先，要以现代学术的眼光对其进行分类：

> 以现代治学方法观之，都嫌拢统，因现代学问门类繁多，分析入微，非精细不能得其要领。不过现在还没有精详的新分类方法。但是若要问全部国学里面都包括些什么东西呢？拢统的说一句：可以说是大无不包。举其目，则：文学、史学、哲学、伦理学、论理学、社会学、经济学、教育学、地理学、自然科学、天文学、艺术学、政治学、军事学、工程学、文字学、宗教学……等样样都有，但若要问那几部书是属于那一门，那个人是那一门的学者，则很难说。因为古时无某门学问的系统的专著，都是各就耳目所接，思想所及，信笔直书，并没有作专门著作的准备，所以一部书里面往往包含多种学问，一个人有多种知识，即如一部《小戴礼记》，论理学固然是它的主体，但是这里面同时也有史学、哲学、社会学、艺术学（如论乐的乐记）、政治学……如果要站在文学的立场看它，又是很好的文学，究竟应该把它归入那一类，这是很难判断的。其实也不必一定要判然划分的，如果一定

要分，那就是愚，是迂。又如孔子，算是那一门的学者，也是同样的不能得到满意的答案，他既是伦理学家，也是哲学家、政治学家、史学家、文学家……几乎难以缕指。所以我们对国学门类的分析，不能十分求其精确。只是要知道全部国学里头所包极广，可以随意求取，不过在未经过整理之前不免要多费些事而已。来吧，这里面有无限的宝藏，正如我们领土里的矿藏一样的丰富，只等我们去开发研究、整理、与享受。（徐文珊：《国学略说》，南京《青年月刊》，第9卷第5期，1940年5月15日）

其次，在现代社会国学也自有其价值，经过充分整理，国学方能更充分发挥其效用：

国学需要整理，整理后才能用，才能分别好坏，予以去取和发扬，才能享受。……至于整理的方法则非此短文所能详，约略述之，有下列几种方法。

一统计，此亦可谓为结账式的方法，以某门学问为纲，将前后各时代的学者关于此门之学说加以总括的研究，以见其由始至终如何进展，以及至何程度，有何成果。

二列表，以人为纲，而表列其对各门学问之造诣与贡献，或以学问为纲，而表列各学者之成绩，或人与人比，学与学比，可以灵活运用。

三洗刷，后人增饰涂附误解之古人古书，洗刷之以见其本来面目，真实价值。

四考证，伪书伪事淆乱学术系统，必逐条考证其真伪，以张三的书还张三，李四的事还李四，秦汉的还秦汉，魏晋的还魏晋，妄增者删，妄删者增。依附他人以图见重者揭其阴私。由古今字音字义之演变而失其原意者，考而出之。传写刊刻之讹错，亦当校刊考证，以复其初。

五标点注释说明，古书无句读，学者往往以读法歧异而异其解说，此极常见之事。又一般初学之士亦往往因句读不明而苦不能诵读，至分段、标题，皆今之读者所需要。音调不明，古今有别，意义涩晦，皆须加以注释。难见之事，尤当加以说明。（徐文珊：《国学略说》续，南京《青年月刊》，第9卷第6期，1940年6月15日）

6月3日 之江中国文学会邀请金松岑讲学，金氏主张以史为文，批评清人以科学法治经子，高处可接汉儒，而弊端在于将活书读成死书。（夏承焘：《夏承焘集·第六册·天风阁学词日记（二）》，第205页）

6月6日 教育部专员徐诵明视察复性书院，撰写报告指出复性书院专门研究国学，与普通学校不同。

徐诵明上午由乐山渡江赴乌尤寺复性书院视察，将该院情形，分别略为报告如下（教职员及薪金情况，如表4所示）：

一、院址 在乐山县城东南里许之乌尤寺内，地形一小岛，四面环水，西旁扬子江滨，大佛寺左，风景幽雅，林木葱苍，为著名胜地，历代大儒曾涉足其间，院舍房屋，大小有三十间，均向乌尤寺僧租借，每月租金七百二十元。主讲室一座，在尔雅亭（原为汉犍为舍人注《尔雅》处）。讲舍一座，为讲学处，在旷怡亭（原尔雅台处），中有桌椅数十张，布置一如学校之讲堂焉。惟前排桌椅规定职员听讲时坐位，学生后坐，办公处房屋数大间。讲友招待处数间，图书馆一大间，学生膳宿处数大间，房屋雅致。马先生住宅由书院建筑于乌尤寺山麓，名曰濠上草堂。

二、教职员　该院设主讲一人，由马一浮先生担任，特约讲座四人，由熊十力、赵尧生、谢无量、叶左文四先生担任，但不固定时间，随到随讲，另有通讯一人，由梁漱溟先生担任。办事者六人，计监院一人，典学兼事务一人，文书兼管图书一人，掌故一人，会计一人，庶事一人，由沈敬仲、乌以风、张立民、刘公纯、詹允明、何茂桢诸先生担任。另有工友及厨房十一人，木刻匠九人。据云：主讲月支五百元，特约讲座不定，监院月支三百元，典学兼事务一百二十元，文书兼管图书一百元，掌故八十元，会计一百元，庶事八十元，工友及厨房十一，每人每月九元外，并供给伙食，木刻匠供伙食，无工资，但照刻字数目算价。

三、学生　该院学生约有三十人，分正式生、参学生二种，正式生有二十二人，参学生八人，其中有来自中央大学中文系毕业者一人，武大中文系一人，川大中文系三人，太炎先生国学社二人，无锡国学专校一人，刘志唐先生门生三人，无锡教育学院二人，在大学曾任讲师者一人，在中学任教员者二人，在社会上作事有五十余岁者一人，赵尧生先生文学社三人，曾从梁漱溟先生游者一人，本部部长介绍一人（郭良俊），委员长侍从室派来一人，航空学校任教者一人。此外尚有在家中自修来听讲者三人，正式生除供给伙食外，每月每人津贴三十元，参学生不供给膳宿及津贴，正式生均住院内。

四、经费 该院经费由财政部发给，由董事会支付，除开办费外，每月规定四千元。职员薪金二千三百元，学生津贴九百元，伙食每月十五元。讲义自刻，每刻一万字四十元，写工每万字十三元，另外由书院供给食宿。书版木料梨木由书院供给，印刷纸张在夹江买，每挑九十三元，一挑三十码，每码三百八十张，每张可以印二开板二页，其所刊印者，有讲录卷一、讲录卷二两种，但需费总数，未经说明，仅曰四千元之月费，恐尚不足，幸可由从前所给之开办费内支给之。

五、设备 该院除讲堂宿舍办公室，备有教员物件外，尚有图书馆之设置，馆舍一大间，图书共二万册，其中来源分为三部分：一由院中自购一万册，其余一万册；一由院长马一浮先生自购；一由谢子厚先生暂时存寄者。图书类别多系史书、文学、经学等，间亦有购自坊间新出版者。

六、教学 该院正式生照院章收入后，讲学期限定为三年，参学生不限年限。讲学时间每周三上午九时至十一时，讲群经大意（三年中均讲）及通治。周三十一时讲学后，参学生可向马先生请指示治学内容。周一、周五上午马先生上山，正式生可向马先生请示讨论。正式生每日须作札记。每二周由马先生批解，去年半年第一讲书院创办宗旨及读书办法，第二讲论语。本年讲第三讲孝经，第四讲诗教序论，第五讲礼教序论。现在正讲礼教序论，且已讲过二次，以后讲程尚未规定，大概是讲《易经》《春秋》之类。学生除听讲外，多在宿舍自由阅读研究。但起居亦规定有时：早晨六时起床，夜九时半至十时息。早餐七时用粥，午餐十一时半，晚餐五时半，八人一桌，四菜一汤，二荤三素。

　　七、结语　当莅院视察时，未逢讲学时间，内容未能明悉。马先生亦未在院，据典学乌以风先生云，特约讲座除熊十力先生到院讲过外，其余赵、谢、叶诸先生，尚未莅临，大都讲学多由马先生一人主持之。该院系书院性质，专治国学，不同普通大学之处多矣。（徐诵明：《视察复性书院报告》，"国史馆"藏民国政府档案，档案号 019000001354A）

表 4　复性书院教职员及薪金情况（1940 年 6 月）

任职	人数	姓名	工资	备注
主讲	1	马一浮	500 元/月	
特约讲座	4	熊十力、赵尧生、谢无量、叶左文	不定	除熊十力先生到院讲过外，其余赵、谢、叶诸先生，尚未莅临，讲学多由马先生一人主持之
通讯	1	梁漱溟		
监院	1	沈敬仲	300 元/月	
典学兼事务	1	乌以风	120 元/月	
文书兼管图书	1	张立民	100 元/月	
庶事	1	何茂桢	80 元/月	
工友及厨房	11	90 元/月，并供给伙食		
木刻匠	9	无工资，但照刻字书目算价，供伙食		

（朱薛友：《六艺之教：马一浮与复性书院研究》，第 41 页）

6月8日　四川大学国学研究会在文学院第十教室举行常期大会。

当日导师向仙乔、龚向农、路金坡、徐中舒、向家鲁、萧中仑、陈季皋、李炳英等50余人到会，由该会主席王利器致辞，继由组干事报告会务经过，最后请向仙乔、徐中舒、李炳英讲演，"各会员对下届工作计划，亦热烈发表意见，并决定下期发行会刊，旋即开票选出新职员。兹将职务分配情形，一并志后：总务赵泽南；文书何迪九；财务袁瑶卿、柴让；编审郑中和、余行达、刘彦沧"。（《国学研究会开常期大会并改选职员》，《国立四川大学校刊》，第8卷第17期，1940年6月11日）

6月15日　顾颉刚撰《国学研究所应增加经费说明书》，并呈请创立文科研究所。

本所经费上年为五万元，下年为八万元，所加不鲜，应无异议。然而不能不提出请求增加经费案者，非好贪多，势实迫之。其原因（一）上年员生少，薪金仅占全部经费三之一弱，即每薪金一元可有两元余之设备，下年员生多，已占全部经费二之一强，则平均每薪金一元不足一元之设备；（二）上年未经立案，仅同筹备，不妨节省，下年一经立案，即当正式进行，工作确定则需用之款不可强减；（三）现在国立大学薪金折扣，物价高腾，各专门学者纷纷闹穷，本所虽不能尽为罗致，但能赠以稿费，使其各为本所担任集体工作之一部，则需费少而成绩多，实胜于聘其到校，而本所同人力之所不及者皆得诿之，为本所奠定根基，即为本校提高地位，此实千载一时之机会，不可放过者也。现在八万元之概算业已列出，兹就该项概算书不足之款分条陈述，请求鉴核。

一，中国史籍浩繁，其核心则为二十四史，必此书整理完毕，中国史学方可上轨道，故本所拟利用美金涨价之时，将此项工作于明年内作毕（校勘，标点，索引，辞典，图表），为史学界完成一大事。按此书共三千二百余卷，假定整理一卷需费十元，以五年之力完成之，则每年需费六千四百元。现在为经费所限，于概算书中"所外人员参加所内工作酬金"一项仅列二千元，假定所内人员之薪金中有三千元为是项工作费，则合并计算，尚差一千四百元。二，现在购书价值既高，亦复难得，为获得参考材料之方便计，必须与各藏书家联络，既欲与联络则不得不投其所好，使其发生情感而后易于借读。以成都言，最大藏书家为严氏贲园，拥有五六万册，其家编有书目而未刻，如本所能代为刊刻，约费二千余元，有此情面则求借自易。又如罗氏好一斋藏书约二万册，有借与本所之可能，其家尚无正式目录，如能代为编纂出版，则借期不难延长。此二项大约需三千元，亦以受经费限制，未列入概算书内。三，书籍购置费上年定一万元，下年以受经费限制，只定五千元。此在语文历史两组方面，固以成都不易购书，勉强敷用。但汤用彤先生如来，则佛学书籍必须添购，即西康出版诸经典已需数千元，若加购法德日文研究佛学书籍，数更不赀。边疆材料，本国虽不多，而日俄英法德文书极众，亦必需采购。本年虽不办佛学边疆两组，亦当先行筹备，方不致临时竭蹶。购书费至少仍须一万元，应添足五千元。四，汤先生如来，则佛学组即须筹备，必聘任一有力之助理员方可。此助理员之薪水即以经费限制而未列入，以月薪八十元计，应增列九百六十元。五，边疆组主任人选，以李安宅先生为最合宜。李先生伉俪立志毕生研究藏民文化，其夫人于式玉女士藏语已极流利，虽未可期其来校，而派员生从其调查研究则甚适当。现在李先生之薪金由乡村学院担负，本所似可给予若干调查费，使其著作将来可由本所出版，为边疆组树一中坚。上年调查费规定二千元，下年受经费限制仅定一千元，似应增加一千元。六，古物一项，上年所有，下年所删，似应定一千元，以作不时之需。七，下年新入所之研究生虽给津贴者仅定五名，人数或有十名，本所消耗费即因之加大。所租赖家院房金固甚廉，而无电灯，须燃菜油灯。现在油价奇昂，每人每日至少须燃一角。以员生二十人计，年需七百二十元。此项经费亦因受限制而未得列入。又布置新屋，需费孔多。茶水煤炭，不似上年之可以全校合用，必为本所所独负。城乡往来，不少车饭费用，此皆为上年所未有者。以物价日益高涨比例之，总计文具，纸张，杂耗等项，下年至少须增加三千元。合以上七条，计需增入概算一万四千一百六十元，均属必要，不同糜费。特此提出，敬请审核决定是荷。

呈为本校创立文科研究所请求立案事：窃本校于民国廿一年分得哈佛燕京学社研究东方学经费，聘栾调甫教授为主任，马宗芗等教授为专任研究员，从事于甲骨文、山东史地及古籍校订等研究工作，于兹九年，成绩粗具。惟以当时仅聘专家个别钻研，并未招收研究生，无立案之需要，故未经报部存案。

抗战之后，本校播迁成都，后方各大学毕业生每以毕业后不能深造为恨，知本校原有国学研究所，纷纷请求入所进修，本校爰聘顾颉刚教授为研究所主任，吕思勉、钱穆等教授为专任研究员，遵照部章改设文科研究所，其中计分语文、历史、佛学、边疆四组。本年拟先设语文、历史两组，于本年暑假中正式招收研究生以弘造就。五月中，部派徐颂明、陈泮藻两督学视察，业将办理情形面陈。兹谨将文科研究所组织系统表、职员表、本年拟开功课表及研究生规程各缮一分，呈请鉴核，请求立案。倘蒙允准，俾诸生将来获得出身，不负其笃学之辛勤，实为德便。谨呈教育部长陈（顾颉刚：《顾颉刚全集·宝树园文存》卷二，第267—270页）

6月16日　《国文月刊》创刊号出版。

《卷首语》介绍："这一个刊物是由西南联合大学师范学院国文系中同人所主编，同时邀请西南联合大学文学院国文系中同人及校外热心于国文教学的同志合力举办的"，"本刊的宗旨是促进国文教学以及补充青年学子自修国文的材料"。（《卷首语》，《国文月刊》，第1期，1940年6月16日）浦江清为第一位主编，同时负责诗文选读栏；编辑委员有朱自清、罗庸、魏建功、余冠英、郑婴。从第3期至第40期由余冠英任主编。后有学人总结该刊办刊历程与前后宗旨变化：

> 《国文月刊》从民国三十年在昆明创刊，中间隔了一个短时期，胜利后又在上海复刊。起初在昆明，由西南联大师范学院国文系编辑，开明书店印行。主编的人都是西南联大国文系

教授，而实际负责的，先是浦江清，后来是余冠英。两位先生的着眼之处不同，因之内容颇有差异。浦编注意国文教学，方法和教材两方面一样重视，月刊里的文章多是讲解，整理和研究的。余编却渐渐转到考据方面去，文章内容的途径比较狭窄，专门了些，而且有几篇长篇连载的文章，在短短二十三面的篇幅中，时有容不下之感，新鲜的趣味少了，在国文教学上的帮助也小了。对于这个僵局，编者自己也颇为发愁。

胜利之后，开明书店总店迁回上海，而西南联大尚未复员，师范学院国文系则已归并入文学院，月刊在西南便停顿了，而立刻由上海开明继续下去。三十四年冬天开始筹备，三十五年春以第四十一期起在上海出版，起初由夏丏尊、郭绍虞、叶圣陶、朱自清主编，夏先生死后，由周予同补入。后来又增黎锦熙与吕叔湘。但郭、黎、朱、吕，或是课务很忙，或是不在上海，便只是挂名而已，实际上负责的是周、叶两先生。

在西南，一时吕叔湘、王了一，皆以语法为倡，因叶斯丕孙（O. Jespersen）语法哲学的启示，而致方建设的中国语法的新系统，一方面重研究旧文章的句型与字性，一方面以此帮忙新文章的体裁的发展。在战时，除了出版过几本讲义专书而外，最大的传播这一宗新的研究风气的力量，是《国文月刊》。西南联大承继发创于北方的新文化运动，而这一大运动在战时显然缓慢而且退化了。《国文月刊》又秉西南联大的学风，而在这方面刻意努力，一再掀起第二次白话文运动的波浪，但月刊的态度很客观，很宽量，有主张，而也有折衷，在二十年来的学术风气上，见得一种可爱的进步。

　　上海发刊之后，内容也偏重在语法一方面。高名凯的汉语语法的连载文字，尤其引起人注意。实际的教学经验与方法的记载，也占了一大部分。考证的，思想的，批评的文字却显得很少。又往往有些疏解诗古文的文章，这种文章的内容有时却见得细碎，新尖而平庸。就两年来的目录看，一方面，见得语言文法研究的新风气，渐渐进而至于音节与修辞的研究。一方面，见得国文教学之不易，以及少数教师的刻意求进。而且因月刊的鼓励，一般的教师都会措意于其本身的责任而刻意求进。因为月刊的宗旨本来是寄于国文一边，其忽略了考据与思想是应该的。

　　两年中的各期中，尤可注意的是文言的作品占了很大的分量，于此一事见得编者在文体方面，原没有偏狭的执见，也见得近年的文体之争，已由表面的风气提倡转而为内容的实事求是。月刊中连载了张须的文论，从先秦到近代，真能说得上文实并茂，是可以诵读的文字，不仅见解之超卓而已。此一类文章的传播，不但有益于学文的人的欣赏揣摩，对于文学风气，也是大有裨补的。

　　但《国文月刊》也有一个缺点，便是没有清楚它的对象。起初月刊的编辑旨趣是为了大学师范学院国文系学生，以及中学教师的研究与进修的，后来内容稍变，对象便不甚清楚。这两年以来，仍以发刊的宗旨为宗旨，而就发表的内容而论，如几篇关于大学课程标准与科目教材的文字，在目前的情形，只能给制定课程标准的人参考，因为实际上，每一个大学国文系有它自己的传统，风气，和教师人材。其余有些文章，是为学生自习的帮助的，或是提倡研究兴趣的，而目下的大学国文系学生程度，一大半仍需要讲解，指示。通体而论，欣赏的材料与讨论所占的分量大少，也未尝不是使学生不容易接近它的原因。

而今可读的杂志极少，而《国文月刊》确实是一种不可少的刊物。国文教学在近二三十年中的退步，大约非当时倡言改革者所曾预料，这种退步的情形，教者、学者、主政者与社会风气都得负责，然在教者学者本身，却只能就分内设法求进，《国文月刊》即是在本分上互助扶持的刊物。我们更希望《国文月刊》不固守不趋时，一面探求出一条宽阔的道路，一面追本穷源，将近来的萎顿退缩的病根找出来，而建立一个新的文风，所谓新的并不是创奇设巧，前所未有之谓，而乃在扫除目前的障翳，还出原来的光辉。予教者学者一分新的力量，使得各尽其本分。（《国文月刊》，开明书店出版，至三十六年十二月止，已出六十二期。）（归庵：《书评："国文月刊"》，《图书展望》，复刊第 6 期，1948 年 1 月 31 日）

6月20日　马一浮发布《告书院学人书四》，公布复性书院第二次考试试题。

在昔制举之业，但益諲闻；晚近学校所授，唯务记问。今书院课试，趣舍全殊，贵在考其行履，以为进退，察言辨志，特其一端，故无取于锁闱置监，亦不明定甲乙，庶以消其胜心，发其本智。然诸生须念向上提持之旨，勿为驰骋肤廓之言，言之无苟，乃以见其中之所存。信有佳文，当为遴选，一长可录，皆无摈弃。如或闻言不领，玩愒自安，无所取材，亦难姑息。尚慎旃哉！毋自欺，毋自误也！（吴光主编：《马一浮全集》第1册下，第559页）

释《易》九卦义；"圣之时"解；问：今日治经方法，何以不与先儒尽同？试各就思学所及，推言其故。右三题须全作，篇幅长短不拘。自发题之日起，限三日交卷。有二事须知：一、引用先儒语，必详其所在。一、勿抄袭讲录中语。余依去年所示诸条，不赘。（吴光主编：《马一浮全集》第4册，第346页）

6月25日　（南京）中国文艺协会创办的《国艺月刊》第一卷第五、六期合刊开始连载翠微居士编撰的《国学用书类述补遗》，因陈彦通的嘱托，补充支伟成《国学用书类述》的疏漏。（翠微居士：《国学用书类述补遗》，《国艺月刊》，第1卷第5—6合期，1940年6月25日）

6月27日　复性书院放暑假，马一浮发布《告书院学人书五》。

观诸君此届试文，知平日讲论所益实鲜。诸君才质虽各有所长，然泛泛寻求者多，真实体究者尚少，故出之未能沛然。若夫思绎之勤，则固有之。时方危难，中土圣贤之学晦而不明久矣。吾以炳烛余年，获与诸君一日共学，虽其言未足以为益，其属望诸君负荷斯道之心实无有尽。昔明道先生在扶沟日，谢显道、游定夫俱从之学，明道语之曰："公等在此只是学某言语，何不自己用力去？"佛弟子阿难云："自我从佛发心求道，常自思：惟无劳我修，将谓如来惠我三昧，不知身心本不相代。"此二则语，深望诸君留意。盖义理之学，所以不同于俗学者，正在不从人得，须是自家着实体究，方有入处。讲论只与作缘，实不济事也。诸君若体究有得，自知受用，于一切境界能作得主，于一切事理更无所疑，方知此言不缪。否则虽朝夕相语，只是一场钝置，都无饶益。诸君多曾受现代教育，具足现代知识，其可为之事甚多，又何必来此共甘枯淡邪？伊川先生曰"不学便老而衰，"言时之不再来也。唐裴相国休曰："修罗方瞋诸天正乐，可以整齐心虑直趣菩提者，唯人道为能耳。"每叹其言警策过于儒家，诸君念之。

　　暑中例有休假，无论还家或留院者，在此期内亦勿径自废书，令心驰散。息有养，瞬有存，无令空过。集谈恐不耐暑热，是以用此代面，勿厌其饶舌也。（吴光主编：《马一浮全集》第1册下，第559—560页）

　　△　复性书院开始刊刻《儒林典要》丛书，收录诸儒发明性道之书，断自周敦颐以下，名为《儒林典要》。
马一浮在序言中称：

　　古之为道者，率性而已。藏于身则寂，同于民则感，虽神用不测，盖泯然无得而称焉，非有物以与人也。故曰："默而成之，不言而信，存乎德行。"若是者，无假于言说，而况于书乎。性德渐漓而后有惑，于是假言象而辨之，著之竹帛以贻后。惑愈甚则书愈广，乃不得已而为之，苟足以祛其惑，是亦可舍，故曰"不可为典要"也。圣人统之以六艺，而无所遗；

后世别之以九家，虑犹不能尽。儒非自名，名之由人耳。史迁始立《儒林传》，传六艺之学者属焉。其后儒术寖微，世亦不重儒。重儒者不以其道，埋晦以至于宋。濂溪周子首出，伊洛诸贤继之，六艺复明，庶几直接孔孟，由是有道学之目。《宋史》立《道学传》，以别于《儒林》，斯歧而二之矣。或疑其说有近于禅，而名又滥于道家，后之说者益纷然莫能一，滋以诟病，是皆泥于名而不考其实也。夫不明乎道，何名为儒。苟曰知性，何恶于禅。儒与禅皆从人名之，性道其实证也。六艺皆所以明性道，舍性道而言六艺，则其为六艺者，非孔子之道也。性者人所同具，何借于二氏。二氏之言而有合者，不可得而异也；其不合者，不可得而同也。汉之黄老、魏晋之玄言，并与后世依托道家者异。义学善名理，禅则贵直指而轻谈义，不肯以学自名。二家者俱盛于唐，及其末流，各私其宗以腾口说，恶得无辨？然其有发于心性之微者，不可诬也。故宋初诸儒皆出入二氏，归而求之六经。固知二氏之说，其精者皆六艺之所摄也，其有失之者，由其倍乎六艺也。然后为六艺之道者，定其言性道至易简而易知易从，极其广大则无乎不备。名之以儒，仍其旧而不改，斯可矣。无取于别立道学之目也，尤无取于以宋学为名。为是言者，则为已陋，恶是名而欲代之以哲学者，则为已固。若乃借谈忘，祖幽冥，而莫知其原，奋其私智之凿，欲一切决而去之，是盖以璞为鼠而祭非其鬼之类。求通而反蔽，习于诡异而安之，是则闻见之圉，自弃于迷缪之途而不知归，又何责焉。（马一浮：《儒林典要序》，吴光主编：《马一浮全集》第2册上，第24—25页）

6月 古直漫游爪哇，在返程时吴光楣向其询问关于教育及国学问题的高见。

（一问）数年前，有要人提倡读经，甚嚣尘上，然目下中等以上学校，对于经书视同子史，仅选择教授，未闻有专授经书者。此种办法，先生认为完善否？（答）余昔年提倡读经，窃谓初级小学必须读完《孝经》，高小及初中必须修毕《四书》。盖孙总理之三民主义，系渊源于经书，教育应以民族为出发点。不明三民主义，不足为公民。不读经，则不能明三民主义，亦不足为公民。大学分系，高中学生应先决定入何一系，作准备工夫。高中以迄大学，必须修毕《诗经》《礼记》《春秋左氏传》。今虽事隔数岁，第余之谬见，始终如一也。

（二问）现代青年学子，有无习作古文之必要？倘有此必要，应取前代古文大家中何派作品以作楷模？（答）文无古今。余从不说古文，他人谓为古文者，余只称之为"文章"耳。（笔者按，古文之名，自韩愈时起以迄于今。初以别于骈文而言，明清两代，则与所谓时文之八股对立。骈文与八股，亦各为文章之一体也。）白话不能成文，文与白相对，故"白话文"一名，实不通之至。汉以来，文章及诗词中皆夹有白话，然专用白话，则不能成文。盖白话因地而异，是以中国非用"文章"不能统一。文章中之白话，犹演戏者之说白，仅有说白，乌能成戏乎？试观国民政府与蒋委员长所有长篇宣言及电报，皆用文章，可以知之。蒋委员长曾训令国人读曾文正公日记及家书，故青年学子选读"文章"，应从曾文正公之著作始。次读《古文辞类纂》，以迄《文选》，则终生受用不竭矣。

（三问）纵观大势，抗战以还，青年学子必麇集于实用之科学。虽有少数潜心文艺者，亦必以新文学是务。国学前途，将如何耶？又先生对于目前文化界之观察，可否略示一二。（答）国学绝对不许怀疑，有国学在，则国祚将永昌隆。盖中国文化乃建立于国学之上也，吾人必须悉心研究。今后如少人研究，则有一百人亦足矣。至若予对于文化界之观感，余认为浮薄者比比皆是。例如有人云中国治乱，约八百年为一周期，其所举之一例，谓自秦汉以迄于隋，稍有历史常识者，均知此七八百年间，并无一二百年之长治久安也。（吴光楣：《古直教授会见记》，《新闻报》，1940年7月27日，第4张第13版）

7月3日　顾颉刚记载齐鲁大学国学研究所与燕京大学研究所的人事纠纷。

顾颉刚在日记中称：

得西山书，知齐大办研究院，得哈佛来信大为批驳，刘校长正拟力争。想此又是洪煨莲玩的把戏，即翁独健劝西山语，谓齐大不必与燕大争胜耳。按燕大研究所为洪氏把持，不想向好处走，保守、敷衍、孤立于学术界外，而欲保持其一尊之地位，不让别机关办好，此非所谓"己不能修，又畏人修"耶？洪氏如有本领，看能把我打倒否？并能打倒宾四与诚之否？（顾颉刚：《顾颉刚日记》第四卷，第397页）

此时，齐鲁大学计划成立文科研究所，哈佛燕京学社叶绥夫批评齐鲁大学应完善专修课程组织，提高教学质量，而不应将重心置于研究工作，且国学研究所开支太大，超出教务费过多，应当裁减研究人员。同时，叶绥夫对顾颉刚颇有微词，批评顾颉刚曾接受哈佛燕京学社资助，开展《尚书》研究，但长期未能完成，应该退还研究经费。顾颉刚认为此事为洪业"捣鬼"，"'尚书学'账目俱在北平，而责我以交账，将强迫我到北平乎！洪氏引我入于社会工作之途，及以子通与季明之事，遂连带攻击我，今乃出此告状之手段，明知我不能回北平，偏给我以难题"。（顾颉刚：《顾颉刚日记》第四卷，第470页）同时，叶绥夫指出顾颉刚"虽是一个非常有力的学术事业推动者，但不是一个有建设性的学者"。（马琴：《顾颉刚与齐鲁大学（1939—1945）》，四川师范大学，硕士学位论文，2016年，第33页）

7月8日　傅斯年致函朱家骅讨论"国故"问题，认为"国学"一词不通，国学不外乎史学与语言学。

函称：

"国学"一词，本与国医同其不通，清季有所谓存古学堂，本是咕哔咿唔之化身，不待论矣。以后章太炎谈国故，似胜于前矣。然国故一词，本为习用，即国朝之掌故也。乃太炎尽改其旧义，大无谓也。清末民初，人以国学二字为不妥，遂用国故，自国学专修馆之势力膨胀，此名词更通行，然此馆者，私塾之放大也。今试将所谓"国学"之内容分解之，不外乎文字声韵之考订、历史事迹之考证，前者即所谓语言学，后者即所谓史学，此外如中国专有之材料，亦皆有专科治之矣。分类而以近代眼光治之者，即所谓史学、语学及其他科目，犹医学之有各科也，笼统而以传统之呻唔为之者，即所谓国学，犹中医也。民国元年严右陵到京师大学，即废经科改入文科，是时蔡子［民］师在教部，废各地之存古学堂，皆有见于此也。以后文史之学大有进步，以质论，以量论，皆远胜于前，其所以致此者，即以学者颇受近代化，分科治之。上次参政会中有此提案，梅光迪痛驳之，谓今日焉有不识西文之国学家？焉有不治外国学问之国学家？国家何事奖励此等冬烘头脑之国学家？梅本国粹主义，而其言如此，实以彼有外国文学之基础，故与教育部莫明其妙者不同也。

今贵会已有历史、语言等科，如再设所谓国学，将何以划分乎？兄必不信冬烘头脑在今日可以治学问；然于史学、语学之外而有此，无异奖励此辈。教育部年来之开倒车，无足怪，乃兄亦谓必不可少，似亦颇受流俗之影响，今日之事，有近代训练者，于"国术""国学""国医"诸问题，皆宜有不可摇动之立场，所望于兄者，在主持反对此等"废物复活"之运动，奈何贵会复徇流俗也。且十四年前兄在中山大学时始办语言历史学研究所，弟亦躬与其役，一时于风气之转变，颇有影响，今设国学，无异反其道而行之矣。

且贵会已有历史、语言等科，则治所谓"国学"而有近代训练者，必不至见遗，何事多此一科，反为叠床架屋乎？且此辈治"国学"者，老幼不齐，要多反对近代化，贵会如办理此项补助，要求者必不可胜数，办理者无从下手，而自此多事矣。故弟于兄"必不可少"之意见，转以为"必不可有"，有则完全抹杀 Wissenschaftliche Disziplin。

又，以在德国之学问为比。彼有 Germanistik，此即等于吾国语言学中之汉语学也。又有其德国史，亦即中国之史学也。以德国人之好谈国粹，亦无德国之国学，诚以语言、历史之外，无法别立其"国学"耳。

年来复古运动，横流狂奔，承兄询及，感概系之矣。

哲学一科，自亦可有，但请注意一事。贵会补助各科，皆应以已成一种 Wissenschaftliche Disziplin 者为限，否则一阵紊乱耳。今日国内之哲学，要以有基础者为绝少，胡言乱道而自命为哲学者则绝多，一设此科，未必有补，而贵会徒然多事矣。

又，查贵会办理此事，本以安插失业人才，使其工作为主旨，并非分列各科如一大学。如工程，如医学，若以其科学范围论，应甚大，然而少者，以国家此时需要此等人才之不暇，除非别有重要原故，不应置之闲地也。如贵会必欲如大学之分类法，应有尽有，则宜先将此事之组织改良，使指导者与受补助者能有实效，研究能有真正结果。此比增国学等尤为重要也。

历史改称史学，自无不可。

语言、艺术史等，皆系比较广泛之科目，可以不办，若办而以为附设之组，恐无何等补益，且此一改动，主持审查及指导之人或不免引起误会，而不肯再为贵会尽此义务矣。既承垂询，直陈无隐，勿罪勿罪！（王汎森、潘光哲、吴政上编：《傅斯年遗札》第二卷，台北"中研院"史语所，2011年，第1085—1088页）

7月23日 黄寿祺在北平中国大学国学研究室讲演《论易学之门庭》，提出研究易学，应当"从源溯流"与"强干弱枝"。（黄寿祺：《六庵丛纂》上，人民出版社，2021年，第149—153页）

7月25日 顾颉刚撰齐鲁大学《国学研究所工作报告》，列举齐鲁大学国学研究所的各项工作及其成效。

顾颉刚工作报告：

一、论文：燕国曾迁汾水流域考（载《责善半月刊》第五期）；明堂考原（载《季刊》第一期）；骊戎不在骊山考（载《学报》第一期）。二、搜集材料：李冰治水故事（下年将与杨向奎君合作一长篇论文）。三、编辑工作：《史记》索引及辞典（与孙蕙兰、李为衡、刘福同等合作）。四、办公：本所主任事务。五、功课：古代史一年（上一学期讲古史中制度记载之演化，下一学期讲古史材料之种类及其异同）。

胡福林工作：论文四篇：一、殷代卜龟之来源；二、殷代焚田说；三、卜辞中所见之殷代农业；四、武丁多妻与殷人重子嗣之观念。

研究生工作：孙琪华：匈奴史（注重于汉以后匈奴族之演化，俾为匈奴史作整个的记载。）

孙蕙兰：四川开发史（先由正史钞集材料，再推广至志书及民间传说，注重于殖民及工业等问题。）

廖孔视：《史记》所用之原料（凡《史记》所用之《尚书》、《春秋》、《国语》、《国策》、《世本》、先秦诸子等材料均录出比较，看其如何选料与贯穿。）

李为衡：《宋史·艺文志》本证（即以《宋史》中所记书籍及其作者编入《艺文志》各书之下，如《汉书·艺文志》考证例。惟以《宋史》卷帙既多，此外参考范围又广，不易作一完全之考证，故取材先以《宋史》为限，俟将来再行扩大。）

　　张蓉初：蒙古史（先阅读中西文之各种蒙古记载，再定专题。其预拟之专题为黑鞑事略研究。）

　　已出书：《齐鲁学报》第一期（上海开明书店出版）；《国学研究所季刊》第一期（成都本所出版），此两种虽今未出版，但到美国看到此报告时必可出版，故可列入；《责善半月刊》第一至第十期（成都本所出版）；吕思勉《先秦史》（开明书店）——此书暑假中可出。（顾颉刚：《顾颉刚全集·宝树园文存》卷二，第271—273页）

　　10月25日，《齐鲁大学校刊》刊登国学研究所研究生消息：孙琪华，四川大学史学系毕业，研究匈奴史；孙蕙兰，本校史社系毕业，研究四川开发史；李为衡，云南大学文史系毕业，研究宋史；张容初，四川大学史学系毕业，研究元史；魏明经，本校国文系毕业，研究先秦哲学史；魏洪祯，西北大学史学系毕业，研究金史；孔玉芳，华西大学史社系毕业，研究古代制度史；熊嘉麟，湖南大学国文系毕业，研究唐代文学史；朱炳光，四川大学史学系毕业，研究目录学；黄季高，四川大学史学系毕业，研究春秋战国史；蓝为霖，四川大学国文系毕业，研究西南史。（《国学研究所消息》，《齐鲁大学校刊》，第8期，1940年10月25日）

　　7月30日 江苏国学社废止社长制改设正副主任。

　　江苏国学社自高主席莅苏后，"鉴于内部组织，尚须整顿。特令改组，应废止社长制，改设正主任、副主任各一人，并于昨日发表，兹经记者探悉，主任委秘书庞独笑兼，副主任徐征兼，即由正副主任公布第一次（七月份）题目，兹录如次：（一）理财须用士人论（二）和平运动之经过云"。(《江苏国学社废止社长制，改设正副主任》,《苏州新报》, 1940 年 7 月 30 日，第 2 版）

8月5日 齐鲁大学国学研究所刊印张石亲先生遗著办法。

"一，张石亲先生著作之《史记新校注》《二十四史斠勘记》《通史人表》《华夏史要》《历代地理沿革表》等稿，齐鲁大学国学研究所俱可代为出版，其印刷、校对、发行诸项费用俱由齐方担任。"（顾颉刚：《顾颉刚全集·宝树园文存》卷二，第 275—276 页）

8月8日 报载"北京古学院"近况，王克敏拨付经费扩大规模。

北京古学院为北京研究中国固有汉文古学沟通中外学艺之唯一机关，自在地方维持会时代成立，后几经波折，始从某方面筹得经常费，继续开办成立。至去年年尾，因经费来源断绝，原拟停办。但因院内平素十分节省，略有储备，维持至本年夏间，又大加裁汰，故能存在迄今。刻经该院江院长宇澄、张副会长燕卿等，几经磋商，各方面又均以该院关系中国旧学及固有文化太钜。该院近日拟再设法筹措经常费，华北政委会王委员长日昨又为筹出经常费五千元，大约在本年季，该院或即可着手扩张改组。除编辑书籍、增加研究班员、整顿每月考课外，并将有更进一步提倡古学办法云。(《北京古学院扩大组织》,《晨报》, 1940 年 8 月 8 日，第 3 版）

8月9日 为复性书院讲学人员履历与所用教材，应否送教育部备核一事，马一浮致函陈立夫申辩。

函称：

　　书院由公创议，本在现行学制之外，一年以来，仰赖维护，仅有生徒二十余人。所讲习者，唯在经术义理，稟前圣之遗规，述先儒之坠绪，虽未能遽有裨补于人心，亦决不至抵触于时制。凡讲录之已经刊刻者，俱已寄呈左右，宜早在洞鉴之中。至关于补助费如何支配，应由筹备委员会具报。前与公有成言，对于书院始终以宾礼见待。

　　近奉贵部前月巧日代电，询及讲学人员履历，及所用教材，嘱分别造报，有"送部备核"语。是非所施于书院也。夫诵诗读书，非同课吏，明伦察物，亦异分工；既荷含弘处以方外，似不在呈报之列。故马、郑著录，不居汉廷博士之科；游、夏所传，亦非鲁国师儒之守。今若数及学众，则不乏四方咨访之贤，不定限于住院诸生也。举及教材，则一以群经义说为主，未暇及于时人之论也。以云考核，当以俟之程朱；若有怀疑，惟是折中孔孟。倘部中视同学校，以工作报告见绳，不如罢之之为愈。恐奉行者或未深喻公意，是以有此，恕不一一具复。

　　公既持本位文化之说，又怀尊师重道之心，请以书院为例外，聊存中土先儒自由讲学之遗风，是亦民国之美谈，无损于大体，而有造于将来，凡属士林，孰不仰公之德化？若物议以某所讲论为非，不当见容于有道之世，则请明白宣示，撤去皋比，别延名德主持讲事。书院之存废为重，个人之去就为轻，此其取舍亦唯公命之。（吴光主编：《马一浮全集》第2册下，第534页）

8月26日　林损逝世。

重庆学术界消息：

前北京大学教授林公铎损，于八月二十六日以心脏衰弱病，在瑞安逝世。按林氏为近世永嘉学派之巨子，学术湛深，撰著宏富，历任北大、师大、东北大学、中央大学等校教授，一生以讲学为事业。七七事变后，返居乡里，今年甫五十，遽尔奄化，诚学术家之重大损失，闻者咸为惋惜。（四日电）（《前北大教授林损逝世》，上海《申报》，1940年9月6日，第1张第4版）

12月19日，国民政府褒扬林损：

十九日命令，前国立北京大学教授林损，性行英迈，学术邃深。曩年参加革命，奔走宣传，不辞艰苦。嗣即努力教育，潜心著述，于政治学理，多所阐扬，夙为后进钦仰。兹闻溘逝，悼惜良深，应予明令褒扬，用示政府轸念宿儒之至意。此令。（《国府明令褒扬林损》，上海《申报》，1940年12月20日，第4版）

8月30日　消迷发表《论整理国故》，提倡系统演绎与归纳方法。

看到我国今日文坛上的景况，真引起我们想到十六世纪欧洲文坛上的光景。因为这两个不同的世纪，在世界上东西两州的文坛上发生同样的现象，为什么这样说呢？因为十六世纪在欧洲是文学整理的世纪，是文学复兴的世纪，也是革新的世纪，而且十六世纪是欧洲今日文学基础确立的世纪，也是欧洲今日文学发达种因的世纪，究竟如何整理国故呢？换句话，这种工作的方法怎样呢？这种工作的方法是有系统的分析方法，就是不论任何一种学术，凡有系统而可独立的都成一类，例如：天文，地理，文算，算学，化学，电学，美术等等。总之，用这样的方法去分门别类的研究都可称谓有系统的分析。十六世纪的欧洲，就是用这种方法去研究学术的，所以有文艺复兴的成功。我们可以欣快地说：幸而有了十六世纪有系统的分析法，才促成了今日欧洲文艺的确立、发达和普遍。

我国清代，学术思想已很发达，民国以来，研究学术的自由，载明约法，一辈文人学士那个不奉这方法为金科玉律呢！那个不以这方法为号召呢？所以我说，今日中国文坛上轰轰烈烈的现象，确有似欧洲十六世纪的光景，这轰轰烈烈的现象，亦是吾国文学的将整理，将复兴，将革新，以及将确立，发达，普遍的预兆吗？若然如此，倒是前程万里，未可限量呢？

吾国的古董书籍例如"廿四史"，"十三经"，"九通"，编年史，纪事本末，诸子百家，名人传集，多得不可胜数，浮飘在这片汪洋大海中工作的人们，不知那日可达成功的边岸呢？更不知道在那日可以像欧洲文学的整理就绪，工作是困难而伟大的，但是困难而退决非我们应有的态度，我们当尽心竭力，眼光放得远大些！即使我们的使命，我们的目的，不能完全达到，至少为我们将来的后生，可以作为参考的臂助，这是我们的使命，我们的目的，在这条学术的道路上，我们当竭力向前去进行。

　　在这种工作程序中，最重要的基本工作是"整理"，我们就来讨论整理工作吧！

　　有系统分析的整理是什么意思呢？就是在国故中择取最重要的来着手，这种国故，当然首推经、史、子、集为先，我们谁也都知道整理的工作说之容易，实行非易，我们的祖先，对于学术上有过重大的供献，但是在他们的工作中，尚有美中不足的地方；因为他们著书立说，不问经，史，子，集，不别天，地，文，算……所以他们的著作，讲论文学时，同时涉及哲学，以及其他种种；这种不划鸿沟的弊病，并非是我们的祖先所独有的，这是昔日学者的通病，欧西各国古代的作者，都犯着这种的毛病，但是，经过十六世纪的大整理后，始分析出伯拉东 Platon 的哲学，西山龙 Ciceron 的文学，赛石 Cesar 的战书，费异肋 Virgile 的诗学，这种方法，即是我们现在因当师法适从的，我们先将各种学说披读，然后博问，审察，区别，于是查考各学说的关系，按照它们的次序，孰先孰后，何去何从，什么是它们的关系，什么是它们的咐嘱；最后用系统的方法去总纂；那么孔子的道德观念，孟子的政治思想，《诗经》的妇女观念，《诗经》的研究，《尚书》的真伪考证等等，都将因这整理工作而产生了。讲到史学上的整理工作，也并不很难，如司马迁等，已成为我们做过许多极重大极困难的工作，我们只要随从他们前进。说到子集两门，似乎较之史学难些，因为卷本实太繁多，无从入手；不过若能根据系统的方法去演绎，去归纳，也许会得良好的结果吧！

　　现在，我们可以下一结论了，若使我们用系统的方法去进行，虽说我们的古董汗牛充栋，安止五车，但是，我们敢说，数十年后，虽无大成，至少已有可观了！整理的步绪若已做到，于是复兴革新的目的也可达到，于是中国文学的确立，发达，普遍，也可拭目以待了。（消迷：《论整理国故》，《十日谈》，第3期，1940年8月30日）

8月31日　南扬作《漫谈国学》，评述近来国学研究的成绩。

该文在抗父的《最近二十年间中国旧学之进步》的基础上，叙述1922年后，殷墟之甲骨文字、汉晋木简、千佛洞之古籍、内阁大库之档案的情况，并认为近二十年，中国学术研究影响最大的，"倒不是根据此种新材料研究之所得，而是顾颉刚先生古史的整理。顾君最初研究孟姜女故事的转变，悟到中国的古史亦是层累地造成的，他的辨伪工作，比清初崔述《考信录》更进一步。十五年六月，《古史辨》第一册出版，迄二十三年止，已出至第七册了。此外如刘复先生之《汉语字声实验录》等，是最初应用物理学以研究语音的书；郭沫若先生之《金文丛考》，亦此时期重要著作之一"。抗父大概囿于传统之旧见，把小说、戏曲排除在国学之外，"其实在前二十年中，这两门学术之研究，已见端倪，至最近二十年而大盛"。

文章首先列举"风起云涌的国学杂志"：北京大学《国学季刊》、清华大学《清华学报》、燕京大学《燕京学报》、辅仁大学《辅仁学志》、北平女子师范学院《女师大学术季刊》、武汉大学《文哲季刊》、中山大学《史学专刊》、中央研究院《历史语言研究所集刊》、中央大学《中大季刊》、金陵大学《金陵学报》、北平图书馆《国立北平图书馆馆刊》、北大潜社《史学论丛》、燕京大学《史学年报》。另外，还有专号，如《国立北平图书馆馆刊》出过《西夏文专号》《圆明园专号》等；《燕京学报》出过《中国明器》《唐代长安与西域文明》等十余种。历史语言研究所如《西夏研究论文丛刊》等一二十种。燕京大学设"引得编纂处"专做"索引式的整理"，已出书籍有二三十种。

值得介绍的学术团体有：其一，民俗学会。中国民俗学运动导源于1918年北京大学的歌谣研究会及风俗调查会，"十九年以后，颇有中衰之趋势，然杭州分会犹能勉力维持，除刊行《民间月刊》外，更编印《民俗学集镌》一二两辑。二十五年四月，北大《歌谣》复刊；九月，中山大学《民俗》复刊"，"北大歌谣研究会已有二十年的历史，不幸中断了十年，而民俗学会的各地分会，却并未因干部的灭亡而停止工作，可见人民团体比政府机关强的地方，所以随着北大《歌谣》之复刊，同时组织了一个风谣学会，这种人民团体，一方面作政府机关的监督者，一方面作政府机关之后盾，期共同维持这种事业于永久"。

其二，西北科学考查团。1927年3月，北平中国学术团体协会与瑞典斯文赫定订定合作办法，组织西北科学考查团，考查事项，包括地质学、地磁学、气象学、天文学、人类学、考古学、民俗学等。中国方面，推徐炳昶先生为团长，袁复礼、黄文弼、丁道衡等诸先生为团员。"其成绩，如袁君之发现天山恐龙，丁君之发现茂明安旗大铁矿，皆足以震惊世人。在考古学方面，除上述在居延一带发现汉代简牍万余片外，黄君于十七年、十九年曾两度往访土鲁番、库车一带，即古高昌国地，发掘土鲁番雅尔湖之古墓，得高昌专志一百二十四万，其他古物，有绢画，有龟兹佉沙畏兀儿波斯郎加宜等各种文字写本卷子。"1931年，黄文弼回北平，编成《高昌专集》，为《考查团丛刊》之一，另有《高昌》一书，包括短文四篇，末附《新疆发现古物概要》。

其三，中国营造学社。该社成立于1929年，本为私人组织，"嗣以成绩甚佳，外人颇予注意"。1933年，呈请教育部备案，扩大成为公共研究机关。由中华文化教育基金董事会每年补助经常费一万五千元，推举朱启钤为社长，分法式、文献二组。法式组专事考查各代建筑。"年来测绘辽金宋建筑二十余座，派员赴正定、大同、蓟县、宝坻、赵县等处工作，已陆续将结果发表。在正定所测绘者，有龙兴寺、天宁寺、广济寺、临济寺、阳和楼等；在大同所测绘者，有辽金时代之华严寺、善化寺等；而赵县著名赵州桥亦已测量完竣。将来工作，或将从事于陵寝之测算。"文献组设专事搜集整理各代历史上关于建筑学之记载，"现正整理明清史料，一部整理图样，一部整理内务府档案"。

其四，禹贡学会。该会为顾颉刚先生所领导组织，专研究古今地理沿革与边疆问题。1934年创办《禹贡半月刊》，出过六种专号：一是《利玛窦世界地图专号》，附《坤舆万国全图》；二是《西北研究专号》；三是《回教与回族专号》；四是《东北研究专号》；五是《河套水利调查专号》；六是《南洋研究专号》。禹贡学会于1936年5月正式成立，"七月得中英庚款委员会补助边疆研究费一万五千元；同时又购入财政部之清光宣两朝档案；设有专任研究员及编辑员若干人，担任编纂及整理"。另外，还有蔡元培执掌大学院时组织的古物保管委员会，"从此古物有了保障，不致再偷运出口了。此虽非直接研究国学之机关，然于国学研究多少有些间接关系，故附记于此"。

可见，国学研究自然以北平为中心：

> 二十六年七月，抗战军兴，北平沦陷，古物古籍之毁坏，国学工作之停顿，损失之大，无可言喻。梁启超先生云："不知己之所长，则无以增长光大之；不知己之所短，则无以采择补正之。"（《中国古代学术思想变迁史》）。今抗战已入第四年，最后胜利为期不远，我们须去掉藐视国学的心理，把他整理出一个头绪来。一方面为我国文化前途，因革损益，有所取资；一方面以其所长昭示于世界，使知我泱泱大国灿烂的文化。
>
> 现在东西洋学者研究中国国学，成绩极佳，我们倘自己再不努力，因循下去，则不但科学不如人，要到外国去留学，国学亦将不如人，亦要去留学了。这岂不是大笑话，试想我们中国还成个国家吗？民族前途还有希望吗？青年们，努力罢！（南扬：《漫谈国学》，《战时中学生》，第2卷第9期，1940年9月20日）

△ 《申报》报道："教育部特准校董会立案新中国大学招生"，设有国学系。（《教育部特准校董会立案新中国大学招生》，上海《申报》，1940年8月31日，第2张第5版）

9月11日 复性书院第三学期开始，马一浮主讲《洪范》约义。（丁敬涵编：《马一浮先生年谱简编》，吴光主编：《马一浮全集》第6册上，第49页）

9月14日 马一浮到复性书院开示："勉励精神凝聚"，"征询应变意见"，"谈刻书为当务之急"，"谈杂志文字之淆乱"。（王培德记录：《复性书院日记》，吴光主编：《马一浮全集》第5册，第391页）

9月至年底　齐鲁大学国学研究所研究生又增孔玉芳、张蓉初、魏洪桢、魏明经、杜光简等。顾颉刚在该所开"目录学""春秋学""经学""古物古迹调查实习""编辑方法实习"等课，并作《"编辑方法实习"课程内容》。国学研究所拟编辑《"丛书序跋汇编"缘起》等。

国学研究所拟编辑"丛书序跋汇编"缘起：

本届本所开列功课，颉刚所任有"目录学"与"编辑方法实习"等门。夫一切知识固可由口耳得来，但由口耳得来之知识，其认识必不真，其理解必不锐。真正学问应从躬行实践中做起，自伦理之大以及名物之微，无不当然。语所谓"拳不离手，曲不离口"，即此义也。目录之学，粗言之则将书籍分类已耳，然而考镜学术源流、思想系统，故事所萃，盖亦导源于是。是则目录学者文化史之骨干也，史学材料之钤键也。本所以研究中国史学为职志，史学之中未开发之园地尚多，为欲达到此任务，故今即以编辑方法施之于目录学，组织一混合班次，其首项之工作即为"丛书序跋汇编"。

清乾隆朝，当海宇承平之际，居人文极盛之会，敕命编纂《四库全书》，其分类容有可訾，其用心更有可诛，而其撰述提要，折衷群言，考核故实，以浩瀚之群书，悉就批评于一帙，虽刘向之《别录》未能驾乎其上也。全书既成，除宫禁外更于扬州、镇江、杭州立三阁庋藏之，许士人自由阅览。以中秘之书公诸天下，此在吾国历史中亦为创举，故在当时学术界中即发生巨大之影响。有搜罗四库未著录书者，阮元《揅经室外集》是也。有据四库目录而一一记注其传世之本者，莫友芝《郘亭书目》是也。有传录四库中不经见之本而付剞劂者，鲍廷博之《知不足斋丛书》，钱熙祚之《守山阁丛书》是也。有仿四库辑《永乐大典》中佚书之例，遍施于历代佚籍者，黄奭之《汉学堂丛书》，马国翰之《玉函山房辑佚书》是也。有仿四库提要之例，遍施于历代载籍者，谭莹之《粤雅堂丛书》跋，周中孚之《郑堂读书记》是也。我辈研究古籍之所以易于入门，辨其真伪，识其版本，实为此等学者启沦扫除之功，而清代之编辑《四库全书》又给此等学者以强烈之刺激。后学者倘能搜求此类故实，作为"清代《四库全书》所发生之影响"，洵为学术史上之极需要之工作。在任此工作之先，有可以先着手者，则钞录丛书序跋合为一编是已。

丛书体裁，宋人之《百川学海》，元人之《说郛》实导其先，彼时但编刻不完不备之琐屑短书，取供消遣，无大作用也。清代学风返淳还朴，学日蹈实，乃将丛书一体移易而为搜集材料，辨章学术之用。有网罗一人之著述者，袁钧辑《郑氏佚书》之类是也。有网罗一代之著述者，王谟辑《汉魏遗书钞》之类是也。有网罗一地之著述者，丁丙编《武林往哲遗著》，胡凤丹编《金华丛书》之类是也。有网罗一类之著述者，《通志堂》《学海堂》等经解，《问影楼》《小方壶斋》等舆地书是也。有网罗古本佚籍者，《武英殿聚珍版丛书》，黎庶昌《古逸丛书》之类是也。有校勘古籍既勤且精者，毕沅之《经训堂》，卢文弨之

《抱经堂》，黄丕烈之《士礼居》诸丛书是也。丛书不皆有序跋，而校刊之精审者多有之，是皆若干好学者镂肝呕血之作也。辑而录之，分类成编，既可以补提要之阙遗，亦足以见提要所发生之影响（丛书多数出嘉道间），甚有裨于学者。

本课目的，在于编刊"群书叙录"。惟兹事体大，非一蹴可几，兹定自本年九月至十一月中，凡选修本课者集中精力于此编。虽不能尽，庶几识其大旨。十一月后，再相率从事于辑佚之工作。诸君以为如何？（顾颉刚：《顾颉刚全集·宝树园文存》卷二，第278—279页）

9月　谢文通撰学术及出版消息，介绍《国学季刊》复刊。

国立北京大学文科研究所已筹备在昆明复刊《国学季刊》，计划六卷三号的目录如下：

孟森遗著：香妃考实；汤用彤：言意之辨（魏晋玄学之方法）；李方桂：藏汉系语言研究法；罗常培：法伟堂校本经典释文跋；唐兰：王命传考；唐兰：北齐道兴造像记并古药方碑跋；魏建功：唐代行用的一种韵书的目次；叶玉华：院本考；陶元珍：张江陵游衡山年代考；陶元珍：张江陵应府试时荆州府知府为李士翱非李元阳辨；吴晓铃：《才人考》辨。（《〈国学季刊〉之复刊》，《图书季刊》，新第2卷第3期，1940年9月）

秋九月　船山学社社长黄昌年逝世，公推周逸为船山学社社长。

据周逸《抗战八年来之船山学社》记载："选举社长，本社二十九年（1940）黄社长籽舆逝世，理应再选社长继任，因时局变乱，社员星散，未便集议，比致函各社友，如陶思曾、胡子清、陈嘉会、王礼培、颜昌峣、王季范、李洞庭、黄赞元，诸君复书，咸以此时不能集会，社长当然推君。……自二十七年（1938）秋迁至乡间，派门人（均系高小校长及中学教员）分班至石潭各处宣传，加强抗日力量。二十九年秋（1940），省督学刘卧南先生赴各处视学，便道至社视察（时住十八亩冲周伯宗公祠），称余有毅力，故于次年一月起，增加补助费每月一百元。"（赵启霖著，施明、刘志盛整理：《赵瀞园集》，第450—451页）

△　马一浮撰《复性书院初纪长编之义旨及略例》，分为缘起纪、规制纪、设置纪、宾友纪、学人纪、讲会纪、答问纪、课试纪、刻书纪、藏书纪、兴诗纪十一门。

凡为一种记载，从事编辑者须先明其意义所在，然后议及体裁，据应采取之材料，分门缀录，先为长编，再事理董。今诸贤似于此尚少思绎，故将鄙意写出相示，以为嚆矢。

自有书院，如白鹿洞、石鼓、鹅湖、白鹭洲、东林之类，皆莫不有志。大抵出后人撰集，体例多未尽善。往往记山水形胜、建置沿革、艺文祀典之属为详，而于讲习之事，或反在所略。《四库》列之史部地理古迹类，于义实乖。惟《白鹿洞志》【清毛德琦编】。有《学规》【朱子以后至明】。《东林志》【清高樧编】。有《会语》，《鹅湖讲学会编》【即《鹅湖书院志》，清郑之桥编】。辑录晦翁、东莱、复斋、象山四贤问答诸书及规约、讲义，与禅林诸志多记古德上堂法语及问答机缘，以为后来轨范者同例，实为得之。如青原本为禅寺，而王阳明、罗整庵、欧阳南野尝讲学于是，清施愚山补辑《青原志》，特立"书院"一门以记之，其实当时并未别立书院也。故谓书院之为志，宜详记其讲论者为何事，不系于地而系于人，记言之责，尤重于记事。如《伊洛渊源录》，颇采《景德传灯录》之例。以今语判之，当为学术史，不当属之地理古迹类。旧之为志者，每从其后而名之，故曰为古迹，遂失讲学之义。此编辑之旨有不同于旧例者也。又时人所名为学术团体者，亦有特刊，或题以纪念，或意在宣传，或比于报告，或重在发表论文，亦与书院宗趣违异。此编辑之旨有不同于今俗者也。书院造始，方及一年，处此危难之时，虽未有远大之计，然既根据六艺，揭橥义理，在院同人皆当识此守先待后、继往开来之责，实是自己性分内事。直下承当，一力负荷，不避讥嫌，不畏疑谤，不惮劳苦，不忧穷饿。期于明得一分义理，即尽得一分自性，养成刚健笃实、明通公溥之精神。故用力重在向内体究，立言重在向上提持。其立心行事之本，随机接物之方，虽不求取信于途人，当以俟之于百世。以是因缘，应有纪载，示诸同学，使知作始缔构之艰，贻之后贤，亦为当来损益之助。此今日编辑之义旨也。虽粗略简陋，务存实录，不加缘饰，不过排比栉次，先为长编，存之以备后来之要删而已。题曰"初纪"者，明方造端而未成，将继有增益，非徒追溯已往之为志云尔。先出十一门，略例如下，若事义未赅，随时增入。

一、缘起纪。凡创议、筹备诸人往复函电，关于设立书院之讨论者，编入此门，以年月先后系之。

二、规制纪。凡书院简章，征选学生细则，办事细则，及筹备委员会、基金保管委员会、董事会组织大纲之类属之。

三、设置纪。书院未有地址，未能自建院舍，本无设置可言。然虽假屋山寺，为一时苟简之计，亦不得不谓为权宜之设置。凡赁屋、租地、修屋，斋舍分配，各种设备，及图书馆购置书籍之类属之。

四、宾友纪。凡延聘讲座、讲友往复函电，及办事处同人分职任事，与诸人到院、离院之年月，皆纪之。

五、学人纪。凡经征选录取入院肄业诸生，及请求参学，或许院外听讲，或因道远不能至许寄讲录，皆在学人之列。分别列表，纪其姓名、籍贯、年龄、学历及到院日期。其自请退学及因故遣归者，亦别纪之。

六、讲会纪。凡开讲期内讲会次数及讲题，依年月纪之。其有临时讲会，亦应纪入。

七、答问纪。无论院内院外，因其具书致问，有关义理者，随机置答，或呈札记，批在简端，撰其语之切要者，录存之。

八、课试纪。每届课试发题告诸生语，及课卷评语，关系义理者，择要录出。其有佳文可备选印者，亦附之于后。

九、刻书纪。书院辑录校刻诸书目录、序跋之类，悉存之。其镂板年月，板片多寡，刷印部数，亦宜纪之。

十、藏书纪。图书馆藏贮诸书，除另编目录存馆外，亦宜具录于此。其有新得者，随时增入。凡捐赠之书，注明来处，唯寄存者不滥入。

十一、兴诗纪。书院六艺之教，一切文笔皆统于诗。凡宾客、师友赠答倡和之辞，足以感发兴起者，裒录存之，润之以风雅，亦示始教之义。（吴光主编：《马一浮全集》第4册，第350—352页）

10月7日 《新华日报》刊登《"国粹"沦丧》，讥讽国民政府的行政作风。

让我来讲一真实的事件：

在我们贵国的某一个省份的□机关里，有一对供职的青年男女发生了恋爱，这事被本省一位的主管先生知道了，大发雷霆！把其他一切机关里的供职妇女都赶出了工作部门，并下令以后各机关不准用女职员。

这一处置，倒很"彻底"，因为谁又保得住其他的青年男女职员不再发生恋爱呢？与其将来发生同样的事，不如首先给予根绝！

然而这些愤愤然不守"妇道"的女人们，要说出以下的话也是在我意料之中的：

"许多妇女都参加到战地工作去了，在三年多的抗战中，我们曾表现了自己的力量，我们对抗战也有不少功绩，因何为了一对男女的恋爱而把全体妇女开除呢？何况恋爱也不是大逆不道呀！"

对于有些天真的女士们，我们可提醒她们："嘴巴上说得冠冕堂皇，实际往往丑态百出的，不正是那些讨有几个姨太太，却仍道貌岸然指责青年不该恋爱的先生们么？"

话说了这么一大堆，可不能掩盖我对可敬的先生们这一主张的忧虑。试观焚书坑儒，期求传之万古的秦始皇手创的基业，而今到哪里去了呢？以此推之于这一"国粹"的保存，也定必大成问题。理由么？就因为世道已经变了，不合时宜的东西是保不住了，女人不但要和男人一样的生活，而且也要争取参政权呢。

人心不古，"国粹"沦丧，呜乎！（杨：《"国粹"沦丧》，《新华日报》，1940年10月7日，第4版）

10 月 19 日　《晨报》报道北平山东旅京同乡会，为研究国学，阐明经义，并互相观摩，以谋增进道德学识起见，特组织北平市齐鲁学社，科目为经学、史学及文学三种，下设国学研习班，凡旅平鲁籍人士，均可报名入社研究学术。（《山东旅京同乡组织齐鲁学社开办国学研究班》，《晨报》，1940年10月19日，第2版）

10 月 25 日　胡风撰写《论民族形式问题的提出和争点》，提出"现实主义"是"民族形式"创造的中心源泉，跳出"新形式""旧形式"之争，对论战作了"非新非旧"的中间调和。民族形式与新国粹主义的论争渐渐平息。（胡风：《论民族形成问题的提出和争点》，《中苏文化》，第7卷第5期，1940年10月25日）

10 月 28 日　《新华日报》刊登秀鹤的《"纳粹"与"国粹"》，指出历史不断向前进，民权主义和德克拉谟现在已成中国的国粹。文章称：

二十三年在南京时，遇见一个德国人，闲谈中提到德文语□的问题。他告诉我一件很有趣的事情，据说希特勒上台后，励行亚里安政策，不但种族上苛求纯粹的血统，就连语言上也要造成纯粹的日耳曼化，肃清一切外来语。为此事把全国的德语文教员集中来举行一次考试，课目是写一篇作文，里面不能用一个外国字，结果使希特拉先生吃惊了，全国试卷中竟没有一篇没有外来语，所以也没有一篇能认为满意的。——原因是，除了少数语言学家以外，再没有人能分辨这些日常惯用字中，什么是德国字，什么是外来语了。

英国有一个讽刺故事，说希特拉去参观博物馆，□见解放战争中领导德国军队击败拿破仑的布留雪尔大将（Bluecher）的画像。

希特拉得意地说：

"这真是咱们德国伟大的军人！"

旁边有一个人悄悄地告诉他："领袖！他是犹太血种呀！"

希特拉给愣住了，——原来布留雪儿的母亲是犹太血统。

这些事，真够叫希特拉先生头痛。

纳粹当政后，把国内一等的科学家文学家像爱因斯坦等人都赶跑。有个女作家叫那拉□了法霖（Nala□）的写了一篇德国游记，发表在美国出版的《大西洋月刊》上（作者移居中国多年，并曾写过一本很有名的关于中国的小说。）在该刊去年二月份的第一百四十页上，作者看见了德国一团黑漆的情形，曾有下面的一段话：

"在主人，主妇及我的小卡特□里春陪着我的时候，我怀疑的心又掀起了对日耳曼民族的希望。在他们的森林中，我记起了孟子的遗训'生于忧患'。在森林中的路上走着，我又回忆到中国青年如何经过秦始皇的暴政时代，那十六年中焚书坑儒，……但中国人仍能渡过这个时期而创立汉代，这是世界上少有过的一个光明时代。"

秦始皇在咱们中国是早著盛名的，但是现在由一个外国女作家像献花一般的转赠给希特勒先生，这就颇有幽默感了。

"纳粹"二字，本是原文"Nazz"所音译，但从字义解释，再对照德国现行的措施，就觉此中另有妙趣。

从纳粹的粹字，不禁使我联想到中国"国粹"上的粹字。

近几年来很有人在起劲着提倡国粹、国学、国体、国乐、国术，以至于国舞等等，一团乱哄哄的真是有声有色。

天理良心说，咱们都是中国人，谁也不会反对国粹。但使人愤恨的是国粹给这批"战士"拿在手中作挡箭牌，一切外来的新思想都在不合"国粹"的罪名上，不分皂白，一例剿灭了。

张献忠考秀才，拿一根麦子做标准，太高的也杀，太矮的也杀，于是所余几稀了。

三百年前，有人开办博学鸿词科，当然，这也是提倡国粹。近来，听说日本因无法统制青年思想，曾提倡大学生去进咖啡馆，上马将俱乐部。这大概因为日本无"国粹"可提倡的缘故。

希特勒先生的国粹已有点尴尬了，现在再让咱们回头检讨一下自己的国粹吧！

什么是国粹呢？这是有趣的问题。

佛教来自印度，这是很难抹杀的事实。

就说国乐吧，多数古乐，都已失传了，七弦琴现几绝迹，只有挂在和尚庙里的钟鼓才是道地国乐，其余像现在最流行的胡琴，琵琶，笛子都是胡乐，所以国乐合奏，就应加考虑了。

再说国医吧，古《神农本草》只有三百六十种药，到李时珍的《本草纲目》已有二千种，这里面就有很多传自国外的。例如□□兽本草上注明来自西域，还有著名的鹿茸，据近代研究，是先由西域发明，然后传过来的。

还有我们现在常吃的豌豆、大蒜、西瓜、葡萄，也是来自国外的。当然从前天气那末热闹，是有大人先生用汽车到北平运西瓜的，但绝没有吃了西瓜的人吹牛皮，说是吃"外国水果"。

我们现在所一天离不开的棉花，不但周文王没有穿过，连诸葛孔明也没有穿过，并非他们阔气不屑穿，而是那时候压根儿没有哪，棉花最早计算也是唐朝时由印度等地传来的。

说到衣服呢，穿西装当然有给阿Q认为假洋鬼子的危险，但是长袍马褂以及瓜皮小帽也非国粹，真正古装是画师所绘和戏子所穿的。前些年看过一篇很有趣的文章，说孔夫子一生没有穿□褂子，因为穿褂子是赵武灵王胡服骑射以后的事情，所以褂子大概也是胡服了。

写到此处，我想一定有人愤然作色骂一声："你这黑了心肝的奴才，你给咱们中国人都抓破了脸啦！"其实这是没得关系的事体，中华民族正可以此自傲，中华民族之所以伟大，所以能生存到今天，就因为能够积极不断吸收外来的文化，滋养自己。——真正保存国粹的，是山洞里面的生苗和倮倮，我们不是因为他们不愿让我们教他识字，教他种棉而万分惋惜吗？

　　我也拥护国粹，但不忍睁眼看着国粹变成死尸，我希望国粹像一个活人，能吃饭，也能拉屎。鲁迅说得好："古国的灭亡就因为大部分的组织被太多的古习惯教养得硬化了，不能移转来适应新环境。""不能革新的人种，也不能保古的。""无论如何，不革新，就是生存也为难的，而况保古"。

　　历史是不断地前进的，而且前进得非常之快。读高尔基的著作，九十年代时，俄国大学生在秘密组织中读亚当斯密及达尔文的著作，那种偷偷摸摸像煞有介事的情形，在我们今天看来真不觉失声大笑。

　　民权主义和德克拉谟现在已成中国的国粹了，但四十年前有人提倡君主立宪，就都有杀头的危险。

　　马克斯生长在德国，但是他的学说现在已成苏联的国粹了，而且资本主义国家还见神见鬼地担心着，此项国粹有被俄国大批制造，装运出口的危险。

　　马克斯的学说并非俄国人所预约定造的，所以革命以前也曾有过论战，孟雪维克就曾有过：条件未成熟，文化水准不够，不合国情呀，等等这一套诡词，列宁给了他们一针见血的致命打击。

　　"如果说建设社会主义需要一定的文化水准（虽然没有一个人能够说出这个一定的文化水准究竟怎样），那么我们为什么不能首先开始用革命的方法去夺取可以养成这个一定水准的前提，然后再在工农政权与苏维埃制度基础上向前进展赶上其他民族呢！"（秀鹤撰：《"纳粹"与"国粹"》，《新华日报》，1940年10月28日，第4版）

10月　成都金陵大学文学院主编《斯文》创刊，旨在"研究学术，阐扬文化"。

刘国钧撰《发刊词》：

> 人性之隐微，言行之准则，非详究不明。事业之繁赜，世态之丛杂，非组织无功，而所以详究而组织之者，文科之学也。明人之学以治人事，犹明自然之理以治自然。人事治，而后自然能用得其所。自然科学示人以生活之法术，文科之学且示人以生活之理想。然则化科学利器成生生之具，为人类谋无量之福者，岂非有待于所谓文学者之努力哉。故世态愈烈，世乱愈极，则文之需要亦愈切。今之世，正患文治之不足耳。救之，则莫若以文。此文之本质固然，亦习文者之大任也。

> 虽然，今此刊物，特以治学余闲，出其管见，就正当世，固不足以语此。盖我校之有文科四十余年，卒业者千有余人。先后掌教其中者亦无虑数百。散之各地，声气鲜通。国难以来，尤感离索。然治事治学，罔敢或怠。各以所见，布之此刊，用代简札。聊为散记，非云创获。或亦博雅之所不弃。况吾校今寄于蜀，蜀中文教，自汉以来，即已斐然。昔者乡风，今且亲炙。忘其固陋，借以请益。此邦君子，或不见嗤。如其不然。覆瓿扫地，亦固其所。兹刊之创，意在斯乎！（刘国钧撰：《发刊词》，《斯文》，创刊号，1940年10月1日）

△　教育部批准中华国学社立案。

顾实称中华国学社"由地方团体扩大而为全国性之团体，属社同人益加奋勉设计，于全国各县设立分社支社，以期国学之普及"。
（顾实：《报告属社迁川经过暨第三届年会开会情形并请拨给特别补助费以资维持由》，中国第二历史档案馆藏社会部档案，档案号 11—7172）

11月1日　《齐大国学季刊》新第1卷第1期出版。

编者后记称：

> 去年九月，本校国学研究所在成都重立，亟谋研究工作之进行，因感念旧有季刊之不可任其长久停顿，必当早日恢复；又念及旧有季刊之内容，难收专一之效，当求其整齐划一，集中于某一方面，而后进步可期，遂改归国学研究所编辑。而虽云袭旧，实等创新，因改其名称曰《齐大国学季刊》，并定一年四期为一卷，而定此期为新第一卷第一期。此本刊定名之由来也。尝谓士之报国，原不必尽人投身疆场，操戈杀敌，即抱经自守，绵垂学术命脉于不绝，亦为重要之一端。自七七事变发生以来，倭寇肆虐，海内鼎沸，士子离散，图籍佚亡。吾国数千年来之学术命脉，行有中绝之虞。学问事业，为一国文化之所寄托，民族思想之所钟寓，失此而不讲，其损失之重大，又何减于土地之沦丧乎？所幸半壁尚存，弦诵可续，吾辈士子，退处后方，安可不乘此时机，竞竞自持，各本素日之志愿，共为学问之探讨，以期与前方将士，同负此抗战建国之伟大使命？（《后记》，《齐大国学季刊》，新第1卷第1期，1940年11月1日）

11月5日　国学补修社准予备案。

训令教育局：准内务总署咨以据孙念希等呈拟办国学补修社业准备案，抄同原呈简章，请查照转知等因抄发原件令仰知照由。

准内务总署民字第一八七六号咨内开：案据国学补修社董事孙念希等呈以拟办国学补修社，缮具简章，请鉴核予以备案等情，据此查该学社宗旨在补助学校培养诸生国学基本知识，有裨士林，事属公益，自可准予备案。除批示外，相应抄同原呈及简章咨请贵公署查照，并分转知照等因。准此。合行抄发原呈及简章，令仰该局知照。此令。

市长余晋龢，秘书长吴承湜（代行）。（《命令·训令教育局》，伪《市政公报（北平）》，第103期，1940年11月）

11月21日 报载伪华北政务委员会委员长王揖唐拟发起组织国学研究会。

北京通讯：华北政务委员会王揖唐委员长为提倡中国固有文化，唤起国人研究国学之兴趣起见，特发起组织国学研究会，并责由新任代理北大总监督瞿益铠氏擘画一切，关于内部组织及研究方案，刻正计议中，日内即在内务总署正式成立云。（《王揖唐委员长发起组织国学研究会，日内在内务署正式成立》，《东亚晨报》，1940年11月21日，第3版）

11月22日 柳亚子致信柳非杞，主张南社纪念会不再设立名誉会长。

柳亚子《致柳非杞》："南社纪念会不需要再有名誉会长了，除非老毛来做。宋女士很孤僻，哪儿会得答应这些事情呢！向阔老募钱，向中央要津贴，都不是容易的勾当。我为了陈去病的事情，老早撞过一鼻子灰了。"（杨天石、王学庄编著：《南社史长编》，第647—648页）

11月23日　浮芥发表《进修漫谈：所谓国学》，主张国学应当用社会科学的理论方法整理本国的材料。

文章认为纯粹自然科学除外，其余的一切学术，有关系于吾国民族史地精神思想的社会科学等，都属于国学方面。抗战期间，提倡进修，科学的研究"是顶紧要不过的"！若是提起了国学，"便要疑心到这是中学为体、西学为用的体用论呢？这是建设本位文化的本位论呢？再看轻点，更要说这是古董店，这是乌烟瘴气的东西！"国学实在是对待名词，区别于外国的学问，都是国学；因为自然科学有自然的则律，没有国界。社会科学方面的现象是某国有其民族风俗历史环境文化，同他国必有其差别性。关于研究国学的范畴，前人往往将周秦诸子学或宋诸子学作为主要部门，或者是误认为国学是中国目录学、中国文学，或者专门看重民俗学，例如民间歌谣、唱本、变文，"以为这亦是国学的一种，是前人所忽略下来的，现在不必专重清人研究过的诸子哲学，而推广到这一类上去"。这些意见虽然是对的，但是专将这几种学科作为"国学"的对象，却不免使国学的范围太过偏狭。

胡适曾提过研究国学要扩大研究的范围、注意系统的整理（甲、索引式的整理，乙、结账式的整理，丙、专史式的整理），博采参考比较的资料。所言规模是很宏大，"但是他们所发表出来的成绩，似乎只有第（二）项（甲）（乙）两目的研究，而缺少了（丙）项的功夫"。梁启超在清华研究院演讲历史研究法第二期的讲题，恰恰补足了（丙）项的需要。梁启超将其分为三大门目：政治专史、经济专史、文化专史。"政治比作人的骨干，经济比作血脉营养，文化比作人的思想"，梁启超的分目，"是很可观采的"：

> 现在补救的方法，便是提倡研究社会科学，只把他范围，缩少了些，单就本国取材，把史书、地方志、政治、军事、外交以及新发生的抗战史地研究、精神建设、自治制度、新县制、兵役研究等等，散见在政令、杂志、报章上的，认定若干类，将其精心研究，他的前因后果，改进的地方，制度的沿革，实际的困难，随处随地，可以引起趣味。苏东坡先生说，读书正如用一条钱贯，把散钱贯串起来。"采菽中原，勤者功多。"这便是用心者的研究国学的初步。倘使从其中寻出条理来，发明一种学理，正像奈端发明地心吸力，爱迪生发明电灯一样的有价值。如有不信的话，可以举斯密亚丹发明分工之成效，卢骚《民约论》，引起民权思想，发明八小时工作制的减少工作时间，反使工作效能增高，岂不是同样的著名，同样的有益于世界人类。
>
> 也许要有人说，像这种学问，是现实的，是烦琐的，是使人厌倦的，不如自然科学变戏法一样，多么趣味浓厚。我想这话是不对的，无论那一种科学，在研究的开头，也像不可捉摸一样的，找寻不出他的秘钥，去开那宝库。日积月渐，才忽然有了觉悟，再渐渐有了收获。看他人的成功，都是容易的，天

下究竟那有容易的一回事，除非是幻梦的境象。

进修的问题，范围当然很大，我根本不配谈，想到那里就说，我只觉得前人将国学的观念，弄得太玄远，太古奥了！我所谓国学，是应该把社会科学，属于本国范围，舍去了他的纯理论的学理——那是不能增减一分的。把现前的材料，处理起来，这是我一些希望。（浮芥：《进修漫谈——所谓国学》,《胜利》，第106期，1940年11月23日）

11月25日　"北京古学院"改组为国学书院，伪华北政务委员会委员长王揖唐到院视察，并出任院长一职。伪市公署秘书长吴承湜，国学书院副院长周肇祥、干事郭养庵，及胡千之等陪同。

王揖唐将院舍巡视一周，并将国学书院今后应采取的步骤，略为述及。"查从前科举时代考试取士，历代盛行，今则此制已不复存，现古学书院举行月课，同时并助以膏火与当日书院情形相仿，此番改组为国学书院，现得委员长直接主持，今后成绩定可拭目以俟云。"（《华北政委会王委员长视察国学书院，昨晨并就任院长职务》,《晨报》，1940年11月26日，第3版）王揖唐提倡国学培养通才，拟用"二千五百元委托古学院办国学书院第一院，自为院长，聘周养庵为副院长，张修甫、吴甘侯、胡千之、郭养庵为常务理事。又以二千五百元办第二院，自兼院长，设内务署，内聘瞿兑之为副院长，而寿石工、柯燕舫等为常务理事。第一院作为委托办理，古学院名称组织不变更，仍存在"。李景铭认为此举"不过借地而已，并非委托也"。（李景铭：《嘿斋日记》，1940年11月17日，马忠文主编：《近代史所藏李景铭档案》第33册，国家图书馆出版社，2021年，第224—225页）

至于国学书院缘何分成一二院，根据郭则沄的记载，王揖唐本是"允筹五千金，已定案，黠者设策，使移是金别建国学书院。而古学院之无赖者又拟举院中藏书献之，以效媚而干进，且有议鬻书分肥者"，即内部人员争权夺利所致。（郭则沄著，马忠文、张求会整理：《郭则沄自订年谱》，凤凰出版社，2018年，第92页）古学院接收国学书院第一院后，郭则沄、李景铭等人发起成立古学院保管图书委员会，推举郭则沄为会长，李景铭和周养庵为副会长。其后古学院致力于经籍史册的搜集、整理与刊印工作，编纂《敬跻堂经解》和《敬跻堂丛书》。

11月26日 陈立夫致函马一浮，交涉复性书院性质。函称："先生主讲书院，广施教化，海内学子，闻风景莅。立忝主教政，与有荣焉。书院为私人自由讲学机关。在现行学制之外，自与各级学校性质不同。惟院内设施部中宜有所知，以备参考，且供各方之咨询。至于从游之士，姓氏里居，肄习学门，亦应有册，稽籍可稽，否则将来学成问世，尚有须部证明者。"（陈立夫：《致马一浮函》，"国史馆"藏民国政府档案，档案号019000001354A）

11月 吴康拟筹设中华文化学院，以期研究本国学术，估量旧价值，输入欧美学艺，以建设中国文化。

中山大学中文学院院长吴康，对国学研究有素，执教中大甚久，著作尤多。最近集合同道，发起创设中华文化学院，悬立评量旧价值，输入新学艺两大标的，以发扬我国光辉之文教。采纳欧美新兴之学术，俾建立新的文明，为□□建国之助。吴君所拟之计划，分为研究、普通两科。后者与一般学院组织相等，内设文学、法学、科学三部，招收各公私立大学毕业生，或有同等学力者为研究生。前者则与研究院性质相仿，不分部而按科分类，如文学、史学、哲学、科学、艺术等。其主要工作在以研究心得，编著专书，或译述。至研究工作，则聘请专门学家担任之，而以资格之深浅，分为研究教授、副教授及研究教员三级，各以任职二年为期，循序晋升。普通科亦以二年为修业期，期满由院聘请为研究助理。任职一年，成绩优异者即升任研究教员。此外并拟设出版部及图书馆、博物馆等，规模宏伟，设备完善。该学院拟设于湘、粤、赣之间，吴君已将其计划分呈陈教长及曾养甫等，请其资助。同时并分函海外内朋好，联名发起。前中大文学系老教授徐信符、石光瑛、李沧萍、伍福焜、陈良猷等，现均旅居本港，对吴君计划，颇为赞成，将于日内邀集，交换意见，协助进行。（《吴康筹设中华文化学院，评量旧价值输入新学艺，港徐信符等将协助进行》，《大公报（香港）》，1940 年 11 月 22 日，第 6 版）

中华文化学院此后得到教育部部长陈立夫及湘粤桂各省军政首要李济琛、张发奎、薛岳、黄旭初、朱经农、曾养甫、雷沛鸣、李扬敬、邹鲁等赞助，成立筹备处于韶关，并在桂林、耒阳及香港设立分处，拟定基金为国币百万元，除请中央及各省拨助一部分外，将在国内外筹募，学院设立地点，将在湘省南岳或粤北某地。该院联名发起者有梁朝威、王镜澄、岑麒祥、朱建邦、程鸿浩、温仲琦、陈节坚、黄文博、陈良猷、伍福焜、黄文山、凌达扬、李笠、吴三立、祝百英、姚宝猷、李沧萍、徐绍启、陈友琴。桂林筹备处：广西教育研究所黄文博转；耒阳筹备处：湖南省财府温仲琦转；香港筹备处：陆佑行四楼三〇七号旅港北大同学会陈良猷转。

（《中华文化学院积极进行筹备，拟定基金为国币百万元，设立地点在南岳或粤北》，《大公报（香港）》，1941年2月1日，第6版）

12月1日　中华洪道社嘉兴分社附设国学研究会开学。

国学研究会章程：

第一条，本会定名为中华洪道社嘉兴分社附设国学研究会。

第二条，本会遵照洪道总社社纲，发扬东方文化意旨附设之。

第三条，本会附设嘉兴洪道分社内。

第四条，凡本社社员，及各界如有研究国学兴趣者，均可参加，不限性别、年龄，惟须略具国学根底。

第五条，本会暂分经学、诸学、佛学等科，惟须每科有会员五人以上者，始得开班，除以上暂分诸科，将视会员研究之兴趣及需要，得增设研究科目。

第六条，本会指导，由本会社社员中，国学素有研究者担任外，并得延聘当地及外埠国学先进，担任通信指导。

第七条，本会各科研究时间，每周最少二小时，最多六小时，日期及时间，当临时酌定之。

第八条，凡研究会员得自由选择科目，研究书籍自备，其他费用一概免收。

第九条，凡研究会员，如成绩优良者，由本会略致奖品，以资鼓励，及在报章杂志登载其作品。

第十条，凡研究会员，如有品行不端，违犯本社社规者，得随时惩戒或开除名额，以儆效尤。

第十一条，凡入会会员，均宜遵守本社社规，及本会一切章则。

第十二条，本会经费由本会负担之。

第十三条，本章程自呈请洪道总社核准后施行之，如有未尽事宜，得随时呈请修正之。（《中华洪道社嘉兴分社附设国学研究会章程》，《新东方》，第1卷第10期，1940年11月30日）

12月2日　马一浮召集学生在尔雅台训话，谈及"课试意义"，"学贵变化气质"，"辞去讲席之原因"。（王培德记录：《复性书院日记》，吴光主编：《马一浮全集》第5册，第402页）

12月4日　复性书院公布第三次考试试题：经术经学辨。

明道答横渠书云："人之情各有所蔽，故不能适道，大率患在于自私而用智。自私则不能以有为为应迹，用智则不能以明觉为自然。"试申说其义。横渠曰："形而后有气质之性，善反之，则天地之性存焉，故气质之性君子有弗性者焉。"试申言其故。《洪范约义》书后。……本日发题，限于本月十日交卷。期限尽宽，可从容将题旨玩索，著实体究一番，朴实说理，勿徒驰骋文辞。切望深喻此意。（吴光主编：《马一浮全集》第4册，第349页）

12月5日　中华国学会主编《国学通讯》创刊，厉星槎主持，该刊"以联络感情，交换智识为宗旨，不涉内政外交上任何之活动。"

《国学通讯》以通讯为主，论著为辅："凡发扬国华与融贯中西之文字，皆可揭载，不以汉文为限"，"凡有著作发表于本刊者，皆得为国学会会员，精神上或物质上赞助本刊者，即为赞助会员，无国籍及党派之限制，若有希图利用本会本刊，以达一国一党一派之偏私目的者，当敬谨谢绝之"。（《国学通讯·例言》，《国学通讯》，第1期，1940年12月5日，第3版）《发刊辞》称：

> 呜呼！地发杀机，四郊多垒。握瑾怀瑜之士，秉文抱质之徒。或避地山陬，或流离海角，或坐困围城，或转徙沟壑。寂寥落寞，吊影惭魂，何以慰其情？何以益其智？赖邮简耳，书牍耳。况乎仓沮遗文，孔老教化。马班史乘，杜韩诗文。人无间华夷，地无间欧亚，莫不有目共赏，有口皆碑。是以抱残守缺，继往开来，凡属素心，责无旁贷，此《国学通讯》所由发刊也。所望骚人墨客，学士通儒，宠锡宏文，共张坠绪，庶几千里一室，异苔同岑。又何必握手为欢，接席为乐耶？聊缀芜词，以当喤引，鸠拙之诮，主臣而已。（《发刊辞》，《国学通讯》，第1期，1940年12月5日）

12月7日　北平国学书院第一分院发布通告，定于15日在中南海勤政殿举行第一届考课甄录试。

通告原文：（一）日期：国历十二月十五日（新时间）上午九时点名，下午四时交卷，备有茶点代餐。（二）地址：中南海勤政殿。（三）报名：十二月八日起至十二日，每日上午九时至下午五时（新时间），在北海团城，不收费用，不拘性别，不限资格，但须亲填履历表，并粘贴二寸相片。（四）考试：就国学范围出两题任作一题为完卷。（五）录取：无定额奖金自三元递加至三十元，并准应月课一年，考列前茅各卷，由本院揭示或采登《国学丛刊》。并闻该院除将此项通告登报外，并印多张分贴各中学以上学校门首，及市内冲要地点，以便观览而广育才云。（《京市国学书院第一届考课甄录试，定期隆重举行，今日在团城开始报名，该学院昨已发出通告》,《晨报》，1940年12月8日，第3版）

12月12日　柳亚子撰《南社纪略》之后，作序指斥堕落为汉奸的南社社员。（杨天石、王学庄编著：《南社史长编》，第648页）

12月22日　陈立夫拜访马一浮，解释公文误发，函札迟复原因，次谈刻书问题。马一浮劝导政府广刻古书，“沾溉士林，庶免兵火之余，文物荡然”。陈立夫表示赞同，教育部已经设法提倡。（王培德记录：《复性书院日记》，吴光主编：《马一浮全集》第5册，第405页）

12月26日　《国学通讯》第4期刊登《中华国学院招收专修科新插班生简章》《附中华国学院专修科主课一览表》《中华国学院规程》《中华国学院组织系统表》。

中华国学院招收专修科新插班生考试科目：（甲）作文（乙）国学测验（丙）英文（丁）算学（戊）口试（己）体格检查（凡入学后不拟选习英算者。免试英算）。修学科目：专修科。分主课、辅课、选课三项。每课须满十五人，始行开班。（甲）主课：经学、小学、史学、诸子、古文、骈文、诗词、新文艺；每周各三小时。各生一律必修。注重专书精读。其详目另订之。（乙）辅课：英文、算学（包括高等代数、几何、三角解析几何、微积分、微分方程式等）、自然科学（包括生理、动物、植物、矿物、化学、物理等）、人文科学（包括地理、政治、经济、法律、教育等）。每周各三时。每人至少选习二分之一。全习者听。（丙）选课：书法、篆刻、国画、国乐、国医、国术。每周开研究会一次。每人至少选习三分之一。全习者听。

附中华国学院专修科主课一览表：经学：《孝经》《论语》《孟子》《周易》《尚书》《毛诗》《三礼》《春秋三传》；小学：《尔雅》《说文》《广韵》钟鼎文、甲骨文；史学：《史记》《汉书》《后汉书》《三国志》《通鉴》；诸子：《管子》《老子》《庄子》《墨子》《荀子》《韩非子》《吕氏春秋》《淮南子》《扬子法言》《颜氏家训》；古文：《姚氏清文录》《古文辞类纂》《韩昌黎集》《柳柳州集》《欧阳永叔集》《苏东坡集》；骈文：《六朝文絜》《昭明文选》《骈体文钞》《七十家赋钞》《徐孝穆集》《庾子山集》；诗词：《唐诗别裁》《古诗录》《词选》《曲选》《李太白集》《杜少陵集》；新文艺：诗歌、散文、说部、戏剧、翻译。

中华国学院规程：

（一）旨趣：本学院以提倡国学研究为职志，为纯粹学术机构，对于政治，概不参与。（二）组织：本学院之组织略仿支那内学院之陈规，由院长统筹一切，并敦聘名儒硕学，襄助指导。组织系统另行表列。（三）经费：本学院之经费，纯由私人筹集，不受任何官厅党部之资助。但党政长官，如以私人之资格，慷慨捐输，亦所欢迎。（四）图书：本学院设有国学图书馆，搜集古今精要秘籍，凡中华国学会会员，皆可借阅，如承著作家、收藏家、出版家惠赠图籍，实深纫感。（五）事业：本学院拟先设五年制专修学校一所，招收初级中学毕业生，加以严格之训练，其章程另订之。（六）出版：本学院网罗先哲遗书及未刊稿本，校勘付梓，院中同人著作，亦择要刊行，以资流布。凡中华国学会甲乙特级会员，各赠一部，概不取费。（七）征言：同人等自愧绵薄，谨本赤忱，努力从事，其视前此苏扬会校，旨趣大略相同，办法不无稍异。倘荷当代贤豪，进予指教，敢不虚衷拜嘉。

中华国学院大学部开设文字学系、经学系、史学系、诸子系、文学系；研究院开设学士院、硕士院、特殊问题研究会；出版部设有汉文大字典编纂委员会、汉文百科辞书编译委员会、先哲遗书选刊委员会、专著审查委员会、院刊编辑委员会。（《中华国学院招收专修科新插班生简章》《附中华国学院专修科主课一览表》《中华国学院规程》《中华国学院组织系统表》，《国学通讯》，第 4 期，1940 年 12 月 26 日，第 4 版）

12 月　李侠文编著《国学常识问答》，由重庆正中书局出版。

本书供高中学生参考，根据经史子集分类法依次纂辑，分经学、史学、诸子、文学 4 章，共 402 个问题。附：重要诗文及小说之作者，本书参考书籍。李侠文总结该书的《编辑大意》，"本书为编者曩年于鲁皖赣各省中等学校讲授国文时所编，意在供各校学生平时参考及毕业时会考与毕业后应各大学入学试验之用。本书所搜辑之材料，大都为国学上普通事项，不务高深，不涉艰晦，适合高中学生之程度。近年我国坊间出版之文学史、国学概论等类书籍，不下数十种，学者目为之眩，苦于无所抉择，本书集合众说，提举大纲，得兹一编，自可融会贯通，明其概略"。（李侠文编著：《国学常识问答》，正中书局，1940 年，第 1 页）

是年 江亢虎在南京恢复南方大学，设文学院与国学专修科。
（江亢虎：《江校长序》，南方大学国学专修科编：《南方大学复校国学专修科首届毕业纪念刊》，南方大学国学专修科出版，1944年，第2页）

是年起 国专沪校设立文学讲座与史学讲座，聘请吕思勉担任史学讲座。（陆阳编：《唐文治年谱》，上海三联书店，2013年，第394页。）

△ 柳亚子撰《南社尚友录》。

《南社尚友录》收录名单有丁三本、于右任、仇亮、王德钟、王钟麒、田桐、何昭、吴恭亨、吴梅、吴虞、吕志伊、吕碧城、宋教仁、李凡、杜国庠、汪文溥、沈昌眉、周祥骏、周实、易象、林景行、林獬、林庚白、邵瑞彭、俞锷、姚锡钧、胡朴安、胡怀琛、郁华、徐自华、徐蕴华、马君武、张昭汉、许观、陈范、陈子范、陈樗、陈陶遗、陈家鼎、陈布雷、傅尃、宁调元、景耀月、黄人、黄侃、黄节、黄兴、杨铨、叶楚伧、雷昭性、刘三、马君武、潘公展、潘飞声、蒋同超、邓家彦、郑泽、诸宗元、谢无量、庞树柏、苏玄瑛、释永光、方廷楷、王葆桢、丘复、申柽、白炎、任鸿隽、朱锡梁、朱玺、汪洋、沈次约、沈宗畸、沈云、沈砺、周斌、邵元冲、姚光、胡先骕、胡蕴、唐群英、孙璞、马骏声、高燮、张光厚、张长、张相文、张恭、张通典、张汉英、张泰、许国英、陈世宜、陈宝书、陶牧、陆曾沂、曾延年、华龙、费砚、杨锡章、万以增、叶玉森、邹铨、刘泽湘、蔡寅、黎尚雯、谭天、顾无咎、顾馀、顾葆瑢、陈其美、范光启、徐天复、戴传贤、居正、经亨颐、沈钧儒、邵力子、邹鲁、张继、陈家庆、陈无用、田兴奎、田名瑜、朱文鑫、钱祖宪、陆明桓。（张明观、黄振业编：《柳亚子集外诗文辑存》，上海人民出版社，2011年，第154—160页）

1941年（民国三十年　辛巳）

1月1日　陈柱尊发表《国学辑览序》，推介林岳威《国学辑览》。

全书盖数十万言，诚著述之巨观，名山之盛业哉。未尝不喟然叹吾昔日之知君犹未能尽。君之貌虽老，而君之著述则方日进而未有已也。自班孟坚志艺文以后，诸史迭有《经籍志》《艺文志》之作，至清之《四库全书提要》而大备。然博虽远过班氏，而甄别流略，抉择精微，则不逮远甚。君书既出，盖能兼取诸家之长而弃其所短，且多《提要》所未见之书。诚今日治国学者所不可少之作矣。嗟乎，以君之豪迈，而能为如此精湛之学，斯君之所以为异欤！（陈柱尊：《今人诗文录：国学辑览序》，《小说月报（上海1940）》，第4期，1941年1月1日）

△　报载北平国学书院第二院的办学理念与招生计划。

北京通讯：华北政务委员会王委员长，为提倡国学、培养通材起见，近复创办国学书院第二院一处，兼采从前书院课士之精神，并师欧洲大学专师制度之优点，教者务求亲切指点。学者务须认真读书，并以读书、治事、作人融而为一。开办之始，力求严格。院生及附课生至多只录五十名，拔其优者。除供给膳宿外，仍略给生活津贴，修业年限暂定三年，课程约分经史理文四门，所延导师均系一时名宿。现已勘定方家胡同七号后门前国子监南学为院址，王委员长并自任院长，即日开始招生云。（《京国学书院成立，将开始招生》，《东亚晨报》，1941年1月1日，第3版）

1月10日 唐大圆根据《论语》，按照礼义廉耻分类，辑录《建国文学》作为文学教科书；依照内圣外王分卷，辑录《孔学大纲》，作为国学教科书，呈文教育部，随文附国学院院刊《国学杂志》发刊词与函电。

唐大圆等呼吁成立中华国学院，并公推蒋介石为院长，发布《中华国学院征求发起人组织董事会公举蒋院长启》：

世运将隆，华国复兴，世界战争寝息。中国固有文化，孔孟之道、内圣外王之学将磅礴冲激、辉光灿烂于天壤，以造成久安长治大同之化，则我中国人民、中华学者应奋然兴起，共组织一中华国学院，聚九域优秀学人研究斯学，以期放光明于世界万国。当由各省政府委员组织董事会公举蒋委员长为院长，创办斯院以应世界万国学者之求。凡来学者，随才陶铸而成就之。民国二十九年冬发起人唐大圆谨启。

唐大圆创办《国学杂志》，并撰写《发刊词》：

世运转变，以学术为枢纽。今者中日战争将息，世界和平实现。我蒋委员长以礼义廉耻抗战建国，寖至成功，则孔子内圣外王之学，行且放大光明于世界万国。本院负斯文复兴之责，创建孔子祠及国学院，复组织国学讲习会，刊发杂志，以为阐扬光大之资。尚冀九域学者，群起而应和之，则集思广益之效见矣。

庆祝会的问答与演说：

语云：非常之原，黎民惧焉。少见多怪，人之恒情。顷者发起庆祝蒋委员长新生活运动成功大会，于竹市跨公路扎两大牌坊，一坊上书"庆祝蒋委员长新生活运动之成功大会"，一坊上"书庆祝中华民国抗战全胜建国功成大会"。坊门高一丈五尺，宽二丈四尺，可通过双汽车。每门两旁各书一联，庆祝委员长之联云："中天下而立，正四海之民。"祝中华民国联云："从今五洲万国，化成天下一家。"字汉隶体，径大二尺余，路人观者纷如云屯，多莫解其故。有青年学生衣黄制服者，奋然负气向余诘问曰：……问尔的宣言题国学研究院，是奉何人的公事创办、院址在何处、曾立案否？曰：奉蒋委员长公事办此学院，因委员长屡次训示阐扬国学，又通令全国学校以礼义廉耻为校训，岂独我一人奉委员长令办国学研究院？虽尔等诸位，哪一个不奉委员长令要研究国学耶？唯你等知识幼

稚，或已奉令尚未知，或虽知而故违令，则我亦无奈尔等何
也。至问学院在何处、立案与否，则凡是中国人，皆当研究
中国学，以成治国之才。是九域之内，一切大中小学，皆当称
国学研究院之分校；全国四百兆人民，皆当称国学研究院之学
生。抗战建国之前，立案已久，何待尔等今问耶？语云：数典
而忘其祖，尔等离开母院已久，遽尔反眼若不相识，竟来此间
质问，岂不太可怜愍耶？虽然，我本意待孔子祠落成以后，当
呈请蒋委员长，宏得天下英才而教育之量，组织一极伟大之国
学讲习会。每逢星期在祠讲演孔学大纲。无论会员非会员、中
国人非中国人，皆可听受孔学，以发挥内圣外王之精义，而造
世界之大同。（中国第二历史档案馆藏教育部档案，档案号5—1273）

1月11日　中华国学院在浦东同乡会大楼四一七号本院筹备处
召开筹备会议。

出席者：厉星槎、季廉方、张怀民、徐一帆。主席：厉星槎。
记录：徐一帆。报告事项："（一）本院暂以今址为筹备处，即日
起开始办公。（二）本院赞助人，已征得左列诸公：张一鹏、鄂森、
李文杰、李宝森、后大椿、艾国藩、华国栋、卜万沧、赵觉、汪
禧、戴传安。"讨论事项："（一）修订本院专修科招生简章请公决
案，另件通过；（二）分别征求赞助人案，另件通过；（三）分别担
任值日办公案，另件通过；（四）其他。"（徐一帆记录：《中华国学院筹
备会纪录》，《国学通讯》，第7期，1941年2月20日，第4版）

1月12日　柳亚子致书柳非杞，惋惜鲁迅早逝，认为鲁迅是南
社纪念会会长最适宜的人选。

柳亚子《致柳非杞》："南社纪念会名誉会长，倘然鲁迅先生不死，倒是个最适宜者，可惜他比蔡先生先死了。宋一定不会肯的，我也不愿碰这个顶〔钉〕子。老毛既没有办法（将来也许有请他的一天，哈哈），现在还是不要名誉会长好了。"（杨天石、王学庄编著：《南社史长编》，第 649 页）

1 月 30 日　中华国学社在渝召开迁川后第二届年会。

吴稚晖等国学前辈都认为中国国学社的开展必先有稳固的基础，"基础者何？即固定之经费，独立之社所，暨较充实之设备，是也。此项基础之建立，一方面须赖政府之提倡补助，一方面亦须赖社会人士之努力赞助。当经决议嘱实草拟属社建设计划及经费概算，提交下届年会通过，并撰拟募捐启事，征求朝野名流之热心，国学者列名发起"。列名发起有：吴敬恒、于右任、钮惕生、张溥泉、陈立夫、王雪艇、顾毓琇、余井塘、庞松舟与工商界巨子多人，均已经签名盖章。（顾实：《报告属社迁川经过暨第三届年会开会情形并请拨给特别补助费以资维持由》，中国第二历史档案馆藏社会部档案，档案号 11—7172）吴稚晖讲演"注音字母与扫除文盲之重要"。（《简讯》，《新华日报》，1941 年 1 月 31 日，第 2 版）

1 月　顾颉刚出各课（编辑方法实习、目录学、春秋学、经学、古物古迹调查实习）考试题五种，由国学研究所油印。评阅国学研究所诸生试卷。（顾潮编著：《顾颉刚年谱（增订本）》，第 348 页）

△　王树民来齐鲁大学国学研究所就职。（顾潮编著：《顾颉刚年谱（增订本）》，第 348 页）

△　周肇祥出任国学书院第一院副院长。

华北政务委员会十一月二十六日会字第一一七号令开，国学书院第一院院长由王委员长兼任。同日又奉会字第一一八号令，派周肇祥为国学书院第一院副院长各等因奉此。并颁发关防一颗到院。揖唐等当将北园设在团城，业于十二月一日就职视事，并启用关防。除呈报并分函外，相应函达，即希查照，并饬属知照，为荷等因准此。除分令外合行令仰知照，并知照此令等因奉此。（《北京特别市警察局关于周肇祥兼任国学书院第一院长的训令》，北京市档案馆，档案号 J181-022-12736）

△ 《齐鲁学报》第1期刊行，本学报以哈佛燕京学社经费印行，1947年7月停刊。

1月3日，王伯祥致信顾颉刚，"告《齐鲁学报》出版及已付《宋词》校订费诸事。兼附信宾四，赞《学报发刊词》深得体要"。（张廷银、刘应梅整理：《王伯祥日记》，第7册，第3050页）

《齐鲁学报》发刊词称：

齐鲁大学国学研究所本有无定期刊物一种，名曰《国学汇编》，十余年来，几度刊布。国难以还，学校播迁蜀中，研究所改弦更张，于是有《学报》之结集。年定出两期，兹当首期创刊，谨缀短辞以稔读者。

夫学问研讨，本属平世之业，然兵燹流离，戎马仓皇之际，学术命脉，未尝无护持赓续之望。此其例，古今中外，不胜枚举。姑就本国近世事言之，则有如满清之入关，又如洪、杨之崛起，其所加于国家社会之破坏皆甚大，而学术不为中歇。乃其间亦有辨。

当明之晚世，士风颓弊极矣。思宗殉国，吴三桂开关揖盗，群奸拥立福王于南中，此何时耶？然《留都防乱揭》中诸名士，方征妓选歌于秦淮河畔，侯公子虽父居狴狱，一日不召红裙，即生寂寞之感。夕阳无限好，只是近黄昏，《燕子笺》《桃花扇》，正夕阳黄昏交界候矣。惟梨洲老人度此黄昏，重对朝曦。于时南方如亭林、桴亭、船山，北方如蒿庵、习斋、二曲，寥落若晨星，交耀互映于积阴久霾之晴空者，方其蒙难蹈变之际，则皆三十四十壮年人也。此皆亲睹夕阳，苦熬黄昏，于沉沉长夜中延此一脉，转此一机，而开有清以来三百年学术之新运者也。至于洪、杨之际则不然。

春蚕到死丝方尽，蜡炬成灰泪始干。嘉、道学者，稍稍悟经学训诂考据之非，转而究微言大义，转而务经世致用，而去轸已远，来辖方新，虽洪、杨之起，如平地春雷，亦足震聋聩而发视听，而朝廷未改，衣冠如昔，譬之春蚕作茧，虽缚未死，蜡炬已残，余烬犹炷。湘乡以一身系天下之重，而文章推桐城，小学尊高邮，考据则宗师金匮，此皆抽未尽之丝，流未干之泪，非至于蚕死炬灰而不止者也。于时则身历围城如汪梅村，避地转徙如俞曲园，奔进锋镝而不获永其天年如戴子高、邵位西之徒，凡所毕精撰述以传贻后人者，则皆嘉、道以来之余丝残泪也。虽有咸、同之中兴，而无补于光、宣之忽亡，亦职此之出矣。

今日者，国步之艰，虽未若晚明，而创痛之深，已过于洪、杨。惊心动魄，抚来思往，凡吾学人之所欣赏而流连者，其果异于古原之夕阳乎？所发愤而努力者，其果异于春蚕之作茧，蜡炬之自烧乎？所矜重而夸大者，其将勿为垂尽之余丝，欲干之残泪乎？吾其入黄昏乎？吾其觇朝阳乎？窃闻之，风雨如晦，鸡鸣不已，而大厦非一木所支，全裘乃众腋所成，作始虽简，将毕可矩，将伯之呼！嘤鸣之求，夫岂得已哉？（《发刊词》，《齐鲁学报》，第1号，1941年1月）

《齐鲁学报》编辑委员会成员有：钱穆（主任），顾颉刚、张维华、胡福林、吕思勉、王伯祥、徐调孚。齐鲁大学国学研究所专著汇编出版预告：吕思勉：《先秦史》《秦汉史》《魏晋南北朝史》；钱穆：《史记地名考》；容肇祖：《明代思想史》；沈延国：《王会集证》；赵泉澄：《清代地理沿革表》；王兴瑞著，刘咸校：《海南岛黎人调查》；顾廷龙、潘承弼：《明代版本图录》；唐圭璋著，徐调孚校：《宋词纪事》。（《齐鲁大学国学研究所学报编辑委员会》，《齐鲁学报》，第1号，1941年1月）

1—2月　华西、金陵、齐鲁三大学研究所遵从哈佛燕京学社之意，成立三大学研究所联合出版委员会。

顾颉刚与刘世传、钱穆、张凌高、陈裕光、吕叔湘、李小缘、商承祚等任委员，筹备出一联合刊物三大学研究所《中国文化研究汇刊》。是年该刊创刊。1943年，燕京大学加入。《中国文化研究汇刊》编辑简章：

1.本会汇刊专以发表四研究所专任人员之研究为限，不收外稿。2.本刊之主要门类如下：（1）考证论文（2）调查报告

（3）重要史料（4）书报评论。3. 本刊暂定年出一卷。4. 本刊
登载文字不限于中文，中文中不拘语体及文言，但均须加以标
点。5. 本刊每期后附各篇之中西文提要。6. 本刊不得刊载已在
他处发表之文字。7. 本刊文字版权为各研究所所有，他处不得
转载。8. 本刊编辑事宜由四大学研究所轮流担任之。每校一年，
其次序如下：（1）齐鲁（2）华西（3）金陵（4）燕京，轮流
满任即自然转回，依序而进。9. 每期出版后以二十五册单行本
赠送撰述人。

　　然而，《中国文化研究汇刊》的发行遇到不小困难。1941 年 6
月 16 日，王伯祥曾催询《汇刊》与科学公司合作条件。1942 年 5 月
8 日，王伯祥曾致信顾颉刚，"复告三大学学刊进行困难状已如属
径与在宥函洽，仍望即予解决，免久悬。寄在宥，详陈会刊进行经
过并告校样已邮出，应寄来之件幸速寄附复小缘一笺，即属转去"。
（张廷银、刘应梅整理：《王伯祥日记》，第 8 册，第 3312 页）1943 年 8 月 3
日，王伯祥称："科学公司黄叔园承印华西三大学《汇刊》事已三
年，仍延不交件，余属调乎力催，不无愤语。雪村明知余于印刷为
外行，不为友情之助，反讥余之援受颉刚请托为多事，甚感不快，
余殆失道寡助乎？（自问无愧对他人处，实世情凉薄如此耳。）颇生
气。"（张廷银、刘应梅整理：《王伯祥日记》，第 8 册，第 3449 页）1944 年，
该刊编辑委员会发布启事："本刊第一卷于民国三十年夏编辑完竣，
以成都印刷设备未周，故交由上海科学公司承印。邮书迟滞，雠校需
时，至民国三十一年始行出版。目下全部印本，悉存上海，一俟交通
恢复，当即迅谋发布。三年以来，多劳各方垂询，谨此奉闻，诸希亮

察。"（《本刊编辑委员会启》，《中国文化研究汇刊》第4卷上，1944年9月）

1月22日 王伯祥与北平图书馆商谈出版《国学论文索引五编》事宜，后来该书版权赠予开明书局。（张廷银、刘应梅整理：《王伯祥日记》，第7册，第3062页）

2月6日 中华国学会公布《中华国学会会约》《中华国学图书馆章则》等规章。

中华国学会由散处各地国学专家组织而成，"以整理国故，昌化新知为职志，对于科学研究，中外比较尤为加意"。中华国学会力行以文会友，编印《国学通讯》，"特设中华国学院一所，训迪后生，共肩艰巨，其规程另订之"。设中华国学图书馆一所，珍藏书物，以供众览；设汉文大字典编纂委员会，汉文百科辞书编译委员会，由会员分任纂译，期于二十五年内，成其初稿。中华国学会"设有特殊问题研究会，如田赋水利盐务诸端，纯由客观事实，作学理上之决定，以尽服务社会之天职"，并研究"其他一切有关国学之事业"。

赠书致谢：新会陈援庵先生惠赠《明季滇黔佛教考》全一册。刘次羽先生惠赠《传雅堂集》一部共二册。崇德徐益藩先生惠赠《语溪徐氏三世遗诗》一册。沈彬翰先生惠赠王恩洋著《论语疏义》《孟子疏义》各一部各二册。和县张怀民先生惠赠《公孙龙子集释》一册。如皋冒孝鲁先生惠赠《群雅月刊》第二、三、五各期共三册，《文学杂志》第一期一册。孙德全先生惠赠《修华严奥旨妄尽还原观》一册，《佛学半月刊》第八卷廿一期、第九卷廿二期各一册，《经济学与佛学》一册，《托尔斯泰与佛学》一册。天台陈法香、陈拜善居士惠赠《觉有情半月刊》第一至卅四期全份，中缺第四期一份。余居士赠《佛学半月刊》第二卷第一期一册。世界提倡素食会赠《罗汉菜》第十八期一册，《因果轮回实录》一册。苏州弘化社赠送佛学图书十九种二十四册：《江易园居士演讲集》（全一册）、《廉俭救国说》（全一册）、《释门真孝录》（全一册）、《庐山慧远法师文钞》（全一册）、《人生指津》（全一册）、《佛法与科学之比较研究》（全一册）、《安士全书》（全二册）、《西方确指》（全一册）、《净土圣贤录》（全三册）、《龙舒净土文》（全一册）、《饬终津梁》（全一册）、《阿弥陀经要解》（全一册）、《初机先导》（全一册）、《佛祖心灯禅净双勖合编》（全一册）、《莲宗正传》（全一册）、《居丧祭吊须知》（全一册）、《印光法师经文钞续编》（全二册）、《净土问辨功过格合编》（全一册）、《历史感应统纪》（全二册）。（《中华国学会会约》，《赠书志谢》，《国学通讯》，第5期，1941年2月6日，第4版）

2月9日　《申报》报道上海艺学专修馆开设国学初级课程。（《上海艺学专修馆国学古琴系及其他各系招男女生》，上海《申报》，1941年2月9日，第1张第2版）

2月13日　中华国学院公布辅科课程。

一、本学院以国术科代寻常学校之体育，每周二小时；二、本学院以国医科代寻常学校军事训练及家事看护之救护工作班，每周二小时；三、本学院以书画金石科代寻常学校之劳作团画，每周二小时；四、本学院以国乐科代替寻常学校之音乐，每周二小时；五、本学院特设佛法研究会，敦请高僧大德主持演讲，以宏教化，每周二小时。（《中华国学院辅科课程说明》，《国学通讯》，第6期，1941年2月13日，第4版）

2月15日　《申报》报道"教部令南华大学停办"，可改设国学专科。

教部南华大学钟鲁斋、曾友豪、王永载被视为热心教育人士，"该校如若将现有人力物力，缩小组织，不用大学名义，由董事会再行呈教育部改设他种学校，如国学专修馆等等。教部当可照准，此后集中力量，办理现有之中学，充实其内容，则中学方面之发展，将来未可限量。南华大学实行停办后，学生方面，不成问题，得照教育部法令规定，转入他校。又校方已电呈教部解释一切，中学则继续办理。"（《教部令南华大学停办》，上海《申报》，1941年2月15日，第3张第11版）

△　《申报》报道"第五中华职业补习学校开设国学专修班"，国文班加授《孟子》《论语》。（《第五中华职业补习学校开设国学专修班》，上海《申报》，1941年2月15日，第2张第8版）

2月16日　中华国学院在爱多亚路浦东大楼四一七号本院办公处召开发起赞助人联席会议。

出席者：汪二丘、鲍勤士、姚人鉴、姚衡孙、戴小尧、厉星槎、张怀民等。临时主席：厉星槎，记录：张怀民。讨论事项："（1）推选董事案：推定鲍勤士、张歆海、张一鹏、蒋竹庄诸先生及前扬州国学专修学校诸董事与本日出席赞助人为本院校董。（2）推选董事会召集人案：推定鲍勤士先生为本院董事会召集人。"（《中华国学院发起赞助人联席会议纪录》，《国学通讯》，第7期，1941年2月20日，第4版）

随后，中华国学院校董会召开。出席者：鲍勤士、姚人鉴、姚衡孙、厉星槎、张怀民等；主席：鲍勤士；记录：张怀民。讨论事项：

（1）推选董事长案：决议推定韩国钧先生为本学院董事长。在韩董事长未到院事前，由鲍勤士先生暂代，处理一切会务。（2）推选校董会秘书案：议决推定厉星槎先生为校董会秘书。（3）推选本学院院长案：议决推定张歆海先生为本学院院长。在张院长未到院视事前，由校董会秘书厉星槎先生代拆代行。（4）规定校董会开会时期案：议决每学期至少两次。时间临时通知。遇必要时，亦得由董事长临时召集。（5）筹募基金案：由中华国学会各会员，及本院董事，分别筹募之。（6）办理校董会备案手续案。（7）决议由代理董事长及秘书办理。（张怀民：《中华国学院校董会纪录》，《国学通讯》，第7期，1941年2月20日，第4版）

《申报》刊登"中华国学院讯"：

本埠中华国学院、系前扬州国学专修学校教导主任厉鼎煃等所发起，张一鹏、胡朴安、蒋竹庄、卢石青、宣古愚、秦曼卿、程善之、陈含光等所赞助，董事长推定前江苏省长韩国钧，院长推定光华大学文学院长张歆海博士，在韩、张未就职前，由前江苏省议会议长鲍勤士及校董会秘书厉鼎煃，分别代理。现已办理备案手续，第一次招生计取三年制二年级生谢洪钧等，一年级生刘本瑞等，五年制二年级生胡文杰等，一年级生汪世杰等，及附设英文夜课班学生朱文庆等数十名，总办公处设爱多亚路浦东大厦四楼四一七号，出有院刊《国学通讯》。闻该院额定基金一百二十万元，并订有优华侨子弟回国入学办

法，现生待订于三月一日作第二次招之举。(《中华国学院讯》，上海《申报》，1941年2月28日，第3张第11版)

2月中旬 国学书院第一院举行第二次考试，王揖唐在旅平各省名宿中遴选河北静海高毓彤为考课试卷评阅委员会委员兼委员长，江苏太仓陆增熙，福建闽侯李之铭两氏为委员。(《国学书院二次考试本月中旬在京举行》，《河北日报》，1941年2月5日，第1版)

2月20日 胡朴安发表《整理中国学术之意见》，提出对于整理中国学术的二十条意见，与厉星槎商讨整理国学的方法。

（一）国学与民族之关系密切，有整理之必要。（二）经子不能成为学术名词，必须废弃。（三）文史尚未成为有系统之学术，亦须整理。（四）中国书籍皆为学术史料。（五）以学术史料之眼光观察中国书籍，无论精粗若何，皆可宝贵。（六）整理中国学术，语言文字尤当注重。（七）上古社会情形，文字学中颇多可靠之材料。（八）读古书当注意其背景。（九）中国社会之习惯，受儒家、道家、释家之影响颇巨。然与孔子、老子、释迦牟尼之真，皆无关系。（十）中国国家之基础，建筑于家族制度之上，其来已久，非一时所能摇动。当遵民族主义第五讲，用宗族团体做基础，联成一个大民族团体，故家族制度，亦有研究之价值。（十一）历代思想之变迁，可以旧式经学为中心，求其变迁之迹。（十二）学术思想、政治制度、社会习惯，皆有相互之关系，可于各书中互勘求之。（十三）地方志中多有可取之材料，当钩要排比，求其系统。

（十四）小说笔记及诗文集中，常有历史背景之材料。（十五）医、卜、星、相，虽不成为学术，然在社会上之势力颇巨，正可借此以求社会之真相。（十六）书、画、雕刻、音乐、历算、技击等，皆为中国旧有之学术，亦当求其授受之迹。（十七）整理中国学术，当变更经史子集四类，略分语言、文字、思想、文章、伦理、政治、法制、财政、军政、教育、社会、艺术、技术、地理、博物，十五类。依类搜辑，为十五类学术史料，为编纂学术史之预备。（十八）不隶于各类者，可另立一类，以史料之方法搜集之。（十九）先以编辑目录，为整理之入手。（二十）学者自认一类或二类，定为毕生之工作。（胡朴安：《整理中国学术之意见》，《国学通讯》，第 7 期，1941 年 2 月 20 日，第 4 版）

△　中华国学院发布厉鼎煃捐助国学图书馆。

本馆由发起人厉鼎煃捐赠家藏古今精要图书数千册，内有《阮刻十三经注疏附校勘记》《阮刻清经解》《王刻续经解》《殿本二十四史》《浙局刻二十二子》《全唐诗》《全宋词》《佩文韵府》等巨帙，及英文中国评论周报、英文中国科学美术杂志，《学衡杂志》《国学季刊》《金陵学报》《文哲季刊》《国风半月刊》《时代公论》等。新旧期刊，极为名贵，内容顿形充实云。（《国学图书馆消息》，《国学通讯》，第 7 期，1941 年 2 月 20 日，第 4 版）

△　胡朴安曾赞誉中国学会必将树立国学之中心，遂致信厉星槎讨论整理国学，编纂汉文大字典事宜。

胡朴安致信称：

十九日奉读手教。字典工作诚伟大，断非个人之力，与短时间可能告成。商务有中山大辞典之辑，只印成一字长编一册。北京有国语辞典之辑，亦只印成一册。皆以战事起停顿。往年商务有编辑字典之计划，弟曾得其商榷书，不知因何中止。弟亦草一字典条例。现在已无有矣。生活不安定，致学者不能研究专门一种学术。且中国学术，与生活隔离又远。整理国学之声，已有二十余年，而终未能整理一种有统系之学术。且学者虽同称国学，所学非出一途。且对于国学之意见纷歧，无共同研究之标准。大部之整理，殊难告成。弟往年颇有整理中国学术之志，亦曾草种种个人之意见，组织学会，而同志难求。二十年教授亦难得志同道合之学生。自身又为生活环境所迫，不能始终其事。而突犯脑溢血，常此病废，有负初衷矣。现在只好为局部之整理。去年与今年，作有从文字学上考见古代之妇女，从文字学上考见辨色之本能与染色之艺术，从文字学上考见古代之声音与言语，从文字［学］上考见古代之状貌动作心理，从文字学上考见古代之衣食住行，从《诗经》上考见古代之家庭，长者四万余字。皆次第在《学林》内发表。若幸而不死，将由种种单篇文章，整理一部中国古代社会史。来日大难，能成与否，未可必也。先生志愿之伟大，弟极其佩服。坚以持之，中国学术之发达，于是望之。

《国学通讯》编者案称：

　　敝会组织以来，标举编纂汉文大字典，及辑译汉文百科大辞书二事，为最后之目的。今承胡朴安老先生，热诚赞助，示以周行，异常欣感。中山之一字辞典，乱以四角号码，令人掩卷。北平国语辞典，大抵详于近代，与同人等旨在探源循流者皆有别。至朴老以编辑中国学术史为整理国学之途径，与同人辑译百科大辞典，于整理国故之外，兼负建设中国本位文化之责者，亦有相通之处。（《又论整理国学事书》，《国学通讯》，第7期，1941年2月20日，第1版）

　　2月28日　冯柳堂撰《经济丛谭·数字别体》，计划为整理国故开辟途径。

　　"明知丛谈之作，挂漏良多，然皆信手拈来，聊以消遣。无非就闻见所及，纪事物之始，求进化之迹，为改善之资，并以备后之整理国故者开一线之途径而已！至言其详当俟诸专书问世。"（冯柳堂：《经济丛谭·数字别体》，上海《申报》，1941年2月28日，第2张第8版）

　　3月3日　《申报》报道"粤建厅举办学术研究班"，拟设国学班。（《粤建厅举办学术研究班》，上海《申报》，1941年3月3日，第2张第8版）

　　3月5日　复性书院第四学期开学，自本学期始讲期改为每旬一次，逢五之日进行，即每月五日、十五日、二十五日。马一浮于第一次讲会发布《告书院学人书六》，强调书院与学校的区别，倡导义理之学：

往昔讲论，于诸君皆无甚深益。自惟衰朽，无所发明，不可久屈诸君，反成相误。夫义理无尽，缘会不常，必以日月为期，亦是顺俗之见。今勉徇董事会之属，继续半年，便当辍讲。诸君若于鄙言善能隅反，亦似有途径可循，否则强聒不舍，徒增口业。既未能舍除旧习，彼此迭相钝置，不如其已。疑则一任别参，固不能必求其相应也。

书院之立，系乎众缘，方在流离，焉能备物？……复有当为诸君告者，须知学问乃毕生之事，讲习特一时之缘。书院不同于学校，本不当有一定期限。征选细则所云"肄业以三年为期"者，非谓定须住满三年，但可至三年耳。诸君入院先后不同，初不以留院时间之长短为学力之差分，亦未以所学之不齐为待遇之厚薄。中间有因牵于生计而求去者，悉皆听之。过此以往，其或有不堪枯淡、思别有以润其生者，尽可早自为计。此非预为谢遣之言，慎勿误会。书院所求者为真实学人，不能为诸君谋出路，亦无何等资格可以取得。故于去者无所容心，而留者则不可以苟然。诸君亦勿胶执三年之期以相要。盖真知用力者，三年固不为多，期月亦不为少也。今诸君犹属在共学之时，则宜各人专意致力于学，勿生闲计校，勿说闲言语，勿起诤论，勿存嫉怨，忠以律己，恕以接人。能知物我之无间者，庶于此理有相应分。若贡高我慢，扬己抑人，以放言为通达，以径行为真率，有一于此，不唯入德难期，亦为物之所忌。纵日谈妙义，无救粗惑，曼衍穷年，亦何益哉！诚爱诸君，不愿见诸君有此等气象也。此乃真实相为之言，亦望平怀察之，过此将不复闻此言耳。

言之近冗，遂止于斯，幸各珍重！（吴光主编：《马一浮全集》第
1 册下，第 560—562 页）

3月6日　长寿国学馆馆长雷维松函介邓迪光、贺心家来院听
讲，马一浮嘱寄文字来院审阅。（王培德记录：《复性书院日记》，吴光主
编：《马一浮全集》第 5 册，第 413—414 页）

3月8日　顾颉刚撰齐鲁大学《民国三十年国学研究所集体工
作之现状及计划》，齐鲁大学国学研究所业已开展的集体工作有编
辑本所所藏图书目录、标点正史、编制各史年表、编辑《史记》索
引、编辑中国民族史材料集。

（1）编辑本所所藏图书目录：按本所所藏图书凡分三部
分，一为本所自购藏者，一为本所向罗氏好一斋借藏者，一为
四川省立图书馆寄存者，兹拟合编一目，以便查检，取赖家园
子之名为《鹤鸣园书目》，本所藏书注一"齐"字，好一斋书
注一"罗"字，省馆之书注一"省"字。工作人员除全体研究
生及省馆派来之胡文毅女士外，拟由颉刚总其成。（2）标点正
史：吾国正史浩繁难读，欲加整理，以标点为第一步，然后可
继以索引、辞典及材料集之工作。本所标点二十四史，期以五
年之力完成之。除《史记》早由颉刚点完外，《汉书》现由孔
玉芳女士标点，《北史》由严恩纹女士标点，《宋史》由李为衡
君标点，《元史》由张蓉初女士标点，《明史》由章慰高先生标
点。下年拟由杜光简君标点两《唐书》，魏洪祯君标点《辽》
《金史》。（3）编制各史年表：此项工作即于标点时顺带为之，

现已着手者有孔玉芳女士之汉史年表，李为衡君之宋史年表，杜光简君之宋代四裔年表，张蓉初女士之元史年表，孙蕙兰女士之四川史年表。此后顾自明于整理《史记》索引时，当编周秦年表。又各史世系表、统计表及地图等工作，现由庞春第先生独力主持，将来编制较多时尚需添人办理。（4）编辑《史记》索引：本项工作于去年暑假中开始，现在雇工钞写已成大半，编排整理尚需时日，拟令顾自明综司其事，以一年之力完成之。（5）编辑中国民族史材料集：此书为各史材料集之第一种，自前年工作起，至今日已完成者，有《史记》《汉书》《后汉书》部分，均顾自明写编。将完成者，有《宋史》部分，王育伊先生工作未毕而去，由杜光简君继续写编。此外，有曾宪楷女士编《三国志》部分，严恩纹女士编《北史》部分。预计此项工作尚须三年方可全部完工。

顾颉刚研究计划有撰写：（1）春秋史。拟集合《春秋经》《竹书纪年》《左传》《国语》《史记》《公羊》《穀梁》及诸子书中之牵涉春秋史事者，编纂为《春秋史料汇编》，并加以考证，此项工作约须三年完成。（2）目录学。下年拟在齐鲁大学开设"目录学"课程，国学研究所书目亟须整理，以便工作，"故拟于目录学方面致力，如有闲暇或可编成一部《目录学讲义》"。（顾颉刚：《顾颉刚全集·宝树园文存》卷二，第287页）

3月25日　中华国学院董事长韩紫石逝世。

《申报》发布中华国学院董事长韩紫石逝世消息与中华国学院启事："同人等哀悼之余，仰体遗志，愈益奋厉。当经校董会议决，改推张歆海博士继任董事长，努力发展校务。现由院方筹集韩公紫石纪念基金，举办紫石特别讲座，及紫石奖学金额，以为韩公永久之纪念。凡韩公之戚友僚属、及钦仰韩公之道德事功文章者，如承解囊相助，共襄盛举，可径交爱多亚路浦东大厦四一七号中华国学院总办事处韩公紫石纪念基金委员会收。"（《学校汇讯：中华国学院》，上海《申报》，1941年3月25日，第3张第9版）

3月30日 费巩与张荫麟商谈国学基础的建立。

费巩认为："桐儿所读书已够，此后只须培养其对国学之兴趣，任其自由浏览，不必强行规定依余原定计划，应看之书至大学毕业时能完全读过已经甚好，不必急急于一时也。"（费巩：《日记》，《费巩文集》，浙江大学出版社，2005年，第539页）

3月 复性书院公布延聘自由讲座关约。

一、书院为尊礼国内通儒显学，欲使在院诸生多受闻熏之益，而诸名宿各有事缘，未能屈致者，特商请诸名宿同意，随时临讲。因此特设自由讲座。一、自由讲座为不定期之讲授。每年除寒暑假外，或每月临讲一次，或间月临讲一次，或一期连续临讲多次。其时日及讲题俱请诸名宿随意择定，但须先期示知本院，以便款接，并通告学生。一、自由讲座不受月脩，但由书院致送笔札费，每年国币一千元。其由他处临莅者，酌量道路远近，别奉舟车费，但接到函示莅院确期，即行寄奉。一、自由讲座临讲之时，如亲撰草稿，请先期交书院传写，并许由书院刊入《讲录》。如不暇撰稿，可由学生笔记，请诸名宿自行勘定。但书院刊布时，须得诸名宿同意。一、自由讲座在书院所讲，以纯粹学术为限，无分中外，但不涉时政。一、本项关约以一年为期，每年赓续致送自由讲座。如有因特别事缘不能临讲者，可将关约却还。书院如有变置或更改章则时，次年即不续送关约。（马一浮：《复性书院延聘自由讲座关约》，吴光主编：《马一浮全集》第4册，第352—353页）

△　北平国学书院第一院编纂组《国学丛刊》创刊。

该刊发行者潘寿岑，1945年5月停刊。创刊号刊登"征文选录"，讨论学校废经，国学课程设置问题。《发刊辞》称：

古之为学也，修道明伦而已。厥后政教衰而学说起，学说纷而宗派著。学之以时代称者，汉宋是也。以地域称者，齐鲁洛蜀是也。以姓氏称者，翼匡师伏申韩贾马是也。独无所谓国学之称焉。自西学东渐，骎骎夺主，新教育家，因是而为之辞，文曰国文，乐曰国乐。国学云者，亦犹是耳。夫士生今日，拘守旧学，不足以应事变，稍具常识，莫不知之。然一国有一国之民性，与夫悠久伟大之历史。舍己从人，不惟不可，抑亦不当。观于东西各国进化致强，信有征矣。必也国学通，而后知本末，明体用，一切措施不悖乎民性，祖先所遗留以表立国之精神者，方能维持于不敝，国学可忽乎哉？学制不良，晚近学子，于国学罕知注重，惟物质文明是求。国学寖衰，而固有道德文化随以俱瘵，人纪沦亡，识者忧惧，将欲挽救而振起之，乃有国学书院之设。《国学丛刊》即国学书院第一院所辑行。国学范围甚广，悉数之不能终，兹所裒录，不外经史、诸子、词章、金石诸撰述，与夫课艺征文之入选，寥寥数万言，其于国学何啻一麟一爪。要而论之，必以有关国故，有裨道德文化为衡。修道明伦。此其嚆矢，或亦研求国学所乐闻乎。刊行伊始，用缀数言，以召国人。世有明达，愿商榷之。

（《发刊辞》，《国学丛刊》创刊号，1941年3月）

高荫齐撰《学校废经，国学寝坠，议者思有以复之，惟诸经繁重，校课亦多，学子精力有限，如何节省时间，俾得讲习，试详筹之》：

经书为我国国粹，亦即东方文化之源泉。数千年来，国人无不重视。盖以经之所载，不仅古圣贤之嘉言懿行，足以垂训后世。即古代典章文物、政治宏规，亦可为治国之指南。而研究史学者，借以觇古代文化蜕变之轨迹。执因以推果，再就果以求因。更可见我国数千年来社会之演变，民族之精神，莫不在在受经训之熏陶镕冶。语其价值，实为政治伦理哲学社会史地博物诸科之总汇。故足以雄视百代而不坠。尊之者盖恫夫国粹寝衰，民族退化，思借此为复兴之机，固非居今返古，立异矜奇也。

溯自清季停科举立学校，各级学校尚保留读经一科。民国肇基，读经始废。三十年来学制迭经变更，学科亦时有轻重，惟读经则迄未列入学科。议者以为今日之世界，为科学之世界。一切学科皆具有一贯系统。童年入校，历中学大学，尚不能于某一科造就精深。若经书则浩如烟海，无暇研讨。虽研讨亦无裨实际，乃屏弃不顾。惟于科学方面，增加教材。其结果则诲者谆谆，听者藐藐。学生徒感繁重，未能领受者有之。教学未竣，即行毕业者亦有之。岂仅有之，若究其实际，恐十八九也。至如同等学校，以性质不同，则教本之繁简有别。出版缺乏，则删削迁就，教学是资。教员之优劣不同，则删削之当否亦异。而学生之所得从可知矣。技术类科目所占时间不少，其进程既未有明定，则祇视教者之意趣为迟速。时间虚耗与否，更未敢定也。而独于经书则屏之如遗。倡始者重视科学，容或有相当理论。究其末流之弊乃如此，非但不能精某科之学，即循序之课，亦未能竟其程。而独于修养身心性命，与镕铸民族精神，社会演变基本，在在相关之经书，则指为坚深浩博，弃之不顾，其得失利害，尚待计耶。

　　抑彼所谓经学艰深浩博者，盖亦有故。震惊于经义高深之名，遂以为非童年学子所能领受。习闻于科举时代私塾终日读经之说，遂以为非学校二三小时所能讲解。殊不知其非确论也。科举时代，读经只为具文。而塾师冬烘者又居其大半。教法不良，虚耗岁月，当可想见。若虑经义高深，则亦有见深见浅之别。所谓夫妇之愚可以与知焉！及其至也虽圣人亦有所不知焉！固非皆佶屈聱牙如商诰殷盘之难晓也。窃以为居今日而谈读经，宜先明各经之分量，及研究之标的。俾一般人士不致畏难。复从而规定选读讲习之方，则施行自易，兹分述之。

　　1.各经之分量。按前清《奏定学堂章程》各经字数如左。《诗经》：四〇八四八字；《礼记》约编：七万八千余字；《书经》：二七一三四字；《左传》：一九八九四五字；《易经》：

二四四三七字；《四书》：五九六一七字；《周礼》：四九五一六字；《孝经》：二〇一三字。统计只四十八万余字。自小学第三学年至中学毕业，共计十年。如平均计算，则每年约四万八千字。除寒暑假，则每周约千字。中材学子，讲习固甚易易。

2.研究之标的。应提出古人之嘉言懿行，政法良规。或足资身心修养，或足为群治楷模。不必推寻作者真伪，今文古文。更无须探求古人说经家法，以故步自封，致蹈经生之习。

3.经学之选读。《周易》为古卜筮之书，辞旨玄奥。《仪礼》为礼经正本，然所载皆古代仪文礼节，于现世关系甚鲜。似可置之。《周礼》虽一朝典制，而以设官分职代有不同，只宜略读以明其制作之意义。余若《论》《孟》《孝经》则于小学为宜。《诗经》《学》《庸》《礼记》则于初中为宜。《书经》《左传》则于高中为宜。至每经之中，经义则应提要钩元。章句则应分别粗读精读。此惟视教者学力造诣如何，固未便预为详计也。

4.讲习之法。按现今学校课程，每周增加二三小时讲经，决无碍讲习科学之日力，此为今日复兴我民族正当办法。如狃于积习未能骤改，则应于国文修身课本，酌选经书篇章，列为教材，以资肄习。虽未能窥其全豹，亦可采英撷华，俾明大略。最要者须令各生于课外研究，学校予以指导。令于某学期或某学年研请某经。在每周课外相当时间，讲解大意。惟求明显，不务高深。果教者能深入浅出，取譬旁征，最为得法。务在启其兴趣，以杜绝畏难之心。善于举例，以沟通古今之变。夫而后学者心领神会，有感斯通。于潜移默化之中，自可收涵养身心之效。而人格之高洁，民族之精神，均可于此淬厉之也。至学生研究之法，略分三则。一，令各生自由阅览，或酌定日期阅至某章某节。二，令学生研究心得或参考材料自作札记，藉觇进境。三，选若干篇章，令各生精读，惟应侧重义理与文词。俾其于读经之余，兼可得文学之益，且诵读时亦易于领会也。

5.社会提倡。前项所述，系就学校一方而言。至社会方面，更应予以提倡。如组织研经学会，以征集学生研究经书之记录。或变通国学考课办法，专以某某经命题，以广收学生作品。则一般学子，自然闻风兴起，于国学当三致意焉。

补救讲习之法如右所述，然只就治标言之耳。究其本尚有二端。一为行政方面。就现时各校课程，如将经书列为学科，决不致防〔妨〕害其他课业，而熏陶所被，更足裨益管训。此其利益为何如，有识者当共一见之。二为实行方面。学校当局，对于经书有无相当认识，是否肯认真提倡，此为最要之关键。北京孔教，四存各中学于肄业期内，必须修了某某经书。而各该校他项课业，亦未因读经而延搁。然学生毕业升学者比比也。讵可借口课业繁多无暇研读乎？二十五年曾有人向北京政委会呈请各校添设读经。经饬省妥拟办法，以格于功令，未见施行。北京市各校于二十六年添设读经以代修身，未二年而作罢。本年冀省校长会议余曾有读经提案，虽未否决，恐实行亦为期尚远。惟课外肄习，则就经验所及，颇有成效。惟社会方面之提倡，以力量绵薄未克试行，甚盼大力者有以提倡之也。

要之国于世界，必有以立。我国纲常礼教，群治原理，自尧舜禹汤文武周公之后，至孔子始集大成。数千年来，铸成吾民族之精神，造成吾东方文化之特色，则其价值之伟大，实有不可思议者存焉。自科学输入，一般人眩于物质文明。而遂轻弃本国立国之国粹，此其不肖为何如耶。虽然群经大义为人道之基础，立国于世界，必不能外此道而生存。东邻友邦重视我国文化，自无待言。即欧洲大战之后，有识者亦憬然于物质文明之弊，起而研究我国文化之源泉。然则群经之义理，行见放大光明于世界。奈之何国人不知自爱其宝，而屏弃之耶？

评：抉择利弊，洞若观火，又能为平情之论，合作也。（高荫齐：《学校废经，国学寖坠，议者思有以复之，惟诸经繁重，校课亦多，学子精力有限，如何节省时间，俾得讲习，试详筹之》，《国学丛刊》，创刊号，1941 年 3 月）

张善同撰《学校废经，国学寖坠，议者思有以复之，惟诸经繁重，校课亦多，学子精力有限，如何节省时间，俾得讲习，试详筹之》：

自汉立五经博士，而经学遂为世儒所专习。良以经也者径也，又常典也。谓如径路无不通，而可常用也。故以经之义蕴言之，则孔子谓温柔敦厚为《诗》之教，疏通知远为《书》之教，洁净精微为《易》之教，恭俭庄敬为《礼》之教，属辞比事为《春秋》之教。而以经之功用言之，则太史公，谓《诗》以达意，《书》以道事，《易》以道化，《礼》以节人，《春秋》以道义。又谓《诗》长于风，《书》长于政，《易》长于变，

《礼》长于行，《春秋》长于治人。班孟坚又以五经属之五常，马贵与谓诗书礼乐皆以垂世立教，岂非以致治之大经大法，胥于是有征乎？

乃自晚近以还，学校立而经学废，国学于以衰坠。议者思有以复之，复之诚是矣。苟无其方，则复之何由。将谓废止科学而专习经学乎，则为时代所不许。将谓尽弃经学而不讲习乎，则国故丧失，国本消亡，于世道人心，不无影响。将谓兼营并骛二者同重乎，则经学繁赜。既非短少时间所能研求。而校课亦多，又非学子精力所能兼顾。然则应如何节省时间，俾资讲习。请贡刍议，以备采择。

（甲）讲授法。（一）要旨。居今日而讲经学，自不必如汉学者之训诂考据，徒矜博洽也。又不必如唐宋学者之解释章句，失之空疏也。更不必如明清制艺者之望文生义，揣合时尚，以为风檐一日之助也。故宜首定教授要旨，以讲明群经大义为主。使学生知政教礼俗学术文艺无不折衷于经。以正其遵循，范其身心，而造为有识解有根底之人材。方足以应世接物，泛应曲当，而收修己治人之效。

（二）方法。宗旨既定，则讲授贵求明悉，解释贵求的当，务使学生有领受之能，而不滞固于章句之下。自足以宏通经旨，广拓识力，不至如寡学者之未闻经训也，亦不至如经生之拘牵文义失其功用也。

（乙）选读法。古人谓皓首穷经，则经学繁重非短时所能研求，自难通读全书。且时代不同，经文所载，适于古或不适于今，尤不必通读全书。择要选读，而有变通之方也。兹拟方案如左。（一）《诗经》选读。《诗》以言志，且观民风，非徒识草木鸟兽之名也。故《国风》宜全读，《雅》则选读。《小雅》择三之二，《大雅》择三之一。至于《颂》，除《周颂酌》一篇，可为舞勺之用外，余均从略。（二）《书经》选读。书以道政事，其文可取，其事可法，其理可循者，则读之。今文古文之说不拘也。且亦不必强辩，徒嫌词费，而启讼争。（三）《易经》选读。《易》为人事而作，非天学亦非玄学。玩其象而求其辞，自得其用。故各卦之象辞爻辞象辞均须读。乾坤二卦之文言，与上下系辞及说卦亦须读。余则略。（四）《礼记》选读。曾文正谓修己治人，经纬万汇者，《礼》而已矣。然《礼》有古今之殊，又有地方习俗之异，非可泥守成式也，得其义而已。故曰《礼》也者，义之实也。揆诸义而协，则《礼》虽先王未之有，可以义起也。夫先王未之有者，尚可以义起，其有者自可以协诸义而取之焉。故宜选其适于今当于心者读之。余则略。（五）《左传》选读。《春秋》之义，述于三传。而以《左传》之记载翔实，文词烂然，足为文学之祖。除其称引奇诞文浮于质者外，余皆可读。（六）《论》《孟》全读。孔孟之道载于《论》《孟》，并不繁重。故全读。（七）《大学》全读，《中庸》选读。大学之三纲领，八条目，实为道原为治本，故全读。《中庸》则有，过于深奥之处，故宜选读。

（丙）分年法。（一）学级之分。昔欧阳文忠尝计九经字数，共为四十八万四千九十五字。谓以中才为率，日诵三百字，不过四年半可毕。今若以五经四子书为学科，其字数少于九经者多矣。又择要选读，其字数益少矣。复以现今学制计之，小学之年限为六年，系初级小学四年，高级小学二年。中学之年限为六年，系初级中学三年，高级中学三年。大学之年限为四年，共为十六年。初小学生，年龄幼稚，不宜于读经，大学学生，除专习国学者外，其他为专门学业，无暇于读经。则读经之年，惟在高小二年，与中学六年，共为八年之久。若每星期订立读经课程二三小时，每年以四十四五星期计之，可得百余小时。八年共为千余小时。每小时若读三二百字，可共读二十余万字。再照选读方法读之，正可读尽各经，且裕如也。（二）年级之分。学级分矣，年级亦应分配，规定何年级宜读何经。既有轨辙可循，则进度自能划一。

（丁）《论》《孟》宜熟读熟记。而善读善记者，惟在幼年。故宜于高小时读之。

（丑）《左传》文词烂然，可为学文者之助。宜于初中前二年读之。

（寅）《诗经》寓兴观群怨之旨，最易感人。且音韵铿锵，尤便诵读。宜于初中第三年读之。

（卯）《礼记》非徒诵读，兼资讲习，宜于高中第一学年读之。

（辰）《书经》之辞旨古奥，《易经》之义蕴宏深，宜于高中第二三学年读之。

（丁）诵习法。古人谓诵书须高声朗咏，以畅其气。又须默咏恬吟，以玩其神。经学之文深理奥，非诵读不足以得之于心。然有既读矣，而不能举其词者。又有举其词而不能通其意者。更有通其意而不能用之于文，施之于事者。虽读如不读也。故诵读与习行，二者并重，不可偏废。

（一）诵读。既已制定经学课程，又酌定讲授时间，且必与他项科目，等量同视，方无畸轻畸重之观。虽不必责生徒以背诵，亦必使之朗朗入口。久之自能精研入微，而有经书之根柢。（二）习行。读书之法，专责以记忆，或难以程功。兼施以习行，则易于领会。先贤李恕谷曰，读尽《论语》，非读《论语》也。但实行学而时习一言，即为读论语。读尽《礼记》，非读《礼记》也。但实行毋不敬一言，即为读《礼记》。又曰：读书不解，不如反而力行，行一言解一言。今之学校，患在详于讲说，而略于习行。若于课程外，定有习礼习乐习数习动习语言习洒扫应对等事项。复于习行之时，取经学之有关者，而称引之，而印证之。自能收融会贯通之效，而经非徒读矣。

以上所陈，自知闭门造车，未必合辙。然基于十数年之体验，而详筹之，亦未必非愚者一得之见也。倘蒙试而行之，则圣经贤传，或可昌明于今日欤，岂不美哉。

评：切实体贴的是佳作。（张善同：《学校废经，国学寖坠，议者思有以复之，惟诸经繁重，校课亦多，学子精力有限，如何节省时间，俾得讲习，试详筹之》，《国学丛刊》，创刊号，1941年3月）

刘松涛撰《学校废经，国学寖坠，议者思有以复之，惟诸经繁重，校课亦多，学子精力有限，如何节省时间，俾得讲习，试详筹之》：

我国之有经学，乃国学之根本，而立国之精神也。尧舜禹

汤文武周孔列圣所传之大经大法，胥于是在焉。遭秦煨烬，几
至中绝。汉兴而复昌明之，国以大治。厥后历唐宋明清数千
年，举凡国运之隆替，无不以经学兴废为标准，其所关岂浅鲜
哉。晚近欧风东渐，中国于此潮流，不得不精研科学，与世界
角逐。讵意顾此失彼，遂致经学无形而废坠。有识之士，咸思
有以复之，以挽颓风。此诚当务之急，而不可须臾缓也。惟是
学校规章，自有步骤，与畴昔下帷攻读不同。大专中小，既差
等之悬殊，年级先后，亦因时而互异。由普通而进深造，则涉
猎不得不多。就时间而配课程，则晷刻不能不计。虽众人之聪
明才力，至不可齐。而学校之毕业年期，必归一致。其间英才
杰出者，原可游刃而有余。而中人以下之资，应付已虞其竭
蹶。于此而犹欲加入国学一门，讲习经籍，微特新旧冰炭，即
支配时间问题，亦有不胜其烦难者。虽然，事宜权其轻重，言
必去其骈枝。查现在中小各校课程中，容有无关轻重之科目。
或易以国学，而亦可以包括者，皆不妨从事删节，而以国学弥
其阙。是一转移间，钟点无须增加，仍得从容授受。即如国术
与体操，同属锻炼身体，似可归并一门。劳作训话周会，乃无
关重要者也。国语、国文、修身，皆可以国学包括者也。且不
止包括已也。其所谓国语、国文、修身，率皆俚浅白话，无裨
身心，纵有文言，亦不过杂选诸作。以不谙国学者读之，瞠目
不知所云。何如授以国学，培其本而植其基。教以道而养以正
乎。夫《学》《庸》《论》《孟》，何莫非修身之精义。《左传》
《诗经》，何莫非文辞之源泉。以此而代各课，不愈于俚浅白话
杂选诸作乎。此外大学专门各校，亦应由教育当局通盘审度，

择其可删之课而删之，则时间不患不敷矣。难者或曰，诸经繁重，昔人皓首穷经，尚苦不能遍及。今以学校有限之光阴，兼营此无穷之学问，徒劳无益也。不知古人或专治一经，或兼通数经，其所以穷年累月者，乃欲阐发义蕴，立言不朽耳。今则但期一般学子，认识吾国之国粹，不致误入歧途而已。圣贤立教，本自平易近人。诚能朝夕涵濡，无不涣然冰释。如其顾虑繁重，不难设法变通以求简易。又何必望洋兴叹，因噎废食乎。难者又曰，方今物质文明，日新月异，学者专心科学，尚忧不给，毋庸再袭旧说，阻其新机也。不知研求新学者，所以补我之短。保存旧学者，所以用我之长。当今之世，东洋同文无论矣。即西洋各国，亦莫不倾心于我国旧学，以为东方文化之祖。岂我国之人反可以固有而摒弃之乎？今承明问，除国文学系学院，原属专攻国学不在本论范围外。其余大学专门中小各校之应复国学者，敢就管见所及，敬筹方法，以供省览。疏陋之诮，知不免焉。

一、诵读全经原文，以示尊重而期赅博也。《四书》《孝经》，如布帛粟菽不可一日缺。《诗经》陶淑性情，昌黎称为正而葩者以此。三书原文，皆不甚多，诵读较易，不必删节致贻罣漏。宜于初小三年起，至高小毕业止，斟酌先后，分期教授之。

一、兼采节本讲义，以挈纲领而期融贯也。《三礼》及《春秋》《左传》卷帙最繁。旧有《三礼约编》《仪礼韵言》《周礼精义》《左传句解》《左传快读》《储选左传》各书，均为删节之本。是前人读书，已有以简驭繁之法，未可訾为割裂。又

《尚书·盘诰》，佶屈聱牙，并宜延请通儒，精心选摘，定为节本。（《三礼》《书经》专取微言大义，其礼经中名物制度，有宜于古而今不习见。及先儒聚讼纷纭各部份，不妨从略）或酌编各经讲义，由浅入深，由概说以臻详尽。务期整理贯串，节次分明。使其求博以约，虽简亦赅。以化除学者畏难之心，而引起其钻研之兴趣。此课可于初中一年起，至大学专门（属于社会科学各科者）三年止讲习之。至某经应编节本，某经应编讲义，或合二种以上经编为一讲义，皆于编纂时开会讨论酌定。

一、专用讲义以资变通也。《易经》其道至大而无不包，其用至神而无不存。虽曰易知易从，而一般学者，卦义爻象，尚不明了。骤读原书，既难领会。若用节本，又不可能。是宜专用讲义，详为解说，俾明梗概。关于《公》《穀》二传，亦用此法。于高中三年级起，至大学专门（属于社会科学各科者），第三年，由学生志愿选择一门肄习之。

一、研究字义以明古训也。读书必先识字。朱子说《诗》，虽不全宗旧说。而解释字义，与毛郑无殊，是宋儒亦深通训诂也。今人但解俗诠，无怪读经格格不入。旧有陈建侯《说文提要》一书，取说文部首五百四十字，摘录字义，附以音考，为初学识字阶梯。用意至善，篇幅亦至简单。今宜以此书为两等小学课本，以六年之久，而识此五百余字，当不甚难。此外另编《说文讲义》，以为中学及大学专门各年级课程之用。至《尔雅》本列十三经之内，亦宜编纂讲义，由高小一年起高中三年止教授之。俾学者窥见字学之本原，而研究国学可以澈底解决矣。

一、限制白话以期发扬国光也。白话用于官府布告，私人通函，以及一般形下之学，以取便利，原无不可。至欲求形上之学则大不然。盖中国文字之所以优于各国者，在能以简驭繁，变化无方，其妙全恃文言之运用。若白话则取径太狭，不足尽文字之能事也。学生习用白话，对于我国各种往籍，皆不能读，遑论读经。今人反对读经，非真反对也。经中文义茫乎不解，阅不终篇，昏然欲睡，则白话害之也。是故白话不限制，国学无由而兴，非但不能兴也，且恐将有澌灭无遗之一日，可胜慨哉。应请教育当局，分别禁令，除初小以及各学校关于声光、化电、物理、算数、机械各课本，仍得参用白话外，其余一切课本试卷，皆用文言，则正本清源，国学必有昌明之望。

一、规定主要以为进退标准也。国文原为各校主要科目之一。今宜扩充范围改称国学。而以上述各科目（如《四书》《孝经》之类）归纳于其中，以为主要科目。严格限制，凡各学生考课，主要科目不及格者，皆不得升学毕业。庶几人知奋勉，得收提倡之效矣。

以上所陈为力求详尽起见，故列举群经兼及《说文》，采用不免稍多。如以繁重为嫌，则另有简便之法。以五经四书为限，就篇帙少者读原文。四书中之《学》《庸》，五经中之《诗经》是也（《易经》篇帙虽少，恐学生不易领会，改用讲义不读原文）。其余《春秋》取《左传》，三礼取《礼记》，与《易经》《书经》《论语》《孟子》，皆用讲义或节本，以教授之。以十余年之岁月，习此数种之功课，又不全读原文。无论学校科目如何繁多，而用上述转移钟点方法，决无时间不敷精力不给之虑，此则又一办法也。惟俟当局如何抉择耳。

评：细心研求，不负此题，注意小学尤为卓识。（刘松涛：《学校废经，国学寖坠，议者思有以复之，惟诸经繁重，校课亦多，学子精力有限，如何节省时间，俾得讲习，试详筹之》，《国学丛刊》，创刊号，1941年3月）

4月5日 金毓黻阅傅小岩《雪萤鳞爪》中有"国学举隅"。（金毓黻：《静晤室日记》第6册，辽沈书社，1993年，第4691页）

4月8日 郑以农发表《论国故之领域》，提倡本实事求是之精神，为文字训诂之工作，朴实考证无取夸张。

凡百学术皆有其范围与定义。独国故学本系假定术语，含有古代文献之意味，包括若干之学科，故不易确定其范围与定义也。虽然，为学者明了起见，姑就其研究对象之倾向，述其领域如左：

吾国过去一切文化历史，皆为中国国故。今讲文学者不得不取材于《诗经》及集部，讲哲学者不得不取材于《易经》及诸子，讲史学者不得不取材于《书经》《左传》及史部，其他研究舆地学、社会学等，皆有资于古籍，是古籍者，为各科学共习之业，各取所需，而不可以独立讲求也。是亦不然。盖国故者，国家故有之文物，又民族精神之所寄托。在固有古籍未经整理以前，自有国故学之名词之存在。在固有古籍既经整理之后，自当分丽于各种专门学问之研究，别无所谓国故矣。吾人抉其范围，知现在以确为国故领域者，约有四事。

一曰文字学：自哲学上言，语言无异鸟音，文字不外符号。然人类言文，已成为表现记录思想之工具矣。此等特殊的艺术品，即系国家民族之一大纽带。制造历史文学，胥赖于此。自许叔重创作《说文》，专以字形为主，而训诂、音韵属焉。前乎此者，则有《尔雅》《方言》，后乎此者，则有《释名》《广雅》，皆以训诂为主而与字形无涉。《释名》专以声音为训。又自李登作声类，章昭、孙炎作反切，至陆法言乃有《切韵》之作。今之《广韵》，验就《切韵》增润者，此皆以音为主，而训诂属焉。合此三种，乃成国语言文字之学。若夫旁求钟鼎，发掘甲骨，乃为补苴《说文》，相证变迁，皆应括于文字学之中。方言一科，尤可考验语异缘由。此当定小学为国故领域之一也。

二曰古史学：六经皆史已为定论。今日通经，即是治史。汉儒通经致用之说，久不足取。盖欲求实用，贵乎通今而不可泥古。然学者求真求是，观世文质。固不浅薄功利。应以客观之态度，考证古代之事迹。夫吾国语言文法，皆出于五经，五经几为吾国之文典，一也。周秦诸子理论，又渊源于五经，五经半为理论之事实，二也。二千年之论理思想，造端于古史之观感为褒贬。修身治国之道，著在五经，三也。递而下衍，则有邱明之衍传，迁、固之承流。二十四史，接踵代兴。为五经之正支。递而旁衍，则有汉代之词赋，魏晋之诗歌。六朝短篇，承绪而起。亦为五经之支曼。盖普教恒民，不必提倡读经。而专家治学，讵能搁置古史。故古史研究，当定为国故领域之二也。

　　三曰诸子学：诸子一名，更属假定。通常所谓诸子，乃指先秦六家。晚周王官失守，私学朋立。于是各据古史事实，归纳而为信条。是以生儒、墨之异同，与道家法家之主张。循其义谛，皆为时代反映。惟杂家兼取众长，不主一家。既少偏颇，号为综合。其他盖皆不可行于后世。西汉一代，阴阳最盛。而淮南博采约守，王充独明人世。其后佛法旁入，羽流造经。浮屠深密之言，广行中夏。唐人移译尤多，宋代变为理学。然则汉前诸子，为华夏所故有。宋复理学，为佛法所参蜕。顾以流行虽久，畛域未泯。董理文献，时复及之。要当以汉前诸子为主耳。故诸子学研究，当定为国故领域之三也。

　　四曰文献学：唐宋以降，集部最多。短篇之中，非经学而有经解，非史学而有碑传。在四部之中，以集部为最杂。然唐宋以下之史，多系编纂而成。仅有朝野掌故，人文事迹。不见于官书而著之集部者。是集部中除去酬酢无聊文字之外，包有相当之史料。讲求考订，未可全摒集部，此一端也。后世史册传人，不录篇简。名人言行，转在集部，是以观察一事，考求兴废。求明原委，亦未可不读集部，此二端也。故集部当定为国故领域之四也。

　　结论

　　综上所述，本为假定。若自其广泛言之，凡吾国所故所有者，举可定为领域。若自其严格言之，惟有文字学、训诂学、考订学三者为最重要。

　　若中国之文学、哲学、史学等，皆有其固有的领域。通常辄谓中国文学为国故，不知文学所重为美感，而国故所重在资料。汉晋木简，殷墟骨文，皆可谓之国故资料。唐宋诗词，元人戏曲，皆可谓之文学而不在国故范围矣。伦理、哲学时撷周秦诸子与宋明理学，究之仍属人生研究，又不当丽于国故也。国故研究有时为其他各学之基础。然亦不必效夸夫唐九之言，妄称国故为东方文化。（郑以农：《论国故之领域，本实事求是之精神，为文字训诂之工作，朴实考证无取夸张》，《晨报》，1941年4月8日，第3版）

4月11—14日，薛无竞发表《怎样研究国文》，辨析国文与国学之异同。

文中称：

（一）国文非国学，"国学者，中华民族，以文字所表达之结晶思想，用合理的、组织的、系统的方法，记载其生灭，分析其性质，罗列其表现形式，考察其因果关系者也"（见马瀛《国学概论》），他的范围，包括有哲学、史学、文学、文字学等，那是专门学者的事实，岂是区区学国文的人，所能问津呢？（二）国文非文学，文学有两义，（甲）"以有文字著于竹帛，叫做文，论其法式，叫做文学"（见太炎《文学论略》），其范围包括有成句读文，及不成句读之文，而成句读者，复有有韵无韵之别，（乙）"事出于沉思，义归乎瀚藻……名曰《文选》云耳"（见昭明太子《文选序》），其范围仅指诗赋美文而言，这两说前失之宽，后失之狭，又那里是研究国文的人，敢于涉其藩篱呢？

除上两点以外，更有以哲学、史学、社会问题等等，都当做国文，那真是海阔天空，流水行云，无一不是国文，岂不令人望而却步，我以为国文的定义，只是——用本国之文字，写出人类生活之反映，而思想正确、音节和谐、文法无误，人人得以欣赏或发表的，那就叫做国文。（薛无竞：《怎样研究国文》，上海《申报》，1941年4月11—14日，第3张第9版）

4月29日　钱穆在复性书院讲"儒家思想与中国传统政治"。（王培德记录：《复性书院日记》，吴光主编：《马一浮全集》第5册，第420页）

5月15日　问渔发表《补学斋随笔·关于国学》，主张国学应融汇人类文明各方面于一炉。

问渔主张：

> 说起"国学"二字，却很有些难讲或者竟可以说讲不通的地方，学术那里有国籍可言呢？哲学、科学、文学以及工艺、经济等，凡是文明人类，皆有，凡是有文化的国家皆有，尽管所记载的文字不是一样，程度高低，亦不能尽同，而学术的类别，还不是一样吗？但是在吾中国，情势却有一些特殊，"国学"二字，也竟成了一个固定的东西了。其所以构成的原因，是为中国立国太久，历史上所积汇下来的材料太多，并且这些很多的文化史料当中，可宝可贵的东西，也着实不少，在未经整理分析以前，又不能明明白白的即指出某部份是某某学，无已，只好以一种浑笼的名词，谓之曰国学，实在也是不得已啊！就国学的大体的区别来说，旧式分类法，是有经、史、子、集四种："经"中所包含的有哲学、政治、文学、经济、

工艺、言语、文字等，"史"中所包含的有政治、经济、统制、法律、文化、教育、社会问题等，实际史的一部也即含于经中，所以前人有"六经皆史"的说法，"子"略偏重于哲学思想一类，但也有些是关于技术一方面的，"集"可算是文学一类，四大类中，比较"经"为最杂，可以说史、子、集，他皆包括到一部份，并且解经释经之书，也都附入于其内。

统观经、史、子、集四部分（即所谓国学），其中所包涵的内容，可以析之加（如）次：

一、人生观及宇宙观——如《易》《中庸》《礼记》。（《中庸》原属《礼记》一部分，后来才把他分出来。）二、人类处世的方术及原理——（人生哲学）——如《论语》《大学》《孟子》等（《大学》本来也是在《礼记》中，后来和《中庸》同时扯开的），这一部分比较古人考究得最为深刻，如何律己，如何待人，如何处世，如何御物，时有常变，事有经权，皆要求得一个适当的准则。三、政治的思想主张，以及实际政治应用方面各种方法，包括社会组织，经济构造，法律制定，教育实施等问题在内，并且和上条人生哲学有密切关系。四、对于物的处理利用，包括自然科学，实用自然科学，如天文、水利、数学、工艺、农艺、医药等。五、风俗言话的考察记载。六、文学艺术的创造与纪录，如诗歌、小说、美术、音乐等。七、教育文化的实施方法。八、史的研究方法及对于史的思想主张，兼涉及社会道德标准的拟定，和第（二）条人生哲学及第（三）（五）（七）等条，均有相互的关系。（问渔：《关于国学·补学斋随笔》，《国讯旬刊》，第269期，1941年5月15日）

5月20日　蜗发表笔谈，主张研究国学是要明晓中国文化的特点，给予"历史以一定的科学的地位"，而不是发扬一切的封建的毒素，必须同一切别的民族的社会主义文化与新民主主义文化相联合。

文章称：

　　每当中国人民高度觉醒的时候，统治阶级总是千方百计要将人民从历史的路上拉回去。在亢占中读经尊孔，既为政府所提倡，"立诚""复性"，更有某些学者在实地执行。故在今天的"提倡国学"原是平淡无奇的。这回的提倡，虽是"勉仁"，而一贯的却是为了要发扬本位文化，与"立诚""复性"原都是封建余孽的一胎三子，阿三改叫阿毛，阿毛其实也就是阿三。"发扬本位文化的人"，究竟要发扬的是什么？创设勉仁书院的梁漱溟先生早在二十年以前说过世界文化是可分为三类的，中国文化是属于"持中调和"的。那意思就是从孔子的庸俗的持中主义到宋明的理学都是显示了"持中调和"的特质。

　　在今天来提倡"持中调和"的"本位文化"，那作用是什么？主要的无非是封建地主要借此以达到阶级独断的欺骗性。[封]建地主在民族压迫威胁了他们的生存的时候，原是要亢占的。但当民众从亢占中抬头了，却又觉得再亢下去，"老百姓是要造反了"。他们也明明知道，要将老百姓从历史的行进中拖了回来，是不可能，这样便想出了还是来提倡一下"本位文化"，希望老百姓一个个都能持中起来，不偏不倚，对亢占表示着温和态度，从这持中的不偏不倚的温和态度中，来达到

他阶级的专断的目的。"提倡国学"，"专门研究优良经典"，终
其极，就可使亢占完完全全由他们要亢一下就亢一下，不想亢
了，也便可以不亢。中国文化是有其特点的，但我们要找出
它的特点，但首先必须予以扬弃，给予"历史以一定的科学的
地位"，而不是发扬一切的封建的毒素，必须"同一切别的民族
的社会主义文化与新民主主义文化相联合，以建立互相吸收与
互相发展的关系"，与"立诚""复性""勉仁"是毫无相同之处
的。（蜗：《笔谈·提倡国学》，《学习》，第 4 卷第 4 期，1941 年 5 月 20 日）

5 月 24 日　张颐在复性书院讲"德国哲学运动"。（王培德记录：
《复性书院日记》，吴光主编：《马一浮全集》第 5 册，第 422 页）

5 月 25 日　马一浮发布《告书院学人书七》，辨析进业、修德
与讲学的关系。

方今年开讲之初，已预告诸君以当辍讲，今遂及此日。前
言所已及者，无劳更举。凡人相与聚处，及其将别，不能无相
劳苦之辞，此亦人之情也。

今唯有一语为诸君告，则继今以往，勿存肄业、受业之
称。夫学问之道，贵其自得。朋友讲习，乃未得以前之事。若
其既得，何事于此？道可得而不可传，涣然冰释，怡然理顺，
固非他人所能与。讲习则可许，授受则实无。古之闻道者，自
视其言，盖犹土苴。其语人也，亦因其所固有者而示之，因其
所本无者而斥之，非能取而与之，攘而去之也。此谓以本分事
接人。其因而有闻者，亦如其本分而止，非有加于毫末也。不

知有本分，而谓有法可相授受者，妄也。（如目本无翳，瞥则翳生，翳非目也。抉去其翳，则本然之目还矣，非能为人安目也。人之患翳者不自知，医者以药除之则可，不可撒石灰与他）。诸君之屈于此者，其读书未尝不勤，独吾所以告之，实未有少裨于诸君之所业。吾言未必契理，已不契机，若其契机，或恐违理益甚。虚劳诸君远辱，共此枯淡，至于再期，其亦久矣，不可更以相屈。人之趣舍，何必尽同，诸君之来，特暂相依止，亦各求其所志，各治其所业耳，非有受之于吾者也。其或已能自得于己者，益非吾之所能与。而曰是吾尝肄业焉，尝受业焉，不亦虚乎？

向者，诸君见枉，于其将辍讲也，若不能无憾。然吾方自病其言之过，且尝告诸君以书院存废与吾之语默无关。是皆于道无所加损，于诸君亦无所加损。诸君若于此理能有入者，当知其言之不诬，又何憾焉？（马一浮：《告书院学人书七》，吴光主编：《马一浮全集》第1册下，第565—566页）

5月28日　徐赞葛发表《与友人论国学书》，提出研究国学应当区分经今古文之异同。

文章称：

足下迩来专心国学，有志经史，极为欣慕。夫中国之国学，孕育乎唐虞，发乎周末，至战国而臻极盛，其后继继绳绳，以至于今日，或胜或衰，代各不同。然国学之为范围甚广，凡经史子集，莫不属之，其精萃则首推六经。六经之书，皆出于春秋之前，尤以《书》为最早，孔子删书断自唐虞，是知书不始于盛唐也。即其体例观之，二典三谟，备载一君始终，实乃史学之滥觞也。《易》始于伏羲书卦，文王周公作《爻辞》。礼则有《周礼》《仪礼》《礼记》之分，诗则有风、雅、颂之别。孔子就鲁史而作《春秋》，尊王室，攘夷狄，因文字寓褒贬，当世诸侯之所雁也。孔子之学，得力于《易》，韦编三绝，学《易》终身，《十翼》之作，仅以附经，惟《春秋》为其著述，太史公实接其传。是六经者，虽出书早晚之不同，而皆经夫子之删定，文深意奥，非深研详究慎思明辨，莫能通其一二。其后曾子作《大学》，子思作《中庸》，于夫子之道，多所发明。而《大学》一书，即寓修齐治平之道。《中庸》一书，虽终身持之，莫能穷焉。至于左氏、公羊、穀梁三家，所见异辞，所闻异义，各得其一体，左氏虽晚出，张本继末，多膏腴美辞，后世文学家奉之为圭臬，而微言大义，发自公羊焉。入战国后，法墨纵横，诸子百家，各持一辞，以伸其说，争奇竞胜，尽态极妍。惟孟子尊孔子之道，倡民贵君轻说，以游于天下，其文善驰骋，已开列国游说之先声。至于史学，则以太史公之《史记》，为无美不备，盖今文学之鼻祖也。孔子之传，一孟一荀，大同小康之治，后世争论之。今之精研国学者，能于古今文不同之点，着手而推求孔学之真谛，则善矣。（徐赞蒿：《与友人论国学书》，《开封教育月刊》，第 14 期，1941 年 5 月 28 日）

5 月　中华孔学会在中央广播大厦召开成立大会，柯璜被推举为会长。

　　中华孔学会早期会员数十人，主要是军政要员和文化名人，如孙科、孔祥熙、何应钦、程潜、阎锡山、翁文灏、戴季陶、陈诚、陈布雷、陈立夫、陈果夫、于右任、吴稚晖、冯友兰、钱穆、马一浮、梁漱溟、李烈钧、黄炎培、胡适、傅斯年、屈映光、陈孟修等人，后来加入的有邓初民、章士钊、马寅初等。（马曙明：《从追求革命到潜心研佛——屈映光小传》，临海市政协文史委编：《辛亥革命百年祭：临海辛亥革命人物事略》，政协浙江省临海市委员会，2011年，第45页）

　　△ 《学习》发表《备忘录："国学"要紧》，讥讽政府提倡国学，罔顾民生。

　　　　（重庆通讯）"参政员梁漱溟等为提倡国学，发扬本位文化，筹备在渝创设勉仁书院专门研究中国优良经典，现在觅定北碚地为院址，经费十万余元，教育部已允予补助一部分云。"（五月五日《正言报》）

　　　　（昆明通讯）："市民赵泽义，对于机械素喜研究，近鉴于农村水利之重要，特悉心计划，发明木制吸水机一种，制造简单，效力宏大，颇合农民需要，特呈请建设厅准予贷款办理。闻建厅当局即批示嘉许，贷款因并无成例，饬其自行办理云。"（五月五日《正言报》）

　　　　赞曰：一纸批示，满口嘉许；呈请贷款，并无成例。至于提倡国学，创设书院，经费十万，教部已允补助。是谓之"国学要紧"！（莎：《备忘录："国学"要紧》，《学习》，第4卷第4期，1941年5月20日）

6月1日　复性书院公布本学期试题："《大戴礼·曾子立事》篇笺解"，"伊川《四箴》释义"，"拟柳子厚《师友箴》"。（王培德记录：《复性书院日记》，吴光主编：《马一浮全集》第5册，第423页）

6月14日　汤国梨谈及太炎文学院停办之事，极以孙世扬、诸祖耿中途叛去为恨，滔滔不绝。（夏承焘：《夏承焘集·第六册·天风阁学词日记（二）》，第311页）

6月20日至25日　黄离明在复性书院讲"穷元"，从先秦诸子百家到宋明理学各家。（王培德记录：《复性书院日记》，吴光主编：《马一浮全集》第5册，第425页）

6月25日　马一浮公告结束复性书院讲学事宜，谢遣学人。

马一浮后来致信张立民袒露罢讲原因："廿八年冬，熊先生曾持异议（欲变为国立文哲学院），仆不为动。及廿九年教部欲审核教材，仆始有去志。三十年学生反对刻《答问》，此为罢讲求去之主因，不独专为经济困难也。"（马一浮：《致张立民》第二十函，1944年，吴光主编：《马一浮全集》第2册下，第808—809页）复性书院不再公开征选肄业生，专事刻书，留院学生自由研习，每次课试及平日札记较优者给予奖励，选录课业，编印《吹万集》，"谢遣参学人"。（王培德记录：《复性书院日记》，吴光主编：《马一浮全集》第5册，第426页）

6月28日　许地山为岭英中学高中毕业生，演讲"国粹与国学"。

钱穆曾撰《新时代与新学术》，提出学术随时代而转移。新时代常需要新学术为之领导或推进。然而，新学术应当温故而知新，从已往旧有学术之中蕴孕而出，"并非凭空翻新，绝无依傍"。新学术的产生，"不过能跳出一时旧圈套，或追寻更远的古代，或旁搜外邦异域，或两者兼而有之"。现代学术存在两大弊端，"一则学问与人生分成两橛。不效乾嘉以来科举宦达，志切禄利，则学欧美自由职业，竞求温饱"；"二则学问与时代亦失联系。学问自身分门别类，使学者藏头容尾于丛脞破碎之中。以个人私利主义而讲专门窄狭之学。学问绝不见为时代之反映，仅前人学问之传袭而已。"当下中国学人应当廓开心胸，放宽眼界，"一面是自己五千年深厚博大之民族文化历史世界，一面是日新月异、惊心动魄的欧亚美非澳全球新环境。向内莫忽了自己诚实痛痒的真血性，向外莫忽了民族国家生死存亡的真问题"。（钱穆：《新时代与新学术》，《大公报（香港）》，1941年6月8日，第2版）6月24日，有人在《华字日报》写了一篇《国粹与国渣》，质问许地山，"文中有些问题发得很幼稚，值不得一答。惟有问什么是'国粹'一点，使我在学问的良心上不能不回答一下"。

许地山主张"一个民族底文化底高低是看那民族能产生多少有用的知识与人物，而不是历史的久远与经典底充斥"。"国粹"原本不见于经传。戊戌政变之后，经由"中学为体，西学为用"思维所呼唤出来的"一个怪口号"。又因为《国粹学报》的刊行，"国粹"便广泛地流行起来，编纂《辞源》的先生们解释"国粹"："一国物质上，精神上，所有之特质。此由国民之特性及土地之情形，历史等，所养成者。"这解释太过笼统且太不明了了，"国民底特性，地理的情形，历史的过程，乃至所谓物质上与精神上的特质，也许是产生国粹底条件，未必就是国粹"。陆衣言在《中华国语大辞典》里解释为，"本国特有的优越的民族精神与文化"，就是国粹。这个虽然稍好，但还是不大明白。许地山指出"在重新解释国粹是什么之前，我们应当先问条件"："（一）一个民族所特有的事物不必是国粹。特有的事物无论是生理上的，或心理上的，或地理上的，只能显示那民族底特点，可是这特点，说不定连自己也不欢喜它"，"（二）一个民族在久远时代所留下底遗风流俗不必是国粹"，"（三）一个民族所认为美丽的事物不必是国粹"，换言之，"国粹"不一定是人人能了解的，但在美的共同标准上至少让大部分人承认，才可以说有资格成为一种"粹"。综合以上三点，许地山认为所谓"国粹"必得在"特别，久远，与美丽之上加上其它的要素"，只能假定为："一个民族在物质上，精神上与思想上对于人类，最少是本民族，有过重要的贡献，而这种贡献是继续有功用，继续在发展底，才可以被称为国粹。"依照此一标准与目前的情势，难免不生出"国粹沦亡"或"国粹有限"的感觉，"不但是我个人有，我信得过凡放开眼界，能视察和比较别人底文化底人们都理会得出来"。许地山追述几年前，曾与张君劢先生好几次探讨国粹问题：

　　有一次，我说过中国国粹是寄在高度发展底祖先崇拜上，从祖先崇拜可以找出国粹底种种。有一次，张先生很感叹地说："看来中国人只会写字作画而已。"张先生是政论家，他是太息政治人才底缺乏，士大夫都以清淡雅集相尚，好像大人物必得是大艺术家，以为这就是发扬国光，保存国粹。《国粹学报》所揭橥底是自经典底训注或诗文字画底评论，乃至墓志铭一类底东西，好像所萃底只是这些。"粹"与"学"好像未曾弄清楚，以致现在还有许多人以为"国粹"便是"国学"。近几年来，"保存国粹"底呼声好像又集中在书画诗古文辞一类底努力上；于是国学家，国画家，乃至"科学书法家"，都像负着"神圣使命"，想到外国献宝去。古时候是外国到中国来进宝，现在的情形正是相反，想起来，岂不可痛！更可惜的，是这班保存国粹与发扬国光底文学家及艺术家们不想在既有的成就上继续努力，只会做做假古董，很低能地描三两幅宋元画稿，写四五条苏黄字帖，做一二章毫无内容底诗文古辞，反自诩为一国底优越成就都荟萃在自己身上。但一研究他们底作品，只会令人觉得比起古人有所不及，甚至有所诬蔑，而未曾超越过前人所走底路。"文化人"底最大罪过，制造假古董来欺己欺人是其中之一。

许地山提出，应当规定"国粹"该是怎样才能够辨认：如何保存，如何改进或放弃。如果带有"国"字的事物，一旦无进步与失功用，那么都要下工夫做澄清的工作，把渣滓淘汰掉，才能见得到"粹"。例如从我国往时对于世界文化的最大贡献看来，纸与丝可被视为国粹。但如今我们现在制造技术都不如从前，"技艺只有退化，还够得上说什么国粹呢！"另外，民族所遗留下来的好精神，若离开理智的指导，结果必流入虚伪和夸张：

　　要清除文化的渣滓不能以感情或意气用事，须要用冷静的头脑去仔细评量我们民族底文化遗产。假如我们发现我们底文化是陈腐了，我们也不应当为它隐讳，楞说我们所有的一切都是优越的。好的固然要留，不好的就应当改进。翻造古人底遗物是极大的罪恶，如果我们认识这一点，才配谈保存国粹。国粹在许多进步的国家中也是很讲究底，不过他们不说是"粹"，只说是"国家的承继物"或"国家底遗产"而已（这两个辞底英文是 National Inheritance，及 Legacy of the Nation）。文化学家把一国优越的遗制与思想述说出来给后辈的国民知道，目的并不在"赛宝"或"献宝"，像我们目前许多国粹保存家所做底，只是要把祖先底好的故事与遗物说出来与拿出来，使他们知道民族过去的成就，刺激他们更加努力向更成功的途程上迈步。所以知识与辨别是很需要的。如果我们知道唐诗，做诗就十足地仿少陵，拟香山；了解宋画，动笔就得意地摹北苑，法南宫，那有什么用处？纵然所拟底足以乱真，也不如真的好。所以我看这全是渣，全是无生命底尸体，全是有臭味底干屎橛。我们认识古人底成就和遗留下来底优越事物，目的在温故知新，绝不是要我们守残复古。学术本无所谓新旧，只问其能否适应时代底需要。

接着，许地山重点检讨国学的价值与路向。钱穆指出现代中国学者"以乱世之人而慕治世之业"，结果导致"内部未能激发个人之真血性，外部未能针对时代之真问题"。许地山认为这一观察在现象方面是千真万确，但不同意钱穆的解释。许地山认为中国"学术界无创辟新路之志趣与勇气"的原因，"是自古以来我们就没有真学术。退一步讲，只有真学术底起头，而无真学术底成就"。所谓"通经致用"只是"做官技术"，做事人才与为学人才没有被区分出来。"学而优则仕"，只是治人之学，并非治事之学与治物之学。而现代学问的精神恰恰是从治物之学出发的，"从自然界各种现象底研究，把一切分出条理而成为各种科学，再用所谓科学方法去治事而成为严密的机构。知识基础既经稳固，社会机构日趋完密，用来对付人，没有不就范底。"知识理性如不从治物与治事之学做起，"则治人之学必贵因循，仍旧贯，法先王。因循比变法维新来得更有把握，代表高度发展底祖先崇拜底儒家思想，尤其要鼓励这一层。"所以中国的学问，往往是"因袭前人而不敢另辟新途。因为新途径底走得通与否，学者本身没有绝对的把握，纵然有，一般人底智慧，知识，乃至感情意气也未必能容忍，倒不如向著那已经有了权证而被承认底康庄大道走去，既不会碰钉，又可以生活得顺利些"。最后，学问无法成为人格的结晶，而只为私人在社会上博名誉，占地位的凭借。"中国学术底支离破碎，一方面是由于'社交学问'底过度讲究，一方面是为学人才底无出路。"钱穆所说"学者各榜门户，自命传统"，在国学界可以说相当地普遍，"从师若不注意怎样做人底问题，纵然学有师承，也只能得到老师底死的知识，不能得到他底活的能力。我希望讲师承底学者们注意到这一层"：

　　学术除掉民族特有的经史之外是没有国界底。民族文化与思想底渊源，固然要由本国底经史中寻觅，但我们不能保证新学术绝对可以从其中产生出来。新学术要依学术上的问题底有无，与人间底需要底缓急而产生，决不是无端从天外飞来底。一个民族底文化底高低是看那民族能产生多少有用的知识与人物，而不是历史底久远与经典底充斥。……要知道中国现在的境遇底真相和寻求解决中国目前的种种问题，归根还是要从中国历史与其社会组织，经济制度底研究入手。不过研究者必要有世界学术底常识，审慎择别，不可抱着"花子吃死蟹，只只好"底态度。……中国目前的问题，不怕新学术呼不出，也不怕人去做专门名家之业，所怕底是知识不普及。一般人底常识不足，凡有新来底吃底用底享受底，不管青红皂白，胡乱地赶时髦。读书人变成士大夫，把一般群众放在脑后，不但不肯帮助他们，反而压迫他们。从农村出来底读书人不肯回到农村去，弄到每条村都现出经济与精神破产底现象。在都市底人们，尤其是懂得吹洋号筒底官人贵女们，整个生活都沉在花天酒地里，批评家说他们是在"象牙之塔"里过日子。其实中国那里来底"象牙之塔"？我所见底都是一幢幢的"牛骨之楼"罢了。我们希望于学术界底是在各部门里加紧努力，要做优等人而不厌恶劣等的温饱，切莫做劣等人而去享受优等的温饱。那么，平世之学与乱世之学就不必加以分别了。现在国内底大学教授，他们底薪俸还不如运输工人所得底多，我们当然不忍说他们是藏身一曲，做着与私人温饱相宜底名山事业。不用说生存上，即如生活上必须的温饱，是谁都有权利要求底。读书人将来会归入劳动阶级，成为"知力劳动者"，要恢复到四民之首底领导地位，除非现在正在膨胀着底资产制度被铲除，恐怕是不容易了。（许地山：《国粹与国学》，商务印书馆，1946 年，第150—169 页）

　　容肇祖认为《国粹与国学》是"极尽了向香港居住的中国人呼唤与警醒的责任"，七七事变之后，"香港变成了国外的中国文化的中心"，许地山堪称香港文化界的"执牛耳者"。"香港地方所保持的国粹，多少有民族文化的渣滓，这是许先生要逐件去辨明的。"《国粹与国学》所提出的问题，"大概是五四运动后学术界新旧争执的问题，这时期开始在香港出现"。（容肇祖：《追忆许地山先生》，莞城图书馆编：《容肇祖全集》八，齐鲁书社，2013年，第4430—4431页）

6月30日　《申报》报道明道国学补习社添设暑期班，"时间每日上午九时至十时，所授课程有经史百家简编、唐诗三百首、历代名人小简等"。（《明道国学补习社》，上海《申报》，1941年6月30日，第2张第8版）

6月　北平国学书院计划设立国学研究班，课程为经、史、子、集四种，招考名额为三十名，除由该院考课生录取部分外，各大学国学系卒业及各机关荐任简任官吏，有志愿者，均可报名应考。（《北京国学书院成立国学研究班》，《警察三日刊》，1941年6月27日，第2版）

△　《浙大学生》（复刊）第1期出版；刘操南撰文介绍浙江大学中国文学系的概况，指出文学系教员贯通中西新旧，平衡考据、义理、词章的学术与教学旨趣。

文中称：

> 一、专与通。今人论学，或主专家，或重通识。主专家者，鄙通识为肤浅空疏；重通识者，讥专家为支离破碎。吾人以为承学之士，先须博读基本要籍，然后择一两门性之所近者，用严密之方法，作精深之研究，仍须时有超卓之识，观其会通。故所谓专家与通识，不过畸轻畸重之名，非水火相反之事。盖真正之专家，无不修养深厚，兼具通识，非仅拘于一曲，如一种技术之工匠；而真正之通识，亦必有一两种专精之

学问，非泛览肤受，如章实斋所谓"横通"者。——此吾人对于专与通一问题之态度也。

二、新与旧。今人论学衡文，每有新与旧之争。吾人以为学术文章，应论"真伪""美恶""是非"，而不应仅论"新旧"。昔人谓佳文如日月，光景常新。日月乃天地间最旧之物，所以常新者，以其有灿烂之光辉也。反之，矢溺粪土，固无人因其新而宝之。"久则穷，穷则变"之原理，吾人承认之。惟变之中，仍有不变者存，故新之可贵，非仅以其新也，以其久则穷，穷则变，变而仍不失为"真"为"美"为"是"也。此吾人对于新与旧一问题之态度也。

三、中与西。学术本无国界。"他山之石，可以攻错。"印度佛学及梵文之输入，能使吾国哲学思想、音韵学、文学、艺术，皆受影响，则已试之效也。方今瀛海如户庭，故虽治中国学术，亦非仅能读中国书为已足。以文学言，小说、戏剧，吾国不甚发达。故欲创作者，必熟读西洋名著，以资模效。即作诗与散文，如精熟西洋文学，亦可于不知不觉中，创新意境、新风格。以文学批评言，应用西洋文学批评原理，读吾国古人诗文，可有许多新看法、新解释。以研究考证言，西人考证方法之精密，可供吾人仿效，西人治汉学之成绩，可供吾人参考。（譬如音韵学，清代三百年中，成绩虽甚卓著；而近来欧西学者，凭借其科学之知识及方法，考中国古音，遂觉前修未密，后出转精。——此学者所公认者也。）居今日而治中国学术，苟不能读西洋书，恐终难有卓异之成就。此吾人对于中与西一问题之态度也。（刘操南：《中国文学系概况》，《浙大学生（复

刊）》，第1期，1941年6月）

△　国立编辑馆召开讨论十三经新疏编刊会议，顾颉刚、辛树帜、陈可忠、魏建功、台静农、卢前等出席。7月1日，顾颉刚为编译馆作《十三经新疏编刊缘起》。顾颉刚认为十三经者，吾国文化之核心，"二千年中，一切政治制度、道德思想无不由兹出发"。而《十三经注疏》者，"前修未密，后出转精"，近三百年为经学最昌明之时代，"此类新编，半属家刻，或散在丛书，购取不便"，"结集《十三经新疏》之事，固为数十年来公同之要求矣"。（顾潮编著：《顾颉刚年谱（增订本）》，第352页）

7月2日　（伪）北京特别市公署训令社会局核准国学书院第一院添设研究班印与保送研究员等事宜。该院讲授日期表，如表5所示。

案准国学书院第一院函开。敬启者：《论语》有云："学优则仕，仕优则学"，盖学无止境，而用贵通经，自古然矣。本院为提倡国学起见，添设研究班以资讲习。各机关委任以上职员，如有志于国学深造者，得保送研究员。每月讲习二次，皆系星期日，于公无碍，于学有益。兹将印就办法及讲授日期表、保送研究员姓名表各一份，送请查阅。期于七月五日以前见复，以便审定，并希转饬在京所属查照等。因附件准此合行检发原件各一份，令仰该转知所属委任以上职员，如有志于国学深造者，应于七月三日以前到表呈报，以凭保送为要。

国学书院第一院添设研究班办法

一、无论本院考课生或由各机关保送之公务员有志国学深造者得报名审定为研究员。

二、暂设经、史、子、佛学附词章四门，除俟异日扩充每门研究员以二十人至三十人为度，如经、史、子三门审定研究员人数较少，则词章门名额可量增加。

三、每门设导师一人至三人，临时聘请名家讲演或名誉导师不在此限。

四、导师以具有各该门学识堪胜教导之任者聘充，其束脩每次十五元，如评阅作品、札记等须多费时间，每月另行酬送至多不逾四十元。

五、研究员认定一门，在外自行研究。每门每月导师讲授二次，每次约三小时，研究员得以所业或札记等就正于导师（附表）。

六、研究员到院听讲每次给资二元。

七、三个月审核一次，研究员无作品者除名，其作品特别优良者酌给奖金（即以每月节旷之数移充，如不敷另拨），满二年请假缺席不逾十二次给予证书。

八、研究员作品经导师认为学有心得或成绩特别优良者，得于《国学丛刊》量为刊布或汇辑印行。

九、每月经费暂定为一千元（附预算表）。

十、讲堂借用团城廊屋。

十一、本办法如有未尽，随时呈明修正之。

表5　讲授日期表

门类	附属	日期	时间	备考
子 经	佛学	每月第一星期日	上午十时至十二时 下午三时至六时	
史 词章	赋诗词 骈文散文	每月第二星期日	上午十时至十二时 下午三时至六时	
子 经	佛学	每月第三星期日	上午十时至十二时 下午三时至六时	
史 词章	金石 赋诗词 骈文散文	每月第四星期日	上午十时至十二时 下午三时至六时	

［《交通部调查北京、天津等处电信航运航空情形人员名单及国学书院第一院添设研究班办法》，1941—1942年，北京市档案馆藏，档案号J002-007-00297；余晋龢：《准国学书院第一院函以添设研究班印就办法请保送研究员等因检同附件令仰转知如有志于国学者在七月三日以前列表呈报由》，（伪）《市政公报》，第127期，1941年7月］

7月27日　国学书院第一院发布七月考课成绩，超等六名，特等十二名，一等一百名。名单如下：

（一）超等六名：童震亭，钟重勉，陈名立，董子坚，周宝书，纪根迈。

（二）特等十二名：陈梅庵，范𬘭，周士菜，师逸山，林承，赵敬盦，李云程，孙蝶周，杨润，姜景心，赵亦禅，陈吉甫。

（三）一等一百名：董一是，许□□，凌鹏云，李东壁，金荣俊，阎尊奕，姚尊逸，曲翔远，端木竞良，王芳庭，戴运清，孙培经，吴世澄，石秋航，卢世祥，陈澄华，孟友江，韩汝愚，武志青，杨桂林，张善同，史白道，韩知白，罗方为，裴希彭，张筱鹤，罗隐，王著寰，林翰，张佩绅，李希颜，傅润青，郭世文，陈德舒，李鹏兆，余颂甫，汪宝铎，丁贤江，陈楚良，陈之藩，邵宜桐，杨德兴，黄文钦，卢播斋，赵隐东，万惠纯，赵庚，金震孟，杨殿森，阎晓楼，季霈，傅试中，张海秋，陈起中，孙治疆，冯肃宽，沈佩衡，陈邦华，马骥，唐生辉，李默深，孟绍庵，程默刚，刘仲绂，齐执柄，郭觉生，吴景熙，白寿龄，张智仙，房维摩，史树青，牛仙舫，崔九如，吴继容，冯学思，郎启锐，刘品一，马世良，贺嗣盛，陈纪常，温怡如，苗孟华，王健秋，颜明，马崇武，汪稼禾，赵纯天，赵席澄，译桂孙，李文斋，朱卓然，王树华，许仙墀，曹新吾，随步庭，冯叔良，秦甲雄，陈柢曾，王康年，刘绍朴。(《国学书院第一院七月考课昨榜示》，《晨报》，1941 年 7 月 28 日，第 2 版)

是年暑期　罗常培与梅贻琦、郑天挺一道考察川省教育时，亲身体会川省国学研究学风的悬隔。

当时川大已经迁至峨眉授课，罗常培等人在程天放寓所，会见文学院院长向楚，当向楚介绍川大中国文学系教员有向宗鲁、龚向农、陈李皋、李炳英、徐中舒、殷石曜、胡荏蕃、穆济波、萧涤非、曾尔康几位，罗氏除了徐中舒、萧涤非在北京本是熟人外，其余都没有会过，而考察四川图书馆所保存的中国文学系学生毕业论文多是《吕氏春秋校注》《说文段注校正》《左传引经考》一类，此颇可窥见国文系所提倡风气的一斑。相反，在考查华西坝上诸大学时，则说"这三个研究所的风格，大致齐鲁偏重历史，金陵偏重考古，华西偏重语言，不过中间也没有严格的分野，经费的来源都是由哈佛燕京社供给"，而其中"颉刚、斠玄、宾四、在宥、叔湘、锡永、小缘、子琴、福林，本来是熟人"。（罗常培：《苍洱之间》，辽宁教育出版社，1996年，第56—67页）

7月3日　茅盾发表《论今日国内的复古倾向》，批判违背时代要求的倾向。

茅盾指出在抗战以前，社会上就有提倡读经的呼声，抗战以后，在"提高中学生国文程度"的名义下，又有中学国文应以文言文为主要教材的主张，这种文言文的教材当然以经书为主。在"提高民族意识"和"发扬民族自尊心"的名义下，出现各种各样的守旧、倒退，排斥新事物、新思想的工作。这种"复古"的倾向，"成为今天抗建文化中一个严重的问题"。中国文化确有其不可磨灭的价值，我们也应珍视文化遗产，但如何发扬民族的文化遗产，进而提高民族意识以及民族自尊自信有以下几点需要澄清：

> 第一，我们民族的文化固然光芒万丈，有其不可磨灭的价值，但亦不能含糊笼统，不加抉择，而认为凡是古的，凡是古已有之的，便一定是好的，便应该无条件保留。毋庸讳言，我们的民族文化，乃是封建时代的产物，是适合于封建的政治经济的要求，而且又反过来为封建的政治经济的体系而被因袭沿革的；但我们民族今天的需要，今天的时代要求，却是要破除封建的政治的经济硬壳，而向民主政治迈进，向更高级的经济形态迈进。因此，我们过去的民族文化中间，亦有不少精金可供今天的取用，但亦颇多不适于今日之需要，而且阻碍我们向

前进步的渣滓。精金和渣滓必须抉择分明，精金因应爱惜而宝贵，渣滓亦应毫无顾恋地送进历史博物馆而不使其仍在民族生活中发生腐化的作用，何况今天我们所要建立的文化乃是能够推进抗建，并适合于未来的新中国文化，所以即使是民族文化中的精金亦不能说是照原样搬过来就一定合用；还必须加以提炼升华。换言之，即此项"精金"乃是一种未来新文化所不可缺的一部份营养料，尚须经过我们的消化而始能变为新血肉。而且正如食物中的营养料必须经过唾液和胃液的分解消化作用一样，我们今天文化创造中的唾液和胃液便是现代世界的科学精神和民主思想。

由此观之，民族的文化遗产固应接收而更发扬之，但取舍的标准应以不背现代世界的文化潮流，而且尤其要以不阻碍我们向世界文化迎头赶上去为主要。

第二，彰耀祖德，固然可以作为提高民族意识、自尊心自信心之一助，但是也要看我们所彰耀的"祖德"是"宽厚博大"，"力求上进而不故步自封"等等彪炳大节呢，抑或是"抱残守缺"，"乐天知命"，乃至"养鸟""品茶"等等闲情逸致？如果是后者，则即使能够达到自尊自信，但对于我们的抗建，究竟有何裨益？恐怕不但无益，而且有害呢！因此，如要彰耀祖德，则首先不可歪曲历史。我们须以求真理的至诚，指出数千年我们社会之停滞而不进步，其根源在哪里？我们须以不骄不馁的沉着态度，来坦白认识，我们文化之发展早了人家二千年，何以今日处处落后，在在不能与人争一日之长？我们应以大勇大智的精神，毅然唾弃历史上那些镀金的偶像，以及今日尚结附于人民生活中的无名肿毒，我们要使同胞们明白我们历史的真相，惟有看清楚了民族过去所走的是怎样弯曲的路，然后能对于今后的道路有真正的认识与信心，然后不至于重蹈覆辙，再演历史的悲剧。我们要使同胞们认清我们的民族性的优点是些什么，缺点是些什么？惟在真有自知之明以后，这才那自尊心是真正的懂得自己价值的自尊心，而不是妄图夸大，这才那自尊心是坚强的、有创造力的。

照这样看来，凡是保持且助长迷信、独断、武断、盲从、虚伪、偏见等等恶德的典章文物，遗风习俗，都不应该再加"彰耀"了。而作为此等典章文物思想观念之象征的历史人物，也不应该毫无批评地抬出来了。

第三，今天民族的敌人日本帝国主义，在80年前，还是我们文化上的附庸。自唐代以来，日本是吸取我们民族的文化，是我们的文化的模仿者。然而甲午以后，日本所以能步步向我侵略却不是由于模仿我们的文化的结果，而由于输入西方文化的结果。自然，日本如果没有唐代以来的竭力吸取我们的文化，它是不能脱离前封建时期的落后状况的，但是我们也得认清，日本如果没有明治维新以后的拼命输入西方文化，它也不能达到今日强盛的地步。在这里，我们不是无条件的崇拜近代的西方文化，我不过借此说明，我们在此全面抗战时期，如果仅思抱残守缺，故步自封，而不赶快输入文化上的新血液以壮大自己，则是非常错误的办法。我们必须迎头赶上现代的西方文化。

最后，茅盾指出各种"复古"倾向，已经成为排拒外来的进

步文化的最大障碍，甚至有动摇"五四"新文化成果的危险。"这是违反时代要求的，决非国家民族之福！"中国目前还是半封建国家，进步文化妨碍部分封建势力的利益，由此"引起反动，是意中事"。不过，不能忽视"复古"倾向对于抗战建国事业的危害作用。"事理非常明白：中国要坚持抗战并完成建国，则必须力求进步；倒退的'复古'乃是自取灭亡。假借好听的漂亮的名义以进行'复古'工作，实为今天文化上一个严重的问题。为国家民族前途计，必须反对此种居心叵测的'复古'倾向。"（矛盾：《论今日国内的复古倾向》，《华商报·今日论坛》，1941 年 7 月 3 日，第 2 版；丁守和主编：《中国近代启蒙思潮》下卷，社会科学文献出版社，1999 年，第 140—143 页）

7 月 29 日　夏承焘记载："文生来，以所辑《国学书目》嘱为序。"（夏承焘集：《夏承焘集·第六册·天风阁学词日记（二）》，第 322 页）

8 月 4 日　许地山因心脏病突发逝世，终年四十九岁。

茅盾撰文《国粹与扶箕的迷信》，纪念许地山先生：

在《国粹与国学》一文中，许地山先生指出，一般人所认为"国粹"者，有许多实在只是"俗道"。他对于"国粹"下一定义道："我想来想去，只能假定说，一个民族，在物质上，精神上，与思想上，对于人类，最少是本民族，有过重要的贡献，而这种贡献是继续有功用，继续在发展的；才可以被称为国粹。"这一定义，完全正确，然而一般的"国粹论"者也许又要辩驳道，"照这样说，你就忘记了那个'国'字。我们认为这一个字非常重要，有此一字，即表明此种'粹'仅我们——我国有之，而他人——他国则没有"。

我们所特有者，是些什么呢？"国粹论"者可以从儒家的典籍里搬出不少东西，等而下之，"俗道"也成为国粹。而扶箕之确能视为国粹，我是亲耳听得某大名公肃然正容而称道之的。不过事出意外，"拥护我们所特有"的国粹论者，在这里，忽又借他人以自重，他们郑重引证西洋也有扶箕，以证明扶箕确非迷信，确非捣鬼；那么，"国"字的尊敬，岂非动摇了么？却又不然。据说，西洋虽亦有之，却万万不及中国那样神而明之，所以这一"粹"也还是"国"的。

我不知道许地山先生有没有碰到过那样的"国粹论者"，——即以他人之亦有，证明我之有之乃当然要得，但他人虽有而不能神而明之，故"粹"当然是属于我们的；但是我觉得地山先生所著《扶箕迷信底研究》，确是此种"国粹论者"的当头棒喝。

二十年来，一些保守主义者和顽固派，阻碍"维新"，反对进步的法门，好像始终是两个，轮流运用，各视时会之所需。这两个，第一便是强调中国的特殊性，所谓"特殊国情"是他们的警句；因有"特殊国情"，故必须有"特殊"国政，学他人样是不行的。第二，"特殊国情论"不能说服人心的时候，便出现了相反的"逻辑"，偏偏要把"特殊"的中国去和外国比拟了，譬如说，外国也有贪官污吏，所以中国有之，乃为当然之事，外国行过且还有的在行专制政治，封建剥削，所以中国有之，亦不足奇。这两个原则，也应用于"国粹论"。例如有人把西洋妇女的尖头高跟鞋和中国"国粹"的缠足弓鞋相比，而得出了弓鞋是更进一步的结论，所以是"粹"些。也有人"发见"

了西洋也有过封建政治和思想，许多地方颇足与孔子之道相印证，但又不及孔"道"那么"精深"，于是我们当然是"粹"些。不错，我们也不反对是"更粹些"，因为，从封建的经济关系上所产生的思想意识，中西当然有其同处，但中国处于封建制度下三千年之久，那当然代表中国封建思想的儒家会更"粹"些了。

《扶箕迷信底研究》一书，虽然不是从正面来纠弹这些议论，却是用一个具体的关于"国粹"的问题来分析研究，以廓清这些思想上的迷雾的。

他从书籍中搜集材料，说明扶箕的起源，箕仙及其降笔之形形色色，而剖示了达官贵人及士子们何以深信不疑的心理；他又从科学观点上，说明箕仙与"幽灵信仰"的关系，箕动与感应之所以然等等。莫看它只是一本小书（六七万言而已），只是一个小问题，然而他用力颇勋；他这苦心是容易明白的：扶箕这种半真半假的"骗术"，这种托根于人们心灵上弱点的幻术，不是三言两语，一番道理，就能破除。地山先生在结论中自述"数十年来受过高等教育底人很多，对于事物好像应当持点科学态度，而此中人信扶箕底却很不少，可为学术前途发一浩叹……对于人事信命运，在信仰上胡乱崇拜……因此养成对于每事都抱一种侥幸心和运气思想。"这是本书所要纠正的最直接的一端，其又一端便是非科学的倒退的迷古思想与复古运动。因为无论是"小脚崇拜"，"祖先崇拜"，"古人崇拜"，乃至堂皇的本位文化论，其间有相互的血缘的关系，即同属"国粹论"之一脉，不过表现方式不同，而国粹论文之存在由于受过高等教育者对于事物不持科学态度。

这本书出版不久，许先生忽以心脏病猝发而亡故了，这是学术界一大损失。在抗战已满四年，国内文化上逆流颇为猖狂的今日，中国的抗建文化线上，极端需要像地山先生那样学养有素而思想正确的战士。我们这位敬爱的战士的肉体虽然已经不在了，但是他的精神，他的学术上的贡献，是永远活在我们心中的！（韦韬、陈小曼编：《茅盾杂文集》，生活·读书·新知三联书店，1996年，第672—674页）

8月12日 夏承焘记载："李之绂、陈隆寿来久谈，谓数十年后，治国学者学校出身者既甚少，旧家风气尤不如前。"（夏承焘：《天风阁学词日记》二，第326页）

8月17日 北平国学书院第一院成立国学研究班，该研究班定期读经，并计划成立国学图书馆。

国学研究班课程为经学、史学、子学、佛学、词章学等部分，研究员多为各机关保送之委任以上职员及该院应课生，共约一百三十余人。（《国学书院第一院成立国学研究班，定本月十七日开课》，《新天津》，1941年8月15日，第5版）院长王揖唐每逢星期日亲往听讲，定于8月31日上午由周叔迦主讲佛学，高松泉讲演子学，下午由俞巨溟讲演经学。（《国学书院第一院定期读经，考课生奖金今日发放》，《晨报》，1941年8月27日，第2版）为便于各研究员参考国学书籍起见，决在该院成立国学图书馆，"拟购各书目录，皆已拟定，王院长并定首先捐资作购书之用"。（《国学书院第一院成立国学图书馆王委员长将捐资购书》，《晨报》，1941年9月1日，第2版）

8月20日 三吴大学聘朱大可为国学专修科主任。（《学校汇

讯·三吴大学》，上海《申报》，1941年8月20日，第2张第8版）

本年初至八月，国专桂校仍在广西北流县萝村办学。

国专桂校学生严庆添《抗战中的无锡国学专修学校》对国专桂校校风描述如下：

本校校长唐蔚芝先生，为当代硕学鸿儒，生平致力□□□□□□，□□□□，□□"正人心，救民命"六字相勖励，期导诸生于圣贤之域。故本校所标宗旨在敦品励学、实事求是。二十年来，本此宗旨全力以赴，故校风之纯良，久为社会人士所称赞，绝非我们的自我宣传。搬迁后，学生人数较前减少，学校的环境亦由城市而至乡村，学校之管理愈见容易，师生之生活愈见密切；凡同学之思想行动，各先生及导师随时随地加以指导，故本校校风之纯良比前有加无已。目今所能指出的，计有下列数端：（一）全校同学完全信仰三民主义，绝无思想上的分歧，也无党派的斗争。（二）尊师重道，服从纪律。（三）大部分同学于功课上颇用苦工，所授诗文多能琅琅上口；校中成立各种研究团体都踊跃参加，造成一种读书研究很浓厚的风气。（四）同学的行动多数□诚实厚重，浮嚣浪漫的少……七、课程　本校的课程和其他大学文史系的无甚差别，举其重要者，（一）历史方面有：《尚书》、《左传》、《史记》、《汉书》、《通鉴》、本国历史、世界历史、中国文化史、中国文学史、西洋文学史等；（二）文学方面有：《毛诗》、《楚辞》、《昭明文选》、历代诗选专□诗、历代名家散文选等；（三）哲学方面有：《周易》、《老子》、《墨子》、《韩非子》、《荀子》、中国哲学史、哲学概论等；（四）小学方面有：文字学、训诂学、音韵学等；（五）科学方面有：自然科学概论、社会科学概论等。此外，尚有两种应该特别提出的：一是我们学校为使同学德行日进起见，特别注意《语》《孟》《学》《庸》之授受，务求达到身体力行的工夫；一是为了适应抗战的需要，学校特别开了民族文学、抗战史料、国防地理三科，所以鼓起同学们抗战的情绪不小。（刘桂秋：《无锡国专编年事辑》，第330—335页）

9月1日　法国驻华大使戈思默在北平市东皇城根前中法大学旧址内主持成立仪式，宣布中法汉学研究所正式成立，铎尔孟担任所长，先后成立民俗学组、法文研究班、语言历史组和通检组、汉学研究所图书馆。该所1944年出版《汉学》杂志。（葛夫平：《中法教育合作事业研究（1912—1949）》，上海书店出版社，2011年，第270—295页）

9月9日　《申报》报道三吴大学添设国学特科夜班，以最经济的时间，求最重要之学问。

　　一年毕业授与证书可以就机关公司文案，亦可就中小学国文教师。国学为我国至高之国粹，而效用之宏，莫与伦比。小则正心诚意，大则修齐治平，皆以国学为基本。故吾人立身处世也，对于先圣昔贤之学术文章，应多所研讨，以资取法，庶几行有准绳，学足致用。此固尽人皆知毋待赘述，而晚近以来学科繁兴，学者处身其间，应接不暇，对于国学一门，往往稍一涉猎，不能抉取精义，故虽有大学卒业，而国学未知门径，文章不能通顺者，比比皆是，推原其故，实因学者头绪纷繁，不能专心一志，有以致之也。本校有鉴于斯，特设国学特科，罗致专家教授，选择切于实用之教材，一年毕业，授与证书，务使学者专精于一规定国学范围之课程内，循序进修，毕业后以所学问世，自能应付裕如，仍有志进修可入大学二年或国专二年学业，并不妨害。一举数得，莫此为甚。所望登高一呼，群起响应，宣扬国粹蔚成风气。学程：基本国文、应用文及练习、现代文艺、文学史、韵文研究、诸子研究、群经研究、国学概论、小说学、现代戏剧、哲学、各体文选。（《三吴大学添设国学特科夜班招男女生》，上海《申报》，1941 年 9 月 9 日，第 1 张第 2 版）

9 月 10 日　马一浮致函沈敬仲，不赞成改复性书院为国学院。

马一浮指出："书院是一事，国学院又是一事。彼欲改书院为国学院，未尝非计，恐一时理想不易实现耳。书院无论如何，唯有结束一途。"（吴光主编：《马一浮全集》第 2 卷下，第 572 页）马一浮多次致函辞职，甚至主张书院停罢，与董事会商议"是否以专事刻书为可行，此乃先决问题"，"是否欲保留少数学生"，"若刻书尚可继续者，则办事员尚须增加人手"。（吴光主编：《马一浮全集》第 2 卷下，第 573 页）

10 月 5 日　光华大学为研究高深国学起见，创设国学研究组，以资用与深造双方并进为宗旨。

国学研究组的科目分为"（一）经世学，（二）经学（小学附），（三）史学，（四）理学，（五）文学"。"就五科目中趋重实际，不落空泛，分别指导，由浅入深，以推阐政教源流学术沿革，有裨人心、风俗，适应时代，挽回颓习为主义。"国学研究组举行第一次演讲会，校长张寿镛演讲"国学研究组之大概"，说国学研究组如同"昔日之书院"，书院制的特点，即师生之感情特厚。"书院制下师弟之相处不殊家人。故国学研究组之组织，亦可谓之家庭之组织，导师对同学之教导，亦本之父兄对子弟之精神。"

《光华国学研究组规程》规定：

第一条：本大学为研究高深国学起见，创设国学研究组，以资用与深造双方并进为宗旨。第二条：本组置主任一人，聘请本校国文教授学望优隆者兼任之，总持本组一切研究事宜。置编纂一人，聘本校国文教师兼任之，掌理编取资材及整齐讲稿笔札诸务。第三条：本组研究之科目：（一）经世学，（二）经学（小学附），（三）史学，（四）理学，（五）文学。就五科目中趋重实际，不落空泛，分别指导，由浅入深，以推阐政教源流学术沿革，有裨人心、风俗，适应时代，挽回颓习为主义。第四条：每星期讲演一次，讲演既毕，指导学生应阅读及参考之书籍。诸生就题研究得随时造主任学舍，或于次星期讲演时提出问题，请求解答（但以所讲之范围为限）。并得于阅读参考书中作成笔记呈主任核阅，经主任评定分数，每一学期终了由学校计算给予积分若干，其最优等优等，学校给予特别奖励，办法另定之。第五条：本组暂以五十人为定额，由学校指定者三十人，诸生自请参加者二十人，均由学校登记之。但既经参加非至一学期终了不得退出。第六条：参加之资格无论何系，均得指定及请求但以大学二年级以上为限，其一年级生各种比赛及平日成绩总平均在三名前者，得由学校特别许其加入以示优异。第七条：校外有请求旁听者由主任介绍，亦得允许入旁听席（另发旁听证），但至多以五人为限。第八条：凡听讲者由学校编定坐位，适用学校上课规则，每次由点名员查点之。第九条：讲演之纪录由主任指定三人或五人各别纪录之。纪录既毕，即汇合编成讲稿交编纂核阅，编纂转送主任由校印发之。第十条：指定第一号教室为本组星期日讲演之地，除遇全体比赛及月考、大考外，每遇星期日，均不作他用。第十一条：每一月中得请本校或校外精深国学者来校讲演本组五种科目范围内之各问题，其人选经主任介绍得校长之同意由校延聘之。第十二条：凡研究之次第及详细方法并应备书籍等等，由主任随时拟定送经校长分别执行之。前项书籍由本大学图书馆别庋书架，以便诸生阅览。第十三条：本规程如有未尽事宜得随时修改之。第十四条：本规程经校长核定公布施行。

张寿镛在成立大会时，做国学研究组第一次演讲，张氏称今日为国学研究组开始的第一日，首先讲解组织国学研究组的大概，至于专题之讲演俟之他日：

　　我光华先有化学研究组正在研究已可有一二种新发明，本学期又添国学与西洋文学两组。研究精神教育而将自然科学、社会科学包括其中，以养成明体达用之才，体与用本相贯，此是第一义。
　　国学研究组之组织可拟之昔日之书院，书院制之特点，即师生之感情特厚，此亦我国人之特性也。书院制下师弟之相处不殊家人，故国学研究组之组织亦可谓之家庭之组织，导师对同学之教导亦本之父兄对子弟之精神。此是第二义。

国学二字，非中国文学所可代表，中国文学不过国学之一部分，国学之范围甚广，前已说明包括社会科学，即一切政教、地理、人文、历史、风俗之全部。简言之，即中国之国魂也。何国无国魂？惟中国立国最早，国学之渊源特深，其为国魂也，更有特立独行，至高无上，而为他国所不及者。所以各国近来对于中国学术均喜研究，创设东方学会。吾人反忽略焉，岂不可怪？中国历史始于黄帝，然黄帝以前更不知有若干年，因无记载，故无可考。太史公曰：学者多称五帝尚矣，然《尚书》独载尧以来，而百家言黄帝，其文不雅驯，荐绅先生难言之。故黄帝以来早有历史，惜无信史耳。吾人研究国学当自尧舜始，即本之孔子删书断自唐虞之意，尧舜以后，史渐有序，尧舜垂衣裳而天下治，其文明之高。可知其悠久，又可知从尧到今四千二百九十八年。我讲文化沿革已讲至李唐（将来即继续五代及宋元明清），诸君试翻阅我之演讲集，可略窥国学大概，而国学自有其传统，此是第三义。

六经皆史之说确有证据，《春秋》不必说，如诗如礼，著有史迹，在人探索。然中国言政治之第一部书当然属于《尚书》，而《尚书》首《虞书》，《虞书》中第一点即提及"民"字，所谓"黎民于变时雍"。到了《尚书》之末是为《秦誓》，又云"以能保我子孙黎民"，一起一束皆示为民之意。中间又有民视、民听、民为邦本等等。与夫殷盘周诰中，虽文词诘屈聱牙，而其兢兢属意于民，尤见仁人君子之用心只在察民病痛，而为之救济。其精要之语，所谓四海困穷，天禄永终，因四海之困穷遂至于天禄永终，懔懔乎令人可畏。如此又有一句话，天工人其代之，即天所欲为之事种种，皆由人代行之也。吾人为父母所生，即天之所生，欲报父母即须报天，报天维何，即天所欲为而不能为者，吾人须代为之。顶天立地而为人，即代天工也。明了各种学问无非代天工之学问，自然成为豪杰之士，不枉生于斯世。我看到朱子注《孟子》末章，述程伊川，赞明道之言曰："周公没，圣人之道不行，道不行，百世无善治。孟子死，圣人之学不传，学不传，千载无真儒，无善治，士犹得以明夫善治之道，以淑诸人；无真儒，则天下贸贸焉，莫知所之。人欲肆而天理灭矣。"此一段文字所谓善治是我日日所馨香祷祝，所谓真儒是我刻刻希望于诸君。尝忆研究《宋元学案》时，看到叶水心先生适有数语甚为透澈，其言曰："读书不知接统，虽多无益；为文不能开教，虽工无益；笃行不合大义，虽高无益；立志不存忧世，虽仁无益。"即此以观学在有益，所以本组以经世学列第一，又即程伊川先生所谓穷经将以致用也。反之，虽读尽古今书，皆为无益之举，此是第四义。

经世学之外就本规程所列科目为经学、史学、理学、文学，其实皆所以致用，皆可贯串于经世学。庄子有云：《春秋》经世先王之志。经世者，救世也。经以示典常，史以鉴古今，理以明人伦，文以阐道蕴。而同一救世，时代虽有不同，而损益可知其如何损如何益，全在学识。又所谓先觉后觉也，我不敢自居先觉。然以一日之长，故勉为先觉，以一知半解觉后觉。明日诸君为先觉即可以接大统。故以创办光华言之，我不敢自比孔子，而诸君可以不让颜曾以接统开教。今日我为先觉，明日即诸君为先觉，忧世济世而不自顾一身。故今日讲国学，愿诸君将叶水心之语融洽于胸。庶国学研究组在风雨飘摇中惨淡经营而能发扬光大，我如此，金先生亦如此。然而并希望诸君来督促我辈，不使我辈仅仅督促诸君，此是第五义。

论自然科学，我国固尚在幼稚，然就经史与夫诸子百家学说中可以寻出自然科学痕迹者，实在甚多。不但璇玑玉衡、指南车等等载在经史可以类推，即如《管子》《墨子》《慎子》《淮南子》诸书，其言自然科学亦详，尤其是《墨子》中之墨经声光电重各学，无所不包。如果以墨子研究木鸢一事例之，三年能飞，一飞而堕，一坠以后继续研究，岂非二千年之前即有飞艇。可惜无此坚忍力，又且墨家弟子不能善体师意，举墨经所载者绝少传人，礼失求野，反致事事要取法他人，深堪叹息。至于社会科学，凡一切政教有系统者不可枚举。即如荀子所谓"五官当簿其类"一语，即以科学眼光作辩证学之要著。我国学中在在有之，无待列举。目今世界大势，日日在前进中，我国当然不能脱离世界而独立，岂可不随潮流所趋而造成新国家。但世界各国经一次失败即有一次进步，有一次奋斗即有一次改革。我国迭遭挫折，犹不能卧薪尝胆，求诸实际，故仍无成功。甲午失败至今四十六年，清季之因循不必言矣，即论民国三十年中一半已消耗于私斗，一半正在锐意振作。譬诸花木欣欣向荣，而狂风暴雨侵陵之，遂致零落满地。然风雨不终朝，天公终厚我，全在吾人自为之。古人云多难兴邦，此后建国全在青年，尤在青年学术救国，孔子有二语：礼云，礼云，玉帛云乎哉？乐云，乐云，钟鼓云乎哉？此可以打倒唯心唯物二论，玉帛不得为礼，而礼非玉帛不能表示；钟鼓不得为乐，而乐亦非钟鼓不能表示。转言之，仅仅玉帛、钟鼓又岂即可成为礼乐？如地球之运转，即物质与精神之相合，地球为物质，而元气为精神。故研究国学者，即中国之精神支配，外国之物质，二者不可偏废，尤在沟通之中而发挥其前所云特立独行、至高无上之本色，此是第六义。

我所希望于诸君者甚大，而以上所言仍不免于空泛，但望诸君能按此实行，则今日之空言即他日之事实。吾人必须养成讲学之风气，然讲学云者并非标榜，我不盼望光华有光华派，而盼望开风气之先，实实在在研究出各种问题之答案，以尽"光华"二字。责任在金先生领导之下，以光大本组即光大我光华。本组之事务甚多，待金先生演讲后诸君自行讨论之，并拟定种种组织办法，以期完密，谨祝前程无量。（《光华国学研究组规程》，《国学研究组第一次演讲，张校长咏霓先生讲，国文研究组记录》，《光华学报》，第 1 期，1941 年冬）

10 月 5 日　顾颉刚又代编译馆作《为编〈十三经新疏〉致专家函》。国立编译馆将《缘起》及致函铅印，于 1942 年 12 月发与各专家。顾颉刚与辛树帜、陈可忠开会讨论国学要籍丛刊事，将三百种书分为十四类。且久欲编《唐以前文类编》，"颉刚早岁即有志于贯穿之学，甚欲写定群书，以类相从，分之为百家，合之为一帙，使论题相同者开卷而咸集，既便学者之寻检，且期其因同类材料之接近而激发若干新问题"。（顾潮编著：《顾颉刚年谱（增订本）》，第 352 页）

10 月 10 日　吴稚晖、于右任、钮永健等发布"中华国学社募捐启"。

　　窃惟国于天地，必有与立，彰往察来，推因识果；无历史不成科学，国史即为国学之因素。过去亿兆，列祖列宗，文能经邦，武能戡乱，经史美备，炳焉大明。《论语》子贡问政，孔子曰："足食足兵，民信之矣。自古皆有死，民无信不立。"旨哉言乎！足食者，充足食粮也，今之经济战也。足兵者，充足兵械也，今之武力战也。民信者，信念必胜也，今之心理战也。统古今万国而稽核其历史，未能有逾越此范围者。孔子尝翻十二经以说老聃，汉立五经十四博士，而六艺九流，靡弗通贯。顾孔子"志在《春秋》，行在《孝经》"，故汉最重《公羊春秋》，"不与夷狄主中国"，而"使天下诵孝经"。余威及于唐初，中国遂驱逐匈奴突厥两蛮族。六朝五季虽衰，吾汉族犹有政府也。自唐宋荒经蔑古，不令《孝经》课读，《春秋》学说亦变。而石晋赵宋对外屈服，甘称"儿皇帝，孙皇帝"，"臣皇帝，侄皇帝"。民族信心既已动摇于上，而学士大夫亦望风披靡，随波逐流于下。纵有武穆精忠，文山正气，终于伯颜入临安，笑南朝之无人。崖山战败，万古增悲。尤以煤山投缳，朱明不禄，祸必双至，无独有偶。而贰臣传中，百数十人，文人居其半；进士六十人，举士四人，诸生二人，为出死力以反噬祖国，莫不天良丧尽，狗彘不若；遗臭万年，言之发指。总计宋明亡后，汉族无政府者，三百余年。昔孔子作《孝经》以奠民族之丕基，作《春秋》以树夷夏之大防；教泽至此，扫地尽矣。痛哉汉奸一恶名，断送祖国河山，聚九州之铁，筹此大错。德国老毛奇将军有言，"政略上之失败，常非战略所能补救。"试举四库浩如烟海之典籍，而纠正其政略战略之失败，久矣负责无人；学术思想之晦盲否塞，莫为理董之者。旷古奇耻大辱，昭雪将待何时？所幸否极泰来，福至性灵；上天佑汉，笃生国父总裁，继承尧舜禹汤文武周公孔子传统一贯之精神。国父遗教煌煌，昭垂天壤；总裁抗战必胜，建国必成。凡我国民躬逢盛运，家握惩前毖后之智珠，人负继往开来之巨责。誓必驱逐倭虏，收复河山；剪除枭獍，再造神州。本社有鉴于此，天职所在，自应首先发扬光大民族信心。恪遵最高统帅之坚定国策，拥护政府争取民族国家之独立自由；庶几积人积世而成学，国粹至宝，人杰辈出；挽大地之狂澜，奠国基于磐石。自民国十六年本社创立于上海以后，经过"一二八"战事，由沪迁京，南京市党部发给人民团体组织许可证。七七事变，通电响应抗战，迁湘迁渝，叠蒙重庆市党部登记批准，再发给许可证。上年蒙中央社会部核准备案，教育部登记，由地方团体扩大而为全国性之团体，尤当感奋图报，效忠竭智于此抗建大时代，暂设总社于陪都所在地，遍设分社于全国。但因二十八年之"五四"，二十九年之"五二七"，叠遭敌机轰炸，公私损失殆尽，主管机关补助有限，不得不呼将伯之助；众志成城，众擎易举；四万万七千万同胞，人尽爱国，心知向学，唾沫成江，积尘为山；定能援以精神，锡以物质，俾本社得于国家赋予权利之范围内，短期间之迅速发展，凡应为应兴之事业，如建筑总社舍，援助全国各分社，发行国学刊物，编著国学教材，创办国学院所，设立国学图书馆等，得以次第实现而扩充，蒙祖宗之威灵，揭大汉之天声。诚如国父遗教，使我中华民族文化，震动全球。本社幸甚！祖国幸甚！谨启

中华民国三十年国庆日

发起人：吴敬恒，签名盖章；于右任，签名盖章；钮永健，签名盖章。（中国第二历史档案馆藏社会部档案，档案号11—7172）

△　王克敏参加国学书院全体学生游园集餐大会，发表训词。训词称：

古时教民，德行艺并重。所谓德者，智、仁、圣、义、中和是也。所谓行者，孝友、睦姻、任恤是也。所谓艺者，礼、乐、射、御、书、数是也。朱子曰："学者日用起居饮食之间，既无事而非学，于其群居藏修息游之地，亦无学而非事。至于所以开发其聪明，成就其德业者，又皆交相为用，无所偏废。此先王之世，所以人才众多，风俗美盛，而非后世之所能及。"裴行俭曰："士之致远，先器识后文艺。"程子曰："读书所以穷理致用。"王阳明曰："君子之学，求以变化气质。"陆清献曰："读书做人，不是两件事。"诸君明乎此，则知为学以明理为先，读书与做人一致。昔宋范文正、明孙文正，并皆身为诸生，志在天下，我辈尚友古人，宁当自弃。《说苑》曰："师旷有言，少而好学，如日出之阳，壮而好学，如日出之光。"诸君类皆少壮，前途甚远，所愿顾防检，守矩规，重践履，增益德行，敦厉风俗。无专攻于诵读，无专骛于词章，无以标榜为声名，无以纤佻为风雅，而蹈无行之讥。古人云，自古文人，多陷轻薄，又云，一为文人，便不足观。盖亦慨乎其言之。须知儒生重谨饬，文士尚清华，二者相成，乃无流弊。而士之用世尤以敦品笃行为先，诸君来学日浅，此时谈艺，尚患不克成为文人。异日者，体国经邦，弘风训俗，更患诸君仅作文人，无以任重而致远也。今日恰值双十佳节，广集诸君，正宜秋禊，藉使诸君变易一种环境，稍事休游。本委员长薄具简单食品，聊备野餐，世正淫奢，固宜示俭。而区区之意，尤在藉使诸君轸念稼穑艰难，物力耗斁，勉体先哲毋求饱，毋贪味，毋耻恶食之义。汪信民曰："人能咬得菜根，则百事可做。"今日所备正亦菜根，是望诸君，咸来尝试。一动一静，譬如一张一弛，静动虽不相同，内外可以交养。诸君无为小人儒，应治君子学。《学记》有言，故君子之于学也，藏焉修焉，息焉游焉。注谓恒使业不离身，无时暂替。当兹天高气爽之时，风日佳美，水木明瑟，吾人息游于此，领受大自然之赐与，未免有触于中，因而联想到《论语》所载，子路曾晳冉有公西华侍坐，孔子使各言志，一段经文，逆料诸君，久经熟读。

子路所对者，在使有勇知方，冉求所对者，在使足民，公西赤所对者，在为小相，其言各尽才用，未为无见。而孔子或哂之，或默焉，似无所取。惟曾点所对，莫春者，春服既成，冠者五六人，童子六七人，浴乎沂，风乎舞雩，咏而归，孔子独有吾与点也之叹，此大可深长思也。宋邢昺《论语注疏》解经曰："三子不能知时，志在为政，唯曾晳独能知时，志在澡身浴德，咏怀乐道，故夫子与之也。"元许谦《读论语丛说》曰："曾点所对，人我无间气象，霭然可见。"又曰："曾点之言，涵容独广。"明张居正《四书集注阐微直解》曰："此心泰然，纯是天理，曾点知之，故为夫子所许。"清刘宝楠《论语正义》曰："《皇疏》引李充云，善其能乐道知时，逍遥游泳之至也。"朱子《论语集注》曰："曾点之学，盖有以见夫人欲尽处，天理流行，随处充满，无少欠阙，故其动静之际，从容如此。而其言志，则又不过即其所居之位，乐其日用之常，初无舍己为人之意。而其胸次悠然，直与天地万物，上下同流，各得其所之妙，隐然自见于言外，视三子之规规于事为之末者，其气象不侔矣，故夫子叹息而深许之。"吾人于此，应先理解孔子之伟大，足与天地一体，覆载合德，此岂轻薄文人，所能窥测者耶？今日抚今思古，以秋比春。程子曰："人皆可以为圣人。"窃愿诸君，在此息游之时，亦有一番领悟，庶几此聚，可谓不虚。至若德何以进，业何以修，身心性命之理，当如何以明，修齐治平之事，当如何以达，此均诸君平日所应用心，而受有良导师之涵泳者，兹不多述，并望共勉。(《王委员长对于国学书院全体学生游园集餐大会训词》,《国学丛刊》, 第5期, 1941年12月)

10月12、19日 光华大学国学研究组举行第二、三次演讲会，金天翮演讲"经世学"。

金天翮指出：治经世学者，须先认得大政治家有此两种本领，此为未得政者之前提耳。得政之后，尤须备有三种条件，无此三条件，不得为政治。一曰有知人之明；二曰有用人之才；三曰有容人之量。(《国学研究组第二次演讲（十月十二日）》,《国学研究组第三次演讲（十月十九日）：金松岑先生讲经世学大纲（续前），袁希文纪录》,《光华学报》, 第1期, 1941年冬)

10月19日 教育部电令各地调查国学研究著名作品，安徽省和县政府转呈章书简、张伯禧著作（见表6）。

事由：据情转呈国学研究著名作品电呈鉴核由：安徽省政府助理李钧鉴，案查接管卷内教秘字底九七四号代电奉悉遵即通知属县对国学研究之名家知照去后，兹据公民张伯禧、章书简二人呈送著作品名暨履历表格二分等情，前来经核颇多可采，理合检同原件报请鉴核，和县县长陈应行民教□□叩附呈著作品名二本、履历表二份。

表6　章书简、张伯禧简介及著作、研究情况

姓名	年龄	籍贯	学历	略历	著作及现在从事研究之工作
章书简	四十四	和县	皖北中学毕业	曾任和县中学国文教员四年，安徽省高中师范国文教员检定合格	《荀子札记》一册，近治《诗》《礼》及《左氏传》稿本，未刊。经乱散佚容俟续辑以献
张伯禧	五十七岁	和县	山东法政学堂别科毕业	曾任含山县劝学所长，本省公署第三科科员，和县教育局建设局县政府科员	著有《礼经通论》，《五经大义述》，《读庄札记》，《近思录略解》，《庄子庚桑楚笺》，《释墨经笺》，《解止观要略》，《八识规矩约注》等书，并有说名说道二篇，近正编述和县地方风土志、《大学新义》《孟子大义述》《历阳诗囿补编》

（《呈报张伯禧章书简二人国学研究著名作品的代电》，安徽省档案馆，档案号 L001-002-0081-006）

10月21日 浙江永嘉县籀园图书馆青年读书会为利用会员业余时间进修，筹办国学专修班，拟暂收60名学员，每星期日上课两小时，已聘请刘贞晦等人任教。（《永嘉讲授国学》，《大公报（桂林）》，1941年10月21日，第4版）

10月25日 张颐在复性书院讲"苏格拉底知行合一之学"。（王培德纪录：《复性书院日记》，吴光主编：《马一浮全集》第5册，第439页）

10月26日 光华大学国学研究组举行第四次演讲会，吕思勉做题为"经世"的演讲，演讲稿由国学研究组记录。

吕思勉认为"经之义为经纶，为经营，乃将一切事，措置得无一不妥帖之谓。夫能将天下事措置得无一不妥帖，即无一夫不获其所矣。此等情状，古人谓之大顺"。所谓经世，是指"革不顺者而使之顺，使天下无一物不协其宜，因之无一夫不获其所"。近来职业教育与自然科学，"知识偏而不全"，社会科学的根本在于"识"，"当识人事之万象纷纭，而能明其理，知其所以然之故，然后知所以治之之方，而识之本，尤在于志，必有己饥己溺之怀，然后知世有饥溺之事，不然饥溺者踵接于前，彼视之若无所见也"，"多欲而避事，乃借口于学者不当与世务，以自逃责，而于权利之争，争先恐后，未见其无所知不暇及也。然则所谓遗弃世务者，得无其自蔽之烟幕弹乎？是则学者之耻也"。（《国学研究组第四次演讲（十月二十六日）：吕诚之先生讲经世，国学研究组纪录》，《光华学报》，1941年第1期）

10月下旬 哈佛燕京学社派雷博士（Dr.Charles Stelle）来华西坝视察三校三所。

哈佛燕京学社计划取消华西、金陵、齐鲁三大学研究所的自办刊物，《齐鲁学报》《齐大国学季刊》各出二期后停刊，《责善半

月刊》经顾颉刚力争而得以保留。哈佛燕京学社鉴于燕京大学、齐
鲁大学、金陵大学和华西大学都聚集在成都办学，便计划协调教会
大学国学教育和国学研究，主张首先注重培养本科人才，要在战后
为全国学校输送"根据近代方法训练的合格国学教员"。其次，四
所大学应该开展平衡的国学教学与研究工作，在"国学研究范围内
应有语言、文学及历史课程，至少要有一门地理学或考古学课程"，
学生"须详细地了解他们祖国的文学，应把中国历史文学作为普通
课程来教授"。学术研究不应为研究而研究，只有利用当地原始材
料及能够完成的研究才能得到资助。哈佛燕京学社要求各校先完善
课程，再进行学术研究，学术研究要有分工。随后，成都四所教会大
学成立国学研究委员会。根据哈佛燕京学社的意见，金陵大学、齐鲁
大学和华西大学各推 3 名代表，组成编辑委员会，联合出版《国学学
报》。（陶飞亚、吴梓明：《基督教大学与国学研究》，福建教育出版社，1988 年，
第 266 页）

      本校国学研究所成立以来，历经栾调甫、马宗芗、顾颉刚
三先生先后主持其事，成就斐然。自抗战军兴，金陵大学中国
文化研究所，亦如本校本所播迁来此，与华西大学之文化研究
所，鼎立华西坝上。本年哈佛燕京本社派雷博士（Dr.Charles
Stelle）来华视察。十月下旬抵此，即开始分别视察三校三所，
兼旬始去。本所主任顾颉刚教授因公飞渝，已志本刊，所有招
待接洽，由本所同仁张西山先生负责一切，闻雷博士对于本
所一切措置有若干建议云。（《哈佛燕京社来员视察》，《齐鲁大学校
刊》，第 17 期，1941 年 11 月 25 日）

10月 吴英华编纂《国学丛编》在天津中国印书局刊行，

该书收录《古深喉音喻母考》《以文法校释古书论》《评马叙伦氏〈庄子义证〉》《古音喉牙相通考》《〈辞海〉订补》《古文家之句式多盗袭前人说》《论教授经学之方针》《论识字之难》《近数十年国学概评》等文章。时人评述该书"于音韵校勘考证辞章之学莫不辟其窍要，明其指归，学者能循此推研国学，庶不至徒劳无功，虚掷韶光"。(《〈国学丛编〉出版》，《东亚晨报》，1942年3月21日，第4版)朱星撰《〈国学丛编〉序》:

> 静海吴先生杰民，昔曾与余共执教鞭于天津工商学院，乃知先生精研国故，而考订尤其所特喜也，对于近代国学大师，如余杭章太炎，新会梁任公诸氏，胥能指厥短长无少却，非好为窥隙攻难也。以学者治学之态度，固应尔尔也，今兹辑其平日所著国学论文如若干篇。出以问世，余受而读之，深感吴君治学之方法，实有足多者，盖能有发见，有的证也。夫发见易而的证难，发见在乎识，而的证则在乎学，世之学者，每勇于发见而疏于的证，故徒乱听闻，乃无补于学术。诚以读书不多，不足与言考据也，且治学之方法固尚已，而尤不可不有治学之精神。世之学者，每以著述为沽名干禄之具，则其为学也，必浅尝辄止，是谓无本；必投人所好，是谓不诚，而吴君则甘于清贫，绝意利禄，箪瓢陋巷，不足改其乐；佩紫怀黄，不足惑其心；故其业也专，而其学也实。孟子谓："富贵不能淫，贫贱不能移"。治学者亦必有此精神，而后可与言学问也，呜呼！凤鸟不至，河不出图，德衰学弊，至斯已极，然则先生此作，傥亦有空谷足音，午夜钟声之意乎！

吴英华评述近年国学研究，认为：

近数十年之国学，以承清代乾嘉诸老之学风也。故凡涉迹故纸堆中者，类多殚力钻研，倾志述作，以言其所成之书，虽醇驳互见，要不失为好古敏求之态也，不揣鄙陋，加以扬搉，或亦海内明达之所许乎？清之季年，长沙王先谦氏，对于国故，提倡颇殷，曾续刊《皇清经解》一千数百卷，继阮文达公之《皇清经解》，而流播于艺林，沾溉靡尽，乃王氏复以数十年之心力，成《汉书补注》一巨帙，兴化李详盛称之。（见李氏《答王益吾书》）至其所著《荀子集解》《庄子集解》两书，其诂解类多掇取王怀祖、卢文弨、俞曲园诸人之说，而一己之见盖解寡。诚以王氏小学之工夫，远逊于高邮德清二先生也，然以两书相较，则《荀子集解》较《庄子集解》为精审矣。湘绮王闿运氏，对于子书，虽亦间加校释，然以其不通小学也，故无甚可称焉。廖平氏，袭公羊今文学派之绪余，漫有述作，而所得不宏，后又受张南皮氏之赇，著论自驳，则其人不足称也。乃康有为复扬廖氏之颓波，著《新学伪经考》《孔子改制考》，其书则慢经侮圣，附会支离，虽能助人疑古之精神，然不足为训也。至其所著之《大同论》，则又剽取《礼运》，而皮傅以西洋之学说者，实有害于人心世道矣，而梁任公氏《清代学术概论》中，取此书与谭嗣同之《仁学》并列，且加以称誉，毋乃近于阿其所好耶？余杭章太炎，夙受业于俞曲园，又渥闻瑞安孙仲颂氏之讲论，毕生致力于古文学，故成功独为卓越，宜梁任公称之为智过其师也。章氏所著，有《国故论衡》《文始》《检论》《齐物论释》《庄子解故》《尚书拾遗定本》《广论语骈枝》等。《国故论衡》上卷系论小学者，分古音为二十三部，作成韵图，证明娘日二纽，古音归泥，其条理洵有不可易者。章氏之友刘师培氏（又名光汉），亦长于说经，及校释古书，所著《左盦集》，中多考古之作，惟《转注说》一篇，其所下之解，不甚精切，则刘氏古音之学，未甚深也。其他见于《国粹学报》中，如《吕氏春秋校补》《贾子校补》《荀子校补》等则多可取者矣。章氏之大弟子黄侃氏，生平颇致力于《文选》，及音韵之学，其选学之工夫，除兴化李详而外，当属之矣。至音韵之学，则尤为近世所盛称，著有《音略》，定古音为十九纽，坊间所出研究音韵之书，多袭用之，而仆乃谓黄氏之说，间有谬误之处，如喻母之字，黄氏以为影母之变声，仆则谓喻母之字，古宜读舌头音，而非影母之变声也，黄氏以来母为古之本音，仆则曰，来母古宜读舌头音也。

海宁王静安氏，深沈高悟，其为学颇合实事求是之旨，又复得其友人罗振玉之助，故对于甲骨文，心得颇多，其所著书，有《观堂集林》《宋元戏曲史》《人间词话》等，王氏之学，虽长于研究古代文字，然于元史，于西北地理，于校勘古书，亦时有特见也。其门弟子，谓其学似吴清卿、程易畴，而仆则谓其学，又似钱氏晓徵也。新会梁任公氏，晚年数任大学讲师，有志整理国故，且曾与王静安氏，都讲于清华国学研究院，生平所著书，有《清代学术概论》《墨子学案》《墨经校释》《历史研究法》《先秦政治思想史》《辛稼轩年谱》《国文语原解》《要籍解题及其读法》，中以《清代学术概论》《历史研

究法》《墨子学案》为最佳，不惟文笔清畅隽永也，且对研究
国故之方法，知所注意，初学读之，极易窥国学之门径。惟
《清代学术概论》内，论及清代诗人袁、蒋、赵三家，夫三家
乃袁枚、赵翼、蒋士铨也，而梁任公则以为赵执信矣。至《国
文语原解》，引用丹徒马良之说，谓中国之甲乙丙等字，似西
洋之字头，说虽新颖，恐未必成为定论也（近人某氏，于夏剑
丞主编之某杂志中，谓甲乙丙丁等字，皆像兵器之形，其说似
有理，较胜于马氏之说焉）。至于近代对元史之研究，有相当
成功者，则推柯凤荪、陈援庵二氏，柯氏著《新元史》数百
卷，其取材与编制，实能驾旧元史而上之，真可谓后出转精
也。陈氏之《也里可温考》《元典章校补》等，皆精敏锐利，
独标心得。惟治清史者，近人尚无惊人之著作，孟心史氏，亦
尝研治清史矣，惜所得只片片断断，未云大观也。若夫对于校
理子书之工作，近人之从事者亦不少，如马叙伦氏之《庄子义
证》《老子核诂》，杨树达氏之《老子古义》，谭戒甫氏之《庄
子天下篇校释》，梁启雄氏之《荀子简释》，高亨氏之《老子正
诂》等，类皆利用乾嘉诸老治经之方法，移以治子，其校释古
书难明之义，则以古音与古代之文法为至要之工具。至于考
证异文，则多引类书，如《群书治要》《艺文类聚》《太平御
览》《初学记》《北堂书钞》《白孔六帖》等以证，以上诸家之
说，虽有得有失，而能利用朴学家之方法，于以理解古籍则一
也。顾马叙伦氏之《庄子义证》，时有新得，为近人所称，然
喜考《说文》之本字，往往失之于大过，且马氏对于古音之
学，又病稍疏，如谓周字从口声，其病与清代苗先路同（苗氏

之《说文声订》《毛诗韵订》，疵累甚多），而不知周字从用口，为会意字，如必以声言，则周字可云从用声，用为喻母之字，古则读舌头音，周字古亦读舌头音，周用二字，古音乃东喉对转也。复次，我国之古书，专言文法学者颇鲜，公羊氏之解经也。虽时具有文法学之精神，然其书非专为文法学而设也，至清人刘淇之《助字辨略》，王引之之《经传释词》，俞曲园之《古书疑义举例》等，则略近于文法学矣，然亦为治经书子书而设者也。至马建忠氏，著《马氏文通》，斯专言文法学者矣，惜拘拘于辣丁之文法，而于小学又无根柢，用致谬误不少也，以是杨树达氏，乃有《马氏文通勘误》之作焉，乃杨氏又自著《高等国文法》，篇中多引王引之、刘淇诸人之说，加以己意，亦时具心得，如解毛诗于以采蘩之以为何，允为确论矣。乃又有朱起凤氏者，以数十年之心力，将古籍中之连绵词，撰成一书，名曰《辞通》，篇首弁以章太炎、林语堂、刘大白诸人之序文，盛加推引，实则朱氏于考证学、文法学、训诂学，所得皆甚浅，故岐误百出焉，惟搜集之功，不可没耳。此外若陈柱、朱祖谋、吴梅、刘毓盘、陈衍、马其昶、马宗霍、朱希祖、钱基博、唐圭璋、商承祚、余永梁、况周颐、姚名达、卫聚贤、陈三立、张孟劬、傅增湘、顾实、蒋善国、林语堂（曾著《语言学论丛》）、胡怀琛、张世禄、吴闿生、丁福保、陈寅恪、王重民等人，对于国学，亦胥有撰述，内容则瑕瑜并见，开卷灿陈，果一一取而评之，则不胜其繁复，姑从略焉。（吴英华编纂：《国学丛编》，天津中国印书局，1941年，序，第1—2页，第168—175页）

11月1日　北平国学书院第一院国学图书馆开幕，任人阅览，所藏图书皆属国学部门。（《国学图书馆定今日开幕》，《晨报》，1941年11月1日，第2版）

国学书院第一院发布"拟国学图书馆成立征集近代名人著述启"：

> 渠渠夏屋，麟趾兴学，皓皓秋阳，凤毛造士。分液池之波，六艺漱其芳润，萃瀛洲之侣，七略咀其英华。宜贮琳琅，用饷占毕。于是文馆肇启，书城继开。堂临垺埒，远出俗氛，架列缥缃，遍收古泽。期以刚经柔史，无废春诵夏弦。惟是四部粗备，略乏近编，百代旁搜，兼资时秀。言泉所汇，必贯于九流，藻府之储，讵遗于群玉。事循求草，情跂发棠。请开曹石，庶三箧以毕陈，幸扩晏楹，俾一瓻而可借。凡夫近贤名著，巨家宿藏。抱遗订坠之编，守先待后之著。出其膏馥，庶分溉于艺林，扬其英华，将嗣芬于宛委。勿吝千金之享，敢伫百朋之贻，此启。（刘仲绂：《拟国学图书馆成立征集近代名人著述启》，《国学丛刊》，第7期，1942年2月）

11月2日　光华大学国学研究组第五次演讲，张寿镛讲"汉学宋学之源流与利弊"。

张咏霓自称提出这一讲题的意义在于第一次在本组开讲时所言"国学自有其传统"的引申，也是吕思勉演讲后，"我说吾道一以贯之之证明，而仍归结于通经致用"，六经自孔子删订修赞之后，其传承不绝如缕：

何以有汉学，何以有宋学，均为发挥儒者精神。六经既为孔子手订，是即发挥孔子精神。然欲发挥孔子精神，进一步言，更为发挥往古来今、上宇下宙之精神。而孔子所赞删修定者，究竟于今日情势是否相合，这是研究一大问题。即今所传之六经是否孔子所订之六经，又是一问题。汉儒所传注之经，是否即本人之所为（如《书》有伪孔传，《孝经》有伪郑注），亦是一问题。至宋人之所著述与所传注，或有为而发（如袁燮《絜斋家塾书钞》及《毛诗经筵讲义》，赵善湘《洪范统一》，均是主恢复），或对人对事而言（如杨千里《诚斋易传》，朱子注四书屡次易稿）。所谓仁者见之谓之仁，智者见之谓之智，全在研究者之眼光。总之，孔子既没，既不能起九原而问之。微言大义果能一一取孔子之怀而与之乎，则必取陆象山，"此心同，此理同"之说以求。所谓放诸四海皆准者庶乎，违道不远矣。第一由博而约，第二由约而精，第三辨伪，第四去蔽，第五求实用而适时。凡不适时者，存而不论，可也。惟适时与薄古不同，所谓虽损益可知即是应损应益之处，非舍大道遁而之他也。诸同学闭眼一想，孔子教弟子入孝出弟而先以道千乘之国。孟子以仁义说诸侯而于班爵禄之制、井田之制，言之独详汉儒无过，董仲舒而天人三策独著。宋儒无过朱子，常平仓社仓之制殷殷，讲求既称为儒称为学，断无立己而不立人，达己而不达人，能传于后世者。（《国学研究组第五次演讲（十一月二日）：张校长咏霓先生讲，国学研究组纪录》，《光华学报》，1941年第1期）

11月3日　林焕平撰写《"国学救国论"——战时日本文化动态之六》，论述日本"国学"的旨趣。

在过去五期里，我已连续给读者报导过日本军阀如何摧残文化，窒息死文化的生命，使有良心的文化工作者，不禁概叹现在是日本文化的空白时代了！

这是一种破坏，对文化的破坏。

但是日本军阀还有一种工作，就是提倡。不过请读者留心，这种提倡，不是创造，也不是复兴，而是复古！

日本文化上的复古主义，不自今日始。这是和日本的国家主义——团体主义，即法西斯主义运动分不开的。因之，也就和日本的左右翼的思想斗争分不开的。日本右翼份子，用以打击民主的、进步的、科学的思想的武器，就是他们所认为日本的国粹国学，而这国粹国学，正如清泽洌所讽刺过说，越古越好，所以复古也就越来越起劲。

这种复古运动的显著线索，最初为头山满所领导的玄洋社，继着有北一辉等所领导的"新国家主义运动"，再后就有林铣十郎等的所谓"国体明征运动"。到今日的主流，则为平沼骐一郎、柳川平助等所倡导的日本主义了。但不管其名目如何，总有其一脉相通的传统，一天天在完成日本式的法西斯主义。

不过有一点很值得注意：就是过去虽提倡复古，但似乎还很少有体系化的复古理论。也就是说，过去似还未有人明明白白说国学国粹就是救国之道，而到法西斯军人已得政权的今日，却公开明白说出来了。兹试引几句话于下面：

国学是兴起于近世的，同时代的人们认为借此以究明古道，因之也有人称它为古学。还有些人觉得它为什么是究明古代的呢？实际上这种学问如获得成果，就移之于实践，而成为皇政复古的运动呀。

国学是究明日本的本质的学问。乃究明是日本不是其他国家的，日本的民族，日本的国家本质的学问。

国学的内容，从团体的本义开始，而及于日本民族的生活原理的诸问题。

国学要之是日本的学问。是究明是日本不是其他的学问。从它里面，自然可以发见日本的国家，日本的民族的发展的道路。（见《文艺春秋》十月号武田佑吉：《国学的再建》）。

他们怎样展开这种复古运动呢？换言之，他们怎样把这种复古思想灌注到国民头脑中去呢？说到这一点，他们的办法就多极了。他们利用了统治阶级所能利用的一切工具来作复古的实践。譬如，无线电播音，就是最普遍的。日本人用一种月赋制度，几乎使家家户户都有一部收音机。每日节目中，总有一二节目是精神讲话之类。其他音乐，"讲谈"等的内容，也几乎都是这样的内容。大中学里都有"精神讲座"，内容就是彻头彻尾的日本主义。日本的教育是相当特别的。除了大中小学外，还有一种封建残余的"私塾"，而且它现在也还很普遍，各地都有。同时，它又是法西斯运动的牙城。过去各种右翼暴动，都和许多"塾"有关系。许多国家主义（法西斯主义）运动的领袖，都是"塾"出身，甚至是"塾"

的主持人。除了"塾"之外，还有一种性质上类于"塾"，而比"塾"更为通俗化大众化的"道场"。这些东西，平常都集中了不少的群众，团结在它的周围。从事团体主义——日本主义的宣传。这种教育形态，正是日本资本主义的半封建性的特质的特殊产物。

除此之外，日本的"爱国妇人会""国防妇人会"之类的妇女团体，城市乡村无不普遍存在。这些团体的指导意识，都是日本主义。日本妇女的法西斯主义运动，都是靠这些妇女团体而展开与深入的。

日本的在乡军人会，也是法西斯主义运动的核心组织之一。一切上中下级的退伍军人，无不参加这种组织。它的内部活动的积极严密与活泼，殊足惊人。所以不妨认它为日本法西斯主义运动的大本营和中心势力之一。

至于各种民间的法西斯小团体，不下数百个，当然也是宣传复古，实践日本主义的机关了。

日本的复古主义，就靠了上述的团体和工具而开展。侵略越推进，军事独裁越强化，而复古运动也越猛烈，日本文化的空白时代也就越长了。呜呼哀哉。（林焕平：《"国学救国论"——战时日本文化动态之六》，《笔谈》，第7期，1941年12月1日）

11月9日 王揖唐在国学书院国学研究班讲《左传》，副院长周养庵主讲佛学门。（《王揖唐氏昨讲左传》，《晨报》，1941年11月10日，第3版）

11月14日 教育部电令各地调查国学研究著名作品，安徽省寿县政府转呈方勇著作（见表7）。

表7　方勇简介及著作、研究情况

人数	姓名	年龄	略历	著作	现在从事研究之工作
一人	方勇，字景略	四十七岁	少即研究文字学，曾与湖南易白沙、长洲朱仲我、桐城马通伯等先生游，尤见重于仪征刘师培先生，历任中学教员，安徽大学讲师兼任教授及教授，安徽通志馆编纂，教育部派任国立编译馆临时编译，现任安徽政治学院教授	计有《太誓答问》《〈平箴膏肓〉评定》《〈春秋名字解诂〉补正》《尔雅释地》四篇、《考唐写本说文》《订文字形体学》《说文重文考》《说文读若考》《古韵通论》《声韵学》《训诂学》等书	现任研究文字学

（《为复国学研究名家姓名著作的代电》，安徽省档案馆，档案号L001-002-0081-007）

11月15日　张颐在复性书院讲"德国哲学与希腊哲学之比较"。（王培德记录：《复性书院日记》，吴光主编：《马一浮全集》第5册，第441页）

11月23日　国学研究组第六次演讲，汪柏年讲经学大义（一），国学研究组记录。（《国学研究组第六次演讲（十一月二十三日）》，《汪柏年先生讲经学大义（一）》，《光华学报》，1941年第1期）

11月27日　厉筱通发表《今日整理国学之正轨》，"论编纂字书为当务之急"，提议中央宜设国学馆延揽通才，编纂字书，整理国故。

一、国学研究面面观。

泾县胡朴安先生贻作者书云："整理国学之声，已有二十余年，而终未能整理一种有统系之学术。且学者虽同称国学，所学非出一途，且对于国学之意见纷歧，无共同研究之标准，大部之整理，殊难告成。"其言深可玩味！盖今日昌言国学研究，则三家村冬烘夫子，必联想及于秀才、举人、进士、翰林之科名，与八股文、试帖诗、律赋、策论之程式，其悖于时势也明矣。满腹大西洋水之留学生，必联想及于高本汉（Bkarlgrer）之切韵考证，赛珍珠（Pearls Buck）之小说译论，乃至六经、史记、诸子、诗赋之流传海外，大黄、桔梗、人参、当归之提炼精华，其为管蠡之见也审矣。为段、王考据之学者，至于补虫鱼之注，拾训诂之遗，而精力殚矣！为桐城古文学者，至于诵八家之文，说刚柔之美，而能事毕矣。别有搬弄古物，而真伪莫明；高谈义理，而言行相违；亦或入主出奴，互为水火；逞奇好异，任情翻案。盖拘谨者不敢读唐以下书，而放肆者，甚欲废今所行字。皆自谓汲古有得，发扬国华；求其通古今之变，究天人之表，融中外之长穷科哲之奥者，盖有之乎？未之多见。盖近日学林，惟辜鸿铭为能知彼，刘师培为能知此；严复、马良则毗于知彼者也，孙诒让、章炳麟则毗于此者也。此皆已萎之哲人，百身而莫赎者也。海宁王国维将几于能成通学者矣赍志投湖，读书种子，不绝如缕。并世君子，则新会、义宁二陈先生垣、寅恪允为山斗。世徒震惊其致力于宗教历史之研究，不知宗教感人最深，历史宏括最广，非旁撢九译，贯穴四库者，无能为力。余辈幸生诸君之后，独能席履丰厚，而可以有所贡献于所谓系统之整理，则时势为之也。

二、论编纂字书为当务之急。

治学必需识字，而《说文》《尔雅》《广韵》，已不足为识字之准绳。盖自甲金之学兴，而许书之误显；声训之说起，而《尔雅》之芜见；方音之载详，而《切韵》之窒彰。居今日而教童蒙以六书五音，大有一部十七史，从何处说起之慨。况乎探形体音义之源流变异，以供通今识古之助耶？然其事之不容稍缓，则有识之士类能知之。中华书局之大字典以重若千斤自诩，东莞王宠惠为之序，谓犹不足以望英伦牛津字典之项背。商务印书馆一字长编，则尤贫儿夸富，弥形其窭，乃抄胥之祸楮灾铅，非学人之镂心钵贤也。自作者倡《汉文大辞典》之纂辑，友人张陈诸君，皆惊怖其言，若河汉而无极也。何图慈溪胡君吉宣素未相闻，竟因报端载拙文，而来陈遵之牍，记奇字于玄亭，子云复作，正许书于白屋，清卿再生。所著《幽求室字说》，示创获于字原；又注顾野王《玉篇》，述定论于正楷。上穷三古，而不事凿空；原本六书，而无伤新颖。盖吾人日夕舌敝唇焦，而嘤鸣以求者。竟望衡对宇于百步之内也。昔蕲春黄侃，亦拟手纂字书，而空张义理，只字未成。以其人笃信沈长，固执陈见，知其书虽不作可也。（例见《华国月刊》《六祝斋日记》中。）若胡君之注《玉篇》，实有丁氏《诂林》正续编罗列胸中，凭其抉择，且益以一己之心得；非剪贴家所能梦见。

郭鼎堂称为不朽之业，非过誉也。此书三十卷，已成十九，若
稍假时日，全部杀青，岂惟小学得所购买，民智之启，民德之
培，实利赖之。（君所著《字监》，以朴学家言，谈义理，可以
塞空疏者玩物丧志之口。）其书释足疋二字，下并从上，字宜为
正，甲骨金文，虚实不别，故口或为一；而足正双声，阳入旁转；
载记诗序，训疋为正。形音义诂，无不允洽，所谓惬心贵富者也。
又遍考许书足部八十余文，一一定其本字，工力深厚，有搏兔用
全力之观。（惟踽字不言初文，作者据徐灏之说补之，盖踽之本字
即禹，列子所谓偶像，诗孟所谓踽踽，皆后起字耳。）惜胡君辟地
申江，行箧图书，不足以供渔猎，否则，久已有成书矣。今谓教
育部岁靡巨资于所谓中国大辞典编纂处，十余年来，成绩毫无。
中山文化教育馆，尝供膏火于夫已氏之卡片辞汇，一编既出，其
陋立见。倘得有力之士，慨捐经费，以助成胡君之业，则国学院
同人愿竭绵薄，以拾补缺遗于左右，则名山事业，咄嗟可办。所
以振兴教育，提高文化者，磐石之基，斯可立矣。谓非当务之急
而何？

三、论整理国学当博大精深，中央宜设国学馆延揽通才主
持其事。

医师之良者，牛溲马勃，败鼓之皮，兼收并蓄，待用无
遗。此昌黎韩氏之说也。而韩文取法，即经史子集，无不博
采，此其所以能雄视一代，而流传千古也。一文人也，所取之
广犹如此，况今言整理国学，庸可以此疆彼界，徒自划耶？故
《图书集成》乃至《永乐大典》以上，残存之类书，无一非吾
人所可轻舍。而三百年来新兴之学术，自西儒所译，以逮近贤

新著，皆可为之补苴。此犹为之首者，必豁达大度，于人休休
有所容，不问其为左右新旧亲疏远近，惟知天其才必有用耳。
此言当博大也。然所贵乎学术者，尤在精深。夫曲高和寡，宋
玉所悲；众醉独醒，屈原以死。若言辞赋，能舍屈宋而采下里
巴人之歌乎？是故测日食莫精于白塞耳（Bessel），不得因博考
前人周期推算法，而反遗白氏之说，此理之至显者也。吾师海
盐张歆海博士尝谆谆诲作者曰"读书宜博，治学宜专，自立新
说，必精必深。"余以习译寄天算之人，而作整理国学之谋者，
遵师命也。而吾师之说，实治一切学术之圭臬。今吾人于提倡
科学国学化之际，而不废整理旧学者，亦欲使旧日所谓国学，
系统瞭如，秩然有则，纯依科学律令耳。若不极深研几，庸有
济乎？今世通病，曰党曰派曰系曰阀，故非北京大学出身者，
不易入中央研究院之文史研究所，有此门户之见，欲中国学术
之进步，得乎？谓当更设国学馆，延聘无门户偏见之耆宿主其
事，斯此道可以振兴矣。（国学馆乃研究院原定机关之一，至
今未设。普鲁士学士院，欲得中邦硕博为会员，谘于浙大教授
章君用，君亟以义宁陈先生荐，见《科学杂志》闻宥所撰章君
传。）老成典型，取则不远。吾人非敢阿其所好也。语曰："人
固需书，书亦需人。"非其才而日整理国学，亦果能博大精深
乎？此本文所以不得不作，以唤起朝野之注意也。（厉筱通：《今
日整理国学之正轨》,《国民公论》，第1卷第3期，1941年11月27日）

11月 李士群主政江苏，改委徐澂为国学社正主任，陈子清
为副主任。（徐澂：《三年半来江苏国学社》,《江苏文献》，第1卷第11—12

期，1943 年 6 月 30 日）

是月　北平国学书院拟扩充规模，各省市有国学根底的公务员可保送入院深造，同时计划由市教育局负责招生事宜。

国学书院院长王揖唐氏，对于提倡国学不遗余力，故对于国学一二两院素极重视，并极力使之扩充，现决定明年起，对于国学有根底之公务员，拟由该院第二院函各省市保送入院读书，使其对国学有深造之机会云。（《各省市保送公务员入国学书院深造》，《晨报》，1941 年 11 月 27 日，第 4 版）

北京北新桥成贤街成立国学书院，华北政委会王揖唐委员长自兼院长，本诸研究高深国学，陶冶健全人格，发扬东方道德文化之宗旨，近于日昨委托津市教育局代为招收具有国学基础及高中毕业或同等学力者入院学习，毕业年限二年，待遇方面甚属优厚，成绩优良者除供给缮宿书籍制服外，每月并酌给奖金，本届寒假即行招生，现市教育局已代为负责办理招生事宜云。兹志简章如次：

设院宗旨：研究高深国学，陶冶健全人格，发扬东方道德文化。入学资格：具有国学基础，及高中毕业或同等学力。入学程序：报名后经入学试验，及检查体格合格书并填具保证书，如在远道得先行填寄详细履历表寄院候核。待遇：成绩优良者，除供给膳宿书籍制服外，每月配给奖金。毕业年限：二年，必要时得延长至三年。编级：本届寒假招收编级生。课程大要：第一年国学基本书籍，及国学常识之讲授，第二年专籍之修习，第三年得为专题之研究，均采个别指点方法，尤注重

诸生生活纪律，期养成健全之身心。（《京国学书院委托教局招生》，
《东亚晨报》，1941年12月6日，第5版）

12月1日　蒙思明发表《考据在史学上的地位》，分析了科学考
证方法在中国产生的学术渊源，谈到学术界考据学风靡一时的情形。

> 中外学术交通的结果，这一批所谓的学者们，在中国不能
> 承继公羊家的经学，而承继了考据派的经学；在西洋不能吸收
> 综合派的史学，而吸收了考据派的史学；于是双流汇合，弱流
> 竟变做了强流，在科学方法整理国故的金字招牌之下，有如打
> 了一剂强心针，使垂灭的爝火，又将绝而复燃，竟变成了学术
> 界唯一的支配势力。学者们高谈整理国故，专崇技术工作，使
> 人除考据外不敢谈史学。评文章的以考据文章为优，倡学风的
> 以考据风气为贵，斥理解为空谈，尊考校为实学。（蒙思明：《考
> 据在史学上的地位》，《责善半月刊》，第2卷第18期，1941年12月1日）

12月5日　教育部高等教育视察员王凤喈视察无锡国学专修学校。
王凤喈视察广西大学后，于5号上午视察无锡国学专修学校，
并召集师生训话，主讲"中国文化之特点"，指出："中国文化与欧
美文化不同，中国文化为和平的；欧美为斗争的。现在全世界正在
大战，人类正在屠杀，吾人当发扬中国文化之长，以救欧美文化之
短。并指出治学应有汉学家之科学方法，亦须有理学家之综合精
神。"（《王凤喈昨讲中国文化特点》，《大公报（桂林）》，1941年12月6日，
第3版）王凤喈填报视察报告简表（见表8—11）。

甲、关于学校行政及经费者

表8　王凤喈视察学校行政及经费报告

项目	视察意见
（一）学校组织及会议 1.学校组织是否适合规定并切合实际需要； 2.各项会议组织是否合于规定、会议效率如何； 3.其他	1.学校分三年制与五年制两部；前者招收高中毕业生，后者招收初中毕业生，后者学生较多，似合社会需要； 2.校长下设秘书、总务、教务、训导四处，因该校规规模小，各处主任均由教员兼任； 3.设校务、总务、教务、训导四种会议
（二）校务行政计划之实施 1.上年度校务行政计划实施情形如何，已否编送报告； 2.本年度行政计划进度如何，有无困难之点； 3.其他	1.上年度行政计划因经费困难多未依照施行； 2.本年度行政计划亦因经费关系，不能依照进行
（三）院系科编制 1.院系科编制如何； 2.院系科名称是否合于规定； 3.院系科设置是否合于需要； 4.各院系科教员分配如何； 5.各院系科班学生人数若干； 6.其他	1.分三年制与五年制两种，均培以国学为研究对象，未分科；设选修课程，以便接纳学生进出； 2.尚合； 3.教员人数过少； 4.共一九〇名，计旧制三年级学生四二人；新制一年级七八人，二年级四五人，三年级二五人，高年级分组授课

续表

项目	视察意见
（四）经费之支配与支给 1.经费之来源如何； 2.各项支出费额（如薪俸、教学设备、办公费等）之百分比如何； 3.各院系科经费是否相当划分； 4.经费之收支是否按照规定手续； 5.学生所缴各费名目数目如何； 6.学生贷金情形如何； 7.免费公费及奖学金学额设置情形如何； 8.其他	1.该校现无基金，除政府津贴及学生学费外，无固定收入； 2.该校在桂林穿山自购校址四十余亩，建筑新校舍大小共十二座，可容学生二百人，据报建筑费六万元，临时设备费约二万元，迁移费一万元，经常费须三万余元。除广西省政府补助二万元、募捐约得二万元外，尚少八万元； 3.该校原有国库补助每月六百三十元据云已移作建筑费开发
（五）事务之管理 1.校舍是否适用及管理情形如何； 2.校产登记情形如何； 3.物品之购置与使用是否经济； 4.校容是否整饬； 5.防空及消防情形如何； 6.其他	1.校舍尚合用； 2.尚称经济； 3.校容尚整饬； 4.有天然防空洞；消防设备尚缺
（六）教员及职员 1.教员已否审查合格； 2.训导人员已否审查合格； 3.职员人数若干是否过多； 4.教职员之工作精神与效率如何； 5.其他	1.已送审； 2.不多； 3.教职员工作精神尚佳

乙、关于课程及教学者

表9　王凤喈视察课程及教学报告

项目	视察意见
（一）科目与教材 1.共同必修科目之设置是否合于规定； 2.分系必修选修科目之设置是否合于规定； 3.各系科目表已否报部； 4.各科目有无教材纲要； 5.教材纲要已否报部； 6.教科用书情形如何； 7.其他	1.所有课程已经呈部核定； 2.大部分均有； 3.或用教科书或用油印
（二）各科教学情形 1.各科教学方式如何； 2.教学效率如何； 3.教员缺课及补课情形如何； 4.其他	1.多用讲演方式； 2.据报缺课均照补
（三）各科学业考核情形 1.理工科实验及实习认真举行否； 2.文法科之笔记教员检阅否； 3.平时试验认真举行否； 4.学期试验是否依照规定认真举行； 5.毕业试验是否依照规定认真举行； 6.其他	1.无理工科； 2.教员检阅笔记； 3.认真举行； 4.举行； 5.现无毕业试验
（四）学术研究情形 1.一般教员之学术研究精神如何； 2.教员对于学生研究之指导如何； 3.研究院所办理是否认真； 4.有无学术研究之刊物出版； 5.其他	1.有各种研究会之组织； 2.指导尚称认真； 3.未办研究所； 4.经济困难，教职员甚少，无刊物

续表

项目	视察意见
（五）教学及研究设备情形 1.教学及研究设备是否足敷应用； 2.教学及研究设备是否充分使用； 3.添置及保管情形如何； 4.其他	1.尚不足用； 2.保管情形尚佳
（六）与校外事业机关合作情形 1.有无合作之事业机关； 2.合作办法如何； 3.合作成效如何； 4.其他	无

丙、关于训导者

表10　王凤喈视察训导报告

项目	视察意见
（一）导师制之实施 1.学生与导师分配情形； 2.导师负责程度如何； 3.学生思想与行为之一般表现如何； 4.其他	1.共由专任教员九人，分配分组负责指导； 2.一般表现尚佳
（二）军事管理情形 1.军事管理严格施行否； 2.军事教官负责程度如何； 3.全校学生纪律如何； 4.其他	纪律尚佳

续表

项目	视察意见
（三）实行新生活运动及精神总动员情形 1.师生能否领导社会实行新生活； 2.对精神总动员推动情形如何； 3.国民月会按月举行否； 4.学校精神总表现如何； 5.其他	1.在计划中； 2.在计划中； 3.尚佳
（四）兼办社会教育推行社会服务与劳动服务情形 1.兼办社会教育情形如何； 2.学生参加当地公益事业及建设工作否； 3.学生参加军事后方之实习防御宣传工作否； 4.学生参加本校劳动服务情形如何； 5.劳动服务或社会服务之组织名称为何、人数若干； 6.其他	在北流办理民众学校一所；自新迁桂林之穿山，校舍在乡村，居民不多，民众教育之事，正在计划，尚无活动
（五）体育卫生设施 1.学生营养如何； 2.学校各部分（如教室、宿舍、厨房、厕所、浴室等）卫生设备及设施情形如何； 3.学生体格检查按期举行否； 4.疾病之预防及治疗情形如何； 5.体育设备足敷应用否； 6.体育活动是否依照体育实施方案办理； 7.其他	1.营养似不甚佳； 2.卫生医药设备极感缺乏； 3.体育场尚可，其他关于体育之设备，甚感缺乏
（六）党团组织与活动 1.党团组织情形； 2.党团活动情形； 3.其他	该校设□党部直属于广西省党部

丁、其他应行视察事项

表11　王凤喈视察其他事项报告

项目	视察意见
（一）上次视察后遵令改进情形 1.遵办情形如何； 2.是否确已改进； 3.如未改进，未能改进之原因何在	1.关于增筹经费、增加图书及体育设备以及提高教员待遇等项，均未做到； 2.未能改进之原因，大部分由于经费之困难
（二）本年度应遵办或应行呈报事项办理情形 1.某事已办已报； 2.某事未办未报； 3.未办未报之原因何在	大部分已呈报，余在赶报中
（三）本部特令视察事项	1.无； 2.卅年十二月六日王凤喈

（《专科以上学校视察项目简表：私立无锡国学专修学校》，中国第二历史档案馆藏教育部档案，档案号五-2031）

12月8日　国学书院第一院公布国学研究班优等生名单。

［经学门］余颂甫，韩汝愚，门书绅，纪根迈，董一是，刘绍箕，都启贤。［史学门］林承，陈吉甫，刘仲绂，陆继昌，彭朔民，阎尊奕，陈梅庵，林翰。［子学门］孟绍庵，曲翔远，赵庚，程毓岐，张国桢，程子庄，傅润青，沈大鹤。［词章门］童震亨，卢榉斋，黄畲，王芳庭，冯学思，张翰藻，傅试中，

张浩云，濮思本，王德稔，张威。［佛学门］刘学胜，俞淑乡，闻止庸，周以璟。(《国学书院研究班优等生公布，特考业已开始报名》，《晨报》，1941年12月8日，第2版)

12月13日　张颐在复性书院讲"德国哲学之源流"，"是日所讲为康德、费希特、薛蕾之学"。(王德培记录：《复性书院日记》，吴光主编：《马一浮全集》第5册，第444页)

12月14日　国学书院举行特考与甄录试。

国学书院第一院特考暨第二届甄录试，昨日（十四日）上午十时在中南海怀仁堂合并举行，由华北政务委员会，延请财务总署汪督办担任主试，届时应试者共四百二十一名，由汪督办命题三道，计（一）士不可以不弘毅论，（二）民生在勤论，（三）周礼一曰良善，二曰廉能，三曰廉敬，四曰廉正，五曰廉法，六曰廉辨，试详绎其意义，并列举古来廉吏合于此六者以对，至下午四时方始考试完毕，是日天气晴和，由周副院长招待，该院并备有熟食以饷考生，致各应试者秩序整肃，咸得从容构思，华北政务委员会委员长兼国学书院院长王揖唐氏，虽患感冒，仍亲临视察，亦足见当局提倡国学之盛意云。(《国学书院昨日特考并举行甄录试，汪时瑞督办亲临主持》，《晨报》，1941年12月15日，第2版)

后经评阅委员会俞墭青、郭啸麓、高淞荃、刑勉之四太史审慎评定："录取正取赵庚等一百名，附取阎尊奕等七十名，备取李希颜等十名，奖金特别加厚，除第一名给奖一百元，第二名七十元，第三名五十元，第四名四十元，第五名三十元，第六名以次递减外，王兼院长暨汪主试对于前列四十名并各加给奖金三百元，以示鼓励，其未经录取者，亦各给车资，以恤寒畯。"（《国学书院特考评阅竣事》，《晨报》，1942年1月7日，第2版）

12月21日　国学研究组第八次演讲，金松岑先生讲易学大义，国学研究组纪录。（《国学研究组第八次演讲（十二月廿一日），金松岑先生主讲易学大义》，《光华学报》，1941年第1期）

12月29日　陕西省地方耆绅吴敬之、张扶万等人组织中华国学社。

为阐明我国固有文化，弘扬民族精神起见，耆绅吴敬之特组织中华国学社，召集筹备会议，推定宋发奎、吴敬之、张扶万、王宗山、李学甫、李疆丞、吴□先、刘依仁、侯佩苍、曹仲谦、宋品三、崔叠生、李葆庭、李印唐、王觉生、刘乐山、刘逊斋、史襄臣等为筹备委员，并推定宋品三、侯佩苍、刘逊斋、李疆丞、曹仲谦为常务筹备委员。（《地方耆绅组中华国学社，刻正积极筹备》，《国风日报》，1941年12月30日，第2版；《耆绅吴敬之等发起组织中华国学社，昨开筹备会议推定筹委，刻正积极工作短期成立》，《西北文化日报》，1941年12月30日，第2版）

12月31日　马一浮发布《告书院学人书八》，提出自1942年1月起，书院将以刻书为主业。

书院旨趣本与学校不同，各人但能知所趋向，真实体究，未有不能自得之者。不必定相聚处，务为讲说，徒以形式为尚。其有偶来参扣者，亦可量宜容接，但不得住院，不予津贴，如此犹稍近古义。书院以义理为宗，当思接续圣贤血脉，既绝禄利之途，亦非要誉之地。若浮慕虚声，不知切己用力，则在难与共学之列。若熏习稍久者，皆能知之，不待申说也。

大凡应缘之事，在随时变易以从道。今学者既寥落如斯，审书院所当务，唯有寓讲习于刻书一途。既病接物未弘，宜令种智不断。先儒说经诸书及文集、语录，为学者研索所必资者，或传本已稀，亟待流布，或向有刊本，而今难觏，欲为择要校刊，以饷后学。虽一时编类难以尽收，庶使将来求书稍易，不患无书可读，尤为战后必需。但苦经费奇绌，所可并力为之者亦仅耳。自三十一年一月起，书院将以刻书为职志，虽力愿微薄，有似捧土以塞孟津，然为山假就于始篑，果能锲而不舍，亦将积小以至高大。宋太宗太平兴国时，邢昺在国子监实始刻书，至景德二年，真宗阅库书，问经板几何，昺曰："国初不及四千，今十余万，经、传、正义皆具。臣少从师业儒时，经具有疏者百无一二，盖力不能传写。今板本大备，士庶家皆有之矣。"逮南宋迄于明清，官私雕板益盛，此自当时崇尚儒术之效。今为之自下，又当物力凋敝之余，自属艰困难就之业。然多刻一板、多印一书，即使天壤间多留此一粒种子。明僧紫柏发愿刻《径山藏》成，彼教经论流传始广，清石埭杨居士实继其业。每恨儒者未能及之。向来刻丛书者颇不乏，每失于择之未精，博而寡要。今虽未能遽比古人，不可不以是为志。虽在颠沛之中，不忘性分内事，庶几煨烬之后，犹有岩壁之藏。艰而能贞，明不可息，有系于此者甚大，勿视为不亟之务也。

又向来诸友于动静一如，语默同致，理事不二，物我一体之义，虽闻之已熟，似未有相应分，故每以事缘为碍，而少体道之乐。（马一浮：《告书院学人书八》，吴光主编：《马一浮全集》第1册下，第567—568页）

是年 沈亦云编《国学入门讲稿》，由上海南屏女中出版。

该书分3编：1.五经十三经，"吾国最古典籍，简单介绍本书内容外，选读原书一章或数章，以识真相"。2.先秦诸子学，"吾国学术思想最发达时代之主要各家学说大概"。3.儒家一尊后学术思想之嬗化，介绍自汉至近代的学说。此三编"譬之江河：一、青海之高峰也；二、峰端之众壑也；三、汇成一线而东流，且随时吐纳旁水与支流，以成其滔滔千里之势也"。

沈亦云指出人为万物之灵，"能运用万物，驾驭万物"。人之灵何在？或言情感，或言人有组织、有社会。然而人区别于其他动物之处，在于人有思想，有理智，有合群之德，"惟其有思想，有理智，故能用合理之情感，为合理之组织，且能随时得合理之进步"。"合群之德"可谓"仁"，经由思想、理智所发出的"合理行为"可谓之"义"。因此，人之可贵在于能"居仁由义"，"即始于爱人，终于合理。以通俗语言之，即以博爱为出发点，而处处表示合理的行为是也"。那么，作为中国人何以可贵呢？在于中国之特色，中国的特色在中国民族特有的民族文化与民族精神。"有此文化，始得绵延我悠久光荣之历史；有此精神，始能永保我地大物博之国土。凡了解此文化以演变出新文化；具备此精神以发生出新精神者，方可谓完成了中国人格，所贵乎为中国人者在此，足以自傲为中国人者在此。"国学之范围与定义由此而来：

一、国学与国文之不同点。凡以本国文字，写出文章，体裁整齐，字句美妙，意义畅达，使读者完全了解作者之意，谓之国文，诸生平日国文课中所诵读讲解及练习书写者是也。

凡本国前贤往哲最高思想之结晶，讨论人生必要与人生有趣味之问题，发为有系统之学说，其影响于此国，有极长之时间性；其应用于此国，有极广之普遍性；其代表此国，有极大之显著性；谓之国学，吾侪以后所拟略述大概门径者是也。

二、有国界之学术与无国界之学术。某种学术，自此国用之他国而不变其性质者，乃无国界之学术，吾人所谓科学者类之。或曰：吾人购一外国机器，或外国日用品，有一望而知其为某国货者，是工业即有国界，即科学亦有国界矣。要知某国货某国货之区别，若在货物之坚固与运用之效能上说，其不同之点，乃应用原理之程度问题，有到工十分，有到工七分八分而已；若在货物之结构与触目之形式上说，其不同之点，乃某国人艺术上之特色，是文学上之区别，而非科学上之区别也。故吾人以为科学无国界。即今亡国之民，科学教育，不受限制。

某种学术，自此国输至他国，无论其旧轮廓存在多少，其精神必有所变更者，乃有国界之学术，吾人所谓文学哲学者类之。吾人无论见一何国人，不必以其语言容貌之区别，而能料想其为，何国人者必其人有其国之特殊色彩。此种特殊色彩，有时不可以言语形容，而终不可以磨灭，此皆其国之文学哲学素养有以致之。故吾人以为文学哲学有国界。最宜本国人以之教授本国人。在欧美文学家以其理想寄托于诗歌小说或戏剧，哲学家以其思想发为有论据之学说，故文学哲学，对于人生问题有同等作用及价值。吾国文学家，虽亦有其人生理想，但习惯上，仅在诗歌中寄托性灵，论述中以文载道，所有小说戏剧除少数名著外，陈事多肤浅附会，抒情则罕所启发，有文学技术上之美，而少文学思想上之美。故向来多称诗歌等纯文学作品为小品文字，与哲学地位价值，不相并侔。

吾侪今为中国人，欲保持中国之特色，必先认识中国之特色，然后吸人之长，可以消化为吾长，从而发挥我东方文化，使未来之新中国兀然光耀而有所贡献于未来之新世界，此吾讲国学入门之微意而亦所望于莘莘诸子者。（沈亦云编：《国学入门讲稿》，上海南屏女中，1941年，第1—6页）

△　无锡国学专修学校编《变风社诗录》出版。

该书收录变风诗社成员作品，王蘧常作序，唐文治、夏敬观、夏承焘、姚德凤、钱任远、钱萼孙、朱大可题辞及鲍鼎作弁言，严古津和秦翔撰跋语。（刘桂秋编著：《唐文治年谱长编》下册，第1011页）

王蘧常撰写序言：

民国二十九年秋，无锡国学专修学校诸生将结诗社，请名于予，予曰："变风，可慨乎时而名之者也。"既结社之数月，又请曰：为诗无新意，所循者皆前人之旧法，所言者又前人之陈言，将何所从？予曰："诗之上者，又通乎政。《三百篇》是已政治之变无所极，则诗亦缘之而无所极。且不仅政治而已，凡天地之间动者皆有变，无有陈旧而不可入诗者，即静者。以

吾人之心遭之，即历千万年而不变者，亦无时而不变矣。故善
为诗者，其境常新，安有所穷？且今世界之变为前人所未尝
闻、未尝见，则所为当远胜古人，安能为古人所囿？是在我人
之自为而已！当与诸生共勉之！"其年冬，社中有诗集之刊，
乞予言，遂书其问答之辞以弁其首。

严古津《变风社诗录跋》：

予入无锡国学专修学校之明年，钱师仲联自桂林归，授
以诗学。同学柳君子依、林君子渊、金君悉经谓予曰："校中
不乏吟侣，吾侪盍组织诗社以相观摩可乎？"涉秋开学，子依
毕业去，子渊道阻不得来，乃由金君悉经、吴君予闻、江君文
忠、王君之雄、皇甫君权、何君祖述、张君庆及予发起同学，
参加者四十四人。于是请名于王师瑷仲。师曰："不亦善乎！
于此世道陵夷、海水群飞之日，名之曰'变风'可。"并指示
组织之方法而促成之。社既立，群议敦请王师瑷仲为顾问，郝
师昜衡、钱师仲联、朱师大可为导师，干事则张君庆、皇甫君
权、王君之雄、周君企任、江君文忠、秦君翔，而予亦与焉。
社事之推进，秦君翔、江君文忠之力最多。凡征诗四次，分呈
诸导师评改，得二百余首，又请瑷师审定，行将付梓。瑷师命
予书其经过，敢述其大略如此。民国三十年一月二十日无锡严
古津跋于沧浪吟馆。（无锡国学专修学校编：《变风社诗录》，无锡国
学专修学校，1941年，序言，第1页；跋，第60—61页）

△ 迭肯发表《新文字与国粹》，主张应当以进化的头脑去发展国粹，培育国粹进化的土壤。

文章指出中国历史悠久，有很多国粹，"语文亦即国粹之一"，可是国粹如果再让国粹派保存下去，"即不遗失，亦必生蛀"。若要发扬国粹，必须将其播撒在泥土中。没有进化的头脑，万不能去保存国粹；国粹派的"保存"，无异是"残害"，真正发扬中国的语文是历来的新文字运动者，"远的如李斯、程邈，近的如卢戆章、吴敬恒、赵元任，以及拉运者"。一切文化都是国际的公共财产，中国享有承受国际财产的权利，不能将自己从国际中"开除"出来，"由拉丁字母所写成的新文字便是在发展中的将来的中国国粹"，"为要保存国粹而反对文字改革者一定是残害国粹者，那些主张采用新文字者才是真正发扬国粹者"，"反对新文字者不从文字的演进上着想，又不从新文字本身的性质上研究，却闭着了眼睛，以'国粹'的大帽子想压倒时代的必然产物，倘不是恶意的摧残文化，便是下意识的无理取闹了"。（迭肯：《新文字与国粹》，《上海周报（上海1939）》，第3卷第6期，1941年1月25日）

是年 中国大学公布国学系师资情况与学生名单（见表12、表13）。

表12　文学院国学系师资情况

孙人和	蜀丞	江苏盐城	国学系主任兼教授	崇内东受禄街甲十七号
陆宗达	颖明	浙江慈溪	教授	前青厂二十七号
俞平伯		浙江德清	名誉教授	朝内老君堂七十九号
刘厚滋	佩韦	江苏丹徒	副教授	内五区南官坊口二十号
吴叶筠		江苏盐城	讲师	西四火神庙甲五号

续表

黄寿祺	之六	福建霞浦	讲师	皮库胡同久大公寓
孙楷第	子书	河北沧县	讲师	南锣鼓巷五十九号
瞿润络	子陵	江苏吴县	讲师	海甸燕京大学
鹿辉世	健宝	河北定兴	讲师	和内旧帘子胡同三十号
高逮	步云	江苏太仓	讲师	宣外求志巷太仓会馆
赵肖甫		浙江富阳	讲师	西四北小红罗厂八号
余柏龄		河南光山	讲师	丞相胡同六十六号
商鸿逵	九云	河北清苑	讲师	东城小取灯胡同六号
任化远	泽普	山东平原	讲师	宣外烂缦胡同三十九号
田脯民		河北安新	讲师	西城达子庙三十一号
徐孝宽	孟博	湖北武昌	讲师	后门兴化寺街十八号余宅

表13　国学系学生名单

姓名	年龄	性别	籍贯	通讯处	备注
田锡鸿	廿四	男	河北三河	北新桥二条胡同十一号	
佟铭绅	廿四	女	河北安平	后门外福祥寺七号	借读生
郑光仪	廿二	女	河北□县	本市齐内豆瓣胡同十三号	
孙仲朴	二六	男	奉天海城	东四内务部街二十号	
叶裕年	廿六	女	河北大兴	新街口四根柏九号	借读生
张其纶	廿四	男	奉天寿阳	府右街达子营三十四号	
雷鸣远	廿七	男	河南洛阳	西四北帅府胡同内新成路三号	
罗宗正	廿四	男	河北香河	西城公用库八道湾廿六号	
张树维	廿四	男	河北青县	新街口南大街二〇四号	
李述彰	廿四	男	龙江肇东	西城松鹤庵五号	
金及善	二五	女	河北大兴	本校	

续表

姓名	年龄	性别	籍贯	通讯处	备注
韩锦珊	二四	女	河北大兴	本校	
马承恩	二四	男	黑龙江木兰	宣内前牛肉湾甲四号	
高桂华	二九	男	河北密云	旃坛寺苏花胡同十五号	
孙树身	三四	男	奉天盖平	宣内宗帽二条五号	
李智章	二六	男	河北清苑	天津中西女学	
陶曼珠	廿四	女	江苏吴县	西单学院胡同丙五十三号	
牟传璠	廿五	女	山东福山	前内石碑胡同五号	
孙亦诏	廿四	男	河北玉田	西四南四眼井二号	
米继枢	廿六	男	河北大兴	安定门内五道营三十号	
王贻琦	廿三	男	河北乐亭	府右街石板房二条五号	
马捷	二六	女	奉天沈阳	本校东斋十九号	□□□
周寄萍	廿七	女	奉天沈阳	西城府右街达子营二十号	
程子庄	廿七	男	江西新建	宣外江西会馆	
董诚	廿四	男	绥远丰镇	北沟沿十九号	借读生
李梦景	廿五	男	河南南阳	本校	
何淑明	廿二	女	河南桐柏	辟口三条一号	
郑克扬	廿六	男	河北天津	西河沿一三七号	借读生

（中国大学编：《中大年刊》，1941年，第1—3页）

　　△　修正中国学院编撰《学生须知》，公布国学系课程。

　　国学系主系必修课目：《毛诗》、唐宋诗、易学研究、词选、《尚书》、汉魏六朝文、周礼考工记研究、汉魏六朝诗、《论语》、训诂学、经学史、《宋元学案》、中国文学史、唐宋以降骈文、《史记》、明清小品、戏剧史、文字学概论、小说史、目录学概要、《老子》、国故论著、《说文》作诗法、历史研究法、六书通论、唐宋以降散文、古韵源流、读书指导、论文、甲骨钟鼎研究。

国学系指定副系选修课目：政经系：经济学原理、社会学概论；哲教系：论理学、师范教育、现代哲学、儿童心理学、教育行政；法律系：公文程式、法理学。（修正中国学院：《学生须知》，修正中国学院出版，1941年，第23—25页）

△　在卢作孚等支持下，勉仁中学迁往北碚，并创办勉仁书院。

梁漱溟在北京大学讲学时，曾创立共住的学术团体"勉仁斋"，"其不共住者，亦时相聚谈，而为斋中之同志。当时大家意思，以身心修养工夫为主，而知识方面则任人自由研究。梁先生之友好，如林宰平、熊十力诸先生，对于勉仁斋学子，亦多予以精神上之激励。此民十五年以前情形也"。1926年后，勉仁斋先后随梁漱溟，先后附托于粤省立一中与山东乡村建设研究院。1938年，勉仁斋同人抗战入川，在南充工作。1940年秋，王平叔、陈亚三、张俶知、黄艮庸等，秉承梁漱溟的想法，在璧山县创办勉仁中学开学，分设高中部、初中部。1941年，迁往北碚创办勉仁书院。同年夏，梁漱溟离川，在香港脱险后，回到桂林家乡撰写《文化要义》，"于书院未能兼顾"。1942年之后，书院由熊十力主持讲学。

熊先生讲学大旨，则以为中国数千年之历史，系以儒家学术为中心思想。汉以后，虽印度佛家思想输入盛行，而此中心思想，卒未摇夺。民族昌炽，实赖有此。胜清末叶，欧化东来，孔子颇受攻诋，六经视同粪土。于是中心思想，浸以失坠。流及今日，学风士习，至不堪问。上庠之教，专以知识技能为务，而不悟外人虽极力注重科学，同时亦必于文哲方面，特别提倡，使各部门的知识，得一种统宗。而凡所以启导社会，与发扬时代精神，及培植个人生活力量者，尤赖有致广大而尽精微的哲学与文学。吾国人不幸而忽略此意。抗战以来，虽不无稍悟，然各大学文学院，殊乏独立创获，与极深研几，困知强行的精神，此为事实之无可讳言者。熊先生丞愿恢复固有的中心思想，即儒家学术，以为吾民族精神昭苏之本。此与宋儒用心，自有相同处，然复有大不同者。宋儒仅宗主四子书，其规模甚拘碍。故其于晚周诸子，及魏晋玄家之不在清谈列者（如王辅嗣之老易，向秀郭象之庄子，鲁胜之墨辩，等），一概排斥过甚。于佛家大乘经典，不许读诵。虽复吸取禅宗，而仍阳拒之。于其同时永嘉诸子讲经制事功者，又诋之不遗余力。故其思想一再传而日益狭碍、迂滞、枯窘、空疏。无发扬蹈厉之气，无活泼沉雄之风，终无救于民族危亡。熊先生于宋明诸大师真切处，绝不敢违反。但于其拘碍处，必极力矫正。虽云社会贵有中心思想，然中外百家之言，必兼容并蓄，短长互校，非可只守一家言而不留意他方面也。若只守其一，则是社会上只有残废的思想，而无所谓中心思想。夫曰中心思想，则必有多方面的思想，而但以某一思想为中心耳。唯其有多方面，故社会乃不枯窘，而极生动活跃。唯其于多方面的活跃中，而有一中心，故思想界不至呈泯纷紊乱之象，而社会上一切规律，可以建立，个人皆有其安心立命之地。熊先生所谓以儒家为中心思想，而迥异宋儒之所为者，其根本在此。熊先生深望今日各大学教育，皆能向此方针进行，庶几可救危亡云。

熊十力讲解儒家经典以《大易》《春秋》《周礼》为主，强调培育民族思想与阅览历代大人物名儒名臣文集，常劝诫学者："勿偏尚考据工夫，而忘其所以为学之意。勿只注重学问的工具，而忽略学问的本身。勿驰务肤泛驳杂的知识，而不为有根据有体系之探究。当切实求自得，以悦诸心，研诸虑。"（勉仁书院文书股述：《勉仁书院讲学旨趣》，《图书季刊》，新第4卷第1—2期，1943年3、6月）

然而勉仁书院经费欠缺，仅是勉仁中学同人"集院自修，亦无速效可期"，熊十力曾致信徐复观，称："勉仁书院，只是空名。梁漱溟先生门下诸子，办一勉中，确是几位老实人，互相鼓励用功，也不过数人而已。虽有意成书院，只是难成。吾只依托其间耳。如寇退，吾得回鄂，将来于武昌得成一讲学之所，乃佳。然吾老衰，又平生无世缘，恐不足望也。"（熊十力：《答徐复观》，1943年7月5日，刘海滨编：《熊十力论学书札》，上海书店出版社，2009年，第46页）

1942年（民国三十一年 壬午）

1月5日 《申报》报道融五讲经社国学讲座第二期，由姚太平讲《孝经》。国学讲座第三期，由沈觉灵讲"说文一字新义"："一字新谊，实最旧之说，不止十口相传，而时历数千年，人且淡忘之矣，故谓之新义。"（《融五社讲经录》，上海《申报》，1942年1月5日，第2张第5版）

1月13日 国学书院第一院一月份首次考课评阅委员聘定赵剑秋、俞巨溟、李石芝为委员，赵剑秋兼委员长，课题由王揖唐院长圈定五道。

"一，宽则得众，信则民任焉，敏则有功，公则说义。二，汉以孝弟力田致太平论。三，读贾谊《过秦论》书后。四，新旧唐书互有得失，新书记传更各有短长试言其略。五，国学书院记（不拘骈散）。"该院研究班，利用周末为公务员等谋国学研究，"开办以来，成绩甚著，各门研究员，已至一百七十余人，兹因地势及预算所限，不能广收，定于一月底止，暂停保送拟即于政府公报刊登通告云"。（《国学书院第一院课题公布，研究班定月底停止保送》，《晨报》，1942年1月13日，第2版）

1月15日　《志学月刊》创刊，该社社长周儒海，编辑徐仁甫、邓子琴。

周儒海撰写《发刊词》：

> 学术之道，有分有合。非合无以见其全，得其大；非分无以穷其细，究其变。在学术演进途程中，常若由合而分，由简而繁，由深微而散著。故凡成家言以牖民诏世者，其立一义，说一事，统类精严，函盖深广，虽其人之全神瞻智哉，亦立义之大者，不能不举宏网，具条贯，以俟学人之深造自得之也。往在战国之末，儒分为八，墨离为三，末流滋多于是约分之至也。夫甘辛不餍于味，丹素同悦于目。百家之学，应时而起，穷流致曲，皆有所明，时有所用；会归其极，咸有当焉。则自分而合，又自然之势也。惟学术分合，其资质有通材与专家；由通而专，又专而通，两者相互资助引发，不可偏废；而一国学术之发皇，胥赖于是。虽然，所谓专者，非琐屑僻远之谓也。所谓通者，非粗物漫迂之谓也。必专而不失之猥陋，通而不失之肤杂，条理缜密，义类固浃，此成学之大数也，弗可畔矣。
>
> 凡一国文化中心思想，与其民族材质，恒相附丽，而不可分。盖未有文化存而国亡者也，断未有文化渐灭，而其国犹存者也。故谈一国之学术，总以不离此中心者近是。一切典制文物，其枝叶蒂两也。戴东原谓为乘舆之人，诚有味乎其言之也！吾国学术思想，至清代而渐衰；西学东渐，益鄙其旧而降神贩。学术如斯，民族活力可知矣！顷自倭奴凶焰，煽及神州，奇觚哗世之说，不胥时而落，群始憬然于吾固有文化思想

之贵重。夫一国文化，不能有长而无短，长者在是，其所以短
亦在是，荀卿所谓凡物异则相为弊，此人类之公患也。然证以
中土历史，凡异化输入，积世既久，往往探其长而搏抗镕铸，
以为己有；故能旁薄深植，而枝叶勃茂焉。自西化入华，已百
余年。大端相较，短长已偶然不可掩。彼非吾所有者，汲汲求
之，惟恐不逮也；我之所有，或亦彼之所无。而拿吾人立国立
人，决不可渝者，是又岂可轻心忽之哉！

虽然，庄生有言：丘也与女，皆梦也，予谓女梦，亦梦也。
同在时代洪流中，吾人所祈向者，亦殆为洪流所冲刷去，而犹
不能不有所谓者，此则二三同人之所志也已。大雅君子，进而
教之。（周儒海：《发刊词》，《志学月刊》，第1期，1942年1月15日）

徐仁甫曾撰章太炎《中学国文书目》跋：

近世学者，多为学子撰定国学书目，然皆丛杂猥滥，不适
实用。惟余杭章炳麟《中学国文书目》，精审切当，盖无其四。
顾阅是目者，当知经部原有《论语》《孝经》《孟子》三书，章
氏以诸生多已诵习，故不重举。若素未诵习者，当以三书为初
学之首。其余书目可商者，亦可得而言也。章氏于经，取备史
实，不免主张太过。大小戴者，七十子后学所记，虽不备于法
制，然大义微言，往往而有。《中庸》为孔门传授心法，无论
矣。即以《大学》《儒行》两篇而言，章氏固尝谓可与《孝经》
遍教群生者。（见《与欧阳竟无书》）是则《礼记》亦当在选讲
选诵之列，不得谓其琐细而略之也。正史廿五，章氏独取《史

记》，以与三《通鉴》、五朝《东华录》，同备历代行事而已。
然又曰：高才之士，亦不以此为限，则两《汉书》《三国志》
其选也。盖四史在全史中最为闳博，不特记事，兼可证经，章
氏亦尝言之。（《重订三字经》）而文章之美，蔚为国华，选国
文者，岂可愁遗耶？诸子书中，晚周当存《墨子》，汉代当补
《论衡》。《墨子》文质而用广，《论衡》语冗而理伸，两书与近
世科学思想尤相接比，异乎《淮南》《法言》之流矣。宋元明
当补《学案》，章氏谓修身应物，终以理学为要。三朝学案者，
固三朝理学之总汇也。尝谓《二程遗书》，《王文成公全书》，
学子可以不备，三朝学案，则不可不选阅。盖学案可以赅二
程阳明，二程阳明不能尽学案耳。又小学书中，应补《古书疑
义举例》，俞氏此书，虽成于率易，然于文字训诂音韵之运用，
校雠点勘考证之方法，俞氏固已发其凡。章氏所谓"细为科
条，五寸之矩，极巧以展，尽天下之方，视《经传释词》益恢
廓者"。学子不可不读之书也。（徐仁甫著，徐湘霖编订：《乾惕居
论学文集》，中华书局，2014 年，第 36—37 页）

1 月 21 日　齐鲁大学国学研究所为激励本校修习中国文学及中
国历史的优良学生起见，制定齐鲁大学《国学研究所奖学金办法》，
经由第二十次校务会议通过公布施行。

　　第一条　本校国学研究所为奖励本大学中国文学系及历史
社会系之优秀学生研究国文及本国历史之兴趣起见，自三十年
度起，由国学研究所经费内划拨国币四千元，设置齐鲁大学研

究所奖学金（以下简称奖学金）

第二条　奖学金名额，暂定为十名（国文及历史两科平均分配）。每名每年暂给奖学金国币四百元，分上下两学期支给之。

第三条　奖学金之给予，须具备左列条件：

（一）肄业中国文学系及历史社会学系主修历史科者。

（二）成绩优异，品行端正，体格健全者。

（三）入学试验成绩特优，经审查合格者。

第四条　凡合于第三条一、二两项之条件者，得自行用书面申请，或由各主修学科之教授保荐转送国学研究所奖学金委员会审查决之。

第五条　奖学金委员会由国学研究所所长，国学研究所主任，文学院院长、教务长、训导长，中国文学系主任教授及历史社会学系主任教授组织之，以所长为主席。

第六条　领受奖学金之学生有左列情形之一者，得停止发给其奖学金。

（一）学期试验主修学科成绩不满七十五分，及其他课程不及六十分，而总平均成绩不满七十分者。

（二）品行不良，或违反学校纪律者。

（三）辍学或退学及转院转系者。

有第二项之情事者，除停发奖学金外，并追还已领之奖学金。

第七条　奖学金之申请不足法定人数时，得保留其余额酌量情形，另行补充分配。

第八条　本办法如有未尽事宜得随时修正之。

第九条　本办法经校务会议通过后施行。

（《国学研究所奖学金办法已制定公布》，《齐鲁大学校刊》，第20期，1942年2月25日）

1月23日　顾颉刚由重庆飞抵成都，处理齐大国学研究所事务。（顾潮编著：《顾颉刚年谱（增订本）》，第357页）

顾颉刚处理事务大致有安排研究人员、研究所出版计划、力推钱穆主持所务。钱穆将与顾颉刚的关系，喻为"房谋杜断"。1940年7月2日，钱穆致信顾颉刚："弟与兄治学途径颇有相涉，而吾两人才性所异则所得亦各有不同。妄以古人相拟，兄如房玄龄，弟则如杜如晦。昔唐太宗谓房君善谋，杜君善断。兄之所长在于多开途辙，发人神智。弟有千虑之一得者，则在斩尽葛藤，破人迷妄。故兄能推倒，能开拓，弟则稍有所得，多在于折衷，在于判断。来者难诬，若遇英才能兼我两人之所长，则可以独步矣。"顾颉刚将此信抄录在日记中，称："老友之言当有其积久之观察，录之于此，以待他日之论。"（顾颉刚：《顾颉刚日记》第四卷，第395页）

1月29日　上海师范学院国学系发布招生信息，旨在发扬固有文化，培植优良师资，招生委员会主席何宪琦，副主席刘重恒、问缵曾。（《上海师范学院招生》，上海《申报》，1942年1月29日，第1张第3版）

1月　复性书院刊行《吹万集》。该书由1941年院长马一浮命辑，都讲张立民选编，马一浮亲题诗为序，取《庄子》"吹万不同，咸其自己"之义为名。

《吹万集》所录以曾在书院肄业及现仍留院学习者之佳文为限。作者计十六人，按文义略分七门：一、经说八篇；二、论辩八篇；

三、序跋一篇；四、答问四篇；五、杂著四篇；六、札记九十六则；七、诗三十二首。课试文章被编入的有张国铨的《释〈易〉九卦义》《圣之时解》《治经方法异同对》《经术经学辩》，刘天倪的《心统性情说》，张德钧的《〈大戴礼·曾子立事〉篇笺解》《〈洪范约义〉后序》《伊川四箴释义》，张知白和王紫东各著《拟柳子厚师友箴》等。按规定，书院嘉奖部分勤学者，至讲事结束后，张德钧、张国铨、王紫东三人各奖国币二百元，金景芳、杨焕升二人各奖国币一百元。张立民作《吹万集选例》："书院以综贯经术讲明义理为宗趣，平日重在真实行履，不徒以交辞伪尚，然学者各就其思学所积，亦有论撰，出其义解，并可观仁。两年以来，篇聚颇众，爰禀师命，选辑兹编，取庄子吹万不同，咸其自己之义，名以《吹万集》，明其匪从人得也。"（《吹万集》，复性书院，1942年，第1页）

根据马一浮对课试卷的评语、《尔雅台答问》、复性书院日记、《吹万集》、1940年6月27日传示、《四川书院史》等内容，复性书院正式肄业生的名单及一些基本信息，如表14所示。

表14　复性书院学生名单

姓名	别号	籍贯	备注
王紫东		江西新建	
羊颖			第二次课试后劝退
李奋	大飞	四川巴县	
陶瓠	元用	四川巴县	
袁步淇			第二次课试后劝退
孙伯岚			第二次课试后遣归
张国铨	伯衡	四川崇庆	

续表

姓名	别号	籍贯	备注
张德钧		四川南充	
邓自祥	懋休	四川成都	
杨宝华			第二次课试后遣归
刘天倪	媿庵	四川巴县	
樊镇	漱圃	浙江绍兴	
钟嘉森			第二次课试后劝退
鲜季明			
谢思孝			第二次课试后留校察看
杨立六	硕井	四川新津	
张知白	孔怀	四川中江	
张鸣晦			
王准	白尹	浙江遂安	
王凌云	子游	湖北公安	
徐赓陶		四川丰都	
杨焕升	霞峰	江苏武进	
金景芳	晓邨	辽宁义县	由参学人转入肄业生
陈刚	兆平	湖北黄岗	
王景逊	敬身	浙江永嘉	
杜道生			
王景毖			
夏忠道			由参学人转入肄业生
严康澄		浙江	由参学人转入肄业生

（参见朱薛友：《六艺之教：马一浮与复性书院研究》，浙江大学，硕士毕业论文，2019年，第55—56页）

2月1日　陆懋德发表《论国学的正统》提出"明体达用"之学与"内圣外王"之学是国学的正统，一方面注意修养，一方面注意致用，修养重在克己力行，致用侧重实地经验，读书则是自修的基本。

陆懋德认为中国旧有国学原本是有体有用之学，所谓"穷经致用"，"经义治事"，这应当是"正统的国学"，历代人物不能出此范围。民国初年以来，学者忽然提倡"为学问而治学问"之说，全国风靡，学人群趋于考证名物，而轻视明体达用。考证之学仅为国学的一端，而非国学之正统。之前，陆氏在北京鉴于此种学风的流弊，提倡"明体达用"之学，"不但不为人所采用，而反为人所讥笑。三十年来，人才寥落，及乎国家有事，欲求一曾国藩李鸿章之人物，亦不可得，斯即讲学之失有以致之也"。中国固有的"内圣外王"之学，可谓正统国学的最高目的。"内圣"指修养，"外王"指致用。然而，二者不可偏重，"西汉之人偏于致用，南宋之人偏于修养，而其末流均无全才。今世非无过人之才，不过缺乏修养者，则用其智能于谋财利己之事；而不知致用者，则弊其精神于考据名物之中，斯其所以无全才"，"吾辈在今日，虽欲求一曾国藩李鸿章而不可得矣"。

国学本分为道、儒、法三派，"历代之人才，大约不出此三派，而实皆导源于孔子"。曾子、子思、孟子、董仲舒、陆贽、王守仁，"此所谓儒家者流也"。荀卿、韩非、诸葛亮、姚崇、张居正，"此所谓法家者流也"。田子方、庄周、张良、李泌、刘基，"此所谓道家者流也"。此类人才，代不乏人，"皆是内圣外王之学，亦即是明体达用之学，皆是国学正统所养成之全才也"。可见，国学并非无用之学，修养、文艺、考据"皆是国学之一端，而不能窥见其全体者"：

> 凡人的道德及才能，皆受先天的遗传之限制，亦无可讳言。然在中上之才，如能留心于修养及致用之学，皆能有所成就。及其成也，皆所谓"明体达用"之学，亦即所谓"内圣外王"之学，斯即正统的国学之所尚。约而言之，此即一方面注意修养，一方面注意致用之学也。修养固在克己力行，致用固在实地经验，而读书实为自修之基本。当然有人指导，则事半而功倍也。民国以来，治国学者，多循一时之尚，而入于琐碎考证之学，故三十年之结果，竟无全才可用。余故述某管见于此，愿与治国学者共勉之。（陆懋德：《论国学的正统》，《责善半月刊》，第2卷第22期，1942年2月1日）

2月3日　《申报》报道融五讲经社国学讲座第四期，由姚太平讲《孝经》。（《融五社讲经录》，上海《申报》，1942年2月3日，第1张第3版）

2月10日　中华国学社在张家花园妇女辅导院召开属社迁川后第三届年会。

教育部钮惕生视导主任莅席，"当场通过属社建设经费概算，暨筹集计划（附概算表及计划），决定半数向政府请求，半数向全国捐募，并推定人员分别负责进行"。（顾实：《报告属社迁川经过暨第三届年会开会情形并请拨给特别补助费以资维持由》，中国第二历史档案馆藏社会部档案，档案号11—7172）

△　国学书院第一院二月份月课评阅委员聘请郑俟沈、郑稚辛、胡眉仙为委员，郑俟沈兼委员长，公布二月份考题。

二月十日发题卷，限于是月十三日交卷，过期不收，是次题目由王兼院长圈定五道：（一）中国立国之道，以稼穑为本，治化之原，以祭祀为先，试撮举经旨论之。（二）曾文正公《圣哲画像记》书后。（三）尹伊五就汤五就桀论。（四）拟杜公部兵车行。（五）昌平山水记补遗。注：任作两题为完卷云。（《国学书院考题业经决定》，《晨报》，1942年2月10日，第2版）

2月25日　西南联合大学国文学会中国文学十二讲，罗庸以读专书为中心，论述国文系与国学系的异同与分合。

罗庸注意到西南联大本学年中国文学系课程，专书研究特别多，读专书似乎是近年来一个普遍的倾向。中国传统只有读专书，现代大学文学院才有专题研究的科目。近年来风气开始逆转，而风气的逆转折射出社会文化的转移。专书与专题可谓农业社会与工业社会的反映，"这两种不同的态度简单说起来不过是成己与成物之分，本来并行不悖的；但文化总有偏畸，一偏畸便有流弊"。同时，中国文学系读专书的问题还夹着"多年以来闹不清的国文系与国学系问题"。罗庸对此有三点看法。第一，"学术的由浑而析，由泛而专，本来是进步的现象"。第二，大学中国文学系文学组的教学目标应当以研究为主，"写作应该在师生间自由发展"。第三，"中国文化正在由旧的向新的方向转变中，文化学术都需要一个新的组织和排列"：

旧的文化学术本来有它自己的一套系统，文学和史学在这个系统下发展了一两千年，已经成了浑而难分的形式。在今日

学校里分科设系，未尝不可以抽出一部分的书籍专属某系，但
讲起话来便要牵一发而动全身。有些学校的国文系索兴称为
国学系，便是为此。从前北京大学的国文系分为三组，第一组
是语言文字，第二组是文学，第三组有目录学、校雠学、古
籍校读法、经学史等课目，便是小规模的国学系。坊间出版
的《国学概论》《中国经学史》一类的书，看似陈腐，实甚重
要，就因为它还能补苴分系以后的破碎支离。而读专书一事，
在国学系中，实居首位。王充《论衡》说过："能说一经者为
儒生，博览古今者为通人。"不兼备第三组的国文系，往往不
但不能博览古今，甚或并一经而不能通，结果只成为寻章摘句
的文士。联大国文系是只有两组的，近年以来，大家都感觉到
同学在通方知类一方面很欠缺，本年课程里专书特别多，也或
者有补救这个缺点的意思。拿通方知类的意思读专书，则与前
两节的态度又别，那是应当在学术源流方面着眼的。因为一部
专书，在内容方面有它的学术渊源，在体裁方面有它的著述体
例，往往与他书相互沟通，而不必限于一类。而这相互沟通的
部分，正是"水无当于五色，五色弗得不章"的，很难把他纳
入某一项专科。我们很不喜欢国学系这个名称，但愿意保留原
来第三组的内容，其意在此。……

　　我以为《四库全书总目提要》仍旧是国文系入门必读之
书，虽不足知伦类，实可以扩见闻。只要不陷于章太炎先生批
评章实斋的话："后生利其疏通，以多识目录为贤。"总比只看
坊间出版的《国学概论》一类的书好的多。就因为《四库提
要》鼓励你读原书，而坊间的书只给你浮泛的概念。此外正史

的《儒林》《文苑》列传、《艺文志》《经籍志》，能粗读一过，也胜于读坊间的文学史百倍。至于《古籍校读法》一类的书，浏览是不妨的，但我还是主张不如读读《经义述闻》《经传释词》和名家精校的书。史部则我希望大家能读《资治通鉴》和《续通鉴》《明纪》。史事不熟，文学也无所附丽。《论语》《孟子》《小戴礼记》的一部分，则是中国人尽人当读之书，民族的命根在此，无论如何必须读的，国文系更是责无旁贷。大家如能照此自修，则国文系不必设第三组，大家的见闻自不患掩陋，目光自不患短浅，心胸自不患褊狭，学问的基础，大体可算粗立了。

语文组和文学史组除了基本的常识和训练以外，大体上是应采取工业化的研究态度的，问题不嫌其小，用心惟贵其专，这才是正确的科学态度。但有两个基本条件：第一、专精必须是由博反约，而不是大海酌蠡。第二、问题必须由读书间得出来，而不是自作聪明。因此，以涵泳自得的态度，从容的读本业以内的专书，以待问题的发现，仍旧是这两组的根本工夫。至于不欲速，不见小利，不急于自表襮，必待确能自信而始著书立说，则又关系个人的修养，不系于读书的多少了。（罗庸：《论读专书》，《国文月刊》，第17期，1942年11月16日）

2月26日　《申报》报道存古学院以发扬国学，强健体魄为宗旨，文科讲经、史、子、古文，武科授太极、八卦、形意拳术。（《存古学院》，上海《申报》，1942年2月26日，第2张第6版）

2月　梁漱溟应冯振之邀，为国专桂校学生开设《中国文化要

义》《东西文化及其哲学》两门课程。（刘桂秋：《无锡国专编年事辑》，第361页）

△《国学丛刊》第七期，刊登韩知白、陈如英《国学书院记》，记述国学书院开办与教学情形。

韩知白文称：

书院之兴，其来久矣。自宋以鹿洞、石鼓、应天、岳麓为四大书院，迄乎元代，凡先儒过化之地，名贤经行之所，好事之家，出钱粟以赡学者，并立为书院。通都大邑，棋布星罗。洎乎有清，自各省省会，及府厅州县，莫不有书院之设。延聘名宿，陶铸俊秀，收效为尤宏。自清季废科举，立学校，地方长吏惮于筹款兴学之劳，多就旧日书院改作更张以应功令，而书院乃鲜有存者。驱天下之士尽入于学校，而学之途隘矣。京市旧为首善之区，庠序林立。自事变以后，黉官茂草，弦诵辍响。今华北政务委员会委员长合肥王公就职伊始，敬教劝学，自大学专门以及各中小学校，次第恢复。莘莘士子，得以负笈鼓箧，温故知新，亦云幸矣。公又以为吾国文化，存诸经籍。比年以来，异说蜂起，六经束阁，《论语》作薪，先圣之微言大义，弃同弁髦。守先待后，责在吾党。爰于北海之团城设立国学书院，考选于国学稍窥途径者百余人，月试一次，第其甲乙，而奖励有差。又本仕优则学之义，令各官署掾属于来复休沐日，来院讲肆诵习，经史百家考据词章，各就其性之所近。礼罗耆硕，分门讲授。而公于从政之暇，耳提面命，诏示后进。一时执经问难，环而侍坐者数百人。复斥巨赀市典籍数万卷，庋藏院中，以供多士之浏览探讨，洵盛事也。昔鲁闵子马谓学殖也，不学将落。今公以遗大投艰之身，当庶政填委之日，悯士子之失学，特设斯院以诱掖而启迪之。诗曰肆成人有德，小子有造，古之人无斁，誉髦斯士，盖不禁为公诵矣。异日经正民兴，人才鹊起，将以斯院植其基。而固非前代书院，以讲学为名而无其实者所可同日语也。是为记。评：晓畅有法。（韩知白：《课艺选录（第一次月课）：国学书院记》，《国学丛刊》，第7期，1942年2月）

陈如英文称：

慨目大道不明，诐辞连狄，邪慝朋兴，古籍湮晦。负笈之士，误趋歧途，绩学之子，徒嗟向壁。斐然者无所取裁，守残者沦于台隶，识者恫焉。兴麟趾之学，造凤毛之士，欲振宗风，爰立黉舍，此国学书院所由立也。析为二院，一院以考课为主，而研究班附之。课题不外四部，而研究班略分五科，经史子佛词章是也。二院以造士为先，析目略同于研究班，惟攻读之士，则概为青年。取学校之制，存书院之体，以期济济多士，郁郁能文焉，此其大较也。至于优其饩廪，资之膏火，寒士芘其颜欢，青衿折而心服，虽玉尺之量才，金鎞之刮目，不足喻其精鉴焉。余以后进，幸接名贤，每披芸编，辄念朴械。觉古人不作，旧学赖存。匪惟国粹攸关，抑亦经正邪远。此其有系邦运，足正人心，非止抱残守缺，旁搜远绍已也。嗟夫，郑有乡校，强邻莫敢加兵。汉立太学，气节倍光史册。王通讲道，而佐唐之士蔚兴。世宗设学，而后周之文彪炳。然则书院之设，岂无故而然哉。惟念作始者简，将毕者巨。靡不有初，鲜克有终。窃愿共体创建之苦心，各凛职责之鞅掌，而不可不有述焉。于是乎记。评：文极雅驯，非庸手所能办。（陈如英：《课艺选录（第一次月课）：国学书院书》，《国学丛刊》，第7期，1942年2月）

婉儿撰《国学书院第二院参观记》，记载访问国学书院情形：

　　上星期姜主任便赐给过我们的一个好消息——将率领我们去参观那正在缄默中进行恢复东方文化，中国现在唯一的国学书院第二院，我说这话并不是在替他吹嘘，因为虽然尚有一个第一院，但是终日埋首研究的，只有二院，一院只是一星期研究一次——那时我们正当着同男院合并成大学的时候，一直也没有抽出功夫来，但是心中思念的很，因为姜先生（叔明）便是那边的导师，他曾向我们讲过，那里程度的高，学生的勤奋，是很能够惹起我们的兴趣的。直到昨天，我们全体国文系同学，集合起来，正午，便兴高采烈的向北城国子监出发。

　　天气暖煦的很，虽然对面逆向着北风，在西单登电车，至交道口，下电车约有五分钟的路程，便到达国学书院。这里是清代南学的旧址，斜对着孔庙，正面着国子监，校园虽然狭小，然而却是很好的取意。入院后，该院院长王委员长因政事未在校，仅由姜叔明先生及监学徐先生，事务杨主任招待，并蒙该院女同学刘志贞小姐领导参观。首参观图书研究室，系该院研究生从事著作之地，内堆满书籍，皆系先贤名著，及各种参考。据领导者谈，现从事校注者为郑女士，现为校注《烈女传》，闻之甚为钦佩。次参观甲组教室，因此时间为选修者于乙组合堂，故空无一人，书桌上陈满了书籍，墙上除地图标语外，令人穆然肃静者，墙上满挂弓矢，使人观后立刻感到先圣之六艺——礼、乐、射、御、书、数——又在这儿开始吐出了光芒，走出甲组教室，远远的便听见了清脆高昂的嗓音在讲着书，刚踏进乙组教室，不由得使人吃惊。这种吃惊并不是甚么声音吓着我们了，却是寂静得使人惊异，历来我们参观各学校的经验，每当参观者踏进某一个讲堂时，一定先听到一阵骚动，然后才归于寂静，因为他们要做一个好的姿态给参观者看，今次却不然，进门后除掉讲堂上导师的声音外，余下的只有学生们用铅笔籁籁的速记，他们写得速度亦的确令人讶奇，并不是用的国语速记法，而是一字一字的写下来，看他们的情形，耳目心手相应，正注意在先生的身上，似乎并不知道一大部人在旁边参观似的。堂上的导师正讲着目录学，我们奇异的，这位先生讲得这样熟，所讲的东西，是在外面所不易听到的，我们在旁边恭听了二十余分钟，简直都不想走了，讲得实在好，等到出了讲堂一询问，才知道就是赫赫有名柯燕舲（昌泗）先生，在《中和月刊》上，拜读过他老先生的大作不知凡几了。

参观后由姜先生（叔明）讲叙院方概况，略谓月由华北政务委员会津贴两千五百元（近或可增至五千），院方宗旨在求为己之学，使诸生皆可获得国学基本。院长系现任政委会王委员长，副院长为国立华北编译馆瞿兑之先生，下设学术主任，由柯燕舲先生任正主任，孙念希先生任副主任，监学一为徐榕生老先生，事务主任为杨秀先先生，导师计有章太炎先生之大弟子马竞荃先生，现代诗词大家黄公诸先生、画家黄宾虹先生及甲骨文家孙海波先生等皆系当代博学名儒，实在可慕的很。

该院除读书以外，不时习射术及练习双杠，故各生内有渊博学识，外观皆系彪形大夫，无竖儒气。参观毕别诸先生而返，思羡之余，提笔记之，以飨读者。（婉儿：《国学书院第二院参观记》，《三六九画报》，第13卷，第15期，1942年2月19日）

△　江苏省国学社编纂《江苏文献》，后改为江苏省文献馆编辑。

《江苏文献》征稿范围为：（甲）研讨江苏文献之论著；（乙）未经刊刻江苏先贤之遗著；（丙）江苏重要史实名人生平及各地胜迹之特写；（丁）江苏各地古物发现之记述。本刊第一次征稿范围为：（一）江苏省各地方志考；（二）江苏省之革命伟人史料；（三）江苏省与外国文化之沟通史料；（四）江苏省之新闻事业史料；（五）江苏省百年来之艺术史料；（六）南社史料；（七）江苏省古迹古物之新发现；（八）江苏省之未刻书籍；（九）江苏省之方言研究；（十）近五十年来江苏名人之传记。

李士群撰《发刊词》，称《江苏文献》旨在昌明国粹：

江苏夙称文物之邦，昔贤往哲，专攻精研，各自发挥其特长，而有所贡献于世者，班班可稽。晚近以来，学士大夫，群骛新学，蔑视国故，叩以固有文献之大要，瞠目而不知所对，可慨孰甚！此江苏国学社之所由创立也。顾设社以还，仅行月课，旨在感发学人，昌明国粹；至对于吾苏固有文献之保存，整治，研讨，阐扬，则尚阙如！

际此国基再奠，省政重新，欲求文化之建设，不得不求之于固有之国粹。夫文明所积，家国之光，虽百世之下，万里之外，犹将感发兴起，况吾苏之先贤遗产，累积独富，发扬光大，继长增高，自属后起者应负之责任。江苏国学社为达成此伟大之使命，爰于今三十一年度之始，而有江苏文献之发刊焉。

江苏文献，为研讨阐扬吾江苏文献之枢纽。乡先贤心力之结晶，或湮没而不彰，或有绪而未竟；有兹刊物，则地方人士，得各探索其乡贤之遗产，阐幽发微，续绪弗坠，如是而后可以无惭于先贤。吾苏文献之浩博，于全国占有重要地位；有兹刊物，则好学深思之士，得相互研讨，尽力发扬，不仅能光大前绪，又可充实遗产，以贻后人，地方文化之进展，胥赖于斯。睹乔木而思故家，考文献而爱旧邦；有兹刊物，则足使人人深知地方文献之卓伟，一扫往日漠视国故之心理，而爱护乡邦之意念，亦得油然而生。今当《江苏文献》创刊之日，揭此三旨，愿与全省人士共勉之！（李士群：《发刊词》，《江苏文献》，第1卷第1—2期合刊，1942年2月28日）

唐惠民提出整理江苏文献的三个步骤：

第一是搜藏。吾苏文献，经了这回的事变，湮没散失，不知凡几。全省文化机关，亟宜联合关心文献的地方人士，共同努力于乡邦文献的搜藏。应行搜集的文献，可有八类：
（一）典籍。如乡贤著述的稿本，及乡贤精力所寄的校本、钞本、刻本、藏本等是。（二）史料。如具有乡邦历史价值的方志、舆图、谱牒、档案、函牍以及古迹图影，革命史料等是。（三）遗像。如乡贤的画像，以及石刻、木刻、摄影等像是。（四）遗墨。如乡贤的书法名画，不论轴辐、屏联、手卷、册页，凡足资鉴赏的都是。（五）遗物。如乡贤生平所用的文具，手制的物品，以及其所遗的冠服、玩具、日用品等是。（六）金石。如有关乡邦文化现存或最近出土的金属器、古玉、石刻、陶瓷碎土等是。（七）拓片。如石刻中造像、经幢、墓碑、桥柱、井阑等，原物不易罗致者的拓片是。（八）图范。如古器物之不能再现原形原质的模型图影是。搜集力求周详，完成决非旦夕。一面应即筹设专院，或于各地文化机关如省县立图书馆内，附设专室，随时将搜集所得到的乡邦文献，保存珍藏，加意爱护，务使即遇天灾人祸，也不致遭受毁损散失的厄运。

第二是整理。乡邦文献，多属过去陈迹，为着历时经久，有的菁英渣滓，糅杂不分，有的以伪传伪，失其真相，所以对于搜罗所得的乡邦文献，必须分别整理。整理文献，应该悬着三个标准，以求到达。那三个标准呢？（一）求真。凡研究一种客观的事实，须先要知道他的确是如此，才能判断他为什么如此，文献部分的学问，既属过去陈迹，因之颇多失真，我们要用很谨严的态度，很忠实的精神，仔细别择，来撷取他的精粹，保存他的真相，才可以看出他的真面目来。这种工作，便是考证。（二）求博。我们要明白一件事物的真相，不能靠单文孤证，便下武断，要把同类或有关系的事情，网罗起来，贯串比较。我们可以先立假定，然后搜罗种种资料，来测定这假定是否正确。只是求博有两个条件，荀子说："好一则博。"又说："以浅持薄。"我们要做博的工夫，只能一件一件的去做，从极狭的范围内生出极博来；若同时件件要博，便连一件也博不成，这便是好一则博的道理。求博当然要有丰富的资料，可是资料越发丰富，驾驭资料越发繁难，总须先求得了一以贯之的线索，才不至博而寡要，这便是以浅持薄的道理。（三）求通。研究一种文献，常要注意到各方面相互的关系；这些关系，有许多在表面上看不出来的，我们要用锐利眼光去求得他，能常常注意关系，才可以通。例如晚明时代我锡顾高二公创立的东林和太仓张溥所主的复社，本来是个学术团体而又兼为政治团体，这是重要的乡邦文献，很值得研究的。研究东林复社，方面很多，本来是个学术机关，为甚么又有团体的政治运动？一方面可以看出学术的渊源，学风的趋势，一方面可以看出在野知识阶级的主张。每逢政治腐败的时候，许多在野的学者，本来打算闭户读书，然而时势所迫，又不能不出头说话；这种情形，全由政治酝酿而成，非全部异常明了，一部很难了解。至于复社，本来是一个团体的别名，同时的其他团体尚多，不过以复社为领袖，成为一个联合会社的性质。我们研究创社者及各社员的籍贯，可以看出复社的势力，在于何部；明亡以后，复社的活动，于当时政治有何影响？满清入关，复社人物采取怎样的态度？从这些地方着手检讨，那么关于明末清初的江苏学风，可以了如指掌。吾们对于乡邦文献的任何部分，能够向着这三个标准来研究，不惟能够增加乡贤遗产的价值，而乡邦文献，便得充量的发展。

第三是阐扬。文献的整理，一面在去伪存真，一面在求博求通，经了这一步的努力，那么文献的真面目和真价值，便可显露无遗。再进一步，应当把那真实而且具有价值的文献，来阐发表扬，使人人都得享受这笔遗产的实惠。简括的说：如由典籍文献，而得领会昔贤先哲的学术；由史料文献，而得了解政治社会的演进；由遗像遗物，而得兴起景仰乡贤的意念；由遗墨遗制，而得增进鉴赏艺术的能力；由金石文献及其拓片，而得探求艺术活动的痕迹，由古器物的图范，而得察知当时社会的生活。阐扬的方法，大概说来，可有三种：（一）举行文献展览。文献的搜藏和整理，兹事体大，非少数人所能集事，亦非短时间所可奏效，必由社会人士，共起负责推进，始可早观厥成。是故为唤起社会人士对于文献的注意计，必须举办文献展览会，任人观摩，激发同情。宜由文化机关，起而组织筹备，广征本省文献，择一适当时期，举行展览，使社会人士，得有鉴赏本省文献的机会，因而增进其对于文献的注意和认识，那么于文献的搜藏和整理，定可获得极大的协助和便利。（二）辑印遗著遗墨。历代乡先哲的撰著，都是铢积寸累的心血结晶。可是有的为了绌于梓材而未刻，有的为了原镌过少而罕见。为保存表扬文献计，对于这未刊行和虽有印本而流布不多的乡贤遗著，逐一辑刊。此外又当集印有关江苏的文献掌故，学术史乘，搜集前哲的书画真迹，制版印行。凡这四端，如能依次举办，计日程功，则于吾苏文献的发扬，成效定可观。（三）编印文献专刊。文献由整理而得发见他的真面目和真价值，那么应把他的真面目维妙维肖的描摹出来，给社会人士确切的认识；应把他的真价值条分缕析的表扬出来，给社会人士明白的了解。因此欲阐扬文献，关于文献专刊的编印，实不容缓。一方面可把整理所得，随时在这专刊上发表；一方面可藉这刊物，为共同探讨的中枢，不惟为阐扬吾苏文献的喉舌，又为推进吾苏文化的原动力呢！（唐惠民：《对于江苏文献应有的认识和努力》，《江苏文献》，第1卷第1—2合期，1942年2月28日）

张圣瑜提议创建江苏史料馆，并发起征集历史博物建议书：

原夫国史纂修，系乎方志，方志编集，系乎史料；故新会梁氏尝谓良史成于良志，余杭章氏并谓方志为国史要删；然则史料征集及其保存，允为地方要政。然史料之范畴大矣；若官文书报，若孤本遗帙，若笔记杂录，若谱牒碑铭，此系表见于文字者；其余实物，有若壁画造象，若古器物古建筑，若发掘所得之古迹；更若神话歌谣之所传播，或咨询及于耆旧之口，片词只语，无非故实。故欲博稽故实，淹贯人文，昭进化迹象而资群治考镜者，史料尚焉；而且天行不息，人事演化亦日进不息，往昨来今，无问巨细，晌成遗迹，而增长为史料。以史料范围之广及其增长之速，甚于江痕河沙不可里测时计，有文化之责者，乌能任其精光湮灭，或致奇珍外流，国民将何从概念民族史迹之宏远，致认识民族公共文化之宝贵，而油然起敬，勃然思奋，坚其爱乡爱国之心志者乎。我江苏居江域冲要，自文明大启，凭擅有优越之环境，及改造文化之能力，河域遗文，尽经陶铸，播极南徼，资为上国，是江苏文化实居全国之中权。近五百年水准益高，自明以至清末，府县志乘，修纂綦多；至通志之作，若《吴郡志》《续吴郡志》后，惟清康熙二十三年有王（新民）、张（九徵）等纂修之江南通（旧）志，乾隆元年有尹（继善）、黄（之隽）等纂修之江南通（新）志。直至民国创建，江苏始设通志馆于镇江，由冯煦、陈去病、庄思缄、尹石公等先后主其事，博采周访，分功协力，穷年累月，雪钞露纂。洎乎事变，仅得见冯煦、庄思缄之列传，柳诒徵之书院志，陈去病之金石，金鉽之艺文，武同举之水利诸原稿，亦间有曾披载于杂志者，余稿及所征资料，今已不复可闻！故今日省政如得规划继续此业，果善；否则亦宜别谋史料征集办法，设置江苏史料馆，经理其事，以各县教育文化主管人员分担征存之责；一方征集各种志书地图，有关文献之诗文著述、金石拓片、民族歌谣、古迹名胜及重要方物照片先贤遗迹遗象等以存古；同时各就县境调查人民生活、工资、物价、产额、社会经济状况，及按日摘记就地党政军学农工商各界重要事故，天时人事发生重大变迁以征今；拾堕绪于劫后，备纂订于方来，诚以文化史料不可任其一日湮灭不理，尤当亟亟于浩劫摧毁之余也。抑更有申言者：史料之广，固非书本所尽包罗，孑遗文物，弥可珍尚，即至仅其历史博物意味之品，犹防散佚；各种标本之采集，古物模型之摄影，亦皆具有时间性，勿失时机。我国古物馆，如首都、北平、广州等规模较大，其余省市能注意历史博物，皖省图书馆有历史博物部，江浙惟西湖博物馆略具基础，今皆蒙劫，鲜能完保！以江苏文物之盛，独缺历史博物之专馆，此时或乘史料馆之创立，即以兼征历史博物为附庸，亦要事也。回忆民国二十三年商务印书馆有影印各省通志之举；民国二十五年中国图博协会有举行联合年会之盛，此无非珍尚民族史迹与民族公共文化，借以激发民族爱国爱乡热忱。政府提倡于上，人民翼赞于下，孰谓非复兴盛事，士人先务哉？爰草倡立江苏史料馆附征历史博物馆议如此。（张圣瑜：《创立江苏史料馆》，《江苏文献》，第1卷第1—2合期，1942年2月28日）

3月2日 《申报》报道融五讲经社国学讲座第四期，沈觉灵讲古本大学第一段，杨中一讲"孔子不限儒教"。（杨中一：《孔子不限儒教》，上海《申报》，1942年3月2日，第1张第4版）

3月4日 顾颉刚致信钱穆，称原拟以国学研究所为最后职业。到齐大之初，最信任、倚靠者为张维华，"任何事都与相商，有事须关白校长者亦往往托其转达"。研究所为耗费两年心力建设，不忍其倒塌，"去年走时，所以仍担任主任名义者，即恐因弟一走而致人心涣散，故欲以请假延长时间，使兄之力量可渐深入，则至弟正式辞时可无解体之忧也"。顾颉刚对国学研究所的人事、经费诸项亦多有建言：

> 一，假定中大与齐大能合聘弟，如中大与东大之合聘金静庵先生然，则弟愿每年春季到渝，秋季到蓉。如此，文史杂志

社即可长设重庆，免移动之烦，弟之眷属亦可住定成都，权当押头。但两校能否如此，非弟权力所可问。

二，张西山君阴谋险诈，惯为挑拨离间之事。弟私人感情方面，已不愿再与见面；为齐大图长治久安之计，此人亦非走不可。此为弟回校坚持之一点。弟半年以来赔去五六千元，所为何来？只是不愿见此人耳。若此人不走而弟遽归，则弟去年之脱身岂非儿戏？且此人不走而弟归来，则渠必待机而动，播谣更多，使弟终必再走而后已，则弟下次之回校又岂非儿戏？弟细想生平，尚未做过此等顾前不顾后之事也。

三，现在物价腾贵，使我辈无法生活。弟在齐大，薪津米贴共计六百余元，到文史社则共七百余元，若兼中大专任职而不兼米贴则共一千三百余元。弟个人如与家庭分开，则需二千元以上；如与家庭合并，则在渝需一千五百元，在蓉需一千余元。弟在诸教授中薪给最高，不能使校中更有担负，否则无以对诸低薪者。今日途中，想及内子秉先父遗命，管理财产，其中一部分已汇蓉。内子尊重翁志，不肯花用，故弟去年在渝所赔及今年将赔之数，均由弟卖书卖稿所得，非先人遗产。昨闻刘校长言，现款可放五分利。如校长确能保证此言，妥为放款，并为作中保，有不稳时即收还，则弟当商诸内子，请代放账。只要所收息金足补亏空，则校中固不须另为想法，弟亦不必别求兼职矣。

四，研究所事渐上轨道，自不须多费心，更兼兄与厚宣分担工作，弟责亦轻，回所自无问题。惟所中经费由事务员面向校长领取，易使此人自觉地位之重要，因而陵轹他人，亦为所中同人不安之一原因。弟意，本所既有豫算，每月办公费数目有定，应于每月初旬由主任（或代主任，或秘书）向校长领取，事务员只能向秘书支钱，庶乎行政系统可以确立，器小易盈之辈不能行其狐假虎威之术。至于每月开销，自当由主任于月初领款时将上月账目单据送达校长，其节存之数则即存入崇义桥邮政储金，亦可将存折送验也。（顾颉刚：《顾颉刚全集·顾颉刚书信集》第3卷，第132—134页）

对于顾颉刚离职一事，钱穆晚年追忆："颉刚留所日少，离所日多，又常去重庆。余告颉刚，处此非常之时，人事忙迫，亦实无可奈何。此后兄任外，余任内，赖家园环境良好，假以年月，庶可为国家培植少许学术后起人才，盼勿焦虑。而颉刚终以久滞重庆不归，乃正式提出辞去研究所职务，由余接替。其家暂留园中，随亦接去。余与颉刚之长日相处，亦计无多日。"（钱穆：《八十忆双亲　师友杂忆》，第180页）

然而，此后顾颉刚与钱穆之间亦生嫌隙。1942年9月25日，顾颉刚在日记，称："刘书铭来……谓宾四对我有误会，我想，我是竭诚要宾四作研究所主任者，若宾四真对我有误会，则宾四为不智矣。"（顾颉刚：《顾颉刚日记》第四卷，第739页）究其原因，10月4日，顾颉刚称：

前日书铭来，谓我写与彼信，有"只要钱先生任主任，将来刚幸能摆脱尘世，必仍有为齐大专任研究员之一日"等语，使宾四对我起误会。今日丁山来，又谓在三台时，文通适来，谈及钱先生对我有不满意处，而文通谓是宾四对。丁山又云，杨拱辰得崇义桥信，谓钱先生对我不高兴，不欲我回去。三人成市虎，得非宾四对我确有不满意处乎？予对宾四，尽力提携，彼来蓉后，要什么便给他什么，且我自知将行，尽力造成以他为主体之国学研究所，我对他如此推心置腹，彼乃以此相报乎？人事难处，至矣尽矣！总之，文人学士，有己无人，宾四号为能思想，而一经涉世，便与闻在宥相似。虽以孙武吴起之才，终不能将知识分子组织起来，……之所以斥远之乎？（顾颉刚：《顾颉刚日记》第四卷，第743—744页）

3月10日　国学书院第一院三月份月课评阅委员聘定陈公穆、朱小汀、陈幼孳，并以陈公穆兼委员长，公布三月课题目五则。

三月十日发题卷，领卷后，于十三日交卷，过期不收，字须工整，兹将课题录后：一，易《乾》以惕无咎，《震》以恐致福说。二，《论语》者六经之菁华，《孝经》者人伦之本论。（见《旧唐书·薛放传》）三，河间献王有功于经证。四，莺鸠笑鹏鹏赋（不拘体韵）。五，春风，风雨，春山，春水（均作七律）。（《国学书院月课题目公布》,《晨报》,1942年3月10日，第2版）

3月13日　浙江省政府主席黄绍竑致电教育部部长陈立夫，敦请对国专桂校"大力维持，优予补助"。

教育部复电称："本年补助无锡国专校经核定总数八万五千一百二十元，可请释念"，"无锡国专校卅一年度补助费：一、省私立专科以上学校补助费项下拨助三万元。二、国库专款项下拨助一万五千一百廿元。三、另补助该校文书专修科四万元。以上总计八五一二〇元"。（刘桂秋：《无锡国专编年事辑》，第362—363页）

3月14日 顾颉刚作《与齐鲁大学国学研究所诸同学书》，指出治学方法应当将研究旧籍与采集新闻的本领相结合，方能使材料与问题交相映发。

文称：

> 我辈研究史学，满地皆材料，所惧者不检耳。若遇到材料，听其放过，则史学园地中新材料将无增加之望。若待他人为之增加，岂非显得自己不济事。故我辈虽只研究旧籍，亦须练就新闻记者随时随地采集新闻之本领，始能使材料与问题交相映发。
>
> 谚云："踏破铁鞋无觅处，得来全不费功夫。"凡真研究学问者皆有此感觉。方一问题未解答时，心痒难爬，闷苦无已；久而久之，忽于无意中得一材料，豁然大悟，其乐有过于南面王。然推原其故，所以能"得来全不费功夫"者，实即由于其"踏破铁鞋无觅处"。若不踏破铁鞋，困心衡虑，则对此问题必把握不紧，材料必搜罗不力，随便看来，又随便放过，即使此一材料已入手中亦必视而不见，虽有若无。惟有一些不放松，一步不落空，虽踏破铁鞋而仍不怠寻觅之心，则他人所视而不见之材料必可为我锐利之目光所发见。故所谓"得来全不费功夫"者，即费尽功夫而得来之谓也。……愿诸君喻此意，以自己力量搜集材料，以自己力量解决问题，以今日之痛苦换取将

来之乐趣。（顾颉刚：《顾颉刚全集·宝树园文存》卷一，第10—11页）

3月15日 《华西协合大学校刊》介绍中国文化研究所与华西中国文学系情形。

中国文化研究所聘请闻在宥主持其事，系主任事务则由庞石帚教授兼任，王仲镛助教襄理。本年度系中有专任教授林山腴、李培甫、钟稚居、杜丛林、闻在宥等七人，讲师二人，兼任讲师一人。又有教育部设立讲座一席，现由李培甫先生主讲。

系中自民国二十二年起，创办《华西学报》一种，专刊国学论著及文艺等，取材编辑，俱极慎重，内容尤为充实，发行以来，早得学术界之推重，现已连续出至第七期，八期即在编印中。《学报》而外，复有《华西国学丛书》之刊行，计已出版者，有《尚书古注便读》，为朱骏声先生遗著；《半隐庐丛稿》，为朱孔彰先生遗著；《唐写残本尚书释文考证》，龚道耕先生著；《异平同入考》，李植先生著；《国故论衡疏证》，庞复（俊）先生著。此外尚刊有朱骏声先生《春秋平义（议）》《春秋三家异文核》，朱师辙先生《商君书解诂》《清代艺文略》，及李蔚芬先生《史记附余》，祝屺怀先生《秦汉史》诸种，未列丛书以内。现有龚道耕先生《旧唐书札逐》，向宗鲁先生遗著《说苑校证》《淮南子校证》二种，拟即编入丛书，陆续付印云。（《华西协合大学文学院本学年之动向·（二）中国文学系概况》，《华西协合大学校刊》，第31卷第2期，1942年3月15日）

3月21日 国学书院第二院拟增设研究班，开始在国子监报名，后录取合格者12人。

国学书院第二院，成立迄今，业已一年，近院长王揖唐氏，为培植国学专门人才起见，复添设研究班一班，专收大学文科已毕业学生，平日有著作，能任研究工作者，由导师指导，按期报告研究成绩，予以奖金，每人每月特给津贴六十元，该班内分经学、史学、哲学、词章、艺术五门，已聘请姜叔明、马竞荃、柯燕舲、瞿兑之、周叔迦、黄宾虹诸氏为导师，业于昨日（二十一日）起在国子监该院报名云。（《国学书院设研究班》，《晨报》，1942年3月22日，第2版）

特讯：国学书院院长王揖唐氏，为造就高深国学人才，及专门学术起见，特于第二院，设立研究班专收公私立各大学优秀毕业生，俾资深造，按其志愿分由各专门学者担任指导，业于前月开始报名，踊跃参加者将近百人，经铨衡结果，审查合格者录取十二名，已于昨日揭晓，姓名列后：各生均有著述，并在原校毕业，成绩得最高记录，研究年限为一年，每人月给膏火六十元，以资鼓励云。

导师：姜叔明，忠奎，经学。马竞荃，宗芗，经学。瞿兑之，益锴，史学。柯燕舲，昌泗，史学。黄公渚，颕士，词章。黄宾虹，艺术。孙海波，小学。男生：齐纪图，师大，经学。杨文园，中大，经学。高景成，燕大，经学。张树棻，辅大，史学。孟桂良，中大，史学。李鸿儒，师大，诸子。阎世杰，师大，词章。雷吉甬，平大，艺术。女生：郑友文，中大，经学。黄淑环，师大，经学。段梦仙，师大，经学。李采荷，师大，词章。（《国学书院第二院设研究班》，《晨报》，1942 年 5 月 26 日，第 4 版）

3月24日　《申报》报道融五社学术讲演国学讲座第五期由杨中一讲孔子不限儒教（下）；国学讲座第六期由沈觉龄讲古本《大学》第二段提要。（《融五社学术讲演撷要（现分国学、佛学、易学等讲座）》，上海《申报》，1942 年 3 月 24 日，第 2 张第 5 版）

3月31日　齐鲁大学颁布国学研究所奖金布告。（《国学研究所奖金布告文》，《齐鲁大学校刊》，第 22 期，1942 年 4 月 25 日）

是年春　张君劢因"倒孔"事件，被软禁于重庆，大理民族文化书院被勒令关停。

"大理民族文化书院，奉令结束，房舍器具由昆明行营派员接收保管，藏书拨交教厅，就当地设立图书馆。"（《昆明杂缀》，《大公报（重庆）》，1942 年 4 月 16 日，第 3 版）该院一度改为"东方语文训练班"，由王文萱主持。（黄炎培：《黄炎培日记》第 7 卷，1942 年 8 月 14 日，第 319 页）牟宗三回忆大理民族文化书院不三年，因政治关系而解散，"吾亦情至义尽，与国社党之关系从此终止。（后改为民社党，吾即正式退出）"。牟宗三遂返回重庆北碚金刚碑勉仁书院：

> 勉仁书院为梁漱溟先生所筹设，熊师处其中，吾则间接依附也。勉仁诸君子对熊师亦大都执弟子礼，然精神气脉则亲于梁而远于熊。吾与梁先生始终不相谐。吾虽敬佩其人，而不相契。……勉仁诸君子视梁若圣人，吾益起反感。彼等于梁五十

生庆，集文颂扬，吾以不解相辞，彼等函梁谓勉仁书院一切须待梁主持。（牟宗三：《生命的学问》，广西师范大学出版社，2005年，第118—119页）

4月15日　《申报》报道融五讲经社国学讲座第七期，沈觉龄讲十三经注疏。（《融五社讲十三经注疏说明、杨中一讲〈中庸〉精义》，上海《申报》，1942年4月15日，第1张第4版）

4月16日　《申报》报道融五讲经社国学讲座第八期，杨中一讲《中庸精义》。（《融五社讲经录〈中庸〉精义》，上海《申报》，1942年4月16日，第2张第5版）

4月18日　教育部部长陈立夫为培养文书应用人才起见，训令无锡国学专修学校设置文书科。

令私立无锡国学专修学校："本部为培养文书应用人才起见，特指定该校设置二年制文书专修科，训练学生五十名，核定每年补助费肆万元。合行，令仰遵照。并拟订计划及课程纲要送部备核。此令。"（陈国安等编：《无锡国专史料选辑》，第45页）

4月20日　"中日文化协会"武汉分会为提高社会人士对于国学研究之兴趣及指导其研究方法起见特举办国学讲座，以为有志深造者进修之机会。

本讲座科目暂分经学概论、文字学、史学概论、中国古代地理、诸子介绍、文学史、骈散文、诗词作法等科。中日文化协会武汉分会成立国学研究委员会，本研究会以研究国学为范围，其研究步骤拟先分为经学（小学附）、史学（地理附）、诸子学、文学四类。国学研究委员会主任汪书城，副主任王知生；委员：史坤侯、黄仲唐、闻惕生、刘熙卿、陈荻承、李竹溪、徐海铎、卫石樵、余承懋、秦纵仙、彭又岩、叶月舫、童善存、胡莲舟、濮智诠、内田佐和吉、金陆戈。国学研究委员主编出版《武汉国学季刊》，理事长张仁蠡撰写创刊序言。

汪书城撰《国学分类与源流概述》，称：

> 国学范围，有广有狭。自其广义言之，则六艺、九流、诸子百家之外，凡天文、历象、舆地、金石，与夫形上之道，形下之器，靡不包括，悉应钻研。而本会今所定之研究门类，不过经与小学，史与地理，诸子与词章数者而已。此尚未轶出四部藩篱，谓之为狭义国学，蔑不可也。虽然，四部分类，昉于何时，创于何人，何以迄于今兹，一考中国之古典文化，尚不敢忘其祖训，背此旧章，必其源远流长，如江河之不废者在也。（汪书城：《国学分类与源流概述》，《武汉国学季刊》，创刊号，1942年4月20日）

大陆学人撰《研究国学之先决问题》，称：

> “文协”倡导国学，设会研究，意至善也；顾倡导为一事，研究又为一事，二者虽若划分，而实相须相成，偏废其一，于事犹为无济也。研究国学之一语，言之良易，而欲确收实效，其艰阻且十百倍于国学之倡导，盖一为表面之运动，一为内心之改造，强制倡导，可以一纸公告行之；而推广研究，则必期其本身之觉悟。今兹研究云者，迥不谋于古之读死书，昔人读

死书之目的在功名，今时研究之主旨在发扬文化。论读死书为个人图自保，其意浅；发扬文化为民族谋进展，其意深。明乎此：则知在研究国学之过程中，吾人须以民族意识与夫科学方法（参阅梁启超《治国学的两条大路》讲演稿民十二出版）为依据，不能复袭旧日个人功名之浅见；然"科学方法"在国学界中迄未博得整个之信仰，故吾人以为研究国学之先决问题，乃在如何使"科学方法"普及于国学界？"科学方法"之不能普及于国学界，半由反科学势力之中梗，而半由国人保守观念之不易祛除也。

然则如何觉悟已往而策来兹，愚见所及，以为研究者本身，应有切实之联络与努力，最为需要，盖处于西洋文化动荡我国文化界之今日，研究国学者不仅利用"科学方法"负治疗之责，且须宣诱导之力。发为文章之际，允宜以忠实之态度，尽科学化之晓喻，期能给予读者以良好印象，而借以为振兴文化之资助；凡足以引起读者之反感者，皆应设法避免之。同一时间空间之研究者，更应切实连络互为纠察，无论文献之学或为德行之学有需要共同研究之处，应不恤攻错他人以求济。彼此间研究态度，或有不忠实之处，即互相予以纠正，勿于真理之外存意偏袒，务使国学界不至因一二人之不肖，而引起一般知识分子之误解，同时复能以加倍努力之贡献，博致一般知识分子对于一切学术须有"科学方法研究"之信仰。要之，科学方法亟须与国学之研究谋适合，已成为时代迫切之要求，为民族文化创新史，为衰颓国学下针砭，关键之大，宁容漠视。

（《研究国学之先决问题》，《武汉国学季刊》，创刊号，1942年4月20日）

石伦撰《国学丛刊题词》：

欧化昔东渐，暧暧云气浮。群情渍物质，大道黯然收。六经恣覆瓿，诸子亦沐猴。数典而忘祖，早为有识忧。物极势必反，浩气正当头。群公持长绠，相与汲前修。或称耆宿彦，或为盖世俦。研理穷坟籍，探赜到九邱。上下五千载，一一看钩求。座中更有异，有客来海陬。敷坐微言出，商量笑语柔。即此以鸣盛，文化足相沟。信道难终隐，江河万古流。（石伦：《国学丛刊题词》，《武汉国学季刊》，创刊号，1942年4月20日）

国学研究委员颁布"中日文化协会武汉分会国学讲座简章"：

第一条，本会为提高社会人士对于国学研究之兴趣及指导其研究方法起见特举办国学讲座，以为有志深造者进修之机会。第二条，凡在公私立中等以上学校毕业或具有同等学力者均可申请参加。第三条，名额以一百名为限，性别不拘。第四条，凡申请参加者须填缴学员申请书及最近半身照片二张及各项证明文件。第五条，本讲座概不收受学费，但须缴纳讲义费储币五元，本会会员免缴。第六条，凡申请参加者，经审查合格后，由本会发给学员证，以便听讲。第七条，本讲座科目暂分经学概论、文字学、史学概论、中国古代地理、诸子介绍、文学史、骈散文、诗词作法等科。第八条，为便于在职者参加，计讲授时间定为每星期一至星期五，每日午后七时至九时，星期六星期日无课。第九条，讲习期间为三个月，修业期满后，由本会发给毕业证书。第十条，本简章经理事会核准施行。（《中日文化协会武汉分会国学讲座简章》，《武汉国学季刊》，创刊号，1942年4月20日）

4月25日　顾颉刚致函刘世传辞去在齐鲁大学的任职，主持中国历史学会的"中国历史研究计划"，钱穆接任国学研究所主任。（顾潮编著：《顾颉刚年谱（增订本）》，第358页）

顾颉刚辞职的缘由既有来自哈燕社方面的批评，更因为齐鲁大学国学研究所的人事纠葛，特别是与弟子张维华的疏离。顾颉刚后来追忆："不知道他所以拉我到齐大的原因，是为想把持研究所，要我当个傀儡主任，但我的负责任的精神使我不能当傀儡，他就感到碍手碍脚。"（顾颉刚：《我怎样厌倦了教育界？》，《顾颉刚全集·宝树园文存》卷六，第381—382页）在日记中，顾颉刚对张维华办事方式多有不满。"近日方知西山实无驾驭人之能力，研究所中人，弄得一个都不愿任事，而我又不能常去负责，真无奈何！"（顾颉刚：《顾颉刚日记》第四卷，第349页）"西山为人，心胸狭，胆又小，又喜多批评，弄得研究所中离心离德。我本可将此所办好，无如上有书铭，下有西山，弄得我亦有法无使处。"（顾颉刚：《顾颉刚日记》第四卷，第361—362页）难以得到校长刘世传的全力支持与张维华的鼎力协助，使得顾颉刚萌生去意。刘世传曾告知顾颉刚，"西山自崇义桥归，谓钱、胡二先生对于研究所极热心，极有意见，拟此后照文学院例，开所务会议"。顾颉刚认为："所务会议自当开，惟钱、胡二位有意见何以不对我说而向西山说，西山何以亦不对我说而对校长说，必由校长以传达于我乎？此中之谜，不猜亦晓。予太负责，致使西山无插足地，故渠必欲破坏之。渠对宾四，忠顺万状，其目的则联甲倒乙而已。予体力如此，本愁无息肩之方，此殆其机会乎。"（顾颉刚：《顾颉刚日记》第四卷，第485页）1941年4月11日，顾颉刚总结辞职的五大缘由：

（一）校长不开诚布公，西山又多挑拨，欲使我为告朔之牺羊；（二）齐鲁大学部学生程度浅，研究生又多意见，对此乌合之众亦感前途不光明；（三）生活程度日高，每月赔数百元实非了局；（四）边疆工作大有可为，不但以之救国，亦可解决生计问题，不如径向此方面进展；（五）成都为后方大埠，来往客人太多，人事日繁，应接不暇，当别寻一安静之地。九日之夜，与校长及西山谈之，校长坚以为不可。十一日夜与研究所诸同人谈之，竟使孔玉芳女士掩面而哭。如学校必留我者，当提出二条件：（一）西山去职；（二）经费公开。否则无商量余地。（顾颉刚：《顾颉刚日记》第四卷，第519页）

汤吉禾不满校长大权独揽，账目不公开，"既不值得为彼负责任，而又不愿受其压制"。（顾颉刚：《顾颉刚日记》第四卷，第527页）刘世传极力挽留顾颉刚，顾颉刚自称"行心已动，已按捺不住。谁教他和西山在此两年之内处处束缚我乎！我即缓行，当使此一机关渐变为宾四所有，予则渐渐退出也"。（顾颉刚：《顾颉刚日记》第四卷，第530页）

1943年2月11日，顾颉刚与沈镜如商谈后，听闻钱穆在国学研究所与胡厚宣之关系，"厚宣甲骨论文集，几不能印。西大毕业生杨贻，欲研究考古及甲骨文，宾四乃谓欲入本所，须治秦汉史，彼益不愿厚宣有一学生也"，感叹："其吝如是，其前途可量矣。噫，宾四为人，贫贱可以不移，而富贵乃不能不淫，何好谈修养者其自身无修养乃至是也！"（顾颉刚：《顾颉刚日记》第五卷，第25页）

胡厚宣晚年追忆此事，称：

> 顾先生在齐鲁大学国学研究所只二年时间，钱先生一来受不了。钱先生来齐鲁，顾先生本应高兴，但钱先生又会讲又会说，学生非常拥护，顾先生名义上受不了。钱先生学生都是好学生，顾先生学生却有些没出息的学生，加之顾先生用人不成，无像样的人，固"不可一日留"，非到重庆不成。顾先生至渝做事，与朱家骅编《文史杂志》，国学研究所主任所长职不交钱先生。钱先生非常不满，同我抱怨道一不来又不交。顾先生曾想让我代理他，我只研究所秘书，我说我虽是研究员，但是给你们当助教，先生是我的老师，钱先生亦是我的老师，有钱先生在，我怎么能代理，这是给我为难。此前，顾先生办通俗读物出版社，于泰华寺有一班人马，顾先生有意让我做总经理，我也辞掉了，我说我不是那个材料。我还是做学问。
>
> 我在齐鲁大学六年半，其间由于教会学校校友间的争夺，共换了三位校长。齐鲁校长一职先是刘世传，其次汤吉禾，汤以教务长身份挤走前校长刘氏取而代之，一九四四年前后齐鲁大学一些学生闹风潮，学生称汤作"赖汤圆"，又演戏称《审头刺汤》，最后把校长赶走了，继任校长是吴克明。时钱

先生已转至华西大学。汤吉禾被解职后，顾先生又回研究所来，但顾先生始终未辞所长主任职，始终未交权给钱。钱先生《八十忆双亲·师友杂忆》说交钱穆，事实未交，顾钱两先生讲的都不对。我身历其境。在两位老师之间，我绝对诚实，绝对忠实，两位都是我的老师，对我都很好，我绝对不敢说一句假话。

　　钱穆先生做学问，主张"学以致用"，讲"内圣外王"之道。与顾先生相比，钱先生以主立为主而顾先生以主破为主，顾先生是要弄清事实真伪，钱先生则是讲事实是怎样，同时钱先生讲做人、人生应该怎样。这大概是二人的区别所在。

　　我在齐鲁大学任教期间，亦在编印《甲骨学商史论丛》一书。国学研究所经费受美国哈佛燕京学社津贴。在华西坝，华西、金陵、金女大、齐鲁、燕京五校由成都一个会计管理，一位老姑娘，总管为在香港的William方，会计曾给我一cash book说齐大国学季刊、齐鲁学报、责善半月刊都可以停，《论丛》可以不停，印多少没问题，开多少钱用多少钱。《论丛》四集九本，第一本出版后，还获得了教育部全国学术审议会的科学发明奖，奖金八仟圆。《论丛》中有《卜辞地名与古人居丘说》一文，后钱先生作《中国古代山居考》（刊香港《新亚书院学术年刊》第五期，一九六三年九月）论及古人居丘之说时称"廿年前，及门郑君逢源作丘虚通征，胡君厚宣作卜辞地名与古人居丘说，先后发挥，遗蕴已鲜"。（胡厚宣：《齐鲁大学国学研究所回忆点滴》，《中国文化》，1996年第2期）

5月10日　四川大学国学研究会举行常期大会。

四川大学国学研究会在教育系心理试验室，举行第六次常期大会：

计到向院长仙乔，导师陈季皋，朱心佛等先生暨全体会员六十余人，由钱英主席，颜云纪录，行礼如仪后，主席即席报告，略谓，本日为国学研究会，举行第六次常期大会，并欢送毕业同学，原来会期应在十周前举行，因各种关系，办理不及，乃改于欢送毕业同学会时，合并举行，尚望各位会员见谅，词毕，由塞士真同学代表该会致欢送词，以三点希望于毕业同学。（一）希望各毕业同学，继续研究学术，以期宏扬光大我国国学。（二）希望各毕业同学将其所学，贡献社会。（三）希望各毕业同学，能与在校同学，切实联系促进研究工作。毕业同学代表由沈凯曾致答词，略谓，刚才聆塞同学致欢送词，本人谨代表毕业同学深致谢意，我们于此毕业之际，自审所学，深感愧对各位师长，以后甚望在校师长继续惠教，在校同学，互相策励，词毕，向院长仙乔训词，刚才闻主席及欢送代表致辞，极为诚挚恳切，今后毕业同学即将离去峨眉，本人借此机会，发表两点希望，以代临别赠言。（一）如家境宽裕，不愿即入社会同学，则须闭户读书，努力研究学术，（二）服务社会工作，不忘自修，以求深造，最后并以八字相勖"长者引之，短者补之"，望诸生勉之。陈季皋导师训词，适闻向院长训话，语甚警切，余语亦不过如是。近年来本校中文系最大损失，厥为龚、向两先生之相继逝世，两先生治学笃学，为今世所稀，往者已矣，来者可追，两先生亦人也，诸同学亦人也，故望诸同学努力研究学术，以竟两先生之余志，国学研究会里面，在图书馆提出参考书甚多，以后望在校同学，多用功夫，潜心研究。朱心佛导师训词，刚才听主席报告，及向、陈二先生训话，本人很感兴奋，我本人治学方法，向来守拙。于守拙中，乃能有所收获，诸同学所治为国学，国学浩如渊海，古人穷毕生精力，已苦其难，今人尤甚，而今有较古为进步者，则方法与态度也。此种新方法，即诸同学所当利用者，盼望各位努力奋发，庶于国学有所造益也。辞毕。举行职员改选，散会，兹将当选新职员登载如次：总务干事钱英，文书干事吴敏容，财务干事蹇士真、康纯德，编审温麟书、王治平、王师禹，语言文学组王廷杰，文学组颜云，古书校读组陈自强。（《五月十日国学研究会举行常期大会并欢送毕业同学》，《国立四川大学校刊》，第12卷第8期，1942年5月21日）

5月13日 《申报》报道融五讲经社国学讲座第十期杨中一讲《中庸精义》。（《融五社第四十六次讲中庸二字解释》，上海《申报》，1942年5月13日，第1张第4版）

5月21日 王易发表《治国学之基本方法》，叙述国学的领域、内涵、分类与目标。

王易认为，国学为中华民族固有的文化，是中国历史演进的事迹。国学之内涵分为形上与形下两端，国学之类别：经史可并为一类，即公共之义理事迹；子集可并为一类，即专家之学术言论。文字学、目录学、学术史为治国学之门径，征实与致用是治国学之目标。

第一，国学的领域。国学是指"中国之学"，"学"包括"一切学术知识，故国学实为我国悠久历史诸学之总汇，其范围之广、内容之丰，实非吾人毕生精力之所能尽究者"。文史之学占据"国学全部百分之八十"。文是指"一切文章学说典章制度"，史是指"自古迄今史实之记载"；其余百分之二十是天文、历数、音律、医术等学，"太近专门，一般人多无暇兼顾"。因此，我们对于国学，应有以下两种基本认识：

（一）国学为中华民族固有之文化——此文化乃我民族之本位文化，汉魏以后由印度传来之佛法，及近代海禁开后由西洋输入之各种学术均除外。此文化乃我民族性所孕育而成者。盖我国文化发达地区，居北温带中部（北纬三十度至四十度之间），气候温和，物产丰富，人民之生活优裕，以农为本业，故文化之特征即敦厚、优美、周密，实具真善美之特质。惟其敦厚，故有忠孝、仁爱、信义、和平诸德性；惟其优美，故有章服、仪节、文艺、美术诸成绩；惟其周密，故有法度、律历、医药、制器诸发明。以是我国文化实非印度地处热带，民性怠惰，消极厌世，或日本地处三岛，民性轻浮，残忍刻薄之文化所可比拟。

（二）国学为中国历史演进之事迹——吾人今日文化之构成，实基于吾国历史事迹之演进。吾国为世界文明古国之一。环顾全球，文明古国埃及、巴比伦文化中断，印度文化式微，惟我国圣哲代兴，继续发展，至今仍屹立于世界，此即我文化基础超于他国之实证。虽我物质文明，不及欧美诸国，亦仅近百余年之事，然断不可因此妄自菲薄，便一切舍己从人。须知我民族之命运实系于我悠久之文化，此吾人之所应深念者。倘但持狭义功利主义，舍国学而不讲，则民族精神将无所托，即令事事能学步他人，亦终于逐后尘而已。

第二，国学的内含。国学的内容可以分为形上、形下两部分讨论：

（一）形上——形即现形，上即超越于本位。形而上者属于天，属于天者即自然也。子贡曰："夫子之文章可得而闻也，夫子之言性与天道，不可得而闻也。"故形上之学，可谓天学，包括性道，为《中庸》及《易经》所阐述皆是也。此类学术，含义赜隐，乍难探索，非一般学者所能喻，故孔子不常言之，必待人情物理洞达之后，方能研究，亦犹西洋讲哲学者，当以科学为基础也。

（二）形下——形而下者属于人，属于人者即人为也。形下之学，可谓人学，包括文章。孔子曰："博学于文，约之以礼。"文即一切书策文史，礼即一切典章制度，皆人类之文化也。此类学术，项目纷繁，非博览不能得，然又必按之典章制度，方不落空。故孔门弟子习读《书》《礼》《乐》者盖三千人，而《王制》四术亦以之造士。亦犹西洋讲科学者，当兼重实验实习也。

第三，国学的类别。前人将国学分为经、史、子、集四类，

"经者常道，史者事迹，子者学说，集者文丛"，如果再加归纳，不过分为两类：

（一）经史可并为一类，即公共之义理事迹。经即儒家之六艺，然非儒家所创，皆为先王之旧典，而经孔子之整理者。其中垂询悬义，皆足以示范后世，而非一人私自主张，故尊而称之曰经。史之所纪，虽或分段分人，但合而观之，却为整个民族国家社会之活动影片。吾人虽寻流溯源，固必赖此资料，而行动设施。亦不能不以为借镜。

（二）子集可并为一类，即专家之学术言论。自老庄孟荀以降，所有专家学说尽归于子，史谈分为六家，班固分为九流，要皆个人对于事理之见解。子者男子之美称，盖尊之也。古人无文集，乃不自私其言，章实斋氏常论之。自战国诸子争鸣，始肇著作，汉以后私人文集渐兴，有偏于词章者，有兼及义理者，并有趋重考据者，要皆个人情感思想所表见。集者荟萃之意，不必拘一贯之系统也。

第四，研究国学的门径。研究国学有三把钥匙，如下：

（一）文字学——识字乃读书之基本工作。吾人欲真识字，须注意于形、音、义三者。凡字动于义，表于音，成于形，形具而义与音皆立。识字者先睹其形，继呼其音，终识其义，义识而形与音俱明，此一定之序也。形体音貌，不能偏废，而后训诂可得其真。

（二）目录学——研究目录学之目的有二：辨章学术，考镜源流。此学创于刘向父子，向受命校书天录阁，条其篇目，撮其旨意，以为《别录》，其子歆欲之而奏《七略》。班固据之而作《艺文志》，是为目录之开山。汉以前学术书籍，略具于此。自此以后，有郑默《中经》、荀勖《新簿》、李充《四部书目》、王俭《七志》、阮孝绪《七录》等，皆不可见。其后则有《隋书·经籍志》等，皆随时代增益。此外尚有官书之目、私籍之目，皆可参阅；近籍则以《四库提要》为最备。

（三）学术史——记载学术思想之专籍是为学术史。吾人读之可易明其系统，收事半功倍之利。诸史《艺文志》《儒林传》《文苑传》等，固具学术史之性质，但非专著。至若黄宗羲、全祖望之《宋元学案》，黄之《明儒学案》，江藩之《汉学师承记》《宋学（渊）源记》，朱彝尊之《经义考》，谢启昆之《小学考》，梁启超之《清代学术史》，始为学术史之专书。吾人欲究某学，即当取为参考。以上三项参考书目另详。

第五，研究国学的目标。如果明悉了研究国学的门径，自当认定下列两项目标：

（一）征实——吾人研究任何学术，均须抱求真之态度。研求国学，尤应惟实是从。吾人不能轻信古人，亦不应轻易攻击古人，惟当按博学、审问、慎思、明辨之态度与步骤以治学，则所得不同浮泛。学而不思则罔，思而不学则殆，多闻阙疑，疑事则质，勿盲从，勿武断，勿以偏概全，勿挂一漏万，庶有真知灼见矣。

（二）致用——凡学皆求其所以致用。吾人精研国学，须使国学发挥其功用于社会国家，然后不致徒作蠹鱼。而国学之足以适于吾国民情者，亦必因实用而益显。故宜学古，亦宜知今，宜明体，亦宜达用。若徒记诵其言而不能融会其义，或略明其义而不能见诸实行，皆不善学之过也。例如讲义理者，必形诸修养，讲考据者必施诸事实，讲词章者必见诸写作，否则皆纸上谈兵之类耳。大抵征实致用，二者有相因之理，其无用者必非征实，如谶纬、象数之学，非不繁富，然无实用，亦即凭虚之故也。"吾生有涯，而知无涯。"区区数十寒暑间，何暇分心于无益者哉？愿诸同学共勉之！

同时，王易列出研究国学的参考书目录：

（一）文字学。分为（形）——说文学：许慎《说文解字》（凡五百四十部，九千三百五十三文，为今存字书之最早而最精者），段玉裁《说文解字注》（研究《说文》此书最好），王筠《说文释例》《说文句读》，桂馥《说文义证》，朱骏声《说文通训定声》（会通声义此书最好），丁福保《说文诂林》（荟萃群书五百余种，上列诸家作皆在内）。古籀文：庄述祖《说文古籀疏证》（就《说文》内古籀加以考证），吴大澂《说文古籀补》，孙诒让《古籀拾遗》（上二书皆《说文》未载之古籀文），薛尚功《钟鼎款识》，阮元《积古斋钟鼎款识》（上二书皆古器物铭识多古籀），吴大澂《愙斋集古录》，端方《陶斋吉金录》（上二书皆私人藏器备载铭识）。甲骨文：刘鹗《铁云藏龟》（为甲骨文最早一批之拓片无说解），罗振玉《殷墟书契前后编》《殷墟书契考释》《殷商贞卜文字考》，王国维《戬寿望殷墟文字考释》，胡光炜《甲骨文释例》。（音）——今韵学：陈彭年《重修广韵》（陆法言《切韵》、孙愐《唐韵》书皆不存，此书殆皆纳之），丁度《集韵》（上二书皆分四声二百六部），刘渊《淳祐新刊礼部韵略》（是为平水韵并广韵二百六部为一百七部），阴时夫《韵府群玉》（于平水韵一百七部中，并上声拯以入回为一百六部，即近其通行之佩文韵所据）。古韵学：吴棫《韵补》《毛诗补音》《楚辞释音》（三书仅存《韵补》，就《广韵》分别注其通转），杨慎《古音丛目》《古音猎要》《古音余》《古音附录》《古音略例》（五书略仿吴棫例，以今韵分部而以古音相叶者分隶之），陈第《毛诗古音考》（论今人所称叶韵皆即古人本音，较吴氏所见为通洽）、《屈宋古音义》（取屈宋辞赋用韵与今韵异者各推其本音），顾炎武《音论》（三卷十五篇，引据古说，持论精博，为五书之纲领）、《诗本音》《易音》《唐韵正》（逐字求古音以正唐韵）、《古音表》（分十部）、《韵补正》（在《音学五书》外，专纠吴棫通叶之非），江永《古韵标准》（分平、上、去声各十三部入声八部，多驳正顾氏《诗本音》），戴震《声类表》（分九类），段玉裁《六书音均表》（分十七部，补三家部分之未备，厘平入相配之未确），孔广森《诗声类》（分十八类，阴阳对转，各九类），严可均《说文声类》（分十六类，据许书，以声为经，以形为纬），章炳麟《成均图》（在《文始》中发明阴阳、弇侈、对转、旁转、交纽、隔越之故）。等韵学：司马光《切韵指掌图》（据守温三十六字母，科别清简为二十图，独韵六图，开韵七图，合韵七图），佚名《四声等子》（辨音知、类隔、双声、叠韵、内外转摄、正音凭切、寄韵凭切等），刘鉴《经史正经切韵指南》（本司马书而参用《四声等子》说）。（义）——训诂学：《尔雅》——郝懿行《尔雅义疏》，邵晋涵《尔雅正义》，扬雄《方言》——戴震《方言疏证》，钱绎《方言笺疏》，程际盛《方言补正》，杭世骏《续方言》，章炳麟《新方言》，刘熙《释名》——江声《释名疏证》《续释名》，张揖《广雅》——王念孙《广雅疏证》，王引之《经义述闻》《经传释词》，陆德明《经典释文》（唐以前经典解释略备于此），阮元《经籍纂诂》（以韵分部，最为精核）。

（二）目录学。《汉书·艺文志》（先有刘向《别录》，刘歆《七略》，班固因之而作《艺文志》，分六略——六艺、诸子、诗赋、兵书、术数、方伎——总其数要是为辑略），魏郑默《中经》，西晋荀勖《新簿》，皆分四部：甲，六艺小学；乙，古诸子及近世子家；丙，史记、旧事、皇览簿、杂事；丁，诗赋、图赞、汲冢书。东晋李充《四部书目》（甲五经，乙史记，丙诸子，丁诗赋），宋王俭《七志》（经典，诸子，文翰，军书，阴阳，术艺，图谱），梁阮孝绪《七录》（经典，记传，子兵，文集，技术，佛法，仙道）诸书今皆不存。《隋书·经籍志》（汉以后之书目见此，而经隋乱后书多亡），《旧唐书·经籍志》《唐书·艺文志》《宋史·艺文志》，明《国史经籍志》，《通志·艺文略》《文献通考·经籍考》，清《四库全书总目提要》（清代官家藏书至富，目具于此，其中提要，皆专门学者所秉笔，至为精洽），晁公武《郡斋读书志》，陈振孙《直斋书录解题》，上二书多附己见。

（三）学术史。《汉书·儒林传》《后汉书·儒林传》（以下诸史儒林传），《魏书·释老志》，《宋史·道学传》，全祖望《宋元学案》，黄宗羲《明儒学案》，江藩《汉学师承记》《宋学渊源记》，梁启超《清代学术史》。（王易：《治国学之基本方法》，《国立中正大学校刊》，第 2 卷第 23 期，1942 年 5 月 21 日）

5月24日 国学书院在天津开特考，录取 60 名学生。

国学书院第一院，此次在天津特考，于五月二十四日在铃铛街市立一中举行，应考者二百余人，宿学之士及男女中学优秀学生颇多，市立女子第一中学校长陈荫佛亦预考，周副院长率同职员潘寿岑等三人，先期莅津主持，津市教育局派出秘书主任刘隽儒，杨轶伦襄助，并由院考课组函请市公署周秘书维华帮忙，一中曹校长荃荣，及王主任效曾等皆任监场，甚为整肃，于下午新四时完讫，将考卷带京，题目（一）君子笃恭而天下平义，（二）自知者英，自胜者雄说（文中子答李密问英雄语），（三）不诚无物论。阅卷聘定郭啸麓、周养庵、胡千之担任，大约六月五日以前在天津市立一中榜示云。

又国学书院第一院五月份月课试卷，已经评定竣事，计超等孙培经等六名，特等卢栩斋等十二名，一等许仙墀等一百三十一名，于五月二十六日下午放榜，定于二十九至三十一日在该院办公时间发放奖金云。（《津第一院举行特考》，《晨报》，1942 年 5 月 26 日，第 4 版）

特讯：国学书院第一院，此次在天津举行特考，所有试卷已经评阅委员郭啸麓、胡千之、周养庵三先生评阅竣事，计取录徐慕温等六十名，榜示贴于天津市立第一中学门首，并以前列十五名自六月份起加入北京本院月课，应得奖金第一名五十元，以次递减至六元，当将兑条逐寄本人，持向天津法租界农工银行兑取，其未取录之一百三十五名，每名发结车资二元，在天津市立第一中学校凭入场证本人图章领取，以示鼓励，兹将取录六十名姓名列后：徐慕温，陈荫佛，章寿彭，王煜酉，蔡睿夫，耿鹏骞，杨轶伦，张子扬，吴玉田，张修文，李荫芝，刘赓垚，傅鲁民，赵时雍，康龙翔，魏晴波，李镜山，李承杰，杨炜章，余复初，王廷钧，王六冲，李鹏来，杨凤桐，孙祥喆，邢彩岑，宋增攒，蒋季先，果韵桐，冯蓉，张鸿弢，吴镇东，孙铮，孙书庸，赵联传，邹芥造，王恩华，王丽川，郭永祁，王沧舟，陈桐溪，赵传一，范□初，王希仁，张云起，陈璞，寇赓哲，刘成铭，赵宗藩，贺宗孝，董良辅，丁根源，文振铎，雷阶平，曹恩桐，白家驹，刘淑芬，温清华，高佩兰，王慧琴。（《国学书院津特考试卷评阅竣事取录徐慕温等六十名》，《晨报》，1942年6月5日，第4版）

6月10日 《申报》报道唐文治主办暑期国学讲习社。（《唐蔚芝先生主办暑期国学讲习社招生》，上海《申报》，1942年6月10日，第1张第4版）

△ 国学书院第一院六月份月课评阅委员已聘定邢冕之、陆彤士、方策六，邢冕之为委员长，命题五道津方课题，"一，天命之谓性，率性之谓道，修道之谓教义。二，读《庄子天下篇》书后。三，朱子设仓以便农谕。四，拟庾子山小园赋。五，金台怀古（不拘体）"。（《国学书院拟定津方课题限十三日交卷》，《晨报》，1942年6月10日，第4版）

6月14日　柳亚子自香港脱险，经海丰、曲江等地抵达桂林。周恩来致书柳非杞，希望柳亚子入蜀重整南社旧业。

周恩来《致柳非杞》称："亚子先生出险，欣然无量。其行止自以在桂林小住为宜。退隐峨眉，亦未尝不可重整南社旧业，设并此自由亦不可得，弟恐亚子先生不敢作入蜀想矣。"（郑逸梅：《周恩来同志关怀柳亚子》，《战地增刊》，1979年第4期；杨天石、王学庄编著：《南社史长编》，第650页）

7月10日　国学书院第一院七月份月课评阅委员已聘定高淞泉、佘崇如、胡眉仙为委员，并以高淞泉为委员长，拟定课题五道："一，经正则庶民兴，庶民兴斯无邪慝矣义。二，蜀洛党人论。三，子罕言利说。四，阳明与禅辩。五，祈雨，辞不拘体。"（《国学书院七月份课题拟定》，《晨报》，1942年7月10日，第4版）

7月29日　《申报》报道诚明文学院更名为诚明文商学院，开设国学专修科。

报道称：

本市诚明文学院议决自本年度起，继续开办，更名为诚明文商学院，暂设中国文学、外国语文、政治、教育、历史、商学六系，国学专修、商学专修二科，及会计补习班、业由校董会聘请闻兰亭氏为院长，院址迁至北京路二六六号中一大楼四楼，除即日通知旧生于八月八日前报到外，即将于八月九日招考各系科新生。（《诚明文学院更名成民文商学院》，上海《申报》，1942年7月29日，第1张第4版）

8月12日　国学书院第一院公布八月份评阅委员，聘定陈公穆、陆彤士、李石芝，并以陈公穆为委员长，命题五道，"一，太平以治定为效，百姓以安乐为符论（《论衡宣汉篇》语）。二，诗发乎情止乎礼义说。三，陈氏《东塾读书记》谓考公记实可补经，试列举以证明之。四，说复卦。五，净乐湖观荷（诗不拘体）"。（《国学书院第一院八月份课题评阅委员已聘定》，《晨报》，1942年8月12日，第4版）

8月14日　《申报》报道"诚正文学社"，设有国学专修科。

报道称："前光华大学文学院改组为诚正文学社，设有国文、外文、历史、政治、教育等系，并附设商学国学两专修科，二年毕业。教授均为知名饱学之士，办理成绩卓然。兹闻定于八月二十四日上课，因各方学子请求，特于八月十七日再招考新生一次。"（《学校汇迅·诚正文学社》上海《申报》，1942年8月14日，第2张第5版）

8月31日　吴清望发表《关于研究国学之方法》，提出国学研究的"四勿"，勿堕理窟、勿撷浮华、勿矜考据、勿好奇邪。

文中称：

国学者，研究我国固有之学，根乎国性，保乎国粹，定乎国论，擅乎国能，以推进国步而发扬国光者也。古人之嘉言懿行，皆示我以治心之轨则，前代之庶物人伦，皆明我以处事之条理，于是而有研究之道。乃不知者，谓增加于见闻之后，求备于古今之远，而非也。君子之所以终身学问而不倦者，岂有他哉？身不自振，以学辅之，心不自信，以学验之。知所学事理，无非天理之存，则知存心之理，以守吾心之正，而后读书不得其方法，不至书自书而我自我。夫一国之言语、文字、伦理足以表著其国之特质者，谓之国性。一国物质上精神上所有之特长，由国民之特性，及地理历史所养成者，谓之国粹。《汉书》云：经术文雅，足以断国论，则通经致用也；韦贯之云，术穷秘要，艺擅国能。不然，则庄子所谓寿龄余子，学行邯郸，未得国能，又失其故行矣。其何以济国步之艰难而焕国光之灿烂乎？故研究国学必有方法；而其方法之先决问题，必知四勿：

（一）勿堕理窟

宋儒道学，虽重躬行，而其言性言命言天道，讨论一字，动辄万言，浅学者生厌。如王阳明格竹七日，究竟如何格致，无怪朱子教学者如扶醉人，扶得东来西又倒也。此皆迷于理障，难夫一旦贯通，转不若释氏之知有是事便休，陶渊明好读书不求甚解也。

（二）勿撼浮华

言之无文，行之不远。文人积习，故喜修辞，而于大易之立其诚，不暇计也。世有读书破万卷，下笔如有神者，而迹其形事多与言不副，此裴行俭所以论王杨卢骆贵乎士先器识而后文艺矣。江慎修一代大儒，著书十余种，皆有补于遗经，而所编《四书典林》，有人非之，谓似兔园册子，徒供獭祭者文场之用耳。

（三）勿矜考据

治经必通训诂，故经生崇尚考据，分籍纂训、依韵归字，系为研究汉学之津梁。然勤于考据，终年兀兀于故纸堆中求生活，亦徒耗光阴耳。李刚主曰：纸上之阅历多，则世事之阅历少，笔墨之精神多，则经济之精神少，确为名言。彼考辨经史，援据赅博，时发新义，惟其学本淹通，自然致此。若枵腹高谈，掊击郑贾者，甚无谓也。

（四）勿好奇邪

故持异议，好逞奇谈，以为读史高人一等。如《释文》言尧杀长子考监明，《竹书纪年》载太甲杀伊尹，《韩诗外传》称柳下惠杀身以成仁，《风俗通》之秦穆公杀百里奚，而非其罪，《论衡》说孔子见汤虎汗流邻走，奉此离奇史料以为奇货。

四勿既明，则所用功不致徒劳而无益，然后严立课程，脚踏实地，言其方法则有四务。

四部者，经史子集者，读书课程当如吕舍人所定，每日须读一般经书，一般子书，不须多只要令精熟；史书每日须读取一卷或半卷以上始见功；阅集部亦如伊川读《语》《孟》法，将言语切己，不可只作一场话说，如横渠读《中庸》法，句句理会过，使其言互相发明。一务静存动察也：不言而存诸心乃静存动察工夫，即"不闻亦式，不谏亦入"之义。南轩云：森然于不睹不闻，正是此意，此为读书第一步。二务默识心通也：今日记一事，明日记一事，久则自然贯穿；今日辨一理，明日辨一理，久则自然夹恰；今日行一难事，明日行一难事，久则自然坚固。达摩面壁九年，六（云）是孔圣默而识之之法，是为读书第二步。三务实践笃行也：六经皆我注脚，名教自有乐地，读书学问，本欲开心明目，利于行耳，世人读书但能言之，不能行之，周濂溪所谓以文辞而已者陋矣，此为读书之第三步。四务有信阙疑也：古今情势各殊，君子读书当明体达用，其天经地义，古今不变者，则坚信而行之，其有不合时宜，非慕公孙弘之曲学阿世也，亦遵孔子圣之时，耳及邪诞妖妄之说，此为读书之第四步。虽好学未得门径，至老无成好，竟云云未知当否。（吴清望：《关于研究国学之方法》，《县政研究》，第 4 卷第 8 期，1942 年 8 月 31 日）

8月　朱自清《经典常谈》由国民图书出版社出版。

朱自清1943年5月20日取到样书和稿费，随后分赠师友，叶圣陶称赞该书"为古籍之导言，浅明精要，宜于中学生阅读"。6月9日，叶圣陶撰文将朱自清《经典常谈》中的"经典"定义为"是历来受教育的人常读的书；并不限于经部"，朱自清在序文里所讲经典训练的价值不在实用，而在文化。这一观点很通达：

> 我们生在这么一个文化环境之中，如果不知道一些记录文化的书，就像无根之草无源之水似的，难望发荣滋长，流长波阔。从这个观点，无论学理科工科的人都该受经典训练；而普通教育中高中的阶段必须接触经典，也有了充分的理由。……我以为要接触经典的人，不妨先看一看这一部书，看了之后，某书是什么，可以有个大概的观念。再从某书中选取精要的部分来读（自己没法选，请教高明些的人指导），或读全书，当不至于空手而回，一无所得。高中国文教本的材料，一部分取自这些经典，比较可靠的教法，老师应把各种经典的大概指示一番，这部书可以供老师们预备提示时作为参考。（叶圣陶：《介

绍《经典常谈》，《叶圣陶集》第14卷，江苏教育出版社，1992年，第43—49页；商金林撰著：《叶圣陶年谱长编1936—1949》第2卷，人民教育出版社，2004年，第247页）

9月10日　国学书院一院九月份月课评阅委员聘定郭啸麓、陈莼衷、俞巨溟，以郭啸麓为委员长，公布九月份课题："（一）诗以正性礼以制行说（文中子语）。（二）好学近乎知力行近乎仁知耻近乎勇义。（三）张良李泌合论。（四）宫鹦赋（用古赋体赋公园五色鹦鹉）。（五）中秋团城玩月放歌（七言古体）。"（《国学书院一院九月份月课课题业已发表》，《晨报》，1942年9月10日，第4版）

9月24日　私立无锡国学专修学校在桂林市乐群社召开商聘校董第一次谈话会议。

刘侯武、雷沛鸿、李济深、黄钟岳、李任仁、徐启明、冯振等出席，主席李济深，记录欧阳革辛。决议事项：一、呈请教育部增拨特别补助费及经常费。二、函请广西省政府拨发特别补助费及经常费。三、向外募捐。（陈国安等编：《无锡国专史料选辑》，第47页）

9月　徐英、苏渊雷发表《青年必读国学要籍四十种序说》，第一辑选择专书二十种为学子必读书，以期明了中国学术源流；第二辑另选二十种由博返约，备学子专门研习之用。

第一辑引言称：

> 我国思想学术，政教典章，二千年来，莫不以儒家为宗。东方精神之所寄，黄胄文明之所托，悉在于是。虽道墨名法，相间并出，然皆务为治而不离其宗。若其不能与儒术相发明，

或显达世教者，盖已随时没落，无待催排。今欲使政校诸生明中国学术思想之大原，政教典章之所本，以简御繁，提纲挈领，姑选专书二十种，为学子必读之书，虽不足以尽其蕴，而其大要亦略可睹矣。

选书如下：《论语》、《孟子》、《荀子选》（选目别订）、《大小戴记选》（选目别订）、《左传读本》（选目别订）、《战国策选》（此篇专为外交系用，选目别订）、《庄子选》（选目别订）、《管子选》（法律政治经济诸系用之，选目别订）、《韩非子选》（法律政治诸系用之，选目别订）、《墨子选》（政治经济诸系用之，选目别订）、桓宽《盐铁论》、《陆宣公奏议》、叶适《习学记言》、朱熹吕祖谦《近思录》、王守仁《传习录》、顾炎武《日知录》（选目别订）、王夫之《黄书》、黄宗羲《明夷待访录》、戴望《颜李学记》、《曾文正公集选》（选目别订）。上述国学要籍皆经世之大法：

学者熟读而深思之，精研而揣摩之，通其义蕴，得其神髓。内外兼治，本末俱到。上之足以阐往圣之绝学，开万世之太平，次之足以明政教之得失，通世法之正变，下之足以淑身厉志，处世接物。然诸书或义理关系，骤莫可解，取便初学，各为注释。或折衷故训，或自定新笺，又或卷帙繁众，精粗并陈，录为要删，别加裁剪，绵以岁月，庶竟全功。期无负于前修，倘有裨于来哲。

第二辑引言称：

　　孟子曰：观于海者难为水，游于圣人之门者难为言。四部之书，浩如烟海，欲求偏读，谈何容易。矧在百学待治之今日，亦不许有此悠闲岁月也。上既选要籍二十种，备学子专门研习之用，兹复甄录二十种，作为第二辑，以供浏览，由博返约，庶可成章。读书贵在眼明手快。别有会心，然前言往行，君子多识，毋溺篇章，自增胜解。饮河期于满腹，一针乃可到底，开卷有益，受用毕生矣。

　　选书如下：《易经》《诗经》《孝经》《史记》《汉书》《后汉书》《三国志》《资治通鉴（附读通鉴论）》《天下郡国利病书》《读史方舆纪要》《老子》《淮南子》《论衡》《昭明文选》《文心雕龙》《史通》《通志二十略》《文史通义》《宋元学案》《明儒学案》。（徐英、苏渊雷：《青年必读国学要籍四十种序说》，《高等教育季刊》，第 2 卷第 3 期，1942 年 9 月 31 日）

　　9 月　王恩洋、黄肃方、廖泽舟等人研究决定将沱江佛学研究院改名为东方文教研究院，作为国学院的预备。

　　王恩洋曾自述办学经过，1941 年春，至江津拜访欧阳竟无，归途经过内江。友人李仲权先生邀请到内江讲学。王恩洋认为："苟不碍吾著述，亦可来也。"当年秋冬之间，李仲权与廖泽周、张介眉、陈戒予等发起东方佛学研究院，希望王恩洋长院。王恩洋于 1942 年到院，"归模未备，人力、财力均不裕，虽名为研究院，实同三家村一冬烘书房耳。然诸君子既盛情发起，予亦耐心处之"。此年，王恩洋除讲说外，完成《杂集论疏》《瑜伽师地论疏》六卷，李仲权催促完成《新理学评论》，"此吾一年间之工作，亦即佛学研究院一年之成绩也"。9月，黄肃芳来院，共商院务，"以为东方佛学研究院之名摄机不广，应如吾龟山书院宗旨，儒佛并弘，且旁及于哲学、史学、文学，则造出之人才当更适宜于今世之用，因是改名为东方文教研究院"。王恩洋遂作"缘起"一文述其宗旨及其希望，"由是而东方佛学研究院一变而为东方文教研究院"。（王恩洋：《东方文教研究院与〈文教丛刊〉》，《文教丛刊》，第1卷第1期，1945年2月）

王恩洋指出，政府明令提倡精神文明道德廉耻，又以促进大同为抗战建国之最终目的。然而，我国迄今尚无一整全具体的国学院。大学林立，分为文、理、法、工、农等院。"讲东方文教者，惟有文学院而已。"文学院中得讲东方文教仅有哲学系、史学系、文学系。时下哲学、史学、文学三系，"本国又与西洋世界平分秋色，或仅占其十分之二三分地位"。那么，统计中国大学中实际讲授我国固有文化的，"实不过百分之一，或百分之零几耳"。大学如此，中学同样，"科学占正课十分之七八，国学占其十分之二三。犹可怜者，率全国之学生，不问其将来之学业如何，事业如何，皆必使之共同读其全不相干全无用处之英文"。此种现象，在殖民地称为文化侵略，在我国则可视为盲目的文化自杀。文史哲师资与学生的匮乏是造成这一结果的重要原因，"立国家，行政治，讲教育，论学说，一切人才又非以对固有文教思想历史文学有训练有素养者不适于自国之用。然则将来之世，岂不人才日益凋谢，竟至不能胜任立国之业，行将聘外国人而用之耶？"正因如此，遂发愿于我国创办一东方文教研究院：

以儒学、佛学为根本，以文学、史学、艺术为辅翼，以中国诸子、印度诸宗、西洋哲学为参较，以社会科学资运用。

拟先从研究讨论抉择东方文教学术之精华，并当删其繁芜，去其驳杂不纯之谬说，对西方文化学说评判其乖违，同时亦当吸收其特长，以补足东方文教之缺点。使纯粹真正之东方文教，廓然昭朗于人间，而又能适合时代，泛应五洲各国，以为人生至当不易共游之正道。正道既昌，邪说斯破，思想正而人心可正，人心正而行为事业一切皆正。内之以固国本，移风化，使国家教育行政皆入坦途。外之则翻译流布，并纠合世界贤哲共为人类文化之革命维新，以祈大同太平一道同风之治。以文教代替暴力，以革心代替革命。天下之人，思想同，志愿同，情感同，信仰同，不求世界之统一而统一成矣。盖互不侵犯，互相爱敬，互相生养，而群居以乐。各生其生，各性其性，而个性以申。真正之平等自由，悉自真正之仁爱和平中得之，则天下一家，休戚相关，永无杀戮侵陵之残祸矣。如斯盛业，非有大力者不能成，非有大愿者不能办。中间人才之聚集，学说之宏扬，师徒讲习之资，文宪考定之繁，所须于人力物力财力者几何。反顾区区，是诚不知量者也。唯以七年之病，求三年之艾，苟为不畜，终身不得。九层之台，起于累土。千里之行，始于足下。我先民不云乎：天下兴亡，匹夫有责。是以不揣德能之薄，敢作愚公移山之谋。邦人君子，轸念时艰，倘亦大心大愿，奋起而共图之，则无力者有力，寡能者多能，诚愿既积，安知转移宇宙，不自吾辈始耶。兹当筹备之初，故谨申其因由与期望，贤达豪俊，幸有以教之。（此文作于1942年，王恩洋：《东方文教研究院缘起》，《文教丛刊》，第1卷第2期，1945年5月）

10月1日　（伪）国立华北编译馆创刊《国立华北编译馆馆刊》，馆长瞿益锴题名，并撰写《导言》。

瞿益锴指出华北编译馆鉴于出版界的日益沉闷，成立以来以辑刊近代知识丛书为主要事业，"意在提倡尽人可读之书。顾知识无穷，出书匪易，所需至广，所给难周，无已则别辑此馆刊，以当杂俎之享"，馆刊侧重"（一）国故，（二）现代史地，（三）人物志，（四）自然科学，（五）社会科学。文字必期明析，内容必期充实，非必有新奇之意，要以原原本本启人正确理解为主"。（瞿益锴：《导言》，《国立华北编译馆馆刊》，第1卷第1期，1942年10月1日）

10月10日　赵启斋发表《国学一贯通论——元音本义例解》，认为国学以声音文字之学为基础。

赵启斋指出："本著以国学实际问题为对象，而声音文字之学，实为之基。盖本义明而小学明，小学明而国学明，国学明，则千古国故精神为之一振，岂直文字之研究已也，夫读书不必识字，知其然而不知其所以然，由来已久。"（赵启斋：《国学一贯通论——元音本义例解》，《建国学术》，第3期，1942年10月10日）

10月11日　国学书院第一院十月份月课评阅委员已聘定傅治芗、唐宝森、胡眉仙，并以傅治芗为委员长，公布十月份课题，"一，故人情者，圣王之由也，修礼以耕之，陈义以种之，讲学以耨之义（《礼记·礼运篇》）。二，《史记》十篇有录无书考。三，《尔雅》释诂诸篇与近今翻译同义，试解释释字之形义。四，拟苏轼《战国任侠论》。五，拟杜甫秋兴八首（不限原韵）"。（《国学书院第一院十月份月课评阅委员已聘定》，《晨报》，1942年10月11日，第4版）

10月17日　中华国学社讲习班举行开学典礼，并由讲师景梅

九等讲解提倡国学的意义。（《中华国学社讲习班开学》，《西北文化日报》，1942年10月19日，第2版）

10月20日　唐文治拟于爱文义路970号国学专校每星期日上午九时，开设国学讲座。（《上海学术讲座一览》，上海《申报》，1942年10月20日，第2张第5版）

10月24日　王伯祥称："接诚之十月廿二日常州湖塘桥信，复告去书俱悉，齐大国学研究所将有变动，宾四已两知在沪收束工作云。"（张廷银、刘应梅整理：《王伯祥日记》第8册，第3360页）

10月　楚图南撰《略谈读古书》，提倡以当代人的精神、气度与眼光去激发古书的生命力。

楚图南认为应当以活着的人的精神、气度、眼光，去读古书，古书自然会活起来，给人以刺激与慰励，鼓舞活着的人更有力量地活下去：

> 读古书并不等于读死书。以读死书为目的而读古书，是非善读古书者，结果古书的好处，不能知道，古人的经验，不能领略，古人的主张，古人的用意所在，未能明白，反使自己食古不化，得到哽食病，使自己的活力退减，甚至加速度地使自己变为僵尸，使自己在生人的头脑上，造就了死人的坟墓。但这不善读古书的坏处，不过是坑了自己和害了自己。至于以读死书为目的而劝人读古书，甚至强迫使青年人读古书，其情形便不同了。它可以使新生一代的青年，都相率成为古人的奴隶，相率走到死里去，使新生的一代未老先衰，使青年的面颊上，长满了胡子，学着古人说话，学着古人走路。对于现在当

前的问题，想着古人的想法，看着古人的看法。结果，小则使一个国家，大则使一个民族，都失去了活力，都不能应付了当前的问题，不能适应了现世的环境，结果便只有灭亡，或永远沉沦，当别的更进步更现代化的民族的奴隶！……但现在，我们是抗战自主的时候了，我们已在争求自由解放的斗争中渐渐地认识自己的力量，看清自己的前途了。读古书、讲旧学，宣扬旧道德、旧仁义，成为一时的风尚，这似乎是很难索解的。这在汪精卫来提倡这种工作，似乎很有理由的。在我们在抗战的后方，在所谓自由的中国，读古书，即使有着百分之百的必要和应该，似乎也不能不先有一个大前题，一个当前的基本的认识，那便是：第一，必须以现代的眼光看古书，且解释了古书。第二，必须以活人的眼光看古书，且应用了古书。这样，古书才会于自己有益，于国家民族有益。否则精神成为死人的奴隶，整个的民族，也只好准备着让别人来统治。因为古书已经使他没有了活力，没有反抗，没有独立自主的要求，没有自尊、自贵、自爱的觉识！（楚图南：《略谈读古书》，高寒：《刁斗集》，资州文通书局，1947年，第126—127页）

11月17日　为振拔国学人才、举办年底甄录及特考，国学书院第一院拟请教育局选送考生十五名赴北平与试考核。（《公函国学书院第一院》，《天津特别市公署公报》，第187期，1942年11月21日）

　　致启者：本院考课照章，每届年底甄录一次。去年甄录与特考并举，奖额名额均有增加。此次合并考试定于三十一年十二月十三日（星期日）在中南海怀仁堂举行，并延聘财务总署汪督办主持试政。届时又值星期，各机关职员有志研究国学者，□可加入考试，兹特通告二纸送请。查收张贴俾得周知为荷。

国学书院第一院第三届考课暨第二次特考合并举行甄录试通告：

（日期）国历十二月十三日上午新九时点名入场，下午四时交卷，备有热食茶点代餐。（地址）中南海怀仁堂。（报名）十二月五日至十一日每日上午新十时至下午新五时，在本市北海团城，本院不收费，不拘性别，不限资格，但须亲填履历表，并粘贴二寸相片。曾为本院应课生者，可免贴相片，仍须到院报名。（考试）就国学范围出两题，任作一题为完卷。（录取）无定额，奖金自五元递加至一百元，并准应月课一年，考列前茅各卷由本院揭示或采登《国学丛刊》。（《交通部调查北京、天津等处电信航运航空情形人员名单及国学书院第一院添设研究班办法》，1941—1942，北京市档案馆藏，档案号J002-007-00297）

11月23日　李济深应邀在国专桂校演讲，主题为"阐明'国学'二字之真义及一般人之误解"。（桂林市文化研究中心、桂林图书馆编：《桂林文化城大事记（1937—1949》，漓江出版社，1987年，第230页）

桂林《扫荡报》报道："无锡国专昨敦请该校校董、军委会桂林办公厅李主任到校训话，阐明国学真义。"（《桂市零讯》，桂林《扫荡报》，1942年11月24日，第3版）

△　复性书院填写教职员名单（见表15）。

表15　复性书院教职员情况表

姓名	籍贯	年龄	生活费	所任职务	到院年月	备考
马一浮	浙江			主讲		不报领生活费米代金
王培德	山东	42	20000	事务兼编校	1940 年 8 月	
张立民	湖北	43	20000	书记兼编校	1940 年 5 月	
詹缉熙	浙江	44	20000	会计兼庶务	1939 年 6 月	
王紫东	浙江	26	10000	自由研究生	1939 年 9 月	
王准	浙江	31	10000	自由研究生	1940 年 3 月	
严康澄	浙江	47	10000	自由研究生	1940 年 10 月	

（《四川乐山复性书院及行政院所属各部会在渝附属机关职员家属人口调查、申请补充办法等文书》，中国第二历史档案馆藏教育部档案，卷宗号4776。参见朱薛友：《六艺之教：马一浮与复性书院研究》，第71页）

11月24日　"芷洲"致信梅九，认为儒学放之四海而皆准，"其大无外，将来世界大同必衷于是"，如果名义限以国学，"似嫌带空间性门户见，示世界以不广"，主张国学社改为圣道讲学会。梅九回函强调中国为君子国、理想天国，国学有其超时代与超国家性质。

梅九回函称：

尊见极是，惟念中国文化学术，原具有超时代超国家性质，即如吾党标榜之《礼运》大道为公之大同盛治，乃能以天下为一家，中国为一人之最高理想，与释之极乐世界，耶之新天地，西哲之乌托邦，皆无大差异。至彼时便把中国之国，化为地上天国之国，自不带什么空间性，更何有门户之见耶？标以圣学，反似与绎老之学，耶回之教立异，群议仍用国学发挥最近经师以《周礼》统一中国，以《春秋》统一世界，以《易经》统一宇宙之伟大理想，才算达至今日国学讲习会之目的。（梅九：《答老友芷洲论国学书》，《国风日报》，1942年11月24日，第1版）

前答老友芷洲论国学，自觉有未尽意，因中国名词，据春秋之义以解之，则与夷狄名词相对，中国代表文明，夷狄代表野蛮，故有"中国而夷狄，则夷狄之，夷狄而中国则中国之"的古语。常读昔人《周易》注解泰卦"内阳而外阴，内君子而外小人"，"谓君子属阳即中国，小人属阴，即夷狄"，则中国可称为君子国，即以为前书理想天国亦无不可，"中国名词既不是仅就国土而言，当然不带什么空间性，我们讲国学，亦可说是讲文明、学文明，为世界人类共同的希望及进取，自然更无什么门户之见了"。（老梅：《再论国学》，《国风日报》，1942年12月7日，第1版）

11月　顾实报告国学社迁川经过，并申请特别补助费（见表16）。

事由：报告属社迁川经过暨第三届年会开会情形并请拨给特别补助费以资维持由。

窃属社于民国十六年冬创立于上海，经过一二八战事，全部被毁，二十三年迁南京，当设临时社所于尖角营四号，并于晒布厂地方捐置地皮八亩许，正在筹集经费，拟于该地建筑新社所，并充实内部一切设备。不图抗战军兴，首都不守，属社于戎马仓皇中狼狈西迁，所有一切设备及图书等悉为敌寇所掠，言之痛心。迨西迁后，首至长沙，阅时未久，复由湘迁渝，于二十八年四月二十三日召开迁川后第一届年会，通过《国学运动大纲》，筹设国学补习学校，举行国学讲习会，设办事处于重庆市劝工局街之若瑟堂，方在规复一切。讵五四轰炸办事处房屋中弹全毁，所有新旧公私图书文卷物件等几全部损失，不得已再迁北碚黄桷镇，乃喘息未定，又遭五二七之轰炸，属社至此在物质方面可谓荡然无存矣。但属社同人自实以下，初不以迭遭挫折而稍形消极，仍于万分艰苦中振奋精神，积极从事于研究工作之继续，并举办定期国学讲习会，以应一般学子之需求。自蒙钧部二十九年十月利组字第八五八四号批准备案之后，由地方团体扩大而为全国性之团体，属社同人益加奋勉设计，于全国各县设立分社支社，以期国学之普及。三十年一月三十日，复在渝召开迁川后第二届年会，到会者有吴稚晖、吴治普等诸国学前辈，咸认为属社事业进行必先有稳固之基础。基础者何？即固定之经费，独立之社所，暨较充实之设备，是也。此项基础之建立，一方面须赖政府之提倡补助，一方面亦须赖社会人士之努力赞助。当经决议嘱实草拟属社建设计划及经费概算，提交下届年会通过，并撰拟募捐启事，征求朝野名流之热心国学者列名发起，俟下届年会后开始进行。今兹岁月如驹，忽忽已阅一年。在兹一年内属社虽收入毫无，但研究讲习等工作，仍未尝稍懈。关于征求发起募捐名流，如吴稚晖、于右任、钮惕生、张溥泉、陈立夫、王雪艇、顾毓琇、余井塘、庞松舟诸先生，暨工商界钜子多人均经签名盖章，愿为发起。至于属社建设计划，亦均拟就。爰于本年二月十九日假张家花园妇女辅导院召开属社迁川后第三届年会，并蒙钧部派钮视导主任莅席指导，当场通过属社建设经费概算，暨筹集计划（附概算表及计划），决定半数向政府请求，半数向全国捐募，并推定人员分别负责进行。此本届年会开会之情形也。查属社为全国性之社会团体，隶属钧部有案，理合将迁渝经过，历届开会情形以及迭遭损失，艰苦支撑状况缕陈。鉴核复查属社，现虽已经年会决定分别呈请中央有关国学各部会拨助经费，并向社会各方面劝募捐款，以期奠定属社之永久基础。但以往历年用费均由实私人挪垫，为数已属不赀。最近筹备年会，复罗掘俱穷，此后种种社务进行，仍必须有相当之经费，始克继续应付用，敢于报告之余，竭诚渎请钧部，俯念国学，不绝如缕。属社断续存亡之交，先行准予拨给特别补助费五千元，以资维持，而免中辍，则属社幸甚，国学幸甚。

表16　本社各项经费预算表

开办费	一百万元		
	购地费	五万元	购地十亩以每亩五千元计合计需如上数
	建筑费	六十万元	建筑本社办公室一所，国学图书馆一所，国学研究所校舍一所，以及宿舍等附属房屋，估计如上数

续表

	器具设备费	十五万元	办公桌椅及用具研究所教室桌椅及用具，图书馆设备以及宿舍用具估计如上数
	图书费	十五万元	购办国学图书，暂列如上数
	其他	五万元	
经常费	十七万四千元		
	办事人员薪津	六万元	暂设办事人员十人，平均月各支薪津五百元，全年计需如上数
	工役工食	一万八千元	工役五人，月各支工资伙食三百元，全年计需如上数
	办公费	七万二千元	平均月支六千元全年计需如上数
	特别费	二万四千元	平均月支二千元全年计需如上数
事业费	四十万元		
	国学研究所经费	二十万元	开办国学研究所招收学员二班，薪俸办公费以每班十万元计需如上数
	国学图书馆经费	十万元	创办国学图书馆，全年约需管理费五万元，购置费五万元，合需如上数
	国学讲习会经费	五万元	利用假期开办国学讲习会约需经费如上数
	刊物费	五万元	刊印国学刊物暂定编辑印刷等费如上数

经费筹集计划：本社经常费每年十七万四千元，事业费每年肆拾万元，拟请求政府常年拨助开办费一百万元，请求政府拨助半数五十万元，余五十万元举行募捐办法如下：组织募捐队分五大队二十五分队，每分队捐募标准为二万元，于半年内募完。（中国第二历史档案馆藏社会部档案，档案号11—7172）

12月5日　西安碑林国学讲习所邀请省府秘书长辜仁发、刘定五委员演讲国学大纲。（《国学讲演明在碑林举行》，西安《工商日报》，1942年12月4日，第2版）

12月13日　国学书院特考与甄录试合在中南海怀仁堂同时考试，到考生五百七十余名。王揖唐亲临视察，考题为："一，读曾文正公《原才论》书后。二，国以民为本，民以食为天论。"（《国学书院特考甄录试昨晨合并举行王揖唐院长亲临主考》，《晨报》，1942年12月14日，第2版）

12月20日　中华国学社召开选举理监事大会，刘定五、宋菊坞等当选。（《中华国学社召开选举理监事大会，到社员及来宾百余人，刘定五、宋菊坞等当选》，《西北文化日报》，1942年12月22日，第2版）

12月30日　安徽省立蚌埠民众教育馆发布国学讲习会缘起。缘起称：

我中国国学惟三代为开先，至周末之衰，列国纷争，文教废弛，孔子以布衣讲学，删订六经，揭橥四教，及门有三千余人，衍学为二十余派。凡天下学者，家弦户诵，莫不奉孔子为依归。虽曾经秦火之劫运而汉武帝表章六经，以经学取士，宋太祖尊崇儒道，以道学开基，于是传经一派，为汉学之所祖传，道一派为宋学之所祖传，礼一派属于传经，天人相与一派又附于传经，传道之中，我中国过去二千余年之学术思想，恒以此二派为二大主义，是皆各得孔门之一端，而可概括于大同学术之统系，是国学固范围至大也。

自欧化侵略，邪说横行，骎骎乎有变易我同文，泯灭我国种之野心，忧时之士，具有远见者，咸谓非提倡国学，不足以挽回狂澜，非保存国粹，不足以抵御外侮。今当东亚建设，维新之日，正学术归纳正轨之时。本馆有鉴于此，为研究国学，阐扬圣教起见，爰主办国学讲习会，特聘寿县硕儒王松斋先生为主教，划定课程，按时讲习，期收成德达材之功，凡国学有相当程度而意愿深造者，盍兴乎来，谨识其缘起如此。（《本馆主办国学讲习会缘起》，《安徽日报》，1942年12月30日，第4版）

是年　胡庶华提出"各大学中国文学及数学物理化学等系近年受师范学院之影响学生人数极少宜如何补救案"，建议有中国文学系的大学应设立国学研究院。

决议：查文理两科关系学术基本，近年以来学生渐减，应请部另筹适当办法，以图补救。

［附原案］理由：中国文学为民族文化之源泉，数学、物理、化学为自然及应用科学之基础，乃近年各省中学对于此类教员颇感缺乏，同时统一招生时，报习此类科目者亦年少

一年，尤其在有师范学院之大学或与师范学院邻近之大学，更为显然，是师范学院之设立，不仅不能增加中学师资，反而减少中学师资矣。若不设法补救，则普通大学之文理等院将无人问津。

办法：一、对于中国文学系学生及数学、物理、化学等系学生，完全给以公费，哲学心理系学生亦同此待遇。二、对于中国文学系毕业学生，得经考试升入研究院，其未能升入者，予以职业之介绍。三、有中国文学系之大学，应设立国学研究院，此点关系民族文化极巨，政府宜特别注意。以上各项，是否有当，敬候公决。（胡庶华：《各大学中国文学及数学物理化学等系近年受师范学院之影响学生人数极少宜如何补救案》，中国第二历史档案馆藏教育部档案，档案号1350—1）

△　医药改进社主张以中医弘扬国粹。

该社提出："要发扬国粹，应当提倡中医；要提倡中医，首当整理中医。服用中药，减省金钱的外溢；要想金钱不漏卮，应当服用中国药。中国医药，有科学的精神！有确实的效验！"（《消息：要发扬国粹应当提倡中医》，《医药改进月刊》，第2卷第5期，1942年7月1日）

1943年（民国三十二年　癸未）

1月1日　方湖主持中国学报社，创办《中国学报》。

李翊灼发表《中国学术与中国学报》，提出以发明中国之学为务则明道以通经：

> 《中国学报》者，盖论中国之学者也。报之为论，苏林尝言之矣。而论之为讨论决择，则杨倞之义也。夫论学，论之最难者也。而论中国之学，则其事为尤难。今《中国学报》，乃独以论中国之学之义为名，其所务之难钜为何如哉！盖中国之学之难言，就余所知，有其十事：一者，道之大。二者，学之备。三者，义之精。四者，文之简。五者，史之不足。六者，灾厄之多。七者，变迁之繁数。八者，传说之歧。九者，专治之难。十者，会通之者鲜。……嗟夫！余于此更有言焉，夫中国之学尚已。然三千年来贤智学士，多莫能得其真际。一集大成之孔子，孰不号其为至圣者。而孟子、孙卿、董仲舒外，能究竟认识之者有几人哉？六艺皆孔子达民生，正民德，明民智，发挥民性之言，可谓完全真实之平民思想，足以标示中国

民族实为民主思想之民族者，惟在于此。而乃往往为人误解为制民抑民弱民愚民之学说。汉武而后，且假其名而行霸术焉。抑又何也？宋明之儒，虽欲矫弊，然以不能认识孔子，乃至六艺之真际，则匪惟不能正解孔子之学说，且益乱其误会，破碎支离，晦盲否塞，孔子之学，锢蔽弥甚，以至于今。然则孔子之学，又何尝一日得行于中国耶。近世沟瞀陋俗不能读书不考事实之徒，乃转以汉武以来政教流弊，一归过于孔子，而欲借以废置之摧毁之；其矫枉者，则又欲宗祢宋儒，以为真中国之学也，聋盲之论，至于此极；贻误民族，良可悲叹。夫汉武之尊孔子黜百家，已悖孔子患不均之旨，而况假孔子之名，以行霸术之实，则尤孔子之所深恶痛疾者。此真中国之学之一大障碍。今欲提倡中国之学，以复兴民族，则症结之所在，尤当首先痛辟而不容忽视。中国学报适当此时奋起而负此艰钜，则非以大无畏精神，力排众难，勇猛昌言，其何以副民望乎！孟子曰：乃所愿，则学孔子也。又曰：子岂好辨哉，予不得已也。又曰：我亦欲正心、息邪说、距诐行、放淫辞。余愿《中国学报》，志孟子之志，行孟子之事，以发扬孔子六艺，为论中国之学之宗本义。以道德之辨，利义之辨，性命之辨，政教之辨，体用之辨，物己之辨，同异之辨，善恶之辨，天人之辨，君子小人之辨，王霸之辨，大同小康之辨，理事之辨，乃至礼与法之辨，形与刑之辨，知与识之辨，以及道统之辨，中庸之辨，仁人之辨等，为论中国之学之实际义。而以融贯九流，订核百家，以指导人生于正轨，为论中国之学之究竟义。诚如是，则余敢为中国民族进颂于《中国学报》曰："宇宙之大中，惟我中国。人类之英，惟我中国民族。发扬宇宙之正义，以指导民生于正道，惟我中国之学。噫吁嚱，孰主张是？孰维纲是？惟我《中国学报》实司其机械而不得已。焕乎文章，继明以照于四方。惟我《中国学报》与我中国民族，永日新而未央。"（李翊灼：《中国学术与中国学报》，《中国学报》，第1卷第1期，1943年1月1日）

1月3日　顾实在中华国学社，主讲"战后世界之中国文字与文化"。（《中华国学社顾实教授讲演》，《中央日报扫荡报联合版》，1943年1月3日，第3版）

1月5日　国学书院公布特考成绩与录取名单。

计取录正取一百名，附取九十名，除由该院照发给奖金，并由王委员长加给奖金三百元，主试汪督办加给奖金五百元，以资鼓励，正取一百名，各有加奖，第一名六十元，以次递减，由七十一名至一百名各四元，未取录者，亦由院每人给以车资二元，具征体恤周至，该院提倡国学之心，值得吾人所赞叹，惟愿社会人士努力国学，挽回颓风，以副在上作育之至意耳，并闻津保方面取录各生奖金，及未取录者车资，亦由该院迳寄各该生。兹将该院榜示全文照录于左：

榜示原文：国学书院第一院为榜示事，照得本院第三届甄录，暨第二届特考，所有试卷业经评阅，计录取正取一百名，附取九十名，除照章给奖［金］并由王兼院长加给特奖三百元，汪主试加给五百元，分配于正取之一百名，以示鼓励外，仰于一月九日携带本院入场证，名章来院领取，并办理本届应课手续可也。兹录录取名单如次：

录取名单：刘仲绂，范宬，赵庚，裴希彭，王茂如，韩知白，林承，郭宗威，周宝书，杨轶伦，王芳庭，王有邻，柏炽爙，韩尚志，李默深，陈纪长，陈梅庵，俞斯昶，洪克信，张慕权，宋金印，张智仙，王健秋，赵钧，王煌茜，靳守愚，白寿龄，孙翊期，龚维龙，石仲伦，张海秋，吴拙盦，郎启锐，傅试中，张佩绅，田盛平，章寿彭，黄文钦，王济川，王又秋，傅远涵，张异荪，蔡睿夫，王希仁，王尧农，林翰，孙培经，师连逢，郎敬，陈之藩，傅润青，吴镜玄，吴世澄，敖南耀，张如兰，赵世纯，胡荣琨，李希濒，陈月庵，李荫芝，慕瞻，白小泉，李策勋，程默刚，杨昧庄，吴玉泽，张少丞，贾志萍，王允升，谢济民，孔维昭，金荣俊，郭觉生，牛国昌，赵瑞森，陈樹常，王继昌，陈朴，马仲素，张锡堂，丁鹤超，戴蒂棠，金丰随，随步庭，高岭，吴玉田，张千杨，李文峃，聂宝颖，傅鲁民，陈起中，何悼，马麓资，罗方为，刘绍璞，徐慕温，王录丰，黄念纶，陆继昌，黄复，吕德清，王庭钧，高子范，阎尊奕，凌鸥云，王天心，戴运清，陈荫佛，冯学思，陈鹭洲，熊材博，张胎宝，张善同，耿光治，赵敬含，陈吉甫，方麟，邵宜桐，姚遵逸，张济宗，贾恩宽，华维淑，万善因，陈如英，赵隐东，康翔龙，何中，张修文，尚世英，陈润涵，缐袞，金寿年，赵简震，刘芬，高相辰，王寿珉，丁贤江，周士茱，陈澄华，陈邦华，许鹏飞，陈洁君，余颂甫，祖祝华，冯叔良，俞姜，翟允熙，李东壁，曹新吾，罗隐，蔡友仁，张金朴，耿柑元，薛元量，王金鼎，张国权，白家驹，王霁，张凤藻，沈佩衡，刘绍箕，吴精锋，张耀南，阎晓楼，朱春芳，汪劭渊，武志青，钟重勉，毛景义，李荫棠，庞之瀚，姚广，李次仲，稚化南，崔丙恒，刘晴峰，李馨亭，童震亭，许仙墟，张馨山，俞叔卿，董子坚，韩汝愚，林克圣，孟绍庵，姜景心，吴隆文，曲翔远，张梦冰，汪籁。(《国学书院特考揭晓，正取百名成绩极为优越，王委［员］长等分别加给奖金》，《晨报》，1943年1月5日，第2版)

1月10日　西安中华国学社邀请章士钊先生在碑林该社社址讲演。(《中华国学社敦请章士钊作学术讲演》，西安《工商日报》，1943年1月7日，第2版)

△　国学书院第一院一月份月课评阅委员已聘定邢冕之、唐叔襄、陈纯衷，邢冕之为委员长，题目五道："颜子箪食陋巷不改其乐，曾点雩云咏沂圣人所与，范文正后天下之乐而乐，旨趣有无异同。崔浩论，读《儒行》书后，拟汉宣帝神爵三年益小吏禄诏。拟谢惠连《雪赋》。"(《国学书院考课题目公布，评阅委员昨已聘定》，《晨报》，1943年1月10日，第2版)

1月30日　凌枫撰文，评述冷枫诗社成员考取国学书院的成绩。

北京国学书院第一院曾于去年五月间来津举办国学特考，计共录取六十名，并准前十五名参加月课，其取中前列者，若徐慕温、杨轶伦、刘赓尧、杨炜章、张弘弢等诸君，皆系冷枫诗社之健将，说者咸称赞该社祭酒李择庐先生之提倡风雅，与社中人材之济济，一时争传以为佳话。

最近国学院于十二月十三日，在北京举行第二届特考及第三届甄录试，天津方面参加此项考试者，共为三十人，计录取十有八人，而冷枫社友，如杨轶伦、石仲伦、张异苏、徐慕温诸氏，又悉列正取之内，尤使人健羡不置也。

又该院前次天津国学特考第一名之徐慕温氏，及本届特考天津方面第一名杨轶伦氏，胥为冷枫社友，导师李择庐先生之喜悦，当可以想见矣。

冷枫诗社同人，咸呼徐慕温氏为徐状元，即导师亦以此称之，今社友张异苏氏等，又戏呼杨轶伦君为杨状元，予以为徐君确足当状元而无愧，若杨君则不过天津方面之第一而已，固非北京全榜上之冠军也，称之为"元"，无乃不称。质之轶伦，以为如何。（凌枫：《冷枫诗社与国学书院》，《新天津画报》，1943年1月30日，第2版）

1月　马一浮为筹集复性书院经费，撰《蠲戏老人鬻字刻书启》。文曰：

事有近乎迂阔，而实为当务之急者。众人所忽，而君子重之。亦有类似无益，而足以助成有益之举者，或见诽于时俗，而识者容以为有当，此人情之常也。属遭寇乱，经籍荡然，儒术既绌，群书剖散，至于摧灭燔弃者不可胜计，旧刻即间有留遗，或素罕流布，今尤难得。后生有志此学，恒苦无书，每恨传刻之寡。及今不图，日益放失，世之贤达或未遑留意也。（吴光主编：《马一浮全集》第2册上，第202页）

△　西北师范学院、甘肃学院学人，创办《艺文志》，旨在整理国故阐扬新知，促成中国文艺复兴。

《甘肃民国日报》特训：

> 西北师范学院及甘肃学院教授为提高学术研究精神起见，特筹备组建艺文志社，并于最近创办"艺文志"刊□。□□□□本报创刊地位，刊登□刊□字□。来拟出季刊，提供学术研究之论著，借以促成中华民族文艺之复兴。据该社负责人□称，该刊既为专于发扬学术研究精神之刊物，则一切作品亦如汉班固《艺文志》中之规定，无所不包，但必以征实为主，意在努力整理国故，阐扬新知识。希望学术界热心予以扶助，并盼西北人士热烈参加云。（《学术界之新贡献"艺文志"出版》，《甘肃民国日报》，1943年2月2日，第3版）

2月28日　中华国学社召开第四届年会，由社长顾实主席任报告会务，讲演《国学运动大纲》，再由社会部代表姜怀素、中委张继等先后致词，最后发表选举结果，顾实、狄膺、王淮英、王漱芳、陶百川等廿一人当选理事，顾树森、胡焕庸、王好善等七人当选干事。（《中华国学社开四届年会》，《新疆日报》，1943年3月2日，第2版）

2月　程千帆（会昌）发表《论今日大学中文系教学之蔽》，提出中文系研究与教学偏重考据的弊端。

程千帆自称此文是应西南联合大学《国文月刊》主编余冠英之邀约而作，因战时印刷困难，"荏苒经年，始得与世人相见"，此时他已经离开武汉大学，改膺金陵大学讲席，遂转载《斯文》，"俾得共学之益"。程千帆指出中学国文教学，自来论者甚多，对于大学中文系的教学问题，尚未有深入讨论者。其原因或是大学作为传授高深学术之所，教学方法应当"各具自由，无庸涉及"。就现状而言，多数大学中文系教学皆偏重考据，"此自近代学风使然。而其结果，不能无蔽"。程氏认为其弊端主要有："不知研究与教学之非一事，目的各有所偏，而持研究之方法以事教学，一也。不知考据与词章之非一途，性质各有所重，而持考据之方法以治词章，二也。"此二蔽的兴起，"实皆缘近代学风之一于考据"，"大学中文系之教学既受其影响，故二蔽生焉"。

程千帆认为研究与教学为大学教员所当并重，然而二者之间有同有异。考据之学"无非以新材料推翻旧知识，或以旧材料创获新论证，或参合新旧材料以得之"。研究者"既以新异为高，遂耻论不己出。故于自具心得者，则肆力铺陈，以鸣所长；因循旧说者，则略加敷衍，藉讳其短"。其次，大学四年，学生不仅期望教员能教授平正达通的基础知识，更能在"极广大之知识中，详所当详，略所当略，提纲挈要，示以完全之系统"。否则，所学皆零碎的见闻，而无一贯的认识。然而，"教者炫博矜奇，往往即以一己研究所得，开设课程。此类课程，范围多甚狭隘，以教时繁征博引，遂亦斐然成章，至于学者之需要，学术之重轻，殆均未尝顾及"。可见，研究的目的与教学不同，不可以将研究的方法施诸于教学。

再者，程千帆认为大学中文课程包含经史子集，四部各学教授的方法应当各有不同。然而，"以考据之风特甚，教词章者，遂亦病论文术为空疏，疑习旧体为落伍，师生授受，无非作者之生平，作品之真伪，字句之校笺，时代之背景诸点。涉猎今古，不能自休"。文学自有其历史继续性，"学术自有源流，抽刀安能断水。现代文学之发皇，初不如提倡者之预计，岂非矫枉过正之咎欤？"考据重实证，词章重领悟，"盖词章者，作家之心迹，读者要须不以文害辞，不以辞害志，以意逆志，是为得之"。为词章之学应当"于古人经心用意处能得较分明之了解"，"于历代源流同异能得较了澈之领会"。可见，考据性质与词章不同，不可以将考据的方法应用于词章之学。由此四端以明二蔽，可知研究与教学并非一事：

> 研究期新异，而教学必须平正通达。以新异之研究而从事教学，则学者势无法获得平正通达之基础知识。研究伤烦碎，而教学必须提纲挈要。以烦碎之研究而从事教学，则学者势无法获得提纲挈要之一贯知识。考据与词章非一途者：考据重知，而词章重能。以重知之考据方法而从事重能之词章教学，则学者势无法受前文之沾溉。考据贵实证，而词章贵领悟。以贵实证之考据方法而从事贵领悟之词章教学，则学者势无法赏前文之神妙。若一专攻中国文学之学生，其所受读，既不能得平正通达之基础知识，及提纲挈要之一贯知识，以资进修；又不能受前文之沾溉，及赏前文之神妙，以资借镜，则其所畜，不问可知。虽欲不谓为教学之失败，胡可得耶？

> 准斯而谈，则大学中文系教学之道，一于考据，其蔽显然。盖学术多方，各有攸当。研究以教员为主，教学当以承学之士为主，则所施不同。义理者意，所以贵善；考据者知，所以贵真；词章者情，所以贵美，则为用不同。此宁可以一概齐哉？抑尤有进者：《庄子》称战代学者不幸不见天地之纯，道

术将为天下裂。《汉志》讥当时经师，碎义逃难，便辞巧说。今日偏重考据之学风，奚以异此？大学为造就通才之所，中文系尤有发扬民族文化之重任，故其动态与风气，关系国运者至深。而今日师生之所致力及成就者，类皆襞积细微，支离破碎，求如太史公所谓明天人之际，通古今之变，成一家之言者，杳不可得。其故若何？深识之士，盍亦反其本矣。（程会昌：《论今日大学中文系教学之蔽》，《斯文半月刊》，第3卷第3期，1943年2月1日）

3月14日　国专桂校在国民政府军事委员会桂林办公室召开第一次校董会会议。

李济深、李任仁、刘侯武（郑毅生代）、黄维、黄钟岳、蒋庭曜、雷沛鸿（冯振代）、冯振、高阳（蒋庭曜代）、黎民任、徐启明等人出席，会上推定李济深为国专桂校校董会董事长，国专桂校校董会于此正式成立并开始工作。会议修正董事会章则，其中，校董会章第二条"本会以创设无锡国学专修学校"，"无锡"二字删去。组织大纲第一条"无锡国学专修学校"上加"私立"二字。第二条"本国历代文化"，"历代"二字删去，期于世界文化有所贡献。第三条"负经营全校之事"删去，呈请教育部增设，下加"有关国学"四字。随后推定李任潮（济深）先生为董事长，并讨论下列事项："一、呈请委座暨财政部教育部广西省政府增拨补助。二、董事长并由学校函请李长官、白副总长、孔部长、盐务局、广西银行捐助。董事长及各校董以私人名义函请捐助。三、由此函校钞备摘册收处交各校董，随时向外界募捐。"（陈国安等编：《无锡国专史料选辑》，第48页）

3月　西安中华国学社开办星期补习班。(《国学社增设星期补习班》,《国风日报》, 1943年3月11日, 第2版)

4月5日　中日文化协会武汉分会第二组发起国学讲座, 开始招收学员, 正式授课。

中日文化协会武汉分会为提倡社会人士对于国学之研究兴趣, 发扬中国固有文学起见, 特举办国学讲座, 其目的在介绍国学各部门的内容, 指导其研究方法, 以为有志者深造之进修机会。申请参加者, 则以在中等以上学校毕业者为限, 性别不拘, 授课期间, 为时三月, 同时为便于在职者参加计, 每日午后七时至九时, 星期六及星期日无课, 在此授课期内, 由本会发给讲义, 除缴纳讲义费国币伍元外, 不收其他任何费用。申请参加者, 计一七六人, 经本组慎重审核, 结果正取学员为一二六人, 备取五〇人, 在界限路市一女中为讲习所, 正式授课。至课程方面, 则分为经学概论（由叶月舫讲师担任）, 国史概论（由李竹溪讲师担任）, 诸子介绍（由王知生讲师担任）, 骈散文（由罗鹿宾讲师担任）, 文字学（由童善存讲师担任）, 文学史（由陈蓉峰讲师担任）, 中国古代地理（由陈获承讲师担任）等科, 截至同年6月29日, 讲始授完竣, 告一段落。(《举办国学讲座》,《两仪》, 第4卷第3期, 1944年4月20日)

4月10日　汪伪政府委员周作人偕（伪）北京大学教授沈启元、周丰一、苏端成、王古鲁、中大教授龙沐勋、（伪）宣传部事业司司长杨鸿烈等莅苏, 周作人莅苏吊章太炎墓。

苏州十一日伪中央社来电:

国府委员周作人氏抵苏后，十日上午十时亲赴国学大师章太炎先生墓前拜吊行礼致敬，旋于十一时许赴省长官邸晤会李省长后，并访俞曲园故居，中午应省教育厅欢宴。下午二时三十分赴省教育学院演讲，题为《知识的活用》，于四时许游览狮子林、虎邱山等名胜，夜间由中日文化协会苏分会设宴款待周氏等，并邀请中日名流作陪，闻周氏等一行定十二日上午离苏返京，周氏并发表莅苏想情如下："鄙人蒙国民政府任命委员，此次晋京述职，观谒主席，并在中大稍作演讲。嗣得知太炎先生故后，即葬在宅内，故临时决定来苏一行，参拜遗坟，并观国学讲习会旧址。在苏只停留一日，即须回京，并已参观灵岩山、玄妙观。就木渎及城内所见而言，人民生活优裕，极可欣慰。至于江南风物，鄙人生长浙东，素所熟习，因居住北方，暌违已久，时致怀念。今得重见，尤可快欣。（《周作人在苏昨吊章太炎墓》，上海《申报》，1943年4月12日，第1张第2版）

△　国学书院第一院，四月份月课评阅委员聘请傅治芗、吴寄荃、方策六，并以傅治芗为委员长，课题："（一）天行健君子以自强不息义。（二）汉高祖约法三章论。（三）书晁错重农贵粟疏后。（四）潜龙勿用解。（五）慈仁寺松，不拘体。"（《国学书院月课考题公布评阅委员亦行聘定》，《晨报》，1943年4月10日，第2版）

4月18日　说文社发起人于重庆陕西路十九号召开座谈会。

主席卫聚贤，记录商承祚，出席人：吴敬恒、张继、梁平、金国宝、金毓黻、程仰之、吴其昌、王钟、许大纯、丁山、罗香林、王敬礼、马衡、沈尹默、缪凤林、胡小石、傅斯年、傅振伦、黄芝冈、侯堮、商承祚、吴兆璜、曾克耑、潘伯鹰、庞曾濂、冯国瑞等。会议首先由发起人卫聚贤报告以前成立说文社经过；随后讨论事项有推举筹备委员会委员案，决议推举卫聚贤、商承祚、罗香林、傅振伦、黄芝冈五人为委员，并互推卫聚贤为筹备委员会主席。同时决定说文社成立大会日期及地址案，时间暂定五月上旬，地址暂定上清寺中美文化协会。讨论会章草案，照修正案通过。说文社以研究学术，宣传本国文化为宗旨，研究内容关于文字学史学之研究事项，关于古物之调查及保存事项，关于学术刊物之出版事项，关于讲演会及开展览会之事宜。（商承祚记录：《本社史料》，《说文月刊》，第3卷第11期，1943年11月12日）

5月10日　国学书院第一院五月份月课评阅委员已聘定郭啸麓、唐宝森，陈纯衷，并以郭啸麓为委员长，试题五道："（一）《论语》四勿九思皆以视为先说。（二）储小仓不若储大仓（《元史》张弘范语）。（三）读《后汉书·酷吏列传》《董宣传》书后。（四）初莺赋用古赋体。（五）十刹海杂诗（不拘体韵）。"（《国学书院月考课题发表评阅委员已行聘定》，《晨报》，1943年5月10日，第4版）

5月15日　陈叔渠发表《"五四"新文化运动与国学整理》，分析五四新文化运动之于整理国故的意义，评述章太炎、梁启超、胡适和王国维等人的国学成就与近年来国学研究的趋势。

陈叔渠认为新文化运动是近几十年来，中国学术思想界最重要的运动。新文化运动的范围很广，文学革命运动是其一部分。新文化运动的根本意义是既承认中国旧有文化的缺陷，又提倡接受西洋的文化。科学与民主是西洋文化的两个特征。文学革命运动之后，文学革命的领袖人物一方面努力于创作和翻译新文学，同时又回头向所谓"国学"方面去努力。胡适以杜威的实验主义，在"国故"里开展实验，整理国故运动随之兴起。同时梁启超和许多国文教师以及许多学者的高足，都钻到旧纸堆里，"子曰诗云的老调好像有点中兴气象"。如今，应当计算整理国故事业的结果：

> 整理国故的人才是多方面的，但方法最旧，保守性最强的，可算是章太炎和他的徒子徒孙了。这一派大都是主张复古，如文体就用古文，思想就尊崇孔孟。他们大都是属于古文派。他们治学的方法，大都赞成先从小学入手。他们治学的目的，是在保存光大国粹。其中如顾实等，都是具有非保存国粹不可的怀抱。还有许多人，必定要像章炳麟氏所说的一样："上天以国粹付余……国故如绝于余手，是则余之罪也。"（章太炎《癸卯狱中自记》）然而，他们除了整理旧学的几本作品外，极少有价值的创作。时代已经变迁了，他们还要依恋"正统派"去研究清代学者已经探讨得很详尽的学问，他们的没有大发明，又岂是意外的事么？
>
> 在这廿多年来，在国故整理上最大的贡献的，仍要推梁任公先生。梁氏第二次专心于著述的是始于民国八年，在他游欧回来之后。他的著述，题材虽是没有超出他在《新民报》时所讨论的，但他的成就是十分值得敬仰的。梁氏在史学方面的贡献更大。他在这十多年内所著的《中国历史研究法》《中国历史研究法续编》《先秦政治思想史》《清代学术概论》《大乘起信论考证》《墨经校释》《墨子学案》……都是不可多得的佳作。任公先生实在抱有一个改造中国历史的雄心，可惜他没有用他

毕生的心力，完全集中于这方面，遂至他的《中国学术史》也仅成了一小部分便死去了！若果他能够集中他的心力在史学方法上，他的贡献必更伟大。

除此之外，胡适应用新方法来治理国故，"最先而又最有成绩的"。在整理国故上，胡适最大的贡献可算是《中国哲学史大纲》卷上和收在他的文存第一集的《墨子小取篇新话》。自从古学大师渐渐过去，同时新文化运动在国内占据优势，所谓"国学"似乎是遇到厄运，但经过梁启超、胡适等的整理工夫，"国学"似乎又要抬起头来，"这一种究竟是好现象还是坏现象呢"：

> 在二十多年前便立意不看中国书的吴稚晖先生，对这种国故整理的运动，就头一个提出反对了。他说："这国故的臭东西，他本同小老婆吸鸦片相依为命。小老婆鸦片，又同升官发财相依为命。国学大盛，政治无不腐败。因为孔孟老墨便是春秋战国乱世的产物。非再把他丢在毛厕里三十年，现今鼓吹成一个干燥无味的物质文明，人家用机关枪打来，我也用机关枪对打，把中国站住了，再整理什么国故，毫不嫌迟。"（吴稚晖《箴洋八股之理学》）吴先生把国故看成一种古董，古董是应该保全的，不过系几个古董高等学者的事，若引导青年去钻入这古董堆了，确是一种罪过。吴氏对于强迫青年去念甚么《汉书·艺文志》，什么四书五经……是极力反对的。他以为这是等于把青年堆在灰字篓里。所以他不仅对章太炎先生有点成见，就是带着一点革新头脑的梁任公氏，他也极力反对。

所以他大声疾呼道："……在已十年内姑且尽着梁先生等几个少数学者，抱残守缺，已经足够，不必立什么文化学院，贻害多数青年；更不必叫出洋学生带了许多线装书出去，成一个废物而归。"（同上）这样一来一班有新思想的文学家，都有反对国学的趋向，十余年前何炳松写了一篇《论所谓"国学"》（见《小说月报》第二十卷第一号），郑振铎也写了一篇《且慢谈所谓"国学"》（同上），都提出"打到乌烟瘴气的'国学'"的口号。其他反对国故整理运动的文章也日多一日。就是从事于国故整理的胡适之，也觉得这种整理国故的事业不是有益于青年的，所以他说："现在一班少年人跟着我们向故纸堆去乱钻，这是最可悲叹的现状。我们希望他们及早回头，多学一点自然科学的知识与技术。那条路是活路，这条故纸的路是死路。三百年的第一流的聪明才智消磨在这故纸堆里，还没有什么好成绩。我们应该换条路走走了。等你们在科学实验室里有了好成绩，然后拿出你们的余力，回来整理我们的国故，那时候，一拳打倒顾亭林，两脚踢翻钱竹汀，有何难哉！"（胡适《治学方法与材料》）

近人对国故的意见改变，实在是思想上的一大蜕变。所以今后我们不希望再多产生古董学者；关于这些古董，我们只好让那少数如梁任公先生的学者们去消磨岁月。不过我对于整理国故的学者，还是希望他们多做些建设的工夫，王国维先生在建设方面做了特别多的工作。在今日谈整理国故的，除一二人外，都远远不及他所成就的伟大。可惜他跳下昆明池死了。他死之后，在许多国故整理家中，竟没有一个人能够继续他的建设工作。（陈叔渠：《"五四"新文化运动与国学整理》，《今文月刊》，第 2 卷第 5 期，1943 年 5 月 15 日）

5 月 16 日　说文社在国立中央图书馆召开成立大会。

出席会员：吴敬恒、顾实、卫聚贤、程仰之、丁山、潘公展等四十余人；列席记者：《大公报》《中央日报》《时事新报》《新民报》《益世报》《新华日报》；社会部指导：马人松、卞宗孟；主席：卫聚贤；记录：庞曾漱。会议选举理事二十七人：卫聚贤、马衡、胡光炜、顾颉刚、缪凤林、沈尹默、钱穆、冯友兰、蒋复璁、朱希祖、柳诒徵、金毓黻、孔德成、萧一山、丁山、胡焕庸、李济、康心如、罗香林、商承祚、罗根泽、黎东方、张其昀、吴其昌、徐炳昶、王力、黎锦熙。候补理事五人：傅振伦、程仰之、包华国、杨树远、陆懋德。监事九人：吴敬恒、于右任、张继、孔祥熙、翁文灏、陈立夫、朱家骅、潘公展、傅斯年。候补监事三人：徐堪、张道藩、王云五。常务理事五人：卫聚贤、金毓黻、罗香林、商承祚、康心如。常务监事三人：吴敬恒、于右任、孔祥熙。理事长：卫聚贤。

卫聚贤报告说文社筹备经过：

十九年南京栖霞山发现新石器时代遗址，于二十三四年继续在江浙一带发□□□，于二十五年在上海成立吴越史地研究会，以蔡孑民先生为会长，吴稚晖、纽永建为副会长，出版书如《奄城访古记》，《金山卫访古记》，《古荡新石器时代遗址试掘报告》，《良渚镇之黑陶与石器》，《楚词研究》，《薛仁贵征东考》。又在《时事新报》出一《古代文化》周刊。于二十八年一月出《说文月刊》，至太平洋战事起出至三卷六期而停刊，本年在渝复刊，已出四期，第一号为巴蜀文化，第二号为史蠹，第三号为水利，第四号为西北文化。并出《说文月刊》第一卷合订本，第二卷合订本，古钱、广西特种民族歌谣集。目下为加强研究工作，使成为永久组织，共得赞助者一百七十余人，共同发起说文社，已于四月十八日开过发起人坐谈会，承社会部派马人松先生指导，推举兄弟及商承祚、罗香林、傅振伦、黄芝冈为筹备委员，拟具草章二十七条，征得会员百余人，于今日开成立大会云。

社会部卜专员致辞：

贵社虽于今日成立，但《说文月刊》已有悠久之历史，除史学会外，贵社当为唯一有关文史考古之全国性学术团体，此后发展当未可限量。目前团体以"勤的"为多，而贵社能以深刻之研究表现于社会。此后业务扩展使全国研究文史考古之学者，均能参加合作，继往开来，可谓动静合一，两得益彰，其贡献自可预卜，本人谨代表社会部，敬祝前途无量。

吴稚晖先生致辞：

目前关于文史研究之学术团体，除史学会而外，当推本社。《说文月刊》创刊伊始，原因偏重于文字学之研究，故以说文为其刊名；盖中国自有书契以来，译文之书唯东京叔重此著为最详审也。今则本刊研究之范围，日渐扩大。文字而外，兼及实物及史料之根据，"文"者，"纹"也，盖一切考古工作，均须按"文"为据，微此则失凭借，说文之义，殆亦于此？地质学家固可以据地层以定地层与生物之变迁，而说文社今日所致力研究之部门，与此略有不同，盖其着重于研究人类之工艺文字，借以探索文化，参证史实，所谓《说文》为断者也。历史学会之研究工作，谅多偏重于文字纪载，而说文社则于考据史乘之外兼及实物之研究。足以辅纪载研究之不足。此殆当于西方学者对于埃及学之研究。西方学者研究埃及学，因得于巴比伦与克利地岛上古灿烂之文明有所发见。本社成立以后，自亦应努力于中国古文化之研究而发扬之也。"疑古"诚为研究史学所不可少之精神，然必继以研究实物之工作，始克有济！不然即徒为无益。昔日学者，尝怀疑于殷商之文化，但自殷墟发现，一代疑案，悉获证实。若果不断工作，则黄帝尧舜之事，宁谓必不可考？西方学者因不断努力于考古学之研究，使昔时以为仅六千五百岁之巴比伦文化，又向后延长为八千年之高龄，其努力与成就，实堪为今后说文社研究工作之一项标的。又中国与西亚文化之关系，孰祖孰苗，踪迹先后，莫衷一是，或且臆逞以为黄帝起自昆仑，墨翟兴于天竺，皆荒诞失经，而中土学者，利其新异，或相附从！如何澄清乖说，辨彰史实，此亦有待于说文社诸君之努力者也。

　　说文社发起人名单：卫聚贤、张继、于右任、吴敬恒、孔祥熙、翁文灏、陈立夫、徐堪、潘公展、王云五、张道藩、薛笃弼、朱家骅、卢作孚、孔德成、沈尹默、傅斯年、李济、蒋复璁、冯玉祥、罗根泽、侯墭、袁同礼、徐炳昶、郭沫若、商承祚、缪凤林、胡焕庸、金毓黻、颜实甫、柳诒徵、胡小石、王献唐、钱穆、陈觉玄、姜寅清、吴其昌、萧一山、蓝孟博、陆侃如、冯沅君、高晋生、蒋秉南、霍纯璞、梁品如、傅庚生、金肖村、冯濮骥、郑德坤、林名均、姜蕴刚、林耀华、盛成、张世禄、罗世泽、万民一、朱荫龙、夏孟辉、陈志良、郑师许、杨家骆、郑鹤声、方心安、徐中舒、苏雪林、解毓才、闻宥、顾实、鲁实先、董作宾、裴善元、张其昀、谢六逸、萧璋、李小缘、冯国瑞、陈万里、常任侠、高鸿缙、姚薇元、金兆梓、傅振伦、任乃强、孙次舟、刘铭恕、苏莹辉、杨枝高、李炳墋、卢振华、赵荣光、黄芝冈、缪钺、郭斌龢、庞曾濂、康心如、席文光、黄墨涵、包华国、刁培然、林景、钱沧硕、李鹄人、陈行、谭光、陈延祚、郭景琨、王钟、梁平、范鹤言、曾克嵓、金国宝、许大纯、潘伯鹰、梁子英、吴兆璜、杜钢百、杨世骥、顾颉刚、黎锦熙、朱希祖、许兴凯、何士骥、陆懋德、赵擎寰、张永宣、雷海宗、王信忠、雷荣珂、陈安仁、陈啸江、罗香林、张西堂、沈祖荣、皮高品、李根源、杜镛、方觉慧、何遂、简又文、王文萱、孙福熙、金公亮、李季谷、吴世昌、马衡、黄文弼、倪文亚、刘耀藜、林庚、丁山、蒙文通、周谷城、程仰之、王捷三、徐中齐、黄季伟、吴天鹤、高秉坊、吴大钧、郭宝钧、张树声、陈炳章、蒋逸雪。

　　说文社发起人略历表，如表17所示。

表 17 说文社发起人略历表

姓名	性别	年龄	籍贯	学历	经历	现任职务	曾否参加何种政治组织	通讯处
卫聚贤	男	45	山西	清华大学研究院	暨南大学教授	中央银行秘书		陕西街十九号
张继	男	62	河北			中央监察委员	国民党	李子坝正街十九号
于右任	男	65	陕西			监察院院长	国民党	监察院
吴敬恒	男	79	江苏	南菁书院肄业生	北洋大学教授等	中央监察委员会委员	国民党	上清寺七三号
孔祥熙	男	64	山西	美国欧柏林大学及雅礼大学法学博士		孔学会会长中美文化协会会长	国民党	上清寺范庄
翁文灏	男	55	浙江	比国罗文大学理学博士	行政院秘书长军委会第三部部长	经济部部长		经济部

续表

姓名	性别	年龄	籍贯	学历	经历	现任职务	曾否参加何种政治组织	通讯处
陈立夫	男	43	浙江	美国匹兹堡大学工程硕士	中央执行委员	教育部部长	国民党	教育部
徐堪	男	56	四川		财政部次长中央执行委员	粮食部部长		康宁路一号
潘公展	男	49	浙江			中央常务委员	国民党	飞来寺十二号
王云五	男	56	广东			商务印书馆总经理		白象街十八号
张道藩	男	46	贵州	伦敦大学美术科毕业		中央委员海外部部长		海外部
薛笃弼	男	54	山西	山西法政专门学校毕业	历任内政部长卫生部长国民政府委员	行政院水利委员会主任委员		歌乐山本会
朱家骅	男	51	吴兴	德国柏林大学博士		中央研究院院长		中央组织部

续表

姓名	性别	年龄	籍贯	学历	经历	现任职务	曾否参加何种政治组织	通讯处
卢作孚	男	50	四川		交通部次长	民生公司总经理		重庆民生实业公司
孔德成	男	24	山东			大成至圣先师奉祀官		重庆歌乐山虾蟆石八号
沈尹默	男	60	浙江			监察院监察委员		监察院
傅斯年	男	48	山东	北京伦敦柏林各大学	北京大学教授	中央研究院历史语言研究所所长		李庄信箱五号
李济	男	48	湖北	清华大学毕业	中央研究院研究员	中央研究院研究员		李庄信箱五号
蒋复璁	男	45	浙江	北京大学毕业		中央图书馆馆长	国民党	两浮支路80号
冯玉祥	男	62	安徽					康庄二号
罗根泽	男	41	河北	清华大学研究院毕业	北平师范大学西北联合大学等校教授	中央大学教授		沙坪坝中央大学

续表

姓名	性别	年龄	籍贯	学历	经历	现任职务	曾否参加何种政治组织	通讯处
侯堮	男	42	安徽	国立清华大学研究院毕业	曾任国立北平大学安徽大学教授	国立编译馆特约编审		北碚国立编译馆
袁同礼	男	48	河北	国立北京大学美国哥伦比亚英国伦敦大学毕业	曾任图书馆副馆长馆长等职	国立北平图书馆馆长		求精中学二楼五号
徐炳昶	男	56	河南	法国学哲学	教授	参政员	国民党	昆明黄公东街十号
郭沫若	男	52	四川			文化工作委员会主任委员		天官府街七号
商承祚	男	42	广东	北京大学国学研究所	历任各大学教授及讲师	盐务总局秘书		重庆盐务总局

续表

姓名	性别	年龄	籍贯	学历	经历	现任职务	曾否参加何种政治组织	通讯处
缪凤林	男	44	浙江	前南京高等师范文史地部毕业	自民国十二年起历任各大学教授	中央大学教授		沙坪坝中央大学
胡焕庸	男	42	江苏			中央大学教授		中央大学
金毓黻	男	55	辽宁	国立北京大学文科毕业		国立中央大学历史系教授		重庆沙坪坝石门村九号
颜实甫	男	44	四川	法国巴黎大学毕业	山东大学教授四川教育厅主任秘书	四川省立教育学院院长	国民党	重庆磁器口教育学院
柳诒徵	男	65	江苏		各大学教授	中央大学文史导师		贵州大学
胡小石	男	55	浙江			中央大学教授		白沙向阳庄

续表

姓名	性别	年龄	籍贯	学历	经历	现任职务	曾否参加何种政治组织	通讯处
王献唐	男	45	山东	青岛特别高等专门学校毕业	曾任齐鲁大学山东大学教授	山东省立图书馆馆长		宜宾李庄中央研究院转
钱穆	男	49	江苏			齐鲁大学国学研究所主任		成都崇义桥赖家园
陈觉玄	男	56	江苏	北京大学文学士	历充中山大学暨南大学教授	金陵大学女子文理学院讲座		成都华西坝广益学舍
姜寅清	男	42	云南	清华大学研究院毕业　巴黎大学研究员	国立东北大学文学系主任教授	国立云南大学文法学院院长	国民党	昆明云南大学
吴其昌	男	39	浙江	国立清华大学研究院毕业	天津南开大学北平辅仁大学清华大学讲师	国立武汉大学教授、兼历史学系主任	国民党	四川乐山国立武汉大学

续表

姓名	性别	年龄	籍贯	学历	经历	现任职务	曾否参加何种政治组织	通讯处
萧一山	男	41	江苏	北京大学毕业留英	清华北大师大中大等教授河南及东北大学文学院院长	部聘教授国民参政员		重庆参政会
蓝孟博	男	41	吉林	清华研究院毕业留日	西北大学教授	东北大学史学系主任		三台东北大学
陆侃如	男	41	江苏	巴黎大学文学博士	中山大学教务主任	东北大学国文系主任		三台东北大学
冯沅君	女	44	河南	巴黎大学文学博士	中山大学武汉大学教授	东北大学教授		三台东北大学
高晋生	男	42	吉林	清华研究院毕业	武汉大学教授	东北大学教授		三台东北大学

续表

姓名	性别	年龄	籍贯	学历	经历	现任职务	曾否参加何种政治组织	通讯处
蒋秉南	男	41	江苏	清华研究院毕业	河南大学教授	东北大学教授		三台东北大学
霍纯璞	男	45	辽宁	北京大学毕业	法政大学教授	东北大学教授		三台东北大学
梁品如	男	46	河北	北京大学研究所毕业	中央工专教授	东北大学教授		三台东北大学
傅庚生	男	34	辽宁	北京大学毕业	湖北教育厅秘书	东北大学秘书		三台东北大学
金肖村	男	42	辽宁	复性书院毕业	安徽省政府秘书	东北大学文书主任		东北大学
冯汉骥	男	42	湖北	美国哈佛大学哲学博士	四川大学及华西大学教授	四川博物馆馆长		成都四川博物馆
郑德坤	男	36	福建	燕大文学硕士美国哈佛大学哲学博士	厦门大学教授哈佛燕京学社学侣	华西大学博物馆馆长兼教授		成都华西大学博物馆

续表

姓名	性别	年龄	籍贯	学历	经历	现任职务	曾否参加何种政治组织	通讯处
林名均	男	34	四川	华西协合大学文学士	华西大学博物馆秘书	华西大学博物馆秘书	国民党	成都华西大学博物馆
姜蕴刚	男	41	四川			华西大学教授		成都小天竺十六号
林耀华	男	33	福建	燕京大学硕士哈佛大学哲学博士	云南大学教授	燕京大学教授		成都陕西街燕京大学
盛成	男	46	江苏	法国蒙白里理科大学	北京大学教授	广西大学教授		桂林广西大学
张世禄	男	41	浙江	东南大学	暨南大学教授	桂林师范学院教授		桂林师范学院
罗世泽	男	48	广西	北京大学	中山大学讲师	广西省立桂林师范学院教授		桂林师范学院
万民一	男	39	广东	中山大学	第五路军政治部主任	文化供应社总经理		桂林师范学院

446 / 近代中国国学编年史 第十一卷（1939—1943）

续表

姓名	性别	年龄	籍贯	学历	经历	现任职务	曾否参加何种政治组织	通讯处
朱荫龙	男	32	广西	北平民大学	军训部秘书广西大学讲师	广西乡贤遗著编印委员会编审主任		桂林师范学院
夏孟辉	男	35	江苏	日本京都帝国大学	广西省政府秘书	广西建设研究会编辑室主任		桂林师范学院
陈志良	男	36	上海	上海文科专修学校	广西省立特种教育师资训练所教师	中央银行行员		桂林中央银行
郑师许	男	46	广东	国立东南大学毕业	历任国立暨南交通大学教授等	国立中山大学文学院教授广东年鉴编纂委员会总编纂	国民党	广东坪石铁岭国立中山大学文学院
杨家骆	男	31	南京		复旦大学教授等	中国辞典馆馆长		北碚温泉公园

续表

姓名	性别	年龄	籍贯	学历	经历	现任职务	曾否参加何种政治组织	通讯处
郑鹤声	男	41	浙江	国立东南大学毕业	教育部常任编纂	国立编译馆人事组主任		北碚国立编译馆
方心安	男	41	湖南	巴黎大学毕业	北大中大师大暨大教授	国立武汉大学教授		四川乐山武汉大学
徐中舒	男	46	安徽	清华大学研究院毕业	暨大教授中研院研究员	国立四川大学教授		四川成都四川大学
苏雪林	女	40	安徽	里昂大学毕业	沪江大学讲师	武大教授		武汉大学
解毓才	男	30	山西	武汉大学毕业	武大助理	中行职员		乐山中行
闻宥	男	43	江苏		历任各大学教授	华西大学文学院教授		华西大学
顾实	男	67	江苏	东京日本大学法学士	曾任东南大学教授	复旦大学教授中华国学社社长	国民党	北碚复旦大学

续表

姓名	性别	年龄	籍贯	学历	经历	现任职务	曾否参加何种政治组织	通讯处
鲁实先	男	32	湖南		曾任民国学院教授	国立复旦大学教授		北碚复旦大学
董作宾	男	49	河南	北京大学研究所国学门毕业	历任大学教授	中央研究院历史语言研究所专任研究员		李庄五号信箱
裴善元	男	53	浙江	前京师大学堂译学馆毕业	北平历史博物馆主任中央研究院编辑	边疆学校讲师		沙坪坝中央工业专校裴绂光转
张其昀	男	43	浙江	国立南京高等师范毕业		国立浙江大学教授	国民参政员	贵州遵义浙江大学
谢六逸	男	47	贵州	日本早稻田大学毕业	历任各大学教授二十年	贵州省参议员贵州大学教授等		贵阳中华路五二号转
萧璋	男	35	四川	国立北京大学国文系毕业	曾任大学教授及图书馆主任	国立浙江大学中国文学系教授		浙江大学

续表

姓名	性别	年龄	籍贯	学历	经历	现任职务	曾否参加何种政治组织	通讯处
李小缘	男	46	南京	金陵大学文学士 哥仑比亚大学硕士	曾任金大图书馆主任等职	金陵大学中国文化研究所主任		成都金陵大学文化研究所
冯国端	男	43	甘肃	国立东南大学毕业 清华大学研究院毕业	青海省政府委员兼秘书长	军事委员会参议 国民政府秘书		军委会交际科转
陈万里	男	52	江苏	北京国立医学专门学校毕业		卫生署简任视察		新桥卫生署
常任侠	男	40	安徽	日本东京帝大毕业	曾任中大教育学院教授	国立艺专教授		沙坪坝信箱十八号
高鸿缙	男	46	武昌	美国哥仑比亚大学硕士	各大学教授	国立社会教育学院教授	国民党	璧山县府后街十三号
姚薇元	男	38	安徽	清华大学研究院研究	中央大学讲师大厦大学教授	贵州大学史学教授		贵州大学

续表

姓名	性别	年龄	籍贯	学历	经历	现任职务	曾否参加何种政治组织	通讯处
金兆梓	男	55	浙江	北洋大学	中华书局编辑所副所长	中华书局总编辑		都邮街中华书局
傅振伦	男	36	河北	国立北京大学毕业	白沙国立女子师范学院教授	三民主义丛书编纂委员会编纂		两浮支路八十号
任乃强	男	50	四川	北平农学院毕业	重庆大学教授	西康省志馆总纂		雅安河北乡通志馆
孙次舟	男	35	山东	北平中国学院毕业	齐鲁大学研究所专任研究员	金陵女子文理学院教员		金陵女子大学
刘铭恕	男	35	河南	中国大学毕业	山东省立图书馆编辑	金陵大学文化研究所研究员		金陵大学
苏莹辉	男	29	江苏	无锡国学专修学校毕业	江苏省立镇中图书馆主任	国立中央图书馆干事		中央图书馆

续表

姓名	性别	年龄	籍贯	学历	经历	现任职务	曾否参加何种政治组织	通讯处
杨枝高	男	54	四川	华西大学医学士	历任医务	乐山仁济医院长		乐山仁济医院
李炳瘳	男	32	安徽	安徽大学毕业	历任教员及秘书等职	国立编译馆副编审		北碚国立编译馆
卢振华	男	32	湖北	国立北平师范大学毕业	历任教员及编辑等职	国立编译馆副编审		本馆人文组
赵荣光	男	37	新会	燕京大学毕业	曾任国文教员八年	国立编译馆副编审		本馆
黄芝冈	男	49	湖南		国立复旦大学教授	中央通讯社征集室主任	国民党	中央通讯社总社
缪钺	男	40	江苏	北京大学修业	河南大学教授等职	国立浙江大学中国文学教授		浙江大学
郭斌龢	男	44	江苏	香港大学学士　美国哈佛大学硕士　英国牛津大学研究	曾任清华中央各大学教授	国立浙江大学系主任兼训导长		浙江大学

续表

姓名	性别	年龄	籍贯	学历	经历	现任职务	曾否参加何种政治组织	通讯处
庞曾廉	男	25	江苏	中央大学文学士	朝报编辑	中宣部工作	国民党	中央宣传部
康心如	男	54	陕西	大学		市参会议长		美丰银行
席文光	男	47	四川	大学		川盐银行经理		川盐银行
黄墨涵	男	60	四川	日本早稻田大学毕业	国会议长 四川财政厅厅长	聚兴诚银行协理		聚兴诚银行
包华国	男	40	四川	斯旦福大学硕士		渝社会局局长	国民党 青年团	市社会局
刁培然	男	41	四川	东南大学商学士 美国伊利诺大学经济硕士	中央银行重庆分行副理	渝财政局局长	国民党	市财政局
林景	男	64	四川			监察委员		监察院
钱沧硕	男	44	江苏	东吴大学法科肄业	中央通讯社总编辑部主任	中央日报总编辑	国民党	中央日报社

续表

姓名	性别	年龄	籍贯	学历	经历	现任职务	曾否参加何种政治组织	通讯处
李鹄人	男	50	四川	四川公立商业专门学校肄业	曾任秘书编辑总主笔科长局长	重庆市警察局主任秘书		警察局
陈行	男	54	浙江	美国亚哈亚大学毕业	曾任中华懋业银行经理	中央银行副总裁		重庆中央银行
谭光	男	42	湖南					孔副院长官邸秘书处转
陈延祚	男	30	浙江					孔副院长官邸秘书处转
郭景琨	男	45	广东			中央银行业务局局长		中央银行
王钟	男	46	吉林	日本秋田矿专毕业	军政部军需署副署长兼储备司长	中央银行人事处处长		中央银行人事处

续表

姓名	性别	年龄	籍贯	学历	经历	现任职务	曾否参加何种政治组织	通讯处
梁平	男	52	广东			中央银行稽核处处长		中央银行
范鹤言	男	42	浙江			中央银行秘书处副处长		中央银行
曾克嵩	男	44	福建		国立暨南大学教授兼秘书长	中央银行秘书处副处长		下罗家湾十二号
金国宝	男	50	江苏	哥伦比亚大学硕士	上海交通银行副理中央银行经济研究处副处长	中央银行稽核处副处长	国民党	信义街六十三号
许大纯	男	34	湖北	德国柏林工大毕业	中央银行人事处副处长	重庆市财政局局长		财政局

续表

姓名	性别	年龄	籍贯	学历	经历	现任职务	曾否参加何种政治组织	通讯处
潘伯鹰	男	40	安徽	交通大学经济学士	军事委员会委员长行营秘书	中央银行秘书		中央银行
梁子英	男	34	山西	北京大学肄业		中央银行事务科兼运输科主任	国民党	中央银行秘书处
吴兆璜	男	40	江苏	财政商业专门学校毕业	中央银行人事处文书科副主任	重庆市财政局局长		本市财政局
杜钢百	男	41	四川	清华大学研究院	曾任武汉中山暨南大学等校教授			广安县银行
杨世骥	男	31	湖南	国立暨南大学商学院毕业	抗战周刊社编辑主任民众五日刊社社长	中央银行行员		中央银行秘书处

续表

姓名	性别	年龄	籍贯	学历	经历	现任职务	曾否参加何种政治组织	通讯处
顾颉刚	男	50	江苏	北京大学毕业	北京大学等教授	文史报总编辑主任	国民党	柏溪宁静山庄
黎锦熙	男	53	湖南	前优级师范史地类毕业	国立北平师大文学院院长	教育部聘任教授	国民党	陕西城固西北师范学院
朱希祖	男	65	浙江	日本早稻田大学史地科毕业	北大中大史学系主任	考试院考选委员		重庆歌乐山向家湾39号
许兴凯	男	43	北平	日本东京帝国大学	河南滑县县长	国立西北大学教授	三民主义青年团	陕西城固桂花巷四号
何士骥	男	45	浙江	北平清华大学研究院毕业	陕西政治学院教授等	国立西北师范学院教授		陕西城固大东关六号
陆懋德	男	55	山东	清华留美毕业	清北大师大教授	西北大学西北师范教授		西北大学

续表

姓名	性别	年龄	籍贯	学历	经历	现任职务	曾否参加何种政治组织	通讯处
赵肇霖	男	29	山西	北平师范大学毕业		西北师学院专任讲师		城固西北师范学院
张永宣	男	53	陕西	日本东京主计学校毕业	国立西北师范学院国文系讲师	国立西北大学中国文学系讲师	国民党	城固县志委员会
雷海宗	男	41	河北	美国芝加哥大学哲学博士	国立中央大学教授等	国立西南联合大学教授		西南联合大学
王信忠	男	35	江苏	清华研究院史学研究所毕业	清华大学教授	西南联大历史系教授		西南联合大学
雷荣珂	男	40	广西	日本京都帝国大学毕业	南宁高级中学校长等职	国立中山大学法学院教授		中山大学法学院
陈安仁	男	53	广东		海外党报总编辑	中山大学教授		中山大学文学院

续表

姓名	性别	年龄	籍贯	学历	经历	现任职务	曾否参加何种政治组织	通讯处
陈嘯江	男	34	福建		管理中英庚款董事等	中山大学教授		中山大学文学院
罗香林	男	37	广东	国立清华大学研究院	国立中山大学教授	中央党务委员会专员	国民党	中央党部秘书处
张西堂	男	42	湖北	山西大学卒业	河北大学勤勤大学教授	国立贵州大学中国文学系主任		贵州大学
沈祖荣	男	58	湖北	美国哥伦布大学毕业	文华中大学教授	私立武昌文华图书馆学专科学校校长		江北香国寺廖家花园
皮高品	男	42	湖北	文华图书专科毕业	国立青岛大学图书馆主任	文华图书馆学专科学校教授		本校
李根源	男	65	云南	日本早稻田大学				化龙桥化龙村特五号

续表

姓名	性别	年龄	籍贯	学历	经历	现任职务	曾否参加何种政治组织	通讯处
杜镛	男	65	江苏		厅长部长主任委员等职	通商银行董事长		交通银行二楼
方觉慧	男	58	湖北	日本早稻田大学		中央委员		新桥华岩洞
何遂	男	56	福建	保定军官学校		立法院委员会		北碚立法院
简文文	男	47	广东	美国奥伯林大学芝加哥大学	燕京大学教授	立法院立法委员	国民党	立法院转
王文萱	男	36	浙江	日本东京帝大	中央政治学校教授	国立东方语文专科学校校长	国民党	云南昆明呈贡
孙福熙	男	45	绍县	法国国立美术学校	国立艺专教授	国立东方语文专科学校教授		云南昆明呈贡
金公亮	男	45	浙江	北京大学毕业	浙江大学杭州艺专教授	四川大学教授		四川大学

续表

姓名	性别	年龄	籍贯	学历	经历	现任职务	曾否参加何种政治组织	通讯处
李季谷	男	45	浙江	英国剑桥大学研究	北京大学等校教授	四川大学史学系主任		四川大学
吴世昌	男	35	浙江	燕京大学研究院毕业		桂林师范学院教授		本校
马衡	男	63	浙江	南洋公学毕业	北京大学教授	国立故宫博物院院长		海棠溪百子桥四号
黄文弼	男	50	湖北			西北大学教授		西北大学
倪文亚	男	40	浙江	美国哥伦比亚大学师范学院硕士	大学教授军校政治部主任中央团部训练委员	三民主义青年团中央团部训练处处长		渝两浮支路八十五号
刘耀藜	男	68	山西徐沟	日本东洋大学哲学士				天水下河里三十二号
林庚	男	33	闽侯	清华大学文学士		厦门大学教授		厦门大学
丁山	男	32	安徽和县	北大国学研究所肄业		中央大学教授		中大

续表

姓名	性别	年龄	籍贯	学历	经历	现任职务	曾否参加何种政治组织	通讯处
蒙文通	男	50	四川盐亭	四川存古学堂毕业	河南大学四川大学教授	四川省立图书馆馆长		成都城中街图书馆
周谷城	男	45	湖南		中山大学暨南大学教授	暨南大学教授		保节院56号附三号
程仰之	男	40	安徽绩溪	清华大学研究院	安徽大学文学院院长	中央大学教授		中央大学
王捷三	男	45	陕西	北大及伦敦大学毕业	考试院专门委员等	陕西教育厅厅长	国民党	西安崇廉路二十九号
徐中齐	男	40	四川	奥国警察大学毕业		重庆市警察局局长	国民党	本局
黄季伟	男	44	湖北	法政专门学校毕业	重庆市社会局长	重庆卫戍司令部少将参议	国民党	卫戍总部
吴天鹤	男	43	湖南	中央军官学校	历任营团长等职	宪兵司令部参谋长	国民党	宪兵司令部

续表

姓名	性别	年龄	籍贯	学历	经历	现任职务	曾否参加何种政治组织	通讯处
高秉坊	男	52	山东	金陵大学毕业		财政部直接税处处长	国民党	康宁路七号
吴大钧	男	42	福建	美国本薛文尼亚大学硕士	国府主计处统计局局长	国府主计处统计局局长	国民党	正中书局转
郭宝钧	男	50	河南	北平师范大学毕业	中央研究院通讯研究员	中央博物院总干事		南溪李庄
张树声	男	61	河北			中央国术馆顾问 人民运动委员会委员		民生路二七七号
陈炳章	男	45	福建	美国普林斯顿大学		中美文化协会秘书长		中央银行经研处
蒋逸雪	男	40	江苏			国史馆编辑主任		歌乐山向家湾廿号转

5月23日　西安中华国学社为提倡文化，发扬国学，特约山西李亮工（前山西大学教授，留学日本，为太炎先生弟子）及马雅堂（现任国立联大教授，留德八年），在碑林内讲演国学，"李、马两先生对于中西学术之源流派别，哲学、文学、教育学、历史学等科，均有相当之见解"。（《国学社约请名人定期讲演》，《西北文化日报》，1943年5月18日，第2版）

6月7日　朱剑芒在福建永安组织南社闽集。

朱剑芒在《我所知道的南社》追忆：

一九四一年初夏，我从浙江丽水碧湖镇迁到福建永安，第二年得悉南社旧友弘一法师（俗姓李，名凡，号叔同，河北天津人，出家后名演音）在泉州开元寺逝世，写有挽诗四绝在报上发表。第三首后半有"廿载神州南社史，更无人继第三僧"两句，原系兼吊南社诗僧苏曼殊，因闻另一方外社友铁禅（广州六榕寺僧）已当了汉奸，所以有这样说法。这几首很诗引起了社会上注意，过去爱读南社刊物上作品的，知道我与南社有关系，常有人来访问我，也有从外埠写信给我，无非要我谈一点有关南社的材料。因之我就答应在《人报》（浙江人杨仲持主办，杨与当时流亡在西南各地的一班文化人都有联系）上连续发表了《南社感旧录》。直到我和罗雅华、朱元炎两位朋友自己创办《长风报》，才把《感旧录》的约稿停止。这时亚子已从香港逃难回到国内，留居桂林，经几次通信，才知道在福建的社友只剩福州林秋叶、上杭丘荷公（名复）、丘潜庐（名翊华）三人。最初仅与荷公通信联系，当时有十多位同住在永

安的诗友（大都是闽南籍，也有来自江浙及其他各省的），一
再要我组织南社闽集，在永安这座山城里辟一爱好文学者的活
动场所。最初我因国难如此严重，自己尚在度流亡生活，又没
有亚子那样才力和声望，也不足以号召。还想到南社结束已
久，今天再来个继承南社的组织，那真是所谓开倒车了。后来
在接近日、德、意法西斯集团日暮途穷，即将全面崩溃，再没
有空袭警报，彼此经常叙集在罗稚华的寓所——燕尾楼，又
谈到组织南社问题。大家认为，从日寇侵略中国以来，不少
知识分子丧失气节，甘心当汉奸，做顺民，留下了历史上极大
污点。吾辈在流离迁播中，虽没有上马杀贼、下马草露布的力
量，而洁身自好，始终保持清白，也是可贵的。南社以提倡气
节为主，在此时期将一心一德的同志组织起来相互砥砺，还是
有必要。这些话打动了我，也就高兴起来，因之在一九四三年
旧历五月初五（当时称为"诗人节"，系纪念屈原投汨罗江的
一天），在永安桥尾成立了南社闽集。当时参加的共有十七人，
和旧南社在虎丘成立时的人数恰恰相同。十七人中除我之外，
只有南平陈守愚曾参加南社湘集，所以就公推我和罗稚华当了
正副社长。（朱剑芒：《我所知道的南社》，中国人民政治协商会议江苏
省暨南京市委员会文史资料研究委员会编：《江苏文史资料选辑》第3辑，
第28—30页；杨天石、王学庄编著：《南社史长编》，第651—653页）

6月8日　马一浮向董事会提议设立刻书基金，并代拟启事。
启事称：

　　书院刻书编类，首重经术，昌明义理。一切文史，亦期该摄。拟先辑《群经统类》，【先儒说经主要诸书，分为甲、乙编。甲编约一百种，乙编二百余种。】《儒林典要》，【宋以来诸儒著述之精粹者，约百余种。】次及《诸子会归》、【先秦、两汉、六朝、唐、宋著述在子部者，约百种，其有校注者半之。】《文苑菁英》、【分总集、别集二部，皆选其最著者。总集约选数十种，别集数百种。】《政典先河》。【如《两汉会要》《唐会要》《唐六典》《开元礼》《唐律》之类，约数十种。】诸书今唯择其尤要而卷帙不过繁重者，量为刊行，实千分不及一。若集资稍有成数，始可渐及大部，次弟出之。不以木刻为限，如适于铅印、石印、影印者，兼用之。（吴光主编：《马一浮全集》第2册上，第200页）

　　6月10日　国学书院第一院六月份月课已聘请邢冕之、冯伯玗、眉仙为监评阅委员，邢冕之任委员长，公布六月份月课试题："（一）官先事士先志义，礼学记。（二）明清两期文学优劣论。（三）王阳明致良知说。（四）孔子生卒三传记载不同，何者足据，试述其旨。（五）拟东坡四时词。"（《国学书院课题发表评阅委员已行聘定》，《晨报》，1943年6月10日，第2版）

　　6月25日　石邨发表《国故交桃花运》，评述"国学"在社会上日益流行的风气。

　　和"五四"时代末期相似，国故在今天又走了鸿运。那时胡适、顾颉刚等人游离了广大的行列，回到书斋里去整理国故；而今日热心于国故的，则不仅限于少数的教授。研究的深度有否更深邃点了，犹不敢说：但研究者数字的扩大与增多，已为事实。这似乎是在说明历史的进步，一代胜如一代。

为证明上述并非子虚，敢陈"论据"如左：第一，最近全国报纸刊物上，讲去今千百年前的死人事特别多，诸葛亮、曹孟德、武松、李逵、潘金莲等等似乎都在借尸还魂，向今人陈说他们底英雄事业。活人的事谈得太少，若干报纸副刊犹同阴间阎罗王陛下审判厅历史英雄们在各辩是非，这些不能不说是国故中伟大的发掘。

其次，一个阴影笼罩杂感文，那是公式的倾向。杂感中之必需加些古董进去，已蔚为时风。刊出杂感的，如果中间没有几行低一字排列的，那就不能算为好杂感。而低一字排列的几行，大概是科学论据，名人箴言，但最漂亮，最合时宜，也就是最多的还是国故。先人字纸篓里拖出一张废字条，也是宝货。国故的引证原有两种：一种是出于事需，一有引证就说明这是自古已然的，加强自己的论据；一种则是趋学时髦，炫耀自己是个涉猎颇广，懂得典故，多才多艺的才子。

据说桂林某老板投资百万开书店，预备大量翻译《金瓶梅》《红楼梦》《列国志》，目的似也在帮助国故的研究。虽有人画出某老板"想曹雪芹等不会从阴世跳出来要版税"的市侩嘴脸，但我们也很可能从其中看出目前一班人捧住古董当宝货的苦闷相来。

因研究潘金莲的性欲而引起国故的走运，怕顾颉刚们看了也要摇头叹息吧？

国故又走了鸿运，不过，这次交的是桃花运。（石邨：《国故交桃花运》，《东南日报》，1943年6月25日，第4版）

6月30日　徐澄发表《三年半来江苏国学社》，概述江苏国学社的演变与宗旨。

江苏国学社，于本年七月，奉省政府令，改组为江苏文献史料馆。溯国学社创设于民国二十九年春，迄至今日，为期凡三载有半，此三年半来之国学社，时虽甚暂，但于社务推广，与日俱进，由举行月课，商兑旧学，更进而辑印刊物，阐扬文献；乡邦学者，闻风兴起，将沦之江苏文献，从此奇光顿发，续绪弗坠，是则此江苏国学社，于吾江苏近代文献史上，实占有重要之一页。兹值由国学社改组为文献史料馆之际，爰撷拾国学社三年半来之经过，述其梗概，为全省人士告。

国学为吾国家民族精神之所寄。吾国自海通以还，西洋文明，渐次输入。迨经戊戌政变辛亥革命，国人之思想界，初则入于西洋文明与东洋文明冲突之中，后至举国学子，群鹜新学，蔑弃国故。于是先有张文襄公"中学为体，西学为用"之主张，继则上海、无锡、苏州先后有国学研究社、国学专修科及章氏国学讲习会之创设，皆在保存国粹，培固国本。

二十六年事变发生，疮痍遍地，陈公惠农及乡里二三君子，力维残局，化险为夷。寻陈公主持省政，汲汲以正人心育人才为首务。至二十八年冬，有规复从前书院之举，举行月课，分经义、史论、词章三课，以昌国学。时值岁腊，为嘉惠寒畯，酌给膏奖。二十九年春，加以扩充，订定办法，而遂有江苏国学社之产生。假沧浪亭为社址，聘邑中名宿曹叔彦为主讲，兼评阅经学课卷；延潘若梁、陈公孟分阅史论词章课卷，各地文士，应课者月有增加。是岁三月，国府还都，省制改组，陈公以瓜代有期，乃就六期月课，择尤选辑，汇印成帙，取名《江苏省国学月课选辑》，凡分经义、史论、词章三门，佳什琳琅，足资商兑国学之观摩。

二十九年八月，高公冠吾，继主苏政，国学社仍隶省府，于社务一沿旧章，改委庞独笑为正主任，而澂承乏其副。按月举行月课，评定等次，酌给奖金，应课人士，地区由江南各县，延及于淮扬徐海，名额由数十人，频增至数百人，而膏奖金额，亦随之递增，借以鼓励。凡诸课卷，各具特长，值和平秩序之更新，而有此雍容之润色，不惟在树偃武修文之基，而苏省国学，亦得由是而光大。

三十年十一月，省府改组，李公士群，来苏主政，改委澂为国学社正主任，陈子清为副。以江苏夙称文物之邦，昔贤往哲，专攻精研，各自发挥其特长，而有所贡献于世者，班班可稽。顾国学社自创立以还，仅行月课，至对于吾苏固有文献之保存整治研讨阐扬，尚付阙如。因是宽筹经费，扩充社务，除月课外，而有《江苏文献》之辑刊，即由商兑国学，更努力于苏省文献之研讨与发扬。三十一年春，遂有《江苏文献》之创刊，月定一期，为充实篇幅，两期合刊，按期出版，风行各地，备受读者之称许。迄今凡十二期，合订六册，完成一卷。三十二年七月，省府为贯澈阐扬江苏文献整治江苏史料之宏愿，乃就原有国学社，变更体制，扩大事业，改组为江苏文献史料馆；而此时历三载有半之国学社，遂告结束。

澂膺省长李公厅座，黄公之命，继主馆务，才辁任重，陨越时虞。谨遵照组织大纲，罗致专才，增强效能；根据工作计划，分别缓急，次第推进，将累积独富之吾苏文献史料，多方采访，悉心整治，更进而研求探讨，发扬光大，为建设中国本位文化之先导。深望全省人士，共起协力，以完成此伟大之使命。（徐澂：《三年半来江苏国学社》，《江苏文献》，第1卷第11—12合刊，1943年6月30日）

6月　四川省参议会议长向传义等发起创设四川国学研究院，四川省主席张群、西康省主席刘文辉、川康绥署副主任潘文华各认捐开办费二十万元。（《成都杂缀》，《大公报（桂林）》，1943年6月29日，第4版）

△　方冲之编著《国学举隅》，上海聂中丞公学消费合作社再版。该书编例称：

一、本册依照上海工部局立中学毕业考试委员会所订各科纲要中之《国学常识纲要》，集录十大问题，编就二万余字，以供中学生毕业会考之用。一、我国国学，浩如烟海。本册内容，依据上述《国学常识纲要》略举经史诸子之学，以及两汉六朝以来各代文学特色，文章体制；与夫诗、赋、词、曲之种类、源流、派别，博征群籍，力求简当，冀得举一反三之

效。故题其名曰，《国学举隅》。一、上海工部局立各中学国学
常识教材，向由各校教授自编。本册脱稿已久，深恐闭户造
车，未必合辙，迁延数载，不敢付梓。前年为便读者便利研究
起见，先印本文五百册，早已悉数用罄。兹由局立五中学联合
付印二千册，由聂中丞公学消费合作社发行。尚有参考资料及
表解、习题等八万余言，只以纸价高贵，容缓续刊。一、本各
中学意见，本科纲要中尚有章学诚《古文十弊》暨胡适《文学
改良刍议》二题，亦宜刊入，爰将原文节述于后。一、本册文
辞句读，采用新式标点符号，并于眉端标举纲目，以便省览。
一、编者学力有限，固陋在所不免。其有未尽善处，亟待同人
有以指正。（方冲之编著：《国学举隅》，聂中丞公学消费合作社，1943
年，国学举隅编例，无页码）

7月10日 国学书院第一院七月份月课评阅委员已聘定高
淞荃、陆彤士、吕雨湘为委员，并以高淞泉为委员长，命题五道
"（一）周礼为末、仪礼为本语（唐贾公彦《仪礼序》）。（二）王导
谢安合论。（三）书《庄子·达生篇》后。（四）拟张衡《归田赋》。
（五）红莲花、白莲花各七律一首。"（《国学书院课题公布》，《晨报》，
1943年7月10日，第2版）

国学书院第一院七月份课试卷，后选定超等何焯等七名，特
等张锡堂等十四名，一等陈澄华等一百十三名。另外，各班第五次
札记，择优分别给奖，自二十四元，至六元，"计经学门刘诏箕等
十一名，史学门陆继昌等十名，子学门曲翔远等十四名，词章门黄
畲等十五名，佛学门周耘青等八名"。（《国学书院月课评阅竣事研究员

札记择优给奖》，《晨报》，1943年7月26日，第2版）

7月20日 中日文化协会武汉分会第二组在市女中举行国学讲座休业式，除发给证明书外，同时对于优等学员秦镜、孙性初、丁予源、王胜宗等六名，酌赠书籍，以资纪念。（《举办国学讲座》，《两仪》，第4卷第3期，1944年4月20日）

7月 伪江苏省府为贯彻阐扬江苏文献整治江苏史料之宏愿，乃就原有国学社，变更体制，扩大事业，改组为江苏文献史料馆；江苏国学社遂告结束。（陈群：《题辞：江苏文献与史料》，《江苏文献》续编一卷一二合刊，1944年2月）

△ 陈遵统著《国学常识问答》，后由商务印书馆1946年印行。

该书分目录学、经学、小学、史学、子学、文学、附录七类，323条问答，梳理国学纲领。郑贞文在序言中称：

> 自科学发达，我国学子率致力于利用厚生之术，而本国文史不重，致有数典忘祖之讥。最高教育当局有鉴及此，以文史哲艺乃吾国固有文化精粹之所寄，通令全国应予整理发扬，以立民族之自信，其用意至为深远。吾友陈君易园历主国内各大学讲席凡四十年，近编《国学常识问答》一书，将付剞劂，邮示于余，竿牍百忙中亟为浏览一遍，见其于经史诸子及百家之学均能提纲挈领，类例井然，其义有大同小异或两义类似而易混为一谈者，则不惮烦琐，细为剖解，计得三百二十有余条。此书问世，学子如能各手一编，不啻耳提面命，抑于文史之学亦可略窥门径矣。爰序而归之。

郭毓麟《跋》:

国学一词，涵义至广，大别之有经、史、子、集、小学、文学、目录学、诸门。小学为文字之祖，一切学术靡不赖之以显；目录学为考究一切图书之性质分类变迁等之综合纪录，其在学术史上之地位，亦极重要。至于经、史、子、集、诸部，则为学术之内容：史者，记古今成败兴衰之故，经与子，均为学术思想之记载，如哲学、政治、经济、教育、伦理，及一部分之科学等，集则泰半可归于文学之范围。综此经、史、子、集、与小学、目录学六部门，束发专研，至老而不能尽，矧今日学子须分其日力之半，以记诵声光化电之学，以及外国之语言，则其于国学之习焉不精，与不得其门而入者，又岂少哉？此诚教育之隐忧也。吾师协和大学文学院院长陈易园先生，主南北各大学国文讲席，垂数十年，而闽中博雅之士，率多出于其门。居尝深有慨于国粹之陵夷，乃由一般学子国学基础浅薄所致，用出其藏山著述之余暇，编录《国学常识问答》一书，计三百二十三条，都六万余言。举凡经、史、子、文学、小学、目录学诸类，穷源竟委，提纲挈领，阐述详明。麟受而读之，觉上下数千年之学术大势，历历在目，由是而触类旁通，取径自易，则知其嘉惠士林，造福后学，厥功甚伟也。所谓学海津梁，舍此书其奚赖乎？故于出版之日，谨为之跋，而乐附名于其后焉。（陈遵统：《国学常识问答》，商务印书馆，1946年，序言，跋）

8月9日　陕西省留学欧美人士在省立医院发起组织成立国学

会，到会三十余人，推选张遁华、李伯恂、王德崇、兀心裁等九人为理事，王捷三等三人为监事，并通过简章、征求会员等案，会址设在省立医院。（《陕欧美学友组织国学会》，《西北文化日报》，1943 年 8 月 10 日，第 2 版）

8 月 11 日　国学书院第一院八月份课评阅委员已聘定傅治芗、李石芝、唐叔襄，并以傅治芗为委员长，命题五道："一，震以恐致福义。二，五代十三君优劣论。三，粮荒策。四，《汉学师承记》《汉学商兑》二书平议。五，秋兰赋（不限体韵）。"（《国学书院课题公布》，《晨报》，1943 年 8 月 11 日，第 2 版）

8 月 18 日　北京文化界举行战时文化座谈会，国学书院副院长周肇祥与会，讨论战时文化事宜。

《申报》北京特讯：

> 中国国民党北京特别市执行委员会为响应战时文化宣传政策，日前举办"战时文化"座谈会，第一届所招待者，为教育出版两界名流。应邀出席者，计有国立北京大学校长钱稻孙，教育总会会长宋介，剿共委员会苏□秋，国学书院副院长周肇祥，前师范大学校长王谟，中国文化学会余天休，艺专教授陈绵，北大文学院教授杨丙辰、沈启无、尤炳圻、韩文佑，教育总署孙季瑶，师大教授梁盛志，北大教授朱肇洛，前市立四中校长齐梅阁，生活文化协会储小石，中国新文化建设协会，黄道明（新进月刊社社长），范宗泽（华北商工月刊社社长），艺术与生活月刊社社长袁啸星，东亚联盟编辑部主任张岛等三十余人。由雷逸民主任委员主席，颜洁宣传科长司会，并依据

"战时文化"宣传政策基本纲要，规定座谈要领五项：一、中国国民党思想问题。二、中国国民应有之人生观及生活方式。三、如何强化中国文化之基干。四、如何普及科学教育。五、如何确立文化宣传总力体制。席间各人对战时文化及战生国民生活颇多发挥。(《北京文化界举行战时文化座谈会》，上海《申报》，1943年8月18日，第1张第2版)

8月20日　西安中华国学社附设国学讲习所开设专修班。

西安中华国学社附设国学习所，近为阐扬文化，造就专门师资起见，特开专修班，以资研求，定八月二十日起，在二林本校招生，教师聘定者，有景梅九、李亮工、赵冠青、窦瑞卿、李际庭、李啸庵、侯佩苍、史二诚、刘逊斋等，课程分德行、经义、政事、文学、党义、数学、历史、地理、音乐、国术等科。(《中华国学社专修班招生》，《国风日报》，1943年8月16日，第2版)

中华国学社国学讲习所，除每日晚班研习外，□星期日均有学术讲演，欢迎旁听。兹将改订之时间课程表志次，第一周国音、《易经》、历史、《春秋》、经传，第二周《易经》、地理、《诗经》、历史，第三周国音、党义、国文、《春秋》、经传，第四周《易经》、《诗经》、地理、国术（每周自正午十二时至下午四时止）（中央社）。(《中华国学社每周均有学术讲演》，《西北文化日报》，1943年10月3日，第2版)

刘逊斋在国学讲习所专修班开幕式发表感言：

　　陕西中华国学社同人，鉴于国难方殷，世风浇漓。因本天下安危，匹夫有责之义，在西安碑林国学社，附设国学讲习所专修班，广告招生。其宗旨在提倡中国旧道德，发扬民族真精神；其目的在造就国学师资，服务社会。其教法分身教、言教二部，身教则选聘当代品端学粹，行谊足式之老成硕望，分别担任教职，厘定尊师重道之专条，使学者与见贤思齐，高山仰止之意向。言教以党义、德行、经义、政事、文学为正科，历、地、数、乐、国术为副科，使学者明了夫吾国固有之道德、固有之文化，与夫民族之精神，政治之良轨，唐虞三代大德敦化之典谟训诰，古往今来盛衰兴亡之史纪纲鉴，孔孟设教垂训之微言大义，先贤先儒，淑世淑人之嘉言善行，志士豪杰为国为民之成仁取义。载诸简编，垂乎经传，耳习目染，口诵心维，朝焉夕焉，歌焉吟焉，日积月累，不知不觉，自然志道据德，依仁游艺矣。然其首要在阐明《大学》明德亲民之真谛，使学者知东西各国之学说异同，折衷于儒，精神文明，物质文明之相附相丽，不可偏废。三民主义，为长治久安之良轨，《礼运·大同》，为世界和平之极则，至如何格物致知诚意止心，如何修身齐家治国平天下，纲举目张，有条不紊，体用兼赅，本末毕具。向之读书万卷，不得其解者，在此短期肄习，即可明其底蕴获其要领矣。向之徘徊歧途，莫知所趋者，至此则恍然大悟，不为异说所动矣。向之随波逐流，荡检逾闲者，至此则痛定思痛，改过迁善不自觉矣。他若畏难苟安之心，见利忘义之念，至此亦不难刷新洗涤，一扫无余矣。顽夫廉，懦夫立，鄙夫宽，薄夫敦，东亚老大病夫之讥，一跃而为富贵不淫，贫贱不移，威武不屈之大丈夫焉，岂不懿钦？孟子曰："待文王而后兴者，凡民也，若夫豪杰之士，虽无文王犹兴。"莘莘青年，有志匡济时艰，有志希贤希圣者，盍兴乎来？［刘逊斋：《国学论集初编》，民国西安克兴印书馆，出版时间不详（因内容与报刊报道相配合），第20—21页］

8月22日 《申报》报道国立上海大学文学院拟续招文史哲新生，复兴国学。

上海大学本学年开办文学院，分设文、哲、史地各系，"旨在复兴国学，同时注意实际以期造就贯通中外之专才，应付活用"。决议特续招新生一次，"凡高中毕业及有同等学力或国学具有根底，志愿深造者，可向下列地点索章报名。报名：八月二十三日起至考期前一日止。考试日期：九月一日上午八时起。报名及考试地点：爱文义路胶州路口一六二三号。索章及报名处同上"。（《国立上海大学文学院续招新生》，上海《申报》，1943年8月22日，第1版）

8月28日 《申报》报道"冠群业余补习学校"，开设国学专修科。

冠群先生捐赠助学会额，计总校全免五十名，半费一百名，免四分之一二百名，分校全免三十名，半费五十名，四分之一一百名，"设科计有国文、国学专修科、日文、日语会话、英语、珠算、簿记、会计代数、三角应用文等。详章备索，凡家境清寒，而有志向学者，均可申请云"。（《义校及助学：冠群业余补习学校》，上海《申报》，1943年8月28日，第2张第4版）

8月　华西协合大学国学研究所成立，该所由中国文学系李植、林思进、庞石帚、钟稚琚等发起，李植任所长。

该所募集基金启事称：

华西大学者，成都开设最早之学校也。30年来，分设院系，规模寝备，惟是从事国学者，毕业以后，尚无专精研究之地，南北各大学多有研究所之设，兹独阙然。同人等以谓世界科学，日新月孳，负笈以外求，独吾国数千年来，六艺经传诸子百家，其渊广磅礴，无乎不该，绝非殊邦异域所得并，举凡政教礼俗，文章制度，因革损益之端，盛衰存亡之故，备载其中，而一切以土苴刍狗视之，郛廓虽存，本实先拨矣。用是夙夜思维，奋此绵力，爰于去年八月，创设国学研究一所。（转引自张丽萍：《中西合冶：华西协合大学》，巴蜀书社，2013年，第413页）

△　**国学书院拟在山东曲阜增设分院。**

本年六月间第三次教育行政会议中，山东省教育厅提议以曲阜为孔圣桑梓之地，拟请于该处设立国学研究院，期提倡东方文化，谋国学发展。经大会公同之商讨，认为立意甚善，惟北京已设有国学书院，其第二院并附设有研究班，内容与原提案办法大致相同。若由该书院于曲阜设立国学书院分院较为妥善，但国学书院系属华北政委会直辖，当议决由教署建议政委会办理，顷教署已抄回原提案，呈会核示。（《国学书院增设分院教署已呈政会核办》，《晨报》，1943年8月21日，第4版）

9月10日　国学书院第一院九月份月课评阅委员已聘定郭啸麓、张双南、吴寄荃，并以郭啸麓为委员长，课题五道："（一）懋迁有无化居蒸民乃粒义。（二）晋元帝诏二千石长吏以入谷多少为殿最论（见《晋书食货志》）。（三）唐府兵沿革得失考。（四）顾亭林教人为学以行已有耻、博学于文为要领，试注释之。（五）秋阴赋（用古赋体）。"（《国学书院课题发表评阅委员会已行聘定》，《晨报》，1943年9月10日，第4版）

9月11日　中华国学社为阐扬国粹，提高文化计，在西安府学巷碑林该社，约请国学名宿景梅九先生讲演《易经》。（《国学社约请景梅九演讲》，《国风日报》，1943年9月11日，第2版）

9月28日　王端儒发表《孔圣诞辰感述》，介绍国学事业。

世衰道微，孔学不昌也久矣，东南人士，惄焉忧之，遂有中国孔圣学会之创设，宿耆沈信卿先生主持其事，设总会于上海，盖因其为人材荟萃之区，讲学问道，易收事半功倍之效也。吾陕鄙处西北，文化落后，□经一线，不绝如缕，家兄耀先，慨孔学式微，大义微言，湮没不彰也，乃弃商从儒，请业于张果斋夫子。一旦豁然贯通，更坚其提倡之志，决然毁家兴学。端儒追随其后，亦屡筹巨款，购置基地。乃于民国廿四年，在临潼故里马额镇纪王村建立孔庙宗圣学舍，又于零口镇建设零川祠，内附读经学舍，复在西安建关学祠关学书院，并于泾县封王村续建五夫子祠，景贤书院，皆免费招收生徒，讲习国学。又拟在西京市设一周南学校，遵循后妃遗教，以专收女生为主。此皆端儒兄弟兢兢业业，经之营之，见诸事实者也。今当至圣先师诞生之辰，敬献刍言，聊作庆祝，述其所感如此。（王端儒：
《孔圣诞辰感述》，上海《申报》，1943 年 9 月 28 日，第 1 张第 3 版）

10 月 4 日　陈柱在汪伪中央大学校长就职典礼上，发表就职
演说以革新学术，改造文化，促进中央大学成为全国最高学府为
目标。

10 月　陕西中华国学社电贺蒋介石就职国民政府主席。

电云：民族复兴，普天同庆，辰向维位莫中央，光彼四
表，□出治，开国运之大同，端□持躬，绍春秋之一统，伫
养国民□会，建万事太平之基，预卜宪法告成，慰群生霖雨之
望，专肃驰贺，敬祈垂察。（中央社）（《国学社电贺蒋主席就职》，
《西北文化日报》，1943 年 10 月 11 日，第 2 版）

△　曹朴撰《国学常识》（上下册），由桂林国文杂志社初版
（重庆文光书店 1948 年 10 月第 2 版）印刷。

曹朴从国学的起源、国学与清代学术的关系，国学的分科，国
学的派分，国学与世界学术的关联等方面通论国学的历程。

第一，"所谓国学"。曹朴认为国学这个名词缘起于清末，不
知是谁所创造。章太炎、刘师培或许是"国学两个字的最初使用
者。这是不是正确，不得而知"。不过，国学是因为欧美学术输入
才发生的，"它的范围是把西学输入以前中国原有的全部学术包括
进去的"。国粹和国故是与国学相当的两个名词，国粹似乎"有
点夸大中国学术乃完全精粹物"，又似乎"有点选择精粹部分而

抛弃其他部分"，因此人们觉得不甚妥当，遂改称"国故"。国故是指本国文献，"不论精粹不精粹，过去的文献总是可宝贵的史料，都可包括在国故范围里面去"，国故看似公平而完备，但它的缺点"是只能够代表研究的对象，而不能代表研究这种对象的学问"。于是又用国故学来代替国故，"最后又简化而称为国学"。不过，"国学"还不是十分合理，"因为学术没有国界，当代各国都没有特殊的国学"。国学从内容上讲就是哲学、文学、史学等，"都是可以作为世界学术的一部分的，而且事实上外国也已经有研究我国古代文化的人了，我们为什么不采取世界公用的名称，如中国史，中国文化史，中国哲学史，中国文学史等类的名词呢？而且对于具有种种内容的学术，为什么不加以各别的名称而必须采用笼统的总名称呢？"不过，依从习惯，中国各科学术还没有整理清楚，和世界学术融合为一，目前"只得仍旧采用国学这个名称"。

第二，国学在清代。曹朴认为中国学术在周秦诸子时代最为发达，"各有专长，不相剿袭"。汉代儒家定于一尊，"经学成为唯一的学术"。清朝似乎有从解经之中有开辟一条新路的趋势。清代考证学派是因纠正性理学派"空疏而不切实用"的缺点而兴起，考证学派以客观态度研究经书，但又流于琐碎支离，解经不得要领，不了解国计民生的现实问题，其学问不切实用。辛亥革命以后，儒家的地位恢复到与诸子同等的地位，"国学不应当再以解释经书为唯一任务，已是当然之理，而自己创立的学说，尤其不必假托古人的招牌来传布，也是无庸多说的。不过前代学术的源流和得失，可供我们借镜的地方很少，而且他们整理古代典籍的成果，很可以供我们利用，所以我们不能忽视"。

第三，国学的分科。曹朴认为中国学术本来无所谓分科的，但就个人的材性与用力浅深而言，"本来不能不有所偏至"，"所以事实上，国学仍然是分了部门的"。曾国藩把学术分成"义理"（性理之学或理学）、"考据"（考证学）、"词章"三大部门。这三大部门的研究对象都是经史，"全部学术集中在儒家一派的范围以内"，而这三大部门的重要性："义理第一，词章第二，考据最末"。曾国藩的讲法"完全是宋明以来儒家正统派的传统意见"。其实，义理之学应当包含还有老学、墨学等，"但因儒家的独占，就没有它们的份儿了"。词章之学，包括诗、古文、赋、词、曲、骈文等。"现代文学所尊重的小说及戏曲，过去不被重视。"考据之学按照问题性质而分科，可以分别出专门考名物制度的狭义的"考证学"、专门考文字训诂的"小学"、专门考书籍源流真伪的"校雠学"三大科别，此外，"小学内分出声韵学，训诂学，以及金石学、甲骨学等，校雠学又分成目录学、校勘学、版本学等"。

第四，国学的派别。曹朴认为"讲实证的学术，分科繁而派别少，尚玄思的学术则相反"，国学以古书为对象，文字艰深古奥且不免有遗漏和错误，后世往往只凭自己的意思来解释，因解释不同而产生派别。"义理""考据""词章"三种学术既是三个部门，又是三个派别，"因为学者所采取的道路不同，对于同一古书的解释会得到相异的结果"，"各执一途，互相诋毁"。清代学术，"考据派在学术界虽然称霸，但清政府所奖励的却以义理之学为主"。义理之学和现代哲学相同，"有派别，无分科"。考据之学和现代社会科学相像，"有分科，也有派别"。考据之学"或系考证古书的真伪，或系考证古书上的名词器物和制度，或系探讨古代文字的意义，或系探讨经书的微言大义"，考据之学创始于汉朝，又称汉学，和"汉学相对待的义理之学，因为创于宋朝，就叫宋学"。词章之学分为古文和骈文两个门类和派别，"清朝除这两大派对立外，古文派内部又有桐城派和阳湖派的分别"。

第五，进步的方法与贫乏的内容。曹朴认为"考证学派所用的方法是欧洲研究自然科学的方法"，梁启超曾举出清代考证学的十大特点："（一）凡建立一个主张，必须依靠证据。（二）选择证据，以时代为标准，时代越古的证据，就越认为可靠。（三）孤单的证据不能建立确定的结论：其无反证者暂时保存之，得有续证则渐又信仰之，遇有力之反证则抛弃之。（四）隐匿证据或曲解证据，都认为不道德。（五）最喜欢集合许多同类的事项，作比较的研究，而探寻其一般的规律。（六）采用旧的学说，必须明显地引用，反对暗中偷用。（七）彼此见解不同，尽量发展论争，弟子也可以驳难本师，被批评者并不生气。（八）论争以本问题为范围，采客观的理智的态度，对于对方意见亦同样尊重，反对谩骂讥讽及牵涉题外。（九）喜欢专门研究一个问题，作深入的探讨。（十）文体主张朴实简洁，反对啰啰嗦嗦。"这显然是西洋实证主义的具体应用。胡适总结清代考据之学的特点是"（一）大胆的假设，（二）小心的求证"。这正是科学方法的要点。清代学者方法是进步的，但研究的对象非常狭隘，成果非常微末，"最大的收获只是在文字训诂方面"，戴派"富于批评精神，研究的成绩就比较多，文字训诂方面的收获是他们的功劳"，惠栋派"拘守汉儒传统，缺乏批评精神，其考证支离琐碎，不得要领"。

第六，欧美学术的影响。曹朴认为"考证学派之采用科学方法以研究经学，也不能不说是受了西学输入的影响。这个影响如果扩大，各种自然科学都有从经学里面逐渐生长出来的可能"。不过，由于社会经济没有新的发展，以及政治方面的因素与罗马教皇"禁止中国天主教徒保存奉祀祖先等项旧的习俗"，导致"中西交通为之中断，所以西学影响，仅达到古书研究方法上的革新为止"。

第七，"五四"以后的国故整理。曹朴认为到了康有为，传统的经学已经发展到顶点，正统的考证学派即古文派到章太炎也告一段落，"过此以后，人们都采用新工具新材料来研究中国古文化"。从"五四"以后，胡适、梁启超、顾颉刚完全采用新观点来整理国故，"自顾颉刚著《古史辨》以来，许多学者应用社会进化史的理论来整理中国古代史。考古学方面，也有若干创获，整理国故的工作在社会学帮助之下更开辟一新的道路，而清代学者支离破碎的毛病是决不会再犯的了"。

第八，国学与世界学术。曹朴提出：

国学非中国人所能私有，它应当是世界学术的一部分。这点在外国人眼中，早已不成问题，如他们将我们重要经典翻译过去，对于我们近年研究国故的著作也很注意，择尤翻译。而且他们有些研究中国文化的专家，咬着牙读我们佶屈聱牙的古书，或者不远万里而来，发掘我们地底下的古物而带回他们的博物馆与图书馆去，他们又不断的考证研究，把研究的成果著为文章与专书发表出来。另一方面，我国有见识的学者也早已懂得这一点，所以他们采用世界学术上的新方法新工具来研究国学，并且也利用外国的材料，例如研究声韵学，则采用ABCD之类的音标以代替旧有的"见溪群疑……"那一套工具，参考耶费孙，高本汉那些外国人的著作，并且也采取那些外国人以西藏语、蒙古语、缅甸语等东方语言与汉语比较研究的方法。又如研究程朱的理学，而与西洋的亚里士多得，黑格尔哲学相比较，研究我国解释《易经》的象数之学而与希腊毕达哥拉斯学说相比较；（以及应用技术方面，拿新医学的理论与方法来整理国医，研究国产药材；应用会计学、簿记学的理论与方法来改良中式簿记等项）都可以说是有世界的眼光，没有故步自封，抱残守缺的陋儒习气。

然而时至今日，还有一些坐井观天的人，机械地把国学和西学或科学对立起来，以为研究国学就可以不读外国书，甚至可以不要科学知识，那实在太可笑了！

不待说，现在国学和世界一般学术还是没有打成一片，浩如烟海的四库典籍，只是一堆杂乱混合的历史材料，亟待我们整理，我们固有的农、工、商、医等等应用技术尽有其特长之点，亟待我们的科学工作者自己加以发掘。凡此种种，都是我们对于本国学术的应尽之责，但必须了解国学在世界学术中的地位，才能有正确的研究方针。

第九，专门研究与基本知识。曹朴认为整理国故是专门研究工作，必须分工进行。专门研究必须具备前提条件："一点是在现代一般学术中早已选定了专攻的部门，而且有了相当的了解；一点是对于国学的各方面先有一个大致的认识。"不但整理国故者首先要有对于国故的大致认识，而且一般知识分子也必须有一点国故基本认识。究其原因，"因为一个中国人，对于中国的固有文化，应该知道一个大概，才可以免掉'数典忘祖'的讥诮，这是一；尤其是因为过去的历史，对于眼前的生活有密切的关连，不懂得过去就不能理解现在，这是二"。

第十，研究的态度及准备工作。曹朴认为初步研究国学首先"应当涉猎各方面，作一全盘的鸟瞰"。研究国学不能与研究国文混同，"研究国文是研究阅读及写作本国文字的技术，只可以拿小部分的古人文字做参考，不必涉及其他的方面"。研究国学的基本知识，"可以涉及各方面，但也不必耗费过多的时间去读古书，只须把最重要的几种浏览一下或大致翻阅就很够了"。有人"以为研究国学就是学做古文或骈文，那当然更错"。头脑冬烘的人研究国学"不免拘守通经致用的古话，以为当今之世，还是只要半部《论语》，就可以治天下（这是宋朝赵普的话），甚至于想考订《周礼》，行之今日。这种思想当然也不合现实需要，不是我们所应保留的"。尊重先民文化遗产，了解它的历史意义，进而继续发扬，要做两种准备的工作：

　　首先要读一读关于文学、哲学、史学、社会学的基本书籍，例如哲学大纲，文学概论之类，使自己对于现代学术中和国学最有关系的几个部门先有一个概念。其次是读一读近日出版的中国社会史，使自己对于本国文化演进的背景有一个轮廓的认识。假使这种工作早已做过，那末巡礼一下国学的园地，便不是毫无意义了。

　　另外，曹朴强调"自然科学在国学中的地位"，历来讲国学总是把自然科学除外的，其实，"我国并不是完全没有自然科学，不过是自然科学没有形成理论的体系，也没有分门别类的独立的发展"。换言之，没有发展成近代欧洲时期的自然科学：

> 　　我们现在研究我国固有的自然科学，主要的意义是把它当做文化史的一部分来考察，而不是要在这里面寻求现代科学所没有的东西。这正和我们研究中国文学一样，不是要学习作旧诗、填词、作曲，而是要研究中国文学的发展史。自然，我们在祖先的学术遗产中，仍然可以接受若干宝贵的经验，如文学上的表现手法等，而自然科学，虽则贫乏，也未必没有这种附带的收获的可能，例如医药学中的特殊疗治方法，也许可以补充现代医药学的缺陷。（曹朴：《国学常识》，文光书店，1948年，第1—22页，301—302页）

是年秋　齐鲁大学国学研究所向哈燕社汇报第十三年度总结报告（1942年7月1日—1943年6月30日）。

> 　　人事方面：研究所主任顾颉刚被政府临时调去重庆主导中国历史的研究，代替他位置的是钱穆。顾先生当时答应我们去年秋学期回来，但由于情况特殊，一再延误，但我们相信1944年秋学期他肯定能回来。在此期间，顾先生继续从事二十四史的索引工作，考虑到不断增加的成本，现在这项工作是在研究所和中国历史社会的联合赞助下开展的。孙次舟在金陵女子大

学的强烈邀请下离开了我们，好在他的离去并没有给我们带来很大的影响。人事上另外一个大的变动就是我们逐渐减少了研究助理和书记人员，大概消减了三分之一。其中有人去了华西大学做讲师，有人去了武汉大学文学院，有人成了中央研究院研究助理，有两人跟随顾颉刚去重庆协助他的工作。

政策变化：过去几年国学研究所的工作主线主要有三条：一是培养大学生，二是科研，三是培养研究生助理，当然重点是第一项工作。现在我们发现这三项工作的开展对我们的财政负担太大，而且与哈佛燕京基金的叶理绥（Elisseeff）教授和托事部对我们研究所的愿景相反，这也许是受教育部的影响，它认为我们国学研究所拥有强大的图书馆和优秀的师资，如顾颉刚和钱穆等，我们研究所最适合弥补因战争引起的学术断层……为适应这一政策变化，研究所从1942年开始，便逐渐减少科研人员，开始把更多精力和财政放在培养学生上面。

教学情况：为适应政策的变化，教学方面也进行了一些调整，主要有两方面：一是课程更加集中，如文学院开设了更多文献学的课程，历史学院更重视古代和近代史。这些课程和其他受哈佛燕京资助的机构可以互补。二是教师的教学压力增大。除了钱穆先生由于有繁重的行政任务，平均一周只有6个小时左右课程，其他老师几乎三分之二的时间都在上课。

科研：首先是胡福林教授关于古代甲骨的研究，现在已出版第四集了，这是我们研究所独立完成和出版的研究，对中国古代史的研究有重大原创性贡献，胡福林教授也获得了学术圈的重大荣誉。其次是钱穆的国史读本，他代表了一种新的研究中国历史的方法。另外一个重要的研究是张维华教授关于中西关系史的研究。（亚联董藏齐鲁大学国学研究所档案，档案号RG011-246-4017）

11月4日 华西协合大学召开校务会议，国学研究部李培甫主任报告该部事宜。（《校务会议议案》，《华西协合大学校刊》复刊号，1943年11月15日）

11月17日 "北京国学会"成立，会长蒋尊祎，该会以研究国学，辅以艺术科目为鹄的。（《北京国学会派员来蒙疆考察教育》，《蒙疆新报》，1943年12月3日，第2版）

11月20日 陈柱在汪伪中央大学作学术讲演，题为"中国学术与世界之将来"，"全文揭橥'仁'字为吾华学术思想之核心，而纬之以儒道墨诸家学说，阐发綦详；最后归崇儒家，为吾东方精神文明之极则。谆谆演述，语重心长，殊可以针砭末流，而蕲世界于大同"。（《中国学术与世界之将来，陈校长在中日文化协会演辞》，《中大周刊》，第110期，1943年11月29日）

11月 顾实著《国学运动大纲》，由重庆中华国学社出版。

顾氏提议：喊出国学运动四大口号：第一、兵农礼乐，文行忠信，八字大纲口号；第二、整齐严肃，勇猛精进，八字力行口号；第三、无人不学，举国皆兵，八字普及口号；第四、共同奋斗，前途光明，八字希望口号。同时，提出全民国学运动方针。

中国文化早入人性进化阶段，现阶段的国学应当"融和印欧两大文化而取其合用者，急进并流，以成中国一大文化"，"其负莫大之责者，师也"，若要将集五洲万国之圣哲于一堂"，请从中国始，

"中国最讲人道，必先自礼遇其一国之群众，而后推后及于世界万国之群众。"因此，敬告同胞喊出八字大纲口号，"兵农礼乐，文行忠信"；八字普及口号，"无人不学，举国皆兵"。进而国学全民化，"等量于今之全民战争，非以为暴也，将以组成一大救世军也"。若要为群众服务，应当采用分工合作的办法，分三部进行：

第一，大众部。大众部以提高"民胞"人人有"八字大纲"水准以上之生活、知识、技能为任务。一、普遍宣传。国父八德，总裁四维，有照相文字，家家张贴供奉。同时张贴"兵农礼乐、文行忠信"八字为上联，"整齐严肃、勇猛精进"八字为下联，普遍宣传口号，为实行办到"无人不学、举国皆兵"之先声。二、普遍宣传。国父"双手万能"遗教：家喻户晓，各有其农作也，商品也，矿产也，种种工场，并有其读书机会之课本。由保甲长联名保证，警察挨户调查登记，杜绝游手、赌博、匪窃等恶习，以期达乎现代国际生存必要条件，澈底普及于下层同胞。三、利用地方公共处所，多设学校补习，及家庭补习班次，最低限度以《中华篇》为普及读本，有注音符号以统一口音，有歌谣同唱以普遍唤起高等兴趣，从而教以缀字、联句、写信、算数、簿记等，谋生必要之技术。更于必要地方，设立"屯垦区所"，及移民机关，以裕国计而济民生。四、并利用公共处所，或另立地点，普设"乡社"，社有射击会，于可能范围，恢复古"乡饮酒礼"，以期达乎兵（士）、农、工、商四民相聚于一堂，而尽其诗、书、礼、乐，一致宣传之功用。扫除过去科举以来，有诗书而无礼乐，遂陷民族于不振之积弊。五、恢复汉唐以《孝经》《论语》二书，普被三根之良俗，另编《三民主义与孝经》《三民主义与论语》二书，古书今释，发扬光大我中华代表东方文化"阶级协调"之精神。并恢复古人"乡约"办法，利用此二书为根据，陈说古今，阐扬国父八德，总裁四维，及旧有"孝弟忠信、礼义廉耻"八字口号，亦融贯一气，以陶铸民族坚强之意志。六、另编《三民主义与大学》《三民主义与中庸》二书，以根本扫除朱熹"皇帝大人"之积毒。另编《三民主义与礼运》一书，以发扬国父建国，出于固有一贯之正统思想。并取材于《中庸》《礼运》，融合儒墨，及管子以劳教民富，以死教民强之精神，另编《孔子遗教二歌》，以广被管弦，而期达乎普被三根，彻底改良社会。又另编《孟子祸国新论》一书，以拔除"阶级斗争"及"汉奸兽行"之祸根。

第二，高级部。高级部以本于研究，及中外学者研究之心得，尽量辅助"大中小学校教师"，间接推动于全民为任务。

一、多设图书馆。推行图书宣传讲演，其办法另定之。二、多设讲习会。推行国学智识技能，其办法另定之。三、多设军事哲学讲座。根据地理、兵械等，以加强其对于军事观感、踊跃兵役、发明新器，而积极充实国防。四、特设政治哲学讲座。包有礼法、仪节、乐律等，以发挥中国固有之特长。继往开来，镕经铸史，贯通古今中外之学说、撷长补短，以定其适用者。五、特设经济讲座，财政讲座、交通讲座、农林讲座、商业讲座、劳工讲座，医药讲座、化矿讲座、物理讲座、数学讲座、植物讲座、动物讲座等，务适合国情，以增强国防经济，国民经济，及一切建设事业之推进。六、特设"文史地"讲座，及"诗歌文辞竞赛会"，发扬光大民族坚强之意趣，与其高尚之情绪。并多选取忠党爱国者之传记诗歌文字等，普遍讲习，以增强"国权信仰"至高无上之精神。

第三，研究部。研究部以集合古今中外而充实八字大纲，并包有其他各科之实地调查、试验、发明、报告、著作等为任务。一、国防事业，设立化学研究所、物理研究所、生物研究所等，改进重工业之新建设，并于古今中外图书，提取其有利于国防者，借资参考。二、翻译事业，过去印度文化输入，有旧译新译之藏经，此次欧美新文化输入，对于科学应有远超过于翻译印度文化之事业。三、群书整理事业，为发扬光大民族意志，必须改订四库已收未收书目提要，并续作四库全书提要，依类整理新出书报，选拔其可为标准者。四、经部整理事业，中国民族最高意志在经部，比于二氏有释藏道藏，此即是中国正统思想之儒藏，依汉学考据之标准、三续阮王两刻经解。依宋明理学之标准，再续《通志堂经解》。惟理学深蕴汉奸思想大毒，宜严予审核。五、特种图书整理事业，依科学分类，另整理新旧书目，以便科学研究者之翻阅。六、世界文字三大派，曰下行派，即中国文字。曰左行派，即回教文字。曰右行派，有梵文、拉丁文两系。惟中国文字最富有统一总持时空两间之能力，特别研究办法，使成为世界大同公用之工具。七、过去图籍之丰富，除成为通史而外，宜更成为各种专科之学术史。

第四、海外侨胞所在地，酌量适用此三部组织之办法。

总而言之，《易大传》曰："天下一致而百虑，同归而殊途。"

或综全量而为哲学，或专一门而为科学。凡我国民同胞之群众，各竭所知，各尽所能。中国四万万七千万同胞，澈底唤起，达于全民化，而推及于世界人类以平等相待，以互助为乐。此愿无穷，有志竟成。世运昌隆，宗师辈出，所造就者，岂有量哉！（顾实：《国学运动大纲》，重庆中华国学社，1943年，第47—51页）

另存于中国第二历史档案馆另一版本的《国学运动大纲》，节录《总则》如下：

国父总裁继承尧舜禹汤文武周公孔子传统一贯之精神，本社恪遵此旨，根据《论语》，从子贡问政一元演化，见到孔子提出"足食，足兵，民信"三积极要件。兹再切实提出"兵农礼乐，文行忠信"八字，以不变应万变，为整个国学精神之宏纲，（说明）国父遗教："中国所独有的，是政治哲学，而欧洲人还要研究中国哲学。"继承尧舜禹汤文武周公孔子传统一贯之精神，详见国父答俄国代表。总裁言论，尝反复阐述此旨。且提倡古"礼乐射御书数六艺"之教焉。今考国学之名，肇见于上古三代天子诸侯各有其国学，内包小学大学而言。天子大学五，诸侯大学各一。又天子诸侯各有其小学，小学乡学之士，升于大学。诸侯贡士，升于天子之大学。其小学教本，周宣王时，史籀大篆十五篇，简称曰史籀篇，已有九千字。（洒扫应对者，凡弟子之事，不限于小学，宋儒误以为小学，遂不讲究识字，其谬甚矣。）其大学教本，即是六经，皆先王之陈迹，（《庄子·天运篇》，老聃告孔子语。）先王者，尧舜禹汤文武周公之总称，（周公摄政亦称王，成王赐鲁王礼□证，又有别指文武为后王者，见《荀子·儒效篇》。）孔子删订赞修六经，遂集千圣百王之大成。孔子曰："有文事者，必有武备，有武事者，必有文备。"（见《史记·孔子世家》。）备者预备也，《中庸》曰："凡事豫则立，不豫则废。"孔门所教三千弟子，七十二贤人，原以养成文武全才也。抑且非有武力，不足以进取，非有文教，不足以持久。而武备者，尤文事之急先锋哉！故汉世有言曰："以武一切，用文持之。"（见《史记·货殖传》）此确是原始汉族固有之真精神，不可失也。国父遗教："使与我共同建国之民族，同化于汉族，而成一伟大底中华民族。"此同化即是世界大同之先声，孔子唱理想的大同世界，而孔门所传《论语》一书，即是六经之总传。历代相承，妇竖必读。除有若干，经后人曲解，亟须纠正外，尚为精醇无疵之宝典。故根据《论语》子贡问政，惜子贡消极，不能继承孔子积极之精神。兹再切实提出"兵、农、礼、乐、文、行、忠、信"八字即八科，为整个国学精神之宏纲。"兵、农、礼、乐"字见《论语·子路曾皙冉有公西华侍坐章》。"文、行、忠、信"四字见《论语·子以四教章》。假令兵而无农，万难生存。兵而无礼，徒滋紊乱。兵而无乐，何以乐（音洛）死；此兵农礼乐四科所以必合而为一也。假令文而无行，便不成人。文而不忠，奸贼之尤。文而无信，大同曷成；此文行忠信四科所以必合而为一也。天之生斯民也久矣，一治一乱。文能经邦，武能戡乱。区区不变者，真能应世运之万变哉！（中国第二历史档案馆藏民国政府社会部档案，档案号 11—7172）

次年，中华国学社筹设中外通译专科学校与国学研究院，该院后改名为"中天国学研究院"。（江南问题研究会编：《南京市学术文化团体》，江南问题研究会，1949年，第1页）

12月1日 "北京国学会"总干事宋名晨为考察蒙疆各地教育并联络相关机构，赴张家口联系《蒙疆新报》、伪政府总务厅弘报科及伪市公署。（《北京国学会派员来蒙疆考察教育》，《蒙疆新报》，1943年12月3日，第2版）

12月 蒙文通发表《周官左传中之商业》，引述翁文灏以国故整理科学的观念。

蒙文通提出："翁泳霓氏常谓，以科学整理国故，不若以国故整理科学，为效之宏。诚以以科学整理国故，为效仅止于国故，所裨只于一国家。以国故整理科学，则为效渗入于科学，所裨将被于世界，其为功可以道里计哉？"（蒙文通：《〈周官〉〈左传〉中之商业》，《图书集刊》，第5期，1943年12月）

△ 阎若雨编《国学入门》，由成都农民书店出版。

该书分为自序、正文和补白三个部分。自序部分内容主要为编书缘由和编书时间之相关说明。正文部分共十五章，内容大致可分为"国学概论"和"国学文选"两大部分。其中国学概论部分，包括经学之部、小学之部、史学之部、诸子之部、文学之部、小说之部和新文学之部，共七章；国学文选部分，包括《文体浅说》《国学书目及其读法》《治国学之基本知识》《治国学之基本方法》《治国学杂话》《为文之法》《创作问题》和《题材与主题》，共八章。补白部分节录自阎若珉博士书信之一段。《自序》：

国学者，国族精神之宝库也，得之则兴，失之则亡，此自然之理也。嗟夫，不明此理，而羡慕西洋文字，进学校则手执英文书籍，朝夕诵读，并轻视不能□教师。假期亦捆载英文书籍回家，啊啦！啊啦！而诵读之。当时邻里皆以为奇□□懂也，亲戚则为能，以其可做洋官也。独吾先父于治家种地之余，则拂然太息曰：□□为英文乎？写对联用英文乎？英文之中亦讲三纲五常乎？余大不以为然，洋行□□以英文为招牌，在洋行作事，当外交官员，非英文不可，与人讲话非英文不时□□礼教吃人，又奚用三纲五常为？

及余大学毕业，担任经济、合作、乡村教育及国文诸课门，英文未之用也。专员公署作视察，县府、民厅供职，英文亦未之用也。慨夫！余真不孝之子也，□□父之命。及余之子侄，由学校回家，又以ABCD自炫，并不听余之指挥，一如□□状况，中心愤怒，而莫可言告。嗟夫！余曾违背先父之命矣，破坏旧礼教矣。今日思之，不觉心刺，而痛哭罔极。

假使吾中国无四千年悠久之历史，颠扑不破之真理，经过如此之破坏，不待抗战而早已沦为异族矣。幸我国有悠久之历史，孝悌忠信根于心，仁义礼智发乎性。宁饿死，冻死，被创刺死，不能为异族作牛马。此七年来之所以抗战，而胜利在望也。并非飞机大炮优于敌人也。此余之所以编印《国学入门》，由浅入深，以便初学。并以赎吾罪于万一。（阎若雨编：《国学入门》，成都农民书店，1943年，自序，第1—2页）

是年　吕思勉在常州城外游击区湖塘桥青云中学和坂上镇大刘

寺辅华中学两处同时兼课，开设的课程有中国文化史、国学概论、国文、本国史、中国近百年史等课程。

　　黄永年当年在青云中学就学，晚年将这四门课的课堂笔记整理成文，合成《吕思勉文史四讲》一书，由中华书局出版。吕思勉的"国学概论"课，类似"中国学术思想史"，其中"论中国学术之分期"："1. 中国学术之渊源：（1）古代之宗教哲学。（2）政治机关经验所得，所谓王官之学。2. 合此两者而生先秦诸子之学，诸家并立。3. 儒家之学独盛。4. 儒家中烦琐之考证，激起空谈原理之反动，偏重《易经》，与道家之学相合，是为魏晋玄学。以上为中国学术自己的发展。5. 至此而佛学输入，为中国所接受。萌芽于汉魏，盛于南北朝，而极于隋唐，其发达之次序，则从小乘至大乘，是为佛学时代，而玄学仍点缀期间。6. 至唐而反动渐起，至宋而形成理学。理学之性质，可谓摄取佛学之长，而又去其不适宜于中国者。此为中国学术受印度影响之时代，至明亡而衰。7. 而欧洲学术，适于此时开始输入。近百年来，对中国学术逐渐发生影响。（前此与欧洲之接触，仅为技术上，而非学术上的，故未受若何之影响。）"（吕思勉述，黄永年记：《吕思勉文史四讲》，中华书局，2008年，第151—152页）

　　△《三六九画报》三号信箱，陈查理指出："社会服务：关于青年们的求知问题：不要忽略国学应该多读古文，随读随记日久天长当有进步。"（《关于青年们的求知问题》，《三六九画报》，第20卷第1期，1943年3月3日）